ちくま学芸文庫

最初の礼砲

アメリカ独立をめぐる世界戦争

バーバラ・W・タックマン

大社淑子 訳

筑摩書房

THE FIRST SALUTE

A View of the American Revolution

by Barbara W. Tuchman

42歳のロドニー提督

ジョシュア・レノルズ、1761年
ロンドン、国立肖像美術館

セントユースティシャス
F・ベンドープ、銅版画、1782年
アルヘメーン国立公文書館

アメリカ革命直前の
ニューヨーク港南東の風景
作者不詳、1757年
ニューヨーク歴史学会

サー・ジョーゼフ・ヨーク

ペロノー
ロンドン、国立肖像美術館

ヨークタウンのド・グラース提督

ロンドン「マガジン」、1782年
ニューヨーク公立図書館

1779年９月23日、セラピス号とボンノム・リチャード号の戦い
レルピニエール＆フィトラー、版画、1780年
ロンドン、国立海洋博物館

1781年、カウペンズの戦い
フレデリック・ケメルメイヤー、1809年
イェール大学美術館
メイベル・ガーヴァン・コレクション

サー・ヘンリー・クリントン将軍
トーマス・デイ、細密画、1787年
ルイジアナ州、R・W・ノートン美術館

将軍ロシャンボー伯爵
チャールズ・ウィルソン・ピール
インディペンダンス・ホール

「勝ち誇るアメリカと嘆きの大英帝国」図

ウェザーワイズ年鑑中の版画、1782年

コロニアル・ウィリアムズバーグ、H・ダンスカム・コルト・コレクション

〈図中の解説文〉

Ⅰ　アメリカが地球のアメリカ地域にすわっており、合衆国の国旗が頭上にひるがえっている。アメリカは片手にオリーヴの小枝を持って、世界各国の船にアメリカ貿易に参加するよう呼びかけており、もう一方の手に自由のかさを持っている。

Ⅱ　噂が世界中に喜びの知らせを広めている。

Ⅲ　悪鬼に付きまとわれた大英帝国が、アメリカ貿易を失って泣いている。

Ⅳ　堅固な砦から英国旗が叩き落とされている。

Ⅴ　フランス、スペイン、オランダなどの国々の船がアメリカの港に入ってくる。

Ⅵ　ニューヨーク風景。裏切り者のアーノルド将軍が、国を売ったことで良心の呵責にさいなまれて、ユダのように首をくくっている。

ヨハンネス・デ・グラーフ
作者不詳
ニューハンプシャー州会議事堂

最後の戦闘における英軍司令官、初代侯爵コーンウォリス将軍
トーマス・ゲーンズバラ、1783年
ロンドン、国立肖像美術館

トレントンのジョージ・ワシントン将軍
ジョン・トランバル、1792年
メトロポリタン美術館

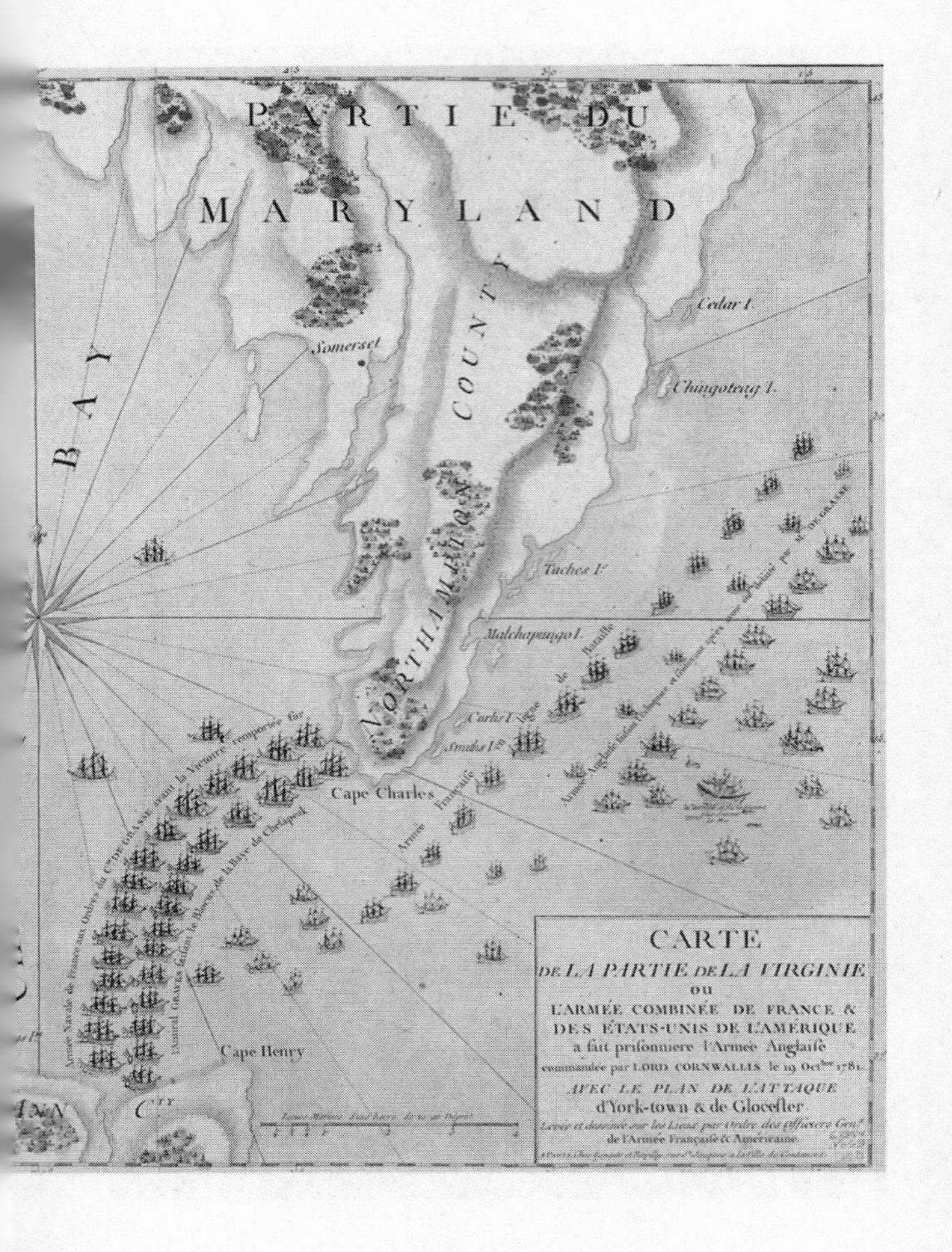
PARTIE DU
MARYLAND
BAY
Somerset
Cedar I.
Chingoteag I.
COUNTY
NORTHAMPTON
Taches I.
Matchapungo I.
Carlis I.
Smiths I.
Cape Charles
Cape Henry
Ligne de Bataille
Armée Françoise
CARTE
DE LA PARTIE DE LA VIRGINIE
OU
L'ARMÉE COMBINÉE DE FRANCE &
DES ÉTATS-UNIS DE L'AMÉRIQUE
a fait prisonniere l'Armée Anglaise
commandée par LORD CORNWALLIS le 19 Oct.bre 1781.
AVEC LE PLAN DE L'ATTAQUE
d'York-town & de Glocester
de l'Armée Française & Américaine.

ヨークタウンの包囲の地図
合衆国国会図書館
左側にウィリアムズバーグとヨークタウン。中央より右には湾の戦闘と、その後のフランス艦隊による湾の封鎖が書きこまれている。

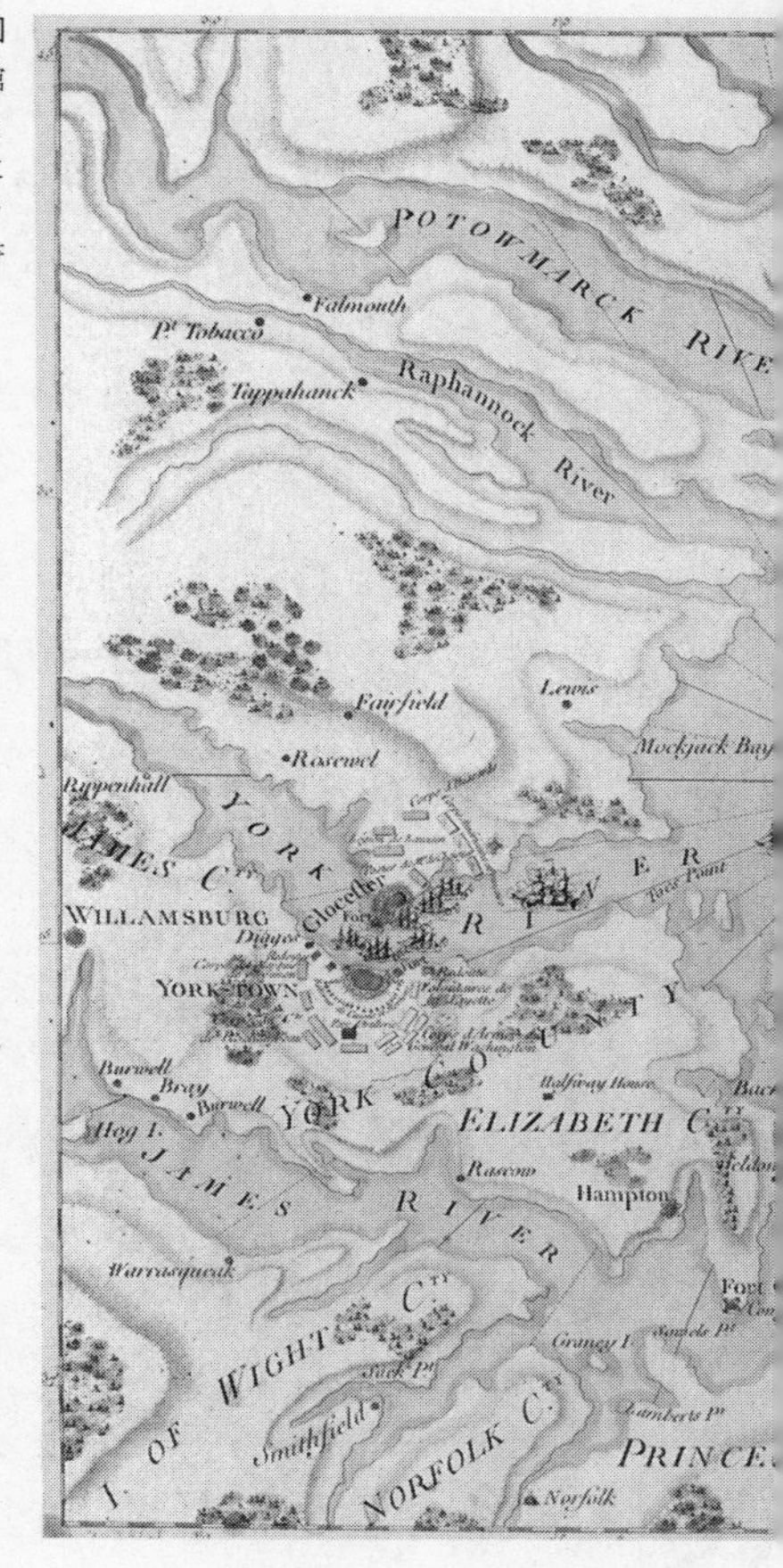

ヨークタウンにおける英軍の降伏（1781年10月19日）
ジョン・トランバル、1786－87年
イェール大学美術館

晩年のロドニー提督

ジョシュア・レノルズ、1789年
英国王室

最初の礼砲　目次

最初の礼砲　アメリカ独立をめぐる世界戦争

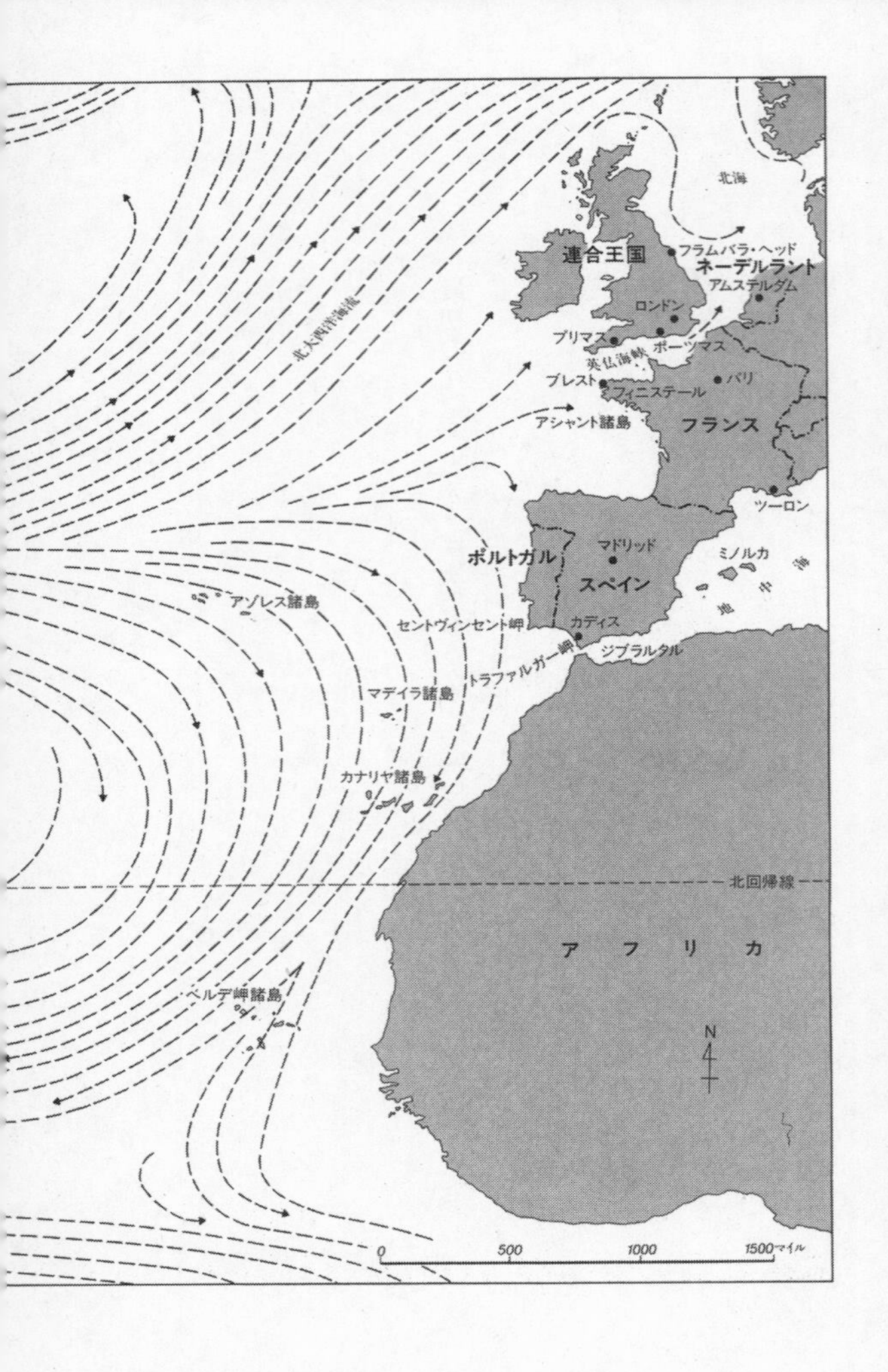

北海
フラムバラ・ヘッド
連合王国
ネーデルラント
アムステルダム
北大西洋海流
ロンドン
プリマス
ポーツマス
英仏海峡
ブレスト
パリ
フィニステール
アシャント諸島
フランス
ツーロン
マドリッド
ポルトガル
ミノルカ
スペイン
地中海
アゾレス諸島
セントヴィンセント岬
カディス
ジブラルタル
トラファルガー岬
マデイラ諸島
カナリヤ諸島
北回帰線
ア フ リ カ
ベルデ岬諸島
N
0
500
1000
1500マイル

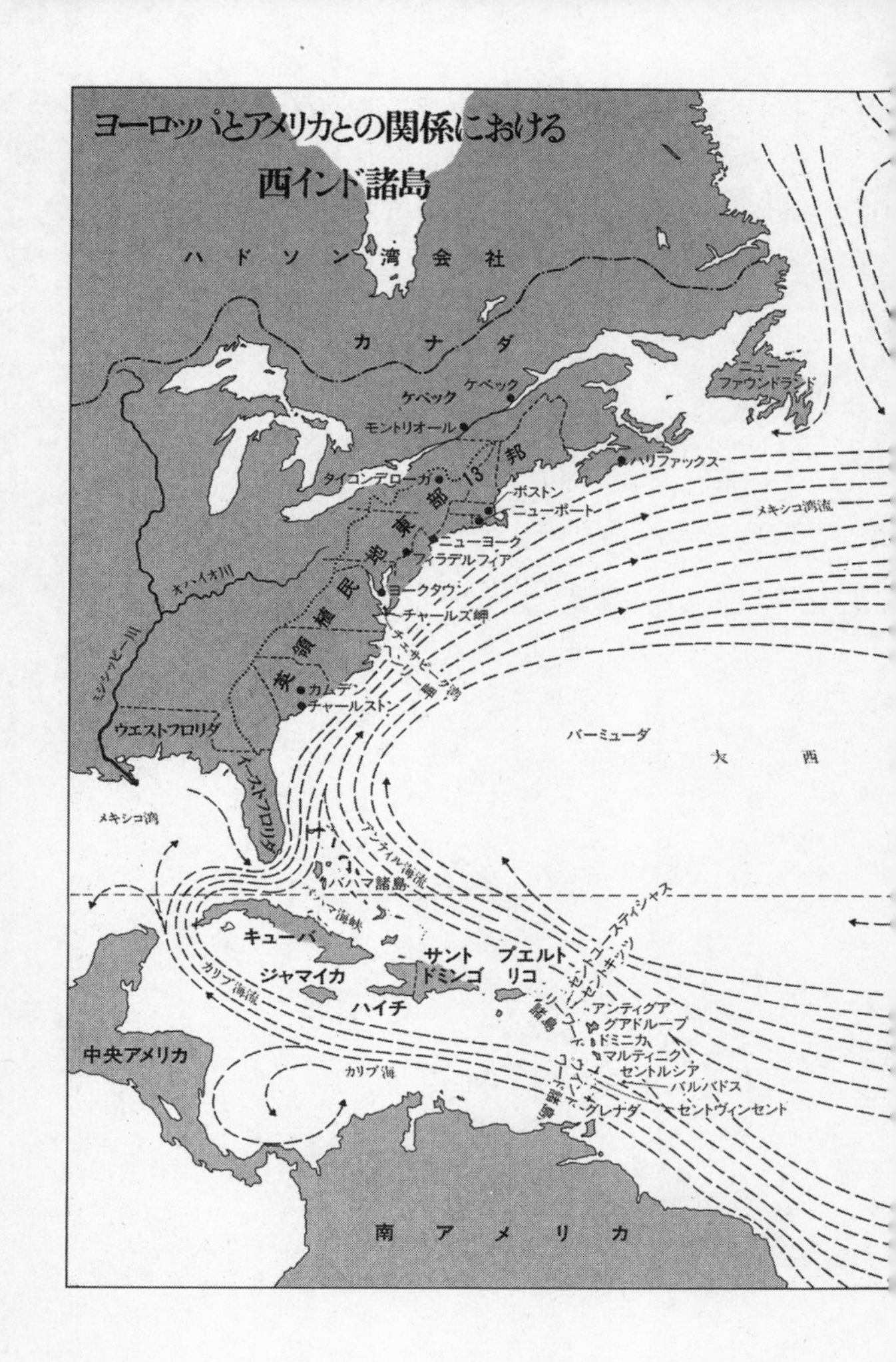

ヨーロッパとアメリカとの関係における
西インド諸島
ハドソン湾会社
カナダ
ケベック
ケベック
モントリオール
ニューファウンドランド
ハリファックス
タイコンデローガ
英領植民地
東部13邦
ボストン
ニューポート
メキシコ湾流
ニューヨーク
フィラデルフィア
ヨークタウン
チャールズ岬
チェサピーク湾
ヘンリー岬
カムデン
チャールストン
オハイオ川
ミシシッピー川
ウエストフロリダ
イーストフロリダ
メキシコ湾
バーミューダ
大西
アンティル海流
バハマ諸島
バハマ海峡
キューバ
ジャマイカ
ハイチ
サント
ドミンゴ
プエルト
リコ
セント・ユースティシャス
セントキッツ
リーワード諸島
ウィンドワード諸島
アンティグア
グアドループ
ドミニカ
マルティニク
セントルシア
バルバドス
セントヴィンセント
グレナダ
カリブ海流
カリブ海
中央アメリカ
南アメリカ

新しい世代の光である孫たち
ジェニファー、ネル、オリヴァー、ジョーダンへ

はじめに

これから語ろうとする物語には、多くの問題点と矛盾が含まれている。第一は、カリブ海のウインドワード諸島とリーワード諸島の奇妙な遍歴だ。これらの諸島の場所と名称は、さまざまな地図や西インド諸島に関する現在の資料のなかでもまちまちになっている。アメリカ地理学協会の地図製作上の区分けを見ると、こうした混乱が生じた理由の一つがわかってくる。すなわち、西インド諸島の鎖の真ん中あたりで「わずかな重複」が見られるのだ。アメリカ地理学協会によると、ドミニカと、マルティニクの北に伸びる鎖はリーワード諸島に属し、バルバドスやトバゴまでくだってそれらを含むドミニカの南の島々はウインドワード諸島に属するのだという。わたしがここで、どちらに属しているかを決めたとしても、あいまいなままであることにかわりはないので、この問題はかならず起こってくる論争にまかせようと思う。

第二の問題は、小艦隊または艦隊を構成する艦の数がたえず伸び縮みしている点だ。四一五ページの注で説明したように、その数は、海上で目に見える範囲が限られているためどうしても不確かになりがちだし、またフリゲート艦や商船を戦列艦と同列に数えるかどうか、数えたあとで何隻かの艦船が小艦隊を離れたか加わったか、によっても変わってくる。

金銭、つまり十八世紀の外貨の価値の問題、言いかえれば現在の主要通貨やアメリカドルに換算したらどのくらいの額になるかという問題は、言うまでもなくあらゆる歴史研究につきまとう永久に決着のつかない問題だ。だからわたしは、十四世紀を描いた書物『遥かなる鏡（ア・ディスタント・ミラー）』のはしがきに書いた言葉を繰り返すことしかできない。つまり、お金の価値と他の通貨に換算した額とはたえず変化していて、どんな一時期であろうがはっきりと限定はできないので、わたしは読者に、この問題については頭を悩まさず、単に与えられた額をそれほど多くの金額だったのだと考えるよう忠告したい。

最後に、専門家の間で意見の一致が見られない問題がある。たとえば、十七世紀のイギリス・オランダ戦争中の有名な事件として、マストにほうきをくくりつけてテムズ川をさかのぼったオランダ人提督は誰だったか、という問題。イギリスの歴史学者ウィングフィールド＝ストラットフォードは、トロンプだったと言い、オランダの歴史家、シモン・スハマ教授はデ・ロイテルだと言っている。

また、国王ジョージ二世がロドニー提督の名づけ親だったという件については、ロドニーの伝記作者、デイヴィド・ハネイがそう述べているのだが、第二の伝記作者、デイヴィド・スピニーは、この話を「作り話」だと言っている。

さらに、一七四七年のフィニステーレの戦いをめぐるまったくの混乱状態がある。海軍史学者のチャールズ・リー・ルイスは、無愛想にこの問題の一面だけを扱い、他の説明は「みんな間違いだ」と言い放っている（さすがだ！）。この場合の歴史学者たちの間の混乱は、互いに踵を接して起こったいくつかのフィニステーレの戦いがあったためと、Finisterre は二つあって、一つはフランスに、もう一つはスペイン、つまりその名前通り（フィニステーレは地球の端の意）、ヨーロッパの陸地の本当の端にあるために生じたのだろう。

I 「アメリカ合衆国の主権が最初に認知された場所」

一七七六年十一月十六日、青緑色の海の上に白い砲煙がたなびいたかと見る間に、西インド諸島のちっぽけなオランダ領の島、セントユースティシャスの簡素な砦から轟然と大砲の音がとどろいた。セントユースティシャス島のオレンジ砦の大砲が、外国の港に入る船舶のならいとしてアメリカ船アンドリュー・ドーリア号が放った礼砲に答えているのだった。船は、赤と白の縞の大陸会議の旗をマストにひるがえしながら、いましも港外の錨地へと進んでくるところだった。セントユースティシャスのこの答礼は、小さな声とはいえ、十八世紀最大の事件――歴史の方向を変えるべく運命づけられた新しい大西洋沿岸国家が国際社会の仲間入りをする事件――をはじめて公的に承認した声となった。

ヨーロッパ社会の統治の本質に及ぼしたアメリカ革命の影響は、革命が事実となった瞬間から感じとられ、はっきり認識されていた。マームズベリ伯爵、サー・ジェイムズ・ハリスは、アメリカの反乱が始まったあと、セントユースティシャスの本国、「オランダの大半の国民の心中に驚くべき変革が起こった」と回想している。彼はアメリカ革命が勝利した直後の数年間、ハーグ駐在の英国大使だった。「その結果、総督（オランダの主権者、オランイェ公）の権限に対する疑念が生じてきた」と、彼は回想録に記している。「……実際、アメリカのイギリス人植民者たちが反乱に成功すると、あらゆる権威が攻撃にさらされるようになった」。

大使が証言しているのは——まだ事実にはなっていなかったとしても、概念として——貴族や君主によって恣意的に行使される権力から憲法と国民の代表に委ねられた権力への移行だった。この移行の時期は、一七六七年から一七九七年にわたる彼自身の在職期間とたまたま一致したこともあって、「ヨーロッパ史上最も事件の多い時代」だったとハリスは考えていた。セントユースティシャス総督ヨハンネス・デ・グラーフが自発的に命じたアンドリュー・ドーリア号に対する答礼は、反乱植民地の独立宣言以後、アメリカの国旗とアメリカ国家を外国の官吏が承認した最初の行為だった。オランダが他国に先んじていたことはこの事件の最も重要な面ではないが、他にも優先権を主張してこれに異論を唱える国もあるので、最初に認知してくれたのはオレンジ砦の大砲だった、とアメリカ合衆国大統領が確認したとだけ言っておこう。この事実は、一九三九年セントユースティシャスへ贈られた飾り板に、当時の大統領フランクリン・D・ローズヴェルトの署名入りで次のように彫りこまれている。「一七七六年十一月十六日、アメリカ合衆国の国旗は、合衆国帆装軍艦アンドリュー・ドーリア号が放った国家としての礼砲に対する返礼として、セントユースティシャス総督、ヨハンネス・デ・グラーフの命による答砲（サリユート）を受けた。この答砲を記念して……、合衆国の艦船に対し、アメリカ合衆国の主権が最初に外国の官吏によって公式に認知された場所は、ここだ」。

この事実のおかげで、デ・グラーフは、ほとんど知られていないとはいえ合衆国の年代記のなかに永久に名をとどめている。

このドラマの主役を演じたアンドリュー・ドーリア号は、ただの船ではなく、すでに歴史的な名声の持ち主だった。一七七五年十月十三日付大陸会議の法令によって創設された大陸海軍の一員として就役するため商船を改造して作った四隻のうちの最初の軍艦の一隻で、その後まもなく最初の戦闘を経験していたからだ。小さな二本マストのブリガンティーンだったが、新設アメリカ海軍としての戦闘に備えて装備をやり直したのだ。大陸会議の命令で一七七六年十月二十三日、フィラデルフィアに近いニュージャージーの海岸都市グラスターから船出して、軍備を積みこみ、独立宣言の写しをデ・グラーフ総督に届ける目的で、セントユースティシャスにやって来たのだった。偏西風をつかまえるための限られた帆走設備しかない船にしては、三週間そこそこの航海で十一月十六日に到着したのはあっぱれな功績だった。北アメリカからヨーロッパへ、またその逆を行く船の航行時間は、船のタイプと風によって大きく左右された。大型軍艦のほうがフリゲート艦や商船より時間が長くかかったし、風はときどき、東へ吹くいつもの偏西風から逆向きの風へ不規則に変わることがあった。革命当時「下り（くだ）」と呼ばれるヨーロッパ向けの東方航路は、ふつう約三週間から一カ月かかり、これに対してアメリカ向けの「上り（のぼ）」と呼ばれる西方航路は、風とメキシコ湾流に抗して進まねばならないため、ほぼ三カ月かかった。

ユースティシャスの答砲は、それが引き起こした事柄を別にすれば大して重要なものではない。総督は本国政府にさからい、英領東部十三植民地とのオランダの軍需貿易を意図的に奨励して、セントユースティシャスからの軍需品積み出しの継続を保障していた。これは、植民地の力が弱かった当初、アメリカ革命を火薬の欠乏状態から救う上で決定的な役割を果たした。最初の年、アメリカ陣営全部にわたって「一人につき九個以上の弾薬筒」はなかった、とジョージ・ワシントンは書いている。英領植民地が武力による反抗に訴えてから六カ月後の十月、ワシントンは弟に次のように告白した。

「われわれは弾薬が乏しいので、ほとんど連日の連続砲撃を一発のお返しもしないで甘受しなければならない。弾薬は、赤服の英国兵たちが塹壕から出てくる気になったときに備えて、大砲の射程より短い射撃のために取っておく必要があるからだ」

一七七五年六月、バンカー・ヒルの厳しい戦闘では、アメリカ側の弾薬がほとんど底をつき、兵士たちはマスケット銃の台じりで英国兵たちと戦わねばならなかった。いつかアメリカが反乱を起こすのではないかというしつこい疑惑が英国側にあったため、植民地は長い間軍需品の供給については母国に依存させられて武器弾薬の国内生産は行なっていなかったし、原料の硝石も、武器弾薬の製造技術や設備もなかった。したがって、ヨーロッパから西インド諸島経由で送られてくる弾薬だけが唯一の供給源だった。貿易を血肉とし大洋航海を主なりわいとするオランダ人が、中立国として植民地の最も重要な軍需品の供給者となっており、植民地に対する秘密貿易の要（かなめ）をなすセントユースティシャスが、あらゆる国の商品の貯蔵庫になっていた。英国は可能なかぎりの手段を使って輸送を阻止しようと努め、ユースティシャスの港内まで船舶を追跡することさえやったが、オランダの荷主たちは地元の風や潮流に詳しく、うまうまと追跡者を出し抜いて、頑固に航海を続けていた。英領植民地の「ふらちな反逆者たち」は友好国から「援助や物資の補給」を受けてはならないという英国の抗議はしだいに憤激の度合いを強め、サー・ジェイムズ・ハリスの前任者の英国大使で、ジョン・アダムズの言葉によると「傲慢で強力な」サー・ジョーゼフ・ヨークの横柄な言葉で伝えられた。

大法官(フィリップ、初代ハードウィック伯爵)の息子だったサー・ジョーゼフ・ヨークは、ハーグの外交官社会では押しも押されもせぬ人物だった。彼はイギリス人訪問者のサー・ウィリアム・ラクソールによると、心の温かさというよりは威圧的な印象を与える「みごとで、慇懃な」客の招き方をしたという。彼の態度は明らかに、オランダ総督オランイェ公に訴えるたぐいの「正式で、儀式ばった」ものだったからだ。オランイェ公は彼に対し「息子が父親に対して抱くようなある種の敬意」を抱いていた、とラクソールは語っている。このいかにも大使らしい態度は、オランダの商船主たちにはあまり効き目がなかった。彼らは外交儀礼より商売のほうを大事に考えていたからだ。

ニューヨークの英国人副総督、カドウォーラダー・コールデンは一七七四年十一月、ロンドンに警告した。

「……この地とオランダとの密貿易は言語道断なほどさかんだ……密輸業者に対して断固た

る措置をとらねばならないが、これは容易なことではない。オランダまたはセントユースティシャスからの船舶はニューヨークの港には入らず、海岸や川筋にある無数の湾や入り江に入りこみ、密輸品はそこから小型のボートで輸送されるからだ」。

密輸品の輸送組織がどのように働いていたかは、網の目のように張りめぐらされた英国大使ヨークのスパイたちの報告書のなかで明らかにされている。とくに活動的な船主はイザーク・ファン・ダムといい、セントユースティシャスに住むオランダ人で、アメリカ人のブローカーをつとめていたという。彼は大量の商品と金をフランスに送って火薬を買いつけ、それをセントユースティシャスへ運んでからアメリカ向けに積みかえた。英国の使節にとって自分の鼻先をかすめて密輸品が入りこむのを見るのは、とくにつらいことだった。「われわれが誇る海の帝国もかたなしだ」とサー・ジョーゼフ・ヨークは嘆いた。「われわれは殻をつかみ、隣人はかきの中身を手に入れる」。

英国はこの交易に激怒して、一七七四年、英領東部十三植民地に対する「軍需品」の輸出を禁止し、よって交戦国としてそれを捜索し没収する権利があると宣言した。その後オランダ政府に対し、オランダ国民による軍需品の輸送を禁止するよう要求しておどしをかけた。当時はすでに、オランダ人とイギリス人が海上の覇権を争って互いにしのぎを削った一世紀前の時代とは違っていた。伝説によれば一世紀前、オランダのデ・ロイテル提督は、英仏海峡からイギリス勢力を一掃するという意図のしるしとしてマストの先にほうきを釘で打ちつけ、敵国の首都のまさに入口までテムズ川をさかのぼったという。思い通りの結果は得られなかったが、彼は数隻の英国船を焼き、英国海軍の主力艦の一つ、ロイヤル・チャールズ号を曳いていった。これは、海軍本部の書記官だったサミュエル・ピープスを深く悩ませた不吉な事件だった。「わたしはとても悲しい」と、彼は一六六七年六月十二日の日記に記している。

「頭はこの不幸なニュースでいっぱいだ……なぜかというと、オランダ人がわれわれの船の鎖を断ち切って燃やしたからだ。とくにロイヤル・チャールズ号の成り行きはつらい。実は、大英帝国全土が崩壊したのではないかとわたしは恐れている」。

川で焼き討ちにされた船の炎はロンドンからも見ることができた。イギリス・オランダ戦争は十七世紀を通じてだらだらと続き、ついに両国は、覇権を争う抗争は覇権がもたらすどんな利益よりも高くつくという結論に到達し、どちらもフランス王ルイ十四世の攻撃に対する抵抗で神経をすりへらしていたので、互いに戦うより協力したほうが有利なことに気がついた。一六七八年イギリスとオランダは、第三国が攻撃をしかけた場合には軍隊の貸与その他の援助をして互いに助け合う旨を規定したいくつかの条約に拘束される防衛同盟を結んだ。*こうした関係をほぼ百年間続けてきたのに、いまオランダが、古い条約にもとづいて要求した六千人の軍隊を貸してくれる代わりに敵のアメリカをからっぽの兵器庫から救い出し革命を継続させていることに、イギリスはいたく憤激した。

オランダ（ネーデルラント）連邦共和国政府は、一七七〇年代当時、百隻の戦列艦（砲六十門以上を持つ軍艦）を持っていた英国に比べ、同じ規模の戦列艦は十一隻しかないという海軍力の弱体に気づいていたので、植民地に対する軍需品の供給を止めろという英国の要求に従わざるをえないだろうと考えた。一七七五年三月、オランダの為政者は国民に対し、アメリカ植民地向けの禁制品（兵器と弾薬）ならびに船舶用品（修理用木材、艤装用ロープ、船の航行に必要なすべての材料）、衣類にいたるまでの輸出を六カ月間禁止し、違反すれば積み荷を没収し重い罰金を課す、罰金を支払わない場合は船舶を没収すると発表した。八月には禁止期間が六カ月から一年に延長され、次の二年間さらに一年ずつ延長された。有利な商売に対する耐えがたい弾圧として、この命令は商人階級の間にごうごうたる憤激を巻きおこし、常習的に無視された。

当然の結果として密輸がものすごく増大した。あまりにも増大したので、英国大使サー・ジョーゼフ・ヨークは、国家最高機関であるオランダ連邦議会に対し、今後英国軍艦は「これまで以上に警戒を強め、厳しく」セントユースティシャスを監視せよと命令されている旨通告するよう指示された。警戒が非常に厳しくなったので、船員たちが物資を運びこむのは難しくなった。オランダではこの措置に対する憤激が高まり、報復としてサー・ジョーゼフ・ヨークの公邸を封鎖しようという提案までなされたが、この反外交的な企てが実行されたことを証明する記録はない。

＊十八世紀の慣行にしたがって、オランダ（ネーデルラント）連邦共和国の筆頭州ホラント（Holland）は、ここでは国全体を表す名前として用いられている。

一七七六年一月、国王ジョージ三世はさらに多くの軍艦を就役させるよう海軍本部に命じた。「すべての情報によると、主にセントユースティシャスだが、他の島々も、今冬アメリカ人に火薬を提供しようとしていることが確認される」からだった。もしユースティシャスの船主たちが根気よく通商禁止令を無視して追跡者の目をくらまさなかったら、アメリカの反乱の続行はこの段階で間一髪の危機に遭遇したかもしれない。軍事的には切羽つまった時期だった。一七七六年八月のロングアイランドの戦闘でアメリカが壊滅的な敗北を喫した結果、ニューヨーク海岸とニューヨークへの出入りはイギリスの支配するところとなった。ジョージ・ワシントンは、軍隊だけは無事にマンハッタンから撤退させ、ニューイングランドから南部への連絡路は保持することができた。英国の戦略の主な狙いはこの連絡路の破壊にあった。

まもなく英国軍はペンシルヴェニアに入りこみ、大陸会議の首都、フィラデルフィアをおびやかしていた。一七七六年のクリスマスに大陸会議はボルティモアに避難した。一七七七年九月、大々的な英国陸海軍を率いたサー・ウィリアム・ハウはアメリカ最大の都市で最も多忙な製造と商業の中心地、フィラデルフィアに入ってそこを占領するため、デラウェア川に向けて堂々とチェサピーク湾をさかのぼった。英国軍がそこを占領すると、アメリカの二つの主要港が閉鎖され、船荷の配送路が断たれることになる。しかしオランダ人は儲けの多い貿易を放棄するつもりはなく、小さな港や河口にしのびこみ、愛国者たちの独立戦争を維持する大砲や火薬の供給をなんとか続けていた。

だが、ニュージャージーのフォート・リーの真向かいにあるハーレム高原のフォート・ワシントンを失い、独立の大義はまたしても打撃を蒙った。この敗北によりハドソン川の支配権を失って、川向こうのニュージャージーを英国の侵略にさらしたからだ。あらたな敗北を喫したため、領土を救うには大規模な戦闘が必要だった。まともな軍服もなく、医療品や病院が不足して負傷者の手当てもろくにできず、とりわけ新兵の補充がままならない薄汚れた軍隊は、兵役期間が短いため、たえず人数が減ってさらに弱体化した。ワシントンが徴集することができたのは、ハウの一万人に対してせいぜい二千五百人くらいだったろう。この不均衡の埋め合わせをつけたのは、危機にさいして奇跡を起こす彼の才能だった。大陸会議のメンバーがなんとか無事に逃れようと走り回っていた同じクリスマスに、疲労困憊した軍隊を率いたワシントンは再びデラウェア川を渡って、トレントンのヘッセン兵（英国がやとったドイツの傭兵で、主にドイツ中部の州ヘッセン出身の兵隊）に壊滅的な打撃を与えて降伏させ、千人を捕虜にした。この精力と士気に富む資質は彼自身の大義にとっても、非常に貴重だった。

同じような不屈の意志のおかげでオランダ民族は、スペインの支配を顚覆させるための八十年にわたる反乱の戦いを遂行し、海運業によって海外に雄飛する帝国となり、十七世紀の間に覇国の役割に匹敵する地位へ到達することができたのだった。いまは凋落の道をたどりかけているとはいえ、自分たちの船が何を運んでよく、何を運んではいけないかを指図する英国の命令に唯々諾々と従い、捜索を受けたり言いなりに捕獲されたりする気は毛頭なかった。

アメリカの運命に決定的な影響を及ぼしたアンドリュー・ドーリア号への答砲のあと五年経たないうちに、オランダとイギリスの敵対感情は頂点に達する。一七七六年一月には、敵意は公然たるものになった。ユースティシャスは、臨時総督、アブラハム・ヘイリハーの口を通した強い言葉で、英軍が港内まで商船を追跡してきて「あらゆる文明国の法律を全面的に侵犯していると考えねばならないほど目にあまる不法行為」を行なったとはげしく抗議した。この抗議は、はじめの言い回しを注意深くあらためたのち、直接英国へではなく、アメリカとの貿易を管理していたアムステルダムの西インド会社に送られた。リーワード諸島英国駐屯地の司令官、ジェイムズ・ヤング提督はただちに「反乱を起こした英国国王の臣下と……セントユースティシャスとの間に……非常に悪質な取り引きが行なわれている」という非難で反撃した。同月、国王ジョージは海軍本部に対して「警戒を強めよ」という命令をくだした。

当時は輸出禁止令のもとで非合法になっていたので、植民地との武器の取り引きは島の当局――とくに総督――が寛大な措置をとっているおかげでようやく続いていた。皮肉なことにヨハンネス・デ・グラーフは、再度の英国の抗議の結果として総督の地位を獲得したとも言える。英国は、アメリカの大義に好意を持ちすぎているし、禁制品の密輸出防止に手ぬるすぎるとして、彼の前任者デ・ウィントの更迭を要求したからだ。そして、デ・ウィントが一七七五年に都合よく死んだとき、オランダは外国の要求に屈したふりは見せず、二十四年間島嶼庁長官をつとめたデ・グラーフをその地位に任命した。

総督の地位を求めて西インド会社に申し出た多くの候補者の間で、デ・グラーフは全員から競争者と見られていた。彼の有利な資格を強調する人もいれば、資格のなさを強調する人もいた。後者のなかには、「彼の妻は罪作りなほどけちで、三日も経った食物を出しやがる」という一市民の苦情も含まれている。それより悪いことに、次のように言う人もいた。「彼女のテーブルかけはどこから来たと思うかね。オスナブリュック（ドイツの工業都市）さ！　ちゃんとした人たちがあんなものを使ってるのを見たことがあるかい。あいつらのような下司な人間は別にしてだが」

地元でのいわくありげな取り沙汰にもかかわらず、デ・グラーフが任命された。彼は一七二九年、サム・アダムズと同じ二〇年代に、セントユースティシャスの富裕な両親の息子として生まれ、オランダで教育を受けたのち、セントユースティシャスに帰って当時の総督、アブラハム・ヘイリハーの娘と結婚し、隣りのセントマーティン島の指揮官に昇格した。それからセントユースティシャスの長官をつとめたあと、総督として岳父のあとを継いだ。宣誓就任をしたのは一七七六年九月五日だから、彼はその職についてから九週目にアンドリュー・ドーリア号の危機に突入したことになる。デ・グラーフは三百人の奴隷を擁する島全体の私有地の四分の一を有し、五十年前、当時のいちばん金持ちの商人が建てた名所となっている豪邸に住み、島で最も富裕な商人兼大農場主だと言われていた。また、アムステルダムの富裕な市会議員たち（レヘント）の邸を飾っているのと同じようなピューター（白目製器物）とデルフト陶器と磨き上げたマホガニー家具で広々とした部屋を飾っていた。それに加えて、ヨーロッパと

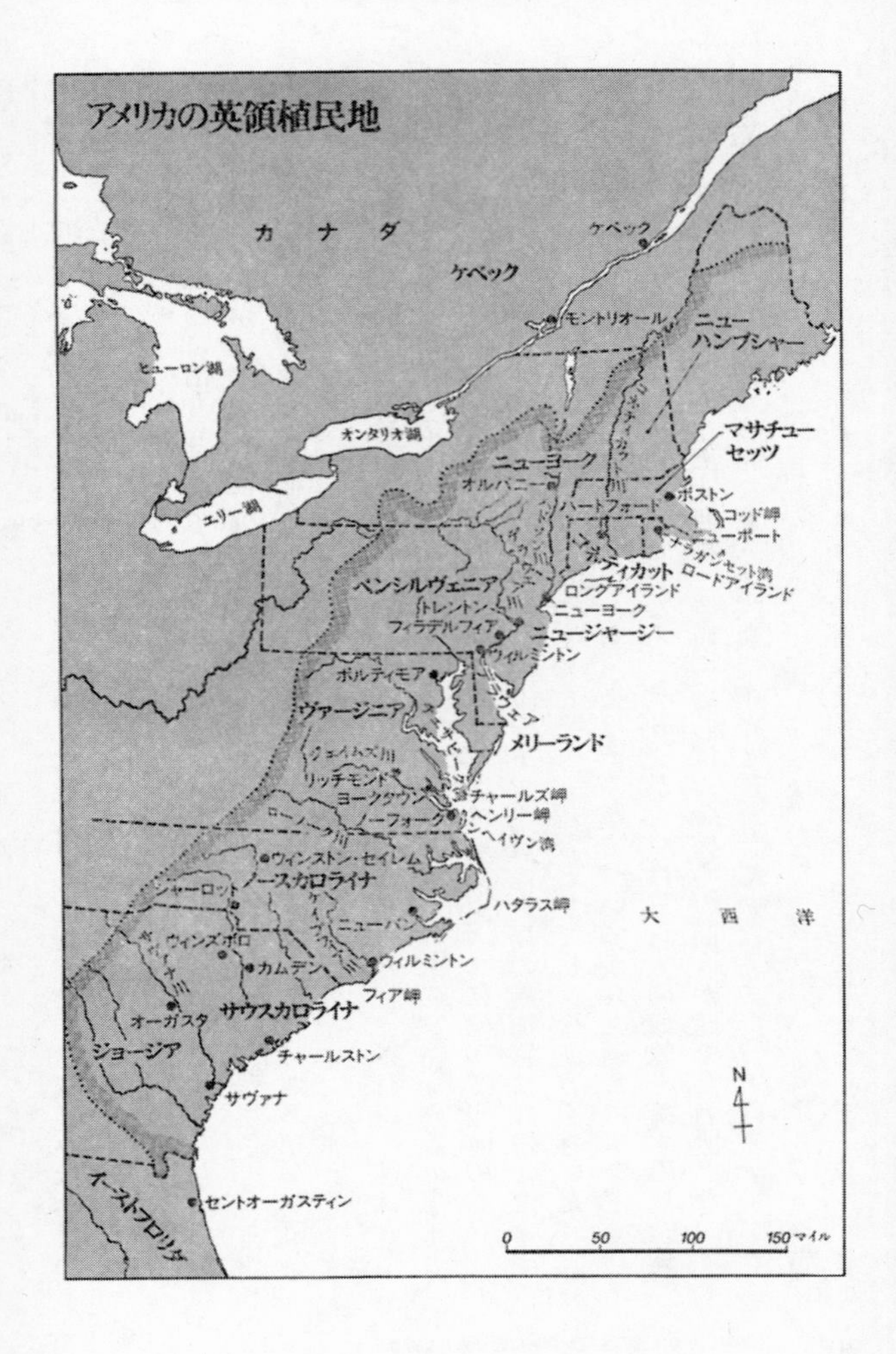

アメリカの英領植民地
カ ナ ダ
ケベック
ケベック
モントリオール
ニュー
ハンプシャー
ヒューロン湖
オンタリオ湖
エリー湖
マサチュー
セッツ
ニューヨーク
オルバニー
ボストン
ハートフォード
コッド岬
ニューポート
ナラガンセット湾
コネティカット
ロードアイランド
ロングアイランド
ペンシルヴェニア
トレントン
ニューヨーク
フィラデルフィア
ニュージャージー
ウィルミントン
ボルティモア
ヴァージニア
メリーランド
ジェイムズ川
リッチモンド
ヨークタウン
チャールズ岬
ヘンリー岬
ノーフォーク
ウィンストン・セイレム
ノースカロライナ
シャーロット
ハタラス岬
大 西 洋
ニューバーン
ウィンズボロ
カムデン
ウィルミントン
フィア岬
オーガスタ
サウスカロライナ
ジョージア
チャールストン
サヴァナ
イーストフロリダ
セントオーガスティン
N
0 50 100 150マイル

セントユースティシャス間を貨物を積んで往復する十六隻の船を持っているという評判だった。また、自宅の二階のバルコニーから、噂では年間三万ドルの収益を彼にもたらすという貨物を積んで押し合いへし合いしながら港に入ったり出たりする一団の船を見ることができた。地元の住民からの苦情によると、彼は多くの抵当を取っており、このようにして大勢の人々を掌握する立場にあったが、五人会議すなわちセントユースティシャス議会を完全に支配できるよう友人や親戚たちを行政機関に送りこんでいたので、なおのこと大きな力を持っていたという。議会を構成していたのは、教会会議の大部分のメンバーと同じように、富裕な商人や彼と同類の農場主だった。そして、それらの人々はデ・グラーフともども、他でもよくあるようなやり方で、自分たち自身の利益になるよう政府と司法当局を統轄する一つの集団を作っていた。恣意的な行動をすると総督を非難する地元の苦情は、デ・グラーフが独裁者であって、お飾りの不在総督であるどころか、島のすべての活動を知悉してそれを統轄していたことをはっきり示している。

密貿易を抑止するため彼が港に警備員を配置するだろうと英国が期待していたとすれば、そのような希望はことごとくくじかれた。彼は前任者以上にアメリカの大義に加担していることが明らかになったからだ。港は「無条件ですべてのアメリカ船に対して開かれている」と、隣りの英領の島、セントキッツの沖に投錨したシーフォード号の司令官、コルポイス艦長は抗議をした。他方セントユースティシャス駐在のアメリカの代理人、メリーランドのヴァン・ビバーは、次のように自宅に書き送っている。

「総督閣下とは最高にうまくいっている……わが国の旗は認知されて毎日、通りにはためいているし……総督は連日のように、ここわれわれとの貿易を保護したいという最大の希望と意図を表明している」。

総督を任命したオランダ西インド会社はこういう感情を知らなかったはずはない。だから、対米貿易による収入をふやしたい一心で、収入のため彼を任命したことに疑問の余地はない。

彼の領土――小さなセントユースティシャス、または、地元の親しい呼び名に従えばステイシア――には、多くの特徴があった。そのうち少なからざる重要性を占めるのは、島がどこにあるのか関係官庁にはよくわかっていないように思われることだ。歴史や地図や十八世紀の慣例に従うと、その島はつねにリーワード諸島の一つだとされている。これに対して、地元の公的観光局が発行した最近のパンフレットではウインドワード諸島に入れている。ふつうの読者、たぶん筆者のような陸者（おかもの）にとっては、こういう奇妙な矛盾は無関心で過ごせる問題かもしれないが、帆船時代これはいちばん肝心な問題だった。「リーワード（風下へ）」とは風が吹いていく方向のことで、一般に海岸の方向を表し、「ウインドワード（風上の）」とは帆をふくらませる風が吹いてくる方向のことだ。だからこの二つは、内側が外側と違うように互いにはっきり異なっていて、完全な両極を表し、海上活動の決定的要因となる。かつてはカリブ海中最も富裕な港であり、アメリカ史上重要な役割を果たした場所にしては、命名上のこのあいまいさは不注意とは言わないまでも場当たり的であるように思われる。印刷中に入りこんだかもしれない混乱を無視すれば、セントユースティシャスはヴァージン諸島と共に小アンティル諸島中のリーワード諸島に属している、と自信をもって述べてもよいだろう。

西インド諸島は全体として、フロリダ沖の地点からヴェネズエラまで北米と南米をつなぐカーブした鎖を作っている。ヴェネズエラは南米の北海岸に、つまり海賊時代にはスパニッシュ・メインとして知られていたところにある。海賊たちはここの本土の港で、ペルーの銀や新世界のスペイン植民地の富や品物を積んで帰途につくスペインの宝船を襲撃しようと待ち伏せしていたのだ。

西インド諸島の鎖はカリブ海と大西洋をへだて、外側のカーブを大西洋に突き出し、内側のカーブで鉢のようにカリブ海を囲いこんでいる。西インド諸島の島々は、静かな空の広々としたおおいの下で心地よさそうにおだやかな海のなかに横たわり、木々でおおわれたこぶのような土地一つ一つが基底部のまわりに岸辺に砕ける白い波頭の縁飾りをつけている。海は、雲におおわれているときの灰色がかった青から陽光に照らされたときの明るい青緑色へ変わり、時折小さな白い帽子をきらめかせた。そういうとき海は、製品の積み荷を下ろすためか、島の港で貨物を積みこむためか、あるいはたぶん侵略者自身の国へ併合する目的で、ある島を襲撃し占領しようと侵攻してくる敵の軍勢を上陸させるため、小帆船隊を運んでいるのだった。こういうことは定期的に起こっていたので、主権が変わっても、人が衣服を替えたとき以上の興奮はほとんど起こらなかった。十八世紀の活力のもとだった国際貿易の隆盛、ヨーロッパの舌を甘くしていた新しい砂糖の収穫、酷暑の砂糖農場で重労働にたずさわる労働力をせっせと運びこむ奴隷貿易などからあがる富のため、これらの島々は、当時権力の素だと考えられていた金貨・銀貨を貪欲にほしがるすべての国家の渇仰の的だった。実際の襲撃を別にしても、侵略者は大農場を荒廃させ、産物を減らし、主権国の収益を断ち、その結果戦争遂行能力を低下させることがあった。最も稼ぎ高の多いセントユースティシャスは、一世紀半そこそこの間に二十二回主権の交替があったことを誇っている。

カリブ海の鉢のなかで、この島々は三つのグループになって横たわっている。上部にはバハマ諸島。中央にはキューバ、ジャマイカ、プエルトリコ、ハイチとサントドミンゴに分割された島を含む最大の島々からなるグループが続く。東端にはリーワード諸島の細い縦長の鎖があって、ステイシアはここに位置していた。最も近い隣国は、八マイル離れた英領のセントキッツだった。その向こうの大洋中に、マルティニク、バルバドス、グレナダ、トリニダド、トバゴを含むウインドワード諸島が風上に当たる場所を占めている。ヨーロッパの根拠地は遠く、行先の港によって異なるが平均してほぼ四千マイル(一マイルは約一・六キロ)離れていた。西インド諸島からヨーロッパまでの平均航行時間は、いつもの西風(西から東へ吹く)に後押ししてもらうと五週間か六週間だった。北アメリカの海岸のほうがずっと近く、カリブ海と南大西洋を横断してほぼ千四百マイルのところにあった。西インド諸島からアメリカまでの標準的な航海は、平均して三週間かかった。地理についてはこれくらいにしておこう。

反乱者たちに対してデ・グラーフが答礼したり、彼の同胞たちが大国による報復を賭けて通商禁止令に挑戦したりしたのはなぜか、ここで動機が問題になってくる。こうした事情全体を通じて、オランダ人の主な関心は、自由よりむしろ利益のあがる貿易にあった。デ・グラーフは、のちに取り調べを受けたときには単に決まりきった儀式をやったにすぎないと言いはったが、実はそうではなく、計画的に事を運んでいたのだった。その後の騒動のなかでオレンジ砦の指揮官、アブラハム・ラヴネは、アンドリュー・ドーリア号に答礼したくはなかったのだが、すぐそばで総督が命令したのだと証言した。島の住民たちの喝采がそのわけを語っている。住民たちはこの事件により、新総督には禁制品取り引きの禁止を実施したり、その取り引きから生まれる富を絶ったりする気はないことを確信したからだ。

ステイシアは歓喜した。答砲のあとメリーランドの代理人ヴァン・ビバーが報告しているところでは、アンドリュー・ドーリア号のロビンソン艦長は「総督閣下と全員総出でこの上なく友好的に迎えられた……ここのアメリカの船舶はみんな大陸会議の旗を掲げている。英国派の連中はここのアメリカ人の前では縮み上がって、こそこそ逃げ回っている」。デ・グラーフの利害は西インド会社と商人階級の側にあったので、最初の答砲が、気の荒いユースティシャスの住民たちに利益の追求上必要な、寛大な措置を保障する意図でなされたのは明らかだった。この意図を強調するおまけとして、デ・グラーフは答砲のあと、ロビンソン艦長に敬意を表してパーティを開き、アメリカの代理人や商人を全員演芸会に招いた、とヴァン・ビバーは幸せそうにメリーランドの上役に報告している。答砲の背後にある動機を確認して、ヴァン・ビバーは次のようにも書いている。

「この法律を強行すれば、つまり通商停止をすれば、オランダ貿易は破滅することを、オランダ人は十分よく理解していたからだ」。

一七七六年十二月二十六日、ロビンソン艦長の歓待は、セントキッツの新聞記事をもとにしてアメリカの新聞「パーディーズ・ヴァージニア・ガゼット」に嬉しそうな口調で報告された。セントキッツの新聞記事がロンドンに送られたのは確かだ。オランダが反乱者の旗を承認したことを知って、ロンドンは嬉しがるどころか、国王の閣僚たちは「国王の旗に対するはなはだしい侮辱だ」と非難した。事実、停泊地の観察者たちから答砲の件を知らされたときのロンドンの憤激はものすごく、アンドリュー・ドーリア号が出発のさいアメリカ向けの武器と弾薬を積みこんだという報告を受けていっそう激化した。

アンティグアにいたリーワード基地の英国人司令官ジェイムズ・ヤング提督は、書簡でデ・グラーフに「セントユースティシャスの港は最近しばらくの間、私的な交易船であろうが攻撃的な戦争に備えた武装船であろうがおかまいなく、アメリカ人全員とその船の保護者であることをみずから公然と宣言している」、また「オランダ連邦議会は、これらの海賊や反乱者たちの礼砲に答えるほど旗も体面も地に落とし、彼らに英国王の忠実で誠実な臣下たちの通商を妨害し邪魔だてさせるあらゆる種類の武器弾薬やその他のものを与えており、さらにセントユースティシャスの総督も連日自国の港で私掠船(しりやくせん)に船員を乗り組ませ、武器を備え、艤装するのを許しているということが毎日この上なくはっきり確認されるのを耳にして、いたく驚き」心を痛めていると通知した。大英帝国の神聖なる貿易を「妨害し邪魔だて」する反乱者たちの無礼と、それ以上に、友好国が――まるでクラブのメンバーのように――彼らを寛恕するのみならず援助していることに、いかに英国が憤激しているか、その鼓動を伝えるにはこの手紙一通で十分だろう。いま、アメリカの英領植民地以上にオランダ人が英国の血圧を上げているのだった。植民地はまだ他国から承認された国家ではなかったので英国人の目からすれば交戦権はなく、植民地の艦長が真正な任務を持っているはずもなかった。英国人がさかんに「海賊」という語を使うのはこういう事情からだった。

大陸会議の旗に対するデ・グラーフの礼砲は、決して戦争の勝利予定者に対する単なる儀礼的な挨拶ではなかった。というのは、サラトガでバーゴインが降伏して（一七七七年十月）寄せ集めの植民地軍が実際に勝つかもしれないという証拠が出てくる前から、総督はほとんど一年間——正確に言うと十一カ月——にわたって大砲を撃っていたからだ。一七七八年、フランスが公然とアメリカと同盟を結んで参戦する気になったのは、サラトガのこの勝利のためだった。そして、フランスの参戦が戦争の趨勢を変えた。

大胆な反抗にもとづく貿易で繁栄していたステイシアと総督は、英国の高まる怒りを恐れはしなかった——やがて起こるさまざまな事件から判断すると、自分たちの利益を優先させて、まったく恐れなかったと言えるかもしれない。

II 黄金の岩

この小波乱の中心となったセントユースティシャスは面積七平方マイルにも満たない岩がちのやせた土地で、火山の影響で波の上に出現した島にすぎず、歴史の舞台としては不似合いなところだった。だが、事実上土地を持たない民族のたぐいまれな貿易への熱情が大きくものを言い、南北両アメリカから運ばれてくる商品とヨーロッパやアフリカから西インド諸島にやって来る船舶が自然に出合う西インド諸島の要(かなめ)となる位置を占めているためもあって、この小さな島はカリブ海中最も富裕な港となり、この地域を通じて——ある人々が自慢しているように世界一とは言えないにしても——一エーカー当たり最も富める土地になっていた。そこへもってきて、英国対アメリカの英領植民地との抗争にさいしオランダが中立を宣言したことが、富の蓄積に拍車をかけた。

地勢が幸いしてステイシア(セントユースティシャス)は、一時に二百隻を収容できるすばらしい停泊地を持ち、蝟集するさまざまな国の領土——英領(ジャマイカ、セントキッツ、アンティグア、バルバドス)、仏領(セントルシア、マルティニク、グアドループ)、スペイン領(キューバ、プエルトリコ、ヒスパニオラ。ヒスパニオラはハイチとサントドミンゴに分かれている）、デンマーク領（ヴァージン諸島）――の中心という貴重な位置を占めていた。これらの国々は、実際に敵と通商していた英国商人と同様、ステイシアの中立的立場を利用して、そこの海岸をアメリカへ往復する品物の主な積みかえ基地にしていた。

ユースティシャスが突如として世間の注目を浴びるようになった一七八一年の演説のなかでエドマンド・バークは、そこの自由港から流れこんでステイシアの倉庫を交易商品で、また商人たちの貴重品箱を収益金であふれさす洪水のような取り引きのため、この島は黄金(ゴールデン・)の岩(ロック)と呼ばれており、「他のどの港とも違う」と言っている。「そこには産物もなければ、防衛用の砦もなく、軍事精神も軍隊上の規律もない。……利用価値で身を守っているだけだ。ユースティシャスの普遍的な有用性と中立的な性格が、島を安全に守り保護している。そこの所有者たちは、商業精神に則(のっと)って島を全世界相手の中央市場にした……そこの富は産業ならびに商業的性格から生じるもので、莫大だった」

地理的条件のほかに二つの要素が黄金の岩の驚異的発展に力をかした。すなわち、近隣の大国間で行なわれていた絶え間のない因果応報的な戦争のなかで、オランダが守り続けた進取的な中立と、関税のない自由港としてのステイシアの役割。

英国王対アメリカの英領植民地の戦いでオランダ連邦議会が中立を宣言したのは、アメリカとの貿易を独占していた強大なオランダ西インド会社が代表する商業階級の圧力がかかったためだった。これに先立つ英仏間の七年戦争の経験から、オランダ人は中立が儲けの多い商売になることを知っていた。もっともアメリカ戦争に関しては、中立と連邦議会の自然の行き方とは背馳(はいち)した。議会は為政者同士として英国の肩を持ったからだ。しかし、珍しく商売上の利益と結びついていた世論は、中立への圧力を増し、オランダ国民の大多数は、スペインの支配をくつがえした自分たち自身の革命に対する祖先伝来の誇りから、公然とアメリカの反乱に同情していた。

公海上の中立はつねに国際関係における最も議論の多い要因であって、相互矛盾をはらんだ危ない状況でかろうじて平衡を保っている。大いに論議された「自由船舶、自由貨物」の原則によると、中立国には交戦国の一方の側に軍事上の不利益を与えないかぎり、理論上は交戦国の一方と通常の貿易を続ける権利があった。同時にこの理論は、中立国の国民が行なう敵を利する軍需品の輸送を差し止める権利を交戦国に与えていた。この二つの主張――中立国の通商の権利と、その貿易を差し止める交戦国の権利――の間には、調停の余地はありえない。

オランダの商人と船員たちはこうした状況を利用しようと心を決めて、抜け目なく商売になりそうな機会を狙い、ゆたかな報酬を手に入れるため海上貿易に伴う身体的財政的リスクをおかして、商売に打ちこんだ。その結果、富が彼らの倉庫にあふれた。アメリカの英領植民地は、陸海軍の軍需品や糖蜜や砂糖や奴隷やヨーロッパからの備品と交換するために、ゆたかな産物――煙草、藍の原料インジゴ、材木、馬――の貨物を送り出した。アムステルダム在住のアメリカの代理人が買いつけを行ない、アメリカ海岸向けに積みかえるため、セントユースティシャスへの輸送の手配をした。船舶は一隻につき千ポンドから四千ポンド、あるときには合計四万九千ポンドの火薬を積んで、フィラデルフィアやチャールストン（最も近い港）へ運んだ。からっぽのマスケット銃を持った反乱者たちにとって、セントユーステイシャスがあるかないかは決定的な違いとなった。

ユースティシャスは自由港だったので、市場の取引と貯蔵しておく役割の両方から利潤をあげた。そこの倉庫には、販売や積みかえを待つ品物を、戦利品を求めて徘徊する外国の略奪船団の被害に会わずに安全に格納しておけるからだった。

軍需品貿易における利潤の尺度は、火薬一ポンドの値段から判断することができる。それは、オランダでは地元の通貨で八・五スタイファーだったが、ユースティシャスでは四十六スタイファー、すなわち約五倍半の値段になった。アメリカの顧客は距離的に近いため、むだな時間と長い航海による危険を回避できるからだった。アメリカの英領植民地に対する輸出入はふくれ上がった。一七七七年三月のたった一日に、ステイシア経由で植民地からの四隻の船がアムステルダムに入り、二百ホッグズヘッド（一ホッグズヘッドは二三八・五リットル）の煙草、六百から七百バレルの米、大量のインジゴをもたらした。ボストンのイギリス人税関吏は次のように記している。

「西インド諸島から毎日船が到着するが、大部分はセントユースティシャスからやって来る。その全部の船が多少とも火薬を運んでくる」

ステイシアの黄金の発展に寄与した第二の要因は、他の諸国では優勢だった重商主義の統制政策崇拝を避けたところにあった。

重商主義は、国力は金・銀貨の蓄積に左右されるという信念から生まれてきた。当時の増大する統治費用や、たえざる抗争に必要な陸海軍の維持費の支払いをするためには、金・銀貨が必要だったからだ。収入を得るために必要な輸出超過を追求して、重商主義政策は外国や植民地からの商品の輸入と諸外国との海運業に厳しい統制を設けた。この統制は自国の植民地にも適用された。植民地があるのは母国の繁栄に奉仕するためだと考えられていたので、母国の産業と競合する製品の輸出は禁じられていた。戦争での戦利品、閉鎖された僧院や追放されたユダヤ人や新世界から金銀を運ぶスペインの財宝船などから有無を言わさず財産を没収した場合を別にすると、輸入に対する輸出の超過だけが対外収入の唯一の財源だった。

十八世紀に各国がすべてに優先させて全面的に貿易に関心を払ったのは、このためだ。

風向や潮流、供給と需要、作物と市場といった際限のない変数に左右されるので、貿易にあたっては商人ひとりひとりが進路を切り開くしか道がなく、みながみな重商主義の信念に従順であるとは限らなかった。重商主義の信念は、英国の航海条例に具現されている。これは一六五一年に、勃興する中産階級と工業都市、主要な貿易港——英国史上長い間影響力を振るったいわゆる特別五港(サンク・ポール)——の利益をはかって、オリヴァー・クロムウェルのもとで制定されたものだ。この条例は最も危険な競争相手に対して英国貿易を保護するため、とくにオランダを狙ったもので、関税の壁を築き、品物の積みかえ輸送は英国の港に入る英国船の場合に限って許可した。当然の結果としてオランダと海上の戦いをする羽目に陥り、アメリカの英領植民地では関税に対するはげしい怒りを買ってアメリカ戦争にいたる反抗精神を養う商法によって得られるどんな収益よりも高くついた。これは国内での増税を招き、当然の結果として国内の不満を高めたからだ。だがそれも、この戦争時代の英国の苦難のうちの最悪のものではなかった。

オランダ人は、商業本能のおかげで早くから、利益というものは貿易を制限するよりも、自由な流れにまかせるほうが、ずっと多く入ってくることを悟っていた。セントユースティシャスの狭い区域内で、門戸を開き規制をゆるくしようとする必要性が、さらに大きくなったのだろうか。理由は何であれ、ステイシアは一七五六年、カリブ海で唯一の通商上の競争相手になっていたセントトマスとしのぎをけずるため、関税を廃止して自由港になった。そのとき以来、ステイシアは隆盛をきわめ、途方もなく繁栄した。近隣の島々は――たいていいつもこういう有様だったが――本国同士がヨーロッパで戦争状態になっている間は戦時中ゆえ互いに通商することができないので、セントユースティシャスに商品を持ってきて、そこで売り、外国からの食糧を購入した。西インド諸島のどの島も砂糖と奴隷の貿易に専心していて、食糧の自給ができなかったからだ。それで、次の二十五年間ユースティシャスは黄金時代を満喫した。アメリカ戦争前わずか数千人だった人口は、一七八〇年には貿易と倉庫管理業務の爆発的な発展のため八千人にふえた。下町(ローワータウン)の海岸沿いには住居がひしめき合い、空間という空間を占める石造の倉庫の列と二重になっていた。世界中の冒険屋の商人たちが、自分たちの商品を貯えておこうと群れをなしてセントユースティシャスへやって来た。

そうしないと、彼らの商品は、分捕り品と土地を求めてたえず襲ってくる海賊たちによって占領されている間に消え失せてしまう恐れがあるからだった。下町の倉庫は積みかえ待ちの商品であふれていた。貿易業者たちはしばしば、この島を倉庫として使っている間、大事をとってオランダ市民になった。英国がアメリカの海岸を封鎖し、フランスが参戦すると、アメリカとフランスの港は攻撃にさらされることとなり、保管所としてのセントユースティシャスの効用はいちだんと高まった。

下町はガロウズ湾で終わっており、そこは、船底を清掃する風変わりな仕事に適している傾斜した海岸になっていた。船底から甲殻動物や海草のたぐいを削り落とさねばならなかったし、また、カリーニング（船の清掃・修理のための傾船の意）と呼ばれるはなはだしく厄介な処理を経て二、三カ月ごとに船底を塗り直さねばならなかった。その作業のため船舶を海岸に引き揚げ、マストや底荷や大砲やその他の装備を取りはずすか動かないようにくくりつけておいて、船を横倒しにする必要があった。この厄介な作業の間、軍艦は戦列からはずされた。船は無力な状態で横たわっている間に泥沼にはまりこんだり突風で損われたりしなければ、その後再び進水させることができた。その不合理でほとんど笑劇的な手順を踏むときほど、人間の発明の才が必要条件を満たしそこなったと思われる例は他にない。この処理をやらないですます唯一の代案は、それをやるだけの資力のある海軍に限られるのだが、軍艦の船底を銅張りにすることだった。

一七七〇年代と八〇年代を通じて、オランダ商人は禁制品に対する政府の通商禁止令に挑戦し続け、アメリカの英国植民地の人々は、植民地として守らねばならない立場にあった航海条例を、これまで通り無視し続けた。急激に金持ちになる機会をもつことはとても誘惑的だったので、まるで通商禁止令などないかのように軍需品はオランダの港で大っぴらに船積みされた、と英国大使、サー・ジョーゼフ・ヨークは苦情を述べている。彼はオランダ連邦議会に対し命令を強制的に実施しなければいけないと強く主張しようとしたが、どうすることもできなかった。同僚への手紙のなかで、彼は英国人を最も怒らせた痛い点を衝いている。「……オランダ人の貪欲さに助けられなかったら、アメリカ人は革命を放棄しなければならなかっただろう」

彼は、敵に軍需品を売っていた英国商人の貪欲さは見なかった。貪欲さはよい性質と同じように、しばしば見ている人間のほうにも内在しているからだ。

Ⅲ　海乞食──オランダの台頭

デ・グラーフが礼砲を放った時代、彼の同胞はすでにほとんどすべての試み──国土を住めるようにするための水利工学、当時の最大の帝国主義大国スペインからの政治的独立を求める最も長期にわたる反乱の成功、貿易、企業、銀行業の繁栄、いくつもの大洋を股にかけた海運業、レンブラントの黄金時代を印しづける崇高な芸術、ただ一つ統治を除くあらゆる領域での努力──で劇的な成功の頂点をきわめて、下り坂にさしかかっていた。統治の面では、太平洋の原始的な島でさえがまんしそうもない麻痺した制度で満足していた。こうした肯定的、否定的両方の面はあるにしても、オランダ人はヨーロッパで最も興味深い民族だ。おそらくは一人のアメリカ人、とくに名前をあげればジョン・アダムズを除いて、そんなふうに言った同時代人はほとんどいなかっただろうが。アダムズはアメリカからオランダに送られた最初の使節で、一七八〇年、オランダに着いてからまもなく次のように妻に書き送っている。

「この国は世界でいちばん興味深い国だ……ここに来てから三、四週間になるが……オランダにとても満足している。ここは変わった国だ。こんな国は他にない。すべてが工業の成果であり、芸術品だ……この国はどこにも知られていない。隣国でさえよく知らないのだ。オランダ語を話すのはオランダ人だけだ。だから、彼らは誰とも話さないし、誰も彼らと話そうとはしない。イギリス人は偉大な国民だが、オランダ人を見劣りがすると言って軽蔑している。フランス人はさらに偉大な民族だ。だから、自分たちに比べるとまったくとるに足りないと言ってオランダ人を軽蔑する。しかしわたしは、比べて見た場合オランダ人より立派なヨーロッパの民族があるかどうか、大いに疑問だと思っている」

商業の世界で異常な出世をしたオランダに対する嫉妬心のおかげでヨーロッパ人の眼がくもり、アダムズのような評価ができなくなっていたのだった。

オランダ人は、ヨーロッパ随一の造船業者として終生にわたる水との戦いにもう一つの勝利の要素を付け加えた。東からやって来たゲルマン諸部族がヨーロッパに定住した先史時代、のちの世紀になってオランダ人が祖先だと考えるようになったバタウィーと呼ばれる一部族が、占有できる安全な領土を求めて遮二無二進み続けたが、ついに海にぶつかってそれ以上進めなくなった。そして、他に選択の道がなかったので、その波が洗う水びたしのヨーロッパの端に住みついた。土地は湿りすぎ、そこで暮らすのは難しすぎたので、他のグループはその土地の所有権を争いたいとは思わなかった。彼らは、家の基礎を水位より高くするための小丘や、家畜を入れるための傾斜路、海水を入れないための堤防を築き、経験と実験を通じて風車を作り、たえず泉や小川や沼地から浸みこんでくる水を捌かすポンプとしてそれを使う技術を学んで、足の下の土地を乾いたものにした。まもなく湖や沼地の底から土地を引き揚げ、農業や住居のために干拓地（ポルダー）と呼ばれる地域を創造することができた。また、捌かした水を溝に引きこみ、交通用の運河を作った。排水設備を維持するにはたえざる注意と更新を必要とする。この仕事は決して中断されず、完成もしなかった。この民族は、労働と土木工事のすばらしい偉業を実現して、以前は神にしかできなかった事業を人間の手で行ない、自分たちが住むための土地を創造するのに成功したのだった。天地創造の偉業に匹敵する仕事ができたのだから、彼らはいかなる人間も自然の猛威も恐れる必要はなく、成功の思いに浸っていた。足場の不安定な少数民族が当代随一の大帝国スペインの支配に対して反乱を起こし、一五六八年から一六四八年まで八十年続いた抵抗の戦争に耐え抜き、勝ったのだ。おまけに敵は、英国とアメリカの植民地のように三千マイルと大洋一つ分離れているわけではなく、同じ大陸にあって、バルセロナからアントワープまでは陸路を約九百マイル離れているだけだった。ついに独立をかちえたオランダ人は、自治を始めてから三十年経たないうちに世界最大の貿易国に変貌し、ヨーロッパの商業の中心と金融上の心臓部を押さえ、インド洋からハドソン川にまたがる海上帝国を作り上げていた。

オランダの驚異的な成長と拡大は、歴史家も口ごもり、オランダの学者でさえ不思議がる現象だった。だが、それが不可解だと言えるのは、国土の排水や超大国スペインの打倒と同じように、人間の精神がなしうる極限の努力は決して全面的に解明できるものではないという意味の場合に限られる。とはいえ、オランダの現象にはいくつかの原因が認められる。一部には、オランダの勃興は必要性——価値のない土地の端っこに住む民族が生計と生存の手段を見出す必要性——から生じており、また一部には、比喩で言えば、からだの大きい兄たちを出し抜きたいという気持ちにかられた小さなナポレオンの意志とエネルギーのためであり、また一部には、すでに何かをなし遂げた自信からくる衝動のせいだった。

拡張に次ぐ拡張が行なわれている間、オランダ人自身はそれを別に不可解とは思わなかった。彼らは一五四八年、オランダ連邦議会から主権者のカール五世、すなわち神聖ローマ帝国皇帝兼スペイン王にあてた請願書のなかで、何が自分たちをかり立てたのかを明快に説明している。請願者たちは、堤防や水門や溝や風車や干拓地(ポルダー)によって国土を海から守らねばならない際限のない干拓作業と、それに必要な莫大な年間支出について述べている。「その上」と彼らは書いた。「オランダの前記の地方は、多くの砂丘や湿原や湖や、農作物にも牧草地にも適さない不毛の地域を含んでいる。そのため、前記の地方の住民は、妻子や家族の生計をたてるために手工業と貿易で身を立てていかねばならない。つまり、外国から原料を集め、種々さまざまな布地や毛織物を含む加工品を作ってスペイン、ポルトガル、ドイツ、スコットランド、とくにデンマーク、バルト諸国、ノルウェーといった国々へ再輸出し、そういう国々から物資や商品、とりわけ小麦や他の穀物を持って帰ってくる、という方法をとる。したがって、この国の主な仕事は必然的に海運業とその関連事業の貿易にならざるをえない。そして、商人、船長、船主、水先案内、船員、船大工、それに関連したすべての職業にたずさわっている多くの人々が、右の仕事で生計をたてている。これらの人々は航海をし、あらゆる種類の商品をあちこちに輸出入し、ここに運んできた商品は、ブラバントやフランダースやその他の隣接地と同じくオランダ国内でも売りさばく」

海外への拡張のうち具体的にそれとわかる要素は、船そのものだった。オランダ人は、バルト諸国との穀物貿易のおかげでライヴァルの国々よりバルト諸国の木材に近づけるいいコネを持っており、船を作るための材料を着実に手に入れることができた。彼らは、軍艦とははっきり違う貨物船建造用のずっと能率的な設計図を用いていた。貨物船は軍艦より少ない数の船員で操作することができ、大砲を積んでいないのでずっと多くの積み荷が運べるし、規格化された部品を使用すれば他の国々より安く、早く、多量に建造することができた。ピョートル大帝はロシアの海軍力を充実させようと心を決めたとき、造船術を学ぶため一六九七年オランダを訪問し、ザイデル海と北海との間のザーンダムの乾ドックにやって来た。ザーンダムでは、「フライト」と呼ばれる吃水の浅い二百五十トンの貨物船の建造費は、イギリスの造船所で建造する同種の船の半分だった。艤装が単純化されていたのでオランダの二百トンの船は十人で操ることができたのに対して、イギリスの同じ大きさの船は二十人から三十人の乗組員を必要とした。

十七世紀になって国家的エネルギーの高まりによりめざましい貿易の隆盛と商業的拡張の時代が到来し、この分野でオランダ人は、才能と方法のおかげでめきめきと頭角を現わして大国の地位を獲得した。新しい産物——東インド諸島の香料、インドの棉花、中国の茶、西インド諸島の砂糖——の流入による現金収入がふえたため、オランダ人は隣人たちに金を貸すことができるようになった。また、海運業と金融力のせいで、オランダとの同盟は貴重なものになった。

オランダ人の台頭という現象は、とくにオランダ的な要素を別にすると、一五〇〇年代の後半に始まる時代精神に触発されたものだった。中世の扉はあらゆる種類の新しい領域――思想の自由、印刷による情報、物理的意味でのより広い世界――に向かって開かれつつあった。大きな船が建造されるようになったので、商船は地中海という限られた範囲と馴染みの海岸での貿易を離れて、遠国の産物や原料や未知の民族――木綿、砂糖、胡椒と香料、茶とコーヒー、絹と磁器といったヨーロッパに流れこんで生活をゆたかにし、貿易を拡大し、産業を興しはじめていたもの――を求めることができた。ヨーロッパ人はどっと大陸から飛び出して、大西洋を横断し、太平洋に入り、喜望峰を回り、東インド諸島を発見した。オランダ人がまもなく先頭に立った。造船術に適合した工業技術を持ってはいたものの、故国には金を投じて土地所有に走るだけの購入可能な広い土地はなかったので、彼らは海運事業に投資した。これはふつう出資組合の形をとり、それが危険を分散させると同時に、船を装備し、船員を乗り組ませ、長い航海を支える大きな資金を提供した。

一五九五年の最初の探険航海のあと、東インド諸島に向かう第二の商船航海は、一五九八年、二十二隻の大艦隊を組んで長く危険な旅に出発した。そのうち、嵐や、乗組員の病気や、途中で遭遇した私掠船の襲撃やその他の海の危険のため、無事に帰り着いたのはわずか十四隻だった。しかし、それらの船が持ち帰った積み荷の胡椒や香料や東インドの品物は、右の損失を補ってあまりあるものだったので、他の投資者たちが我先にと競争に加わった。

一六〇一年、六十五隻——第二の航海に参加した船の三倍——が同じ目的地をめざして出発したが、非常に多くの競争者がかかわることになったので、オランダ連邦議会が競争者たちに合併するよう勧告した。こうして一六〇二年、オランダの勃興を促進する大商社の草分け、オランダ東インド会社が創立された。二十年後、ブラジルの砂糖やペルーとメキシコの銀に目をつけ、アメリカとの毛皮貿易を予測して、大規模な船団の費用を負担できる十分な資金と国が認可した当該貿易の地域独占権を持つオランダ西インド会社が、東インド会社の例にならって創設された。

東洋への北西航路発見の目的で雇われたオランダ東インド会社の探険員、ヘンリー・ハドソンが、航路の代わりにライン川に匹敵する大河を西半球に見出し、コッド岬からヴァージニアまでアメリカ海岸を調査したあと、オランダ西インド会社は一六二一年にアメリカ貿易の独占権を与えられた。同じ十年間に、川と海の両方に向かって開かれているニューアムステルダム植民地が設立された。二つの貿易会社の収益は、税基盤を拡大し、さらなる発展を狙った多くの大規模な商船団を建造して乗組員を乗り組ませるための多くの金を政府に提供できるだけの財富をもたらした。

他の国々はこの過程を憤慨して見守り、羨望を鎮めるためオランダ人に守銭奴という評判を献呈した。確かに蓄財は彼らの主要な国民的関心であって、長い反抗の間に培われた自由と独立への強い意志と結びついて、オランダ人のなみなみならぬ進取の気象の鍵となっていた。

当時最大の海軍大国だと考えられていたのはスペインであり、オランダの企てに対するライヴァルを自認していたのはイギリスだったが、この両国を抜いてオランダが世界貿易の頂点に躍り出る手段になったのは、すぐれた操船術とすぐれた船だった。イギリスの船長は、英国社会の性格に制約されていた。この社会は、手仕事や商売に損われないジェントルマン地主の身分こそ社会生活の最も高度で最も純粋な理想だと考えていたからだ。イギリスの船長は、あるとしてもわずかな実地経験しか積んでいない貴族出身の志願者が多かったのに対して、オランダの船長や提督はたいてい、ロープを操りながら育ち、荒波にもまれた船乗りの息子たちだった。十七世紀海軍の英雄だったオランダの提督デ・ロイテルは、ほうきを取って自分の船室の掃除をし、そのあと外に出てにわとりに餌をやって、フランスの士官を驚かせた。

商人として商売を始めた当時の「事業家たち」は、遠隔地貿易やあらたに入手できるようになった産物を用いた新しい産業——印刷機のための紙、大洋航路につく商船隊用の大きな船を作る造船所、武器、軍服、兵舎、その他のあらゆる軍需品の製造——のための資金と組織を提供した。こうした産業は人々を富ませた上、重商主義の思想を正当化した——輸出用の製品を生産するため貧しい人々を働かせ、より多くの船とより多くの軍隊を作るための金・銀貨と貿易黒字をもたらすことによって。これはまもなくオランダ人が体得したことだが、事業家たちは、利子を取って他の事業家に金を貸すのが最も単純な利潤の使い道であることを悟った。

忘れられない年一六〇九年に、ハドソン川が発見され、オランダ貿易の血流を送りこむ心臓、アムステルダム銀行が設立された。この銀行は外貨交換の規制、一定の重量と価値を持つ硬貨の鋳造、金の貸し借りをするための銀行あての小切手の振り出し、預金の確実性の保証についての新しい方法を導入したので、まもなく世界各国の金が流れこむようになった。一方この銀行が振り出すグルデン貨は最も望ましい通貨となった。アムステルダム銀行が定期的に印刷して配布した株式市場の株価リストは、世界がアムステルダムに感謝してよい――あるいは感謝したくない――改革だった。

オランダがスペインからの独立を手に入れた一六四八年、戦争に引き裂かれた田舎や都会はさまざまな被害を蒙り、人々は長期の反抗に精力を吸い取られ、武器や軍隊に費用がかかって貧窮し、多くの資産家が海外に移住したにもかかわらず、この国はすでに富と力の高みに達していた。並はずれた冒険心と、必要性の力と、試練から生まれた自信のおかげで、彼らは貿易と海運業を拡大し、ついにはヨーロッパ貿易の半分以上を手中に収め、東インド諸島からアフリカ、ブラジルからカリブ海や北アメリカのニューアムステルダムにいたるあらゆる海岸に位置する外国の港へ入りこんでいた。オスマン帝国では、レパントの戦いでトルコを破ったスペインに平手打ちを食わせてくれたからと、トルコ人からトルコ全土にわたる貿易上の利権を譲られていた。バルト諸国の木材と穀物、フランスの塩、オランダ諸都市の毛織物、東洋の香料、西インド諸島の砂糖に関する世界の海運業の四分の三以上が、オランダの船で運ばれていた。一六四八年の独立の年、歴史家たちの見積もりによると、オランダは世界最大の貿易国だった。また、就航中の一万隻の船を持ち、年間十億フランと見積もられる国際的商品を運んでいたと言われる。だがこの数字は、外国の商船長が自国の政府を恥じ入らせてもっと強力な競争へ奮起させるため、故意に誇張したものであるのは明らかだ。

一六三四年頃、つまりアメリカ原住民からマンハッタン島を買った八年後に、オランダ人はセントユースティシャスとセントマーティン、南米の北に当たるキュラソーとスリナムを占領して、カリブ海に進出した。砂糖は香料より価値のある宝であって、あらゆる国の貪欲な略奪者を惹きつけた。突如として出現した日常食品としての舌に快い甘味と他の食品を甘くする調味料としての砂糖のおかげで、西インド諸島の不動産の価値が高くなった。諸国の人々がどっと押しかけ、各国が丈の高い砂糖きびが育つ切望の島を手に入れようと躍起になった。大農園主は富裕になった。後年、首相時代のウィリアム・ピットは馬車でウェイマスを走っていたとき、自分の馬車よりずっと立派な馬と装具をつけた大農園主の馬車を目にした。「砂糖だって、ええ？　あれがみんな砂糖からとはな！」。ピットは、馬車の持ち主が西インド諸島の大農園主だと聞かされて、こう叫んだ。

重い砂糖きびは切って、工場まで荷車で運び、汁を抽出するための二組か三組かのローラー——もちろん、手動——にかけねばならず、汁は結晶にするためボイラーに移し、数回沸騰させて白く精製したのち棒状にするため型に詰めるか、または精製しない産物として黒いままにしておき、それから最後にお待ちかねの市場に積み出されるのだった。地元のカリブ人は大農園での労働のせいで病気になって死ぬ者が多かったので、もっと丈夫な黒人の労働者がアフリカから連れてこられた。そして、こうした状況自体が儲けの多い奴隷貿易を形成することになる。

オランダ人はたぐいまれな海運業と貿易上の大事業の最中にスペインの支配をはねのける動乱に突入したので、経済的拡張と革命的エネルギーのどちらか一方が他方を弱めるだろうと思われていたのかもしれない。ところが、その代わりに、両者は互いに肩を並べて飛躍的に発展した。

ネーデルラントの反乱は、国民主義的感情による運動でもなければ政治的イデオロギーの運動でもなかった。国民主義的感情などはほとんど存在していなかったからだ。この問題は最初、ローマから離脱した新教に端を発するプロテスタント対カトリックという十六世紀の一般的抗争の気配があったが、実は、反乱の動機となった感情はスペインの圧制に対する憎しみだった。八十年間続いた闘いの原因とも結果ともなったのは、セクトや党派の間の内部抗争、諸外国との取り引きや提案、スペインの支配者による圧制の増大などといった騒乱だった。スペインの圧制は国民の憎しみを狂乱状態にまで高め、深く分断された状態のなかでその断片を繋ぎ合わせて独立に対する共通の意志にしたのだった。

宗教改革、とりわけその最も狂信的なセクト、カルヴァン主義に席捲されて、北部地方のオランダ人は歳月が過ぎていくにつれ、ジョン・ノックスの影響下にあったスコットランド人の信念と同じほど厳しい、強い信念を抱いてプロテスタントの改革を実施した。フランスとハプスブルク家の神聖ローマ帝国に境を接する南の地方は、忠実なカトリックのままであって、国内の分裂を硬化させていた。プロテスタントは、彼らの君主、スペインのフェリペ二世が彼らをローマ・カトリック教会の囲いのなかに戻そうと固く決意しているのと同じほど不屈でかたくなな態度で、カトリックの儀式へ帰ることを絶対的に拒否していた。

フェリペ王の異母妹で執政兼ネーデルラントの総督代理だったパルマ公妃マルガリータが、教会でのプロテスタントの儀式と自称プロテスタント説教師の公開説教を禁ずる勅令を出したとき、この禁制が憤激した抗議と積極的な抵抗に火をつけた。勅令の取り消しを求める王への請願は、異端を根絶し、その代わりに絶対王制という堅固な基礎の上に権威の柱を立てようとするフェリペ王の決意を固くしただけだった。しかし、権威を機能させるには二者――権威を押しつける者と黙従する者――が要る。ネーデルラントのフェリペ王の臣下は、第二の役割を引き受けるつもりはなかった。一五六六年、王に提出した請願の返事が来ないとわかったとき、彼らは軽蔑すべき偶像崇拝の象徴に見える聖像や遺物を打ち砕き、教会の神聖を汚す大あばれをやった。この運動は不屈のプロテスタントからなる貴族同盟に導かれて、都市での騒動や、国民的反乱ののろしを上げていた産業労働者の間の興奮に火をつけた。貴族同盟の同盟員各自はつねに対立する個人的意見を持ち、それぞれ別の労働階級に属しているとはいえ、すべての州にわたる同盟員を擁し、つねになく団結していた。四百人の貴族の一団が抵抗者に対する異端審問の中止を要求して集団でブリュッセルの執政の宮殿へ押しかけたとき、冷淡なベルレーモン公爵が彼らを「乞食の群れ」と嘲笑した。彼らは即刻これを誇らしい呼び名として採用した。貴族同盟の宴会では、同盟員の人々は乞食の灰色の服を着、首のまわりに乞食の木製のコップを吊るした。その後この名前は、スペインからの自由を求める彼らの戦いに栄誉を与えるものとなり、船員たちは海乞食と名乗って、敵のスペイン人やイギリス人に彼らが決してそんな者ではないという事実を思い知らせて楽しんだ。

革命を組織するためには、もっと多くの条件が必要だった。一五六八年に北方の町フロニンゲンの当局に楯ついてナッサウ伯ローデウェイクが着手した性急で無鉄砲な遠征が、一人の決定的な人物を活躍させることになった。この男はローデウェイクの弟、オランイェ公・ナッサウ伯ウィレムで、沈黙(ザ・サイレント)公ウィレムの名で歴史上の英雄の一人として出現することになる。オランイェは南フランスの小さな公国で、ナッサウ伯はこの爵位を持っていた。ウィレムは先帝の任命によりホラント、ゼーラント、ユトレヒト諸州の総督兼軍事最高指揮官だった。ローデウェイクの反抗的な攻撃が簡単につぶされ、のちにローデウェイク自身も殺されたとき、ウィレムが抵抗運動を引き継いだ。ナッサウ伯ローデウェイクが口火を切ってから、八十年後にネーデルラントの独立という目標が達成されるまで、彼はありったけの意志と活力を注ぎこんで、圧制に対する戦いを維持しつづけた。独立が達成されるまでには、スペインの圧制とオランダの反抗の両方が激化する時期があった。

最初の数年間、勃発した反乱への回答としてフェリペ王は、恐怖政治によって服従を強制するため無慈悲なアルバ公爵を一万の軍隊と共に送り出した。アルバ公のやり方は、町なかでの虐殺、異端のかどによるプロテスタントの迫害、「血の評議会」と呼ばれる特別な法廷の創設だった。「血の評議会」は活動していた間、一万二千件の裁判を行ない、九千人の犯罪者に刑の宣告をくだし、千人以上を処刑または追放した。反乱の指導者だった貴族たちは、ブリュッセルの市場前の広場で一日に十八人も首を斬られた。領地は没収され、何十人もが海外に逃げ出し、世俗の迫害とははっきり違うものとしてネーデルラント中に確立されはじめた異端審問への恐怖がいたるところに生まれた。アルバ公は全階級のすべての人々を確実に反乱者に仕立て上げたかったのか、販売した商品全部に十分の一、すべての収入に百分の一の税金をかけた。憎悪の的となった「十分の一税」はどんな残虐行為にもまして、人々の心を反乱へとかり立てる上で力があった。

支配者のフェリペ二世、あの「憎むべき人物」──オランダ人の反乱についての権威ある歴史家モトリは、ヴィクトリア時代のプロテスタントらしい率直さで彼をこう呼ばないではいられなかった──は、あまりにも心の狭いかたくなな人間だったので、自分が惹き起こしている騒動を反乱として認めることができなかった。フェリペはプロテスタント主義を根絶するよう神から命じられているという角度からしかものが考えられず、この任務の邪魔になりそうな考えはすべて拒否した。一五七二年、海乞食たちの海賊めいた軍勢が、マース川に出入りする船を統制していた河口の武装港デン・ブリルを占領したとき、この最初の反乱の成功からくるささやかな勝利感がオランダ人の士気を鼓舞した。

初期のプロテスタントの迫害から生まれた極端なカルヴァン主義者の一派であって、老練な船乗りたちの荒々しく獰猛な集団を作っていた海乞食たちは、スペインの船舶を悩まして反乱に貢献したが、他方彼らの活動は地域や党派間の内的不和を増大させた。

低地帯の都市や地方には根深い分権主義と相互間の嫉妬が巣くい、隣人が手に入れるかもしれない利益や影響力を各自が恐れている有様だったので、この闘争の力強い指導者としてオランイェ公ウィレムが登場しなかったら、スペインに対する統一した抵抗は永久に挫折したことだろう。ウィレムは、希望を持てない闘いと見えたものに耐え抜き、あらゆる逆境や失意にも揺るがず、諸州間のたえまない抗争を克服して、統一という唯一の目標を維持し、また、政治的賢明さで同胞を組織して、ときには立場を変え、かならずしも正直とは言えない策略を弄したものの、主として性格の強さにより反乱に精力を集中して、これを具体化していった。この運動が旗を掲げていたとしたら、「耐え抜くには希望を持つ必要はない」という彼の言葉が書かれていたことだろう。

一五七四年、すなわちデン・ブリル占領から二年目、スペインの包囲に対するライデンの雄々しい防衛に触発されて全都市と市民が結集して反旗をひるがえした。ライデンは湖に囲まれ、ライン川下流の小川や運河が入り組む美しい町で、オランダの庭と呼ばれるライン川デルタ地帯の肥沃な土地に位置して、毛織物の産地として繁栄していた。ライデンに対する武器は兵糧攻めだった。アルバは引き揚げていたが、後継者が包囲の輪をせばめ、ついにははぐれた鶏一羽、レタスの葉一枚さえ届かなくなった。七カ月の間、衰弱した住民は茹でた草の葉や木の根、干した魚の皮、脱穀した小麦の古い殻を食べて生きていた。時折警備隊に食べさせるため犬が殺されると、屍は引き裂かれて、血の滴る肉片となり血を流している肉片のまま生(なま)で貪り食われることもあった。いつものように飢えのあとには病気が蔓延し、病人や怪我人の数が増えた。この極限状況で、住民は滅亡するか降参するかの瀬戸際に立たされた。

彼らが旧敵の水を味方に引き入れ、武器にしたのはそのときだった。オランイェ公ウィレムはマース川とエイセル川、そのほかに自分たちとライデンとの間の地域を横切るいくつかの川の堤防を開いて包囲軍を押し流し、包囲された町への救援食糧を積んだ平底舟やはしけが陸上を渡れるような浅い湖を作ろうと提案した。洪水の被害が作物に及ぶかもしれないので、地主や農民の同意を取りつけねばならなかった。戦線を通ってこうした人々を訪ね、同意をもらって帰ってくる危険な使命を帯びた使者たちが送り出された。日ごとにやせ細り衰弱していきながら、ライデンの人々は一人として降参しようとはしなかった。連邦議会はロッテルダムで会議を開き、スペインの条件を蹴って、堤防を開くというオランイェ公ウィレムの申し出を承認した。彼らは二百隻の平底舟とはしけをロッテルダムとデルフトや、その他の河港に集め、武器と食糧を積みこめという命令をくだした。小舟はまた、救援に必須の人々、すなわち、昔の戦闘で受けた青黒い古傷が残って凄味のある面つきをした八百人の海乞食の「小さいが恐ろしい」一団をも運んだ。

一五七四年八月、堤防破壊の命令がくだされた。ただ壁に穴をあければいいわけではない。砲火のもとで、小舟が通れるだけの開口部を作らねばならなかった。だが、包囲中のスペイン駐屯軍の砲撃はあまり効率がよくなかった。彼らの武器は十六世紀の原始的な先込め式マスケット銃で、発射のたびに兵士が首にぶら下げた袋から火薬を塡め直さねばならなかったからだ。海乞食はいつもの獰猛さで反撃し、相手の兵士たちが砦を捨てて平地へ出てくるように仕向けた。平地に出たスペイン軍は、ふくれ上がった水が足元に忍び寄ってくるのを見て、つのる不安にさいなまれた。三日間吹き続いた北西の風が、深さを増してくる水をライデンのほうへ押しやり、小舟の通り道を開く。救援軍は湖をたどって陸路をゆっくりと進み、途中堤防を破壊しながら前進して、ついに目標の五マイル以内に到達した。だが、この作業は何週間もかかり、その間にもライデンの人々は飢えて死んでいった。ちょうどそのとき逆向きの東風が起こって水を押し戻したため、水面が浅くなって船の航行ができなくなった。最後の区間を前進するためには、ぬかるみの平野の上を舟を押したり引いたりして進まねばならず、その間やせ衰えたライデン市民は苦痛になるほどの期待をこめて待っていた。

スペイン軍は退路が断たれるのを恐れて、砦をめぐらせた駐屯地を捨てていたので、海乞食の連続攻撃の下では救援隊が近づくのを妨げることもできなかった。救援軍の水陸両用の不器用な隊列は、水から出た亀のようにぬかるみのなかを這いながら包囲された都市へ近づいていった。今度はあらたな風に助けられ、奇妙な艦隊は城壁から数百ヤードのところまで吹き寄せられた。乗組員が飛び降り、最後の行程は浅瀬の上をはしけをかついで運んだ。小気味のよい戦闘で、最後のスペイン駐屯軍も敗北した。舟は意気揚々と突堤の上に押し上げられ、乗組員は水を滴らせながら、救われて嬉し涙にくれている岸辺の市民たちにパンの山を投げてやった。ライデンでは飢えと病気のために六千人が死に、人口は三分の一ほど減ってしまったが、降伏を免れた。眼の落ちくぼんだ生存者たちは、感謝の礼拝を捧げようと大寺院に押し寄せた。ライデンの不屈さを讃えるためにオランイェ公ウィレムは、年に一度の儲けの多い定期市の間の税金の免除か大学の創立か、いずれか一つを選べとライデンに提案した。市民たちは抜け目なく計算して、税金はそのときどきの政策しだいで増減するが、大学は一度創設されると永遠に町の利益になるという根拠で、大学のほうを選んだ。そのとき以来、ヨーロッパの最も偉大な学問の府の一つが、傷痕のある海乞食とライデンの平底舟による贈り物として存在している。

　ライデンで踏みにじられたスペイン人の誇りは、一五七六年のアントワープの恐ろしい略奪でかたきを取ることになった。アントワープはスヘルデ川の河口にある騒々しく繁栄した港で、北ヨーロッパ全域の輸出入貿易を一手に引き受けていた。略奪を惹き起こしたのは反乱スペイン軍で、彼らは約束された給料を二十二カ月間受け取っていなかった。フェリペ二世は戦費をスペイン商人と富豪から借りた巨額の借金で肩代わりさせておいて、一五七五年に大蔵省が破産したと宣言、「異教徒と戦っている間に高利貸しから破滅させられるといけない」ので、すべての約束や言質を無効にしてもよいという法王からの特免状をもらってきた。当時、最も富裕だったこの君主は、いつものことながら良識がなく、自分は異教を撲滅するための神の御業を行なう者であるから、自分がすることは賢明かどうかにかかわりなく何であろうと正しいという論拠で、この特免を軍隊にも適用して給料を払わなかった。フェリペの大部分の政治的判断と同じように、このやり方は身のためにならなかった。反乱者たちは怒り狂って町に押し入り、アントワープの最も富裕な地区の通りという通りに火を放ったが、自分たちの企てを祝福してもらおうとひざまずいて処女マリアに祈ることは忘れなかった。

最も憐れみ深く寛恕する神々を考え出しておいて、今度は残虐行為の後援をしてもらおうとその神々を利用するのは、キリスト教の奇妙な習慣だ。メキシコ征服のさい、キリストの旗を掲げたスペイン人の司祭たちは、メキシコ原住民を拷問したり殺戮したりしながら進軍する征服者たちを祝福した。アントワープの略奪者たちは自分たちの行く道を横切るとか入口に立つとかした市民は全員殺戮した上、老いた家長、幼児を抱いた若い女、同宗のカトリックの司祭や僧侶、または外国の商人たちを無差別に殴り倒した。三日間続いた略奪騒ぎのなかで、彼らはあらゆる倉庫や店や住居を荒しまわり、金銀や宝石やはかりしれないほど高価でみごとな家具を運び出して山積みにした上、富を隠していそうな人は誰でもひどい拷問にかけ、何千人もの人々を殺した。そのため、周囲の「帰順した」諸州でもスペイン人に対する嫌悪感が増大した。その直接の結果は、スペインにとって能うかぎり最も損害の大きなものとなった――つまり、諸州の同盟に向けての運動で、堅固でも永久的でもなかったが、明らかに統治者の終焉の始まりを予感させるものだったからだ。

フランス語を話すワロン人とオランダ語を話すフランデレン人、カトリックとプロテスタント、海岸州と内陸州、貴族と庶民、主導権を握るアムステルダムと他のすべての人々との間のたえざる争いが、これまでのところ反乱の統一行動を妨げていた。ところがいまネーデルランドの人々は、かりにもスペイン人を一掃する気があるのなら力を合わせねばならないことを悟りはじめた。この必要性を確信していたオランイェ公ウィレムは、各州の州議会にあて、共通の目的を達成するためお互いの間では平和を守ろうと提案する一連の手紙を送り出した。すでにヘントで交渉が行なわれていた。アントワープの略奪は「スペインの怒り」として知られるようになったが、この略奪の四日後、九つの州の代表が「ヘントの平和」と呼ばれる条約ないし協定を成立させた。これは、州相互間の平和を維持し、スペインや外国の圧制者から自国を解放するために生命と物資を捧げると誓ったものだ。約二百年ののち、それまでつねに不和だった十三のアメリカの植民地が最初の大陸会議を開いて会合したときのように、オランダの反乱者たちの統一行動は、支配者たちが絶対に起こりえないとたかをくくっていた事件だった。アメリカで英国人もまたこの轍を踏み、分裂していた英領植民地を団結させるボストン港法案や強圧的諸条例を制定するというようなけしからぬ行為に及んだ。

ネーデルラントで「ヘントの平和」は、各都市や州の地理的、商業的、とくに宗教的な権利や義務を定義した契約や条件などの迷路にはまりこんでいた。それにフェリペの異母弟で新しいスペイン人のネーデルラント総督、ドン・ファン・デ・アウストリアが、連邦議会に出席する前に受け入れなければならない条件という難しい問題もあった。ドン・ファンは議会に出席するつもりですでに途上にあったからだ。スペイン人を追放しようと誓い合ったあと、これほど早くオランダ人がスペイン人総督と取り引きするのは、奇妙なことに思われる。しかし、王位についての強力な神秘的解釈がすべての君主制を絶対的なものにしていたこの時代、オランダ人はまだ正面から君主制に挑戦する用意はできていなかったし、それをするだけの軍事的手段も持っていなかった。彼らは「ヘントの平和」にすぐ続く時代、旧教対新教の支配をめぐるセクト的対立や抗争、地方と外国との結びつきや変節などで、内戦になりかねないほどの混乱状態に逆戻りして――平和の誓いを反古にしてしまった。この抗争と混乱のなかから、北部諸州の分離統一に対する恐れに促されて、ヘントで達成した以上に「密接な統合」をめざす運動が生まれてきた。

こうした圧力のもとで、一五七九年、代表たちはユトレヒトで会合した。ユトレヒトは、そこの高いドム・ケルク（大聖堂）の塔からは五十の都市や今では世界最大の港となったロッテルダムにいたる眺めが見られる国の中心に位置する都会だ。会議は今後「一つの州のように」戦うことに同意したが、その結果生まれたユトレヒト同盟はヘントの条約を固めることをしなかったばかりか、逆に、手に負えない宗教上の問題のため、生まれかけた国を悲しく分裂させる条件を作りあげてしまった。事実北部諸州は、北の大きな内海ザイデル海の周囲に輪を描く七つの州の同盟を作った。内陸の四州と北海の海岸沿いの三州を含むこの七つの連合州は、やがてオランダとなる。それに対抗して、ブリュッセル、アントワープ、ヘントなどの都市を含む南オランダのカトリック諸州は別の同盟を作った。これは事実上の分離であって、最終的には少々国境の調整をして別個の国ベルギーとなった。これほど有能な国民が統一国家を作らなかったという結果は、重大だった。彼らが分裂せず、より大きな領土的基盤と人口を保持していたら、そして征服への意志を持ち――実際には持っていなかった——宗教上の争いで統一のための力が失われなかったとしたら、ヨーロッパの支配者になったかもしれない。だが、宗教上の内部抗争はつねにどんな問題よりも熱情的で有害である。彼らはヨーロッパの支配権を失ったけれども、このときには、やっとのことで自分たち自身の国の支配権は手に入れたのだった。

あるときには賛成し、また別のときには反対に図るといったオランダの都市と党派の策謀や迷路全体にわたって、国家を統一する一つの大きな動機、つまり独立を求める明確な呼びかけだけが欠けていた。個人の権利を強く主張するカルヴァン派は、ただ一つ残っている自国の統治団体、すなわち連邦議会に、目標をはっきり述べるよう促した。一五八一年、ハーグで招集された連邦議会は、臣従拒否の誓いと呼ばれる重大な決議を通過させた。これは事実上オランダの独立宣言に当たる。フェリペ二世は、臣民を正当に扱い、悪い政治ではなくよい政治を行なうという支配者の契約と義務を破った、よって主権者の権利を失った、と述べたあと、議員たちは、自由を保持する残された手段として臣下には忠節を尽くすのをやめ圧制的暴君的な主権者を廃する固有の権利があると主張した。これにはなじみ深い響きがある。二百年のちにアメリカ人が聞くことになる同じ呼びかけの鐘の音だから。

トーマス・ジェファースンがその墓碑銘に刻まれているようにアメリカの独立宣言の起草を自己の業績中最も誇らしい仕事だと考えているとしたら、一五八一年のオランダの布告に少しばかり思いをいたしてもよかっただろう。それは、ほとんど同一の言葉で二世紀前に彼の主張を先取りしているからだ。これは、ジェファースンがアメリカの最も重要な文書を剽窃によって作成したという意味ではなく、むしろ自由に対する人間の本能や、国民には不当な統治をした支配者を廃する権利があるという信念は、人の心の奥底に潜む共通の流れになっているという意味だ。

スペインとの分離を確かなものにするために、全市長と役人はそれぞれ個人的に、忠誠の誓約を捨てるという誓いをしなければならなかった。これは、国王に対する服従心を養いながら生涯を過ごしてきた人々にとっては大変な苦悶の種になった。フリースラントのある市会議員にとってこの臣従拒否の誓約は心情的にあまりに苦しいものだったので、彼は誓約をしている最中に心臓発作か脳溢血かに襲われ、床に倒れて即死した。

頑固なオランダの抵抗の継続は、フェリペ王の資産と、それ以上に彼の忍耐心を枯渇させかけていた。彼は一撃で反乱を潰滅させようと考え、一連の他の報酬や赦免といっしょに、金貨二万五千枚、すなわちほぼ七万五千グルデンという大金を生死にかかわりなくオランイエ公ウィレムの首にかけ――そして、受領者を見出した。一五八四年、バルタザール・ヘラルドは内通によってデルフトのウィレムの邸に侵入し、階段の上で彼をピストルで射殺した。

この時期のオランダの記録は、政治的には常識を疑うほど愚かに見えるということを白状しなければならない。彼らは誰か他の強力なヨーロッパの君主の後援がなければ決してスペインの主権をくつがえすことはできないと信じていたので、イギリスのエリザベス女王まで含むさまざまな君主の候補者に自国の主権を提供してまわった。エリザベス女王の独裁的な性格は世に知れ渡っていたので、これが実現すればオランダにとって最悪の事態になっていたかもしれない。

生前は明らかに君主候補者だったネーデルラントのオランイェ公ウィレム自身は、軍事力や金銭面では他の君主たちのような利点を持ってはいなかった。エリザベスは、彼女自身カトリックの離反や策謀、国内での謀反の疑惑などに巻きこまれていたので、賢明にもこれ以上国外の同種の厄介事にはまりこむことを恐れて、申し出を受け入れなかった。ウィレムの暗殺はフェリペ王の目的を達するにはいたらなかった。ウィレムが反乱にそれ自体の生命を吹きこんでいたからだ。しかし、フェリペが任命したネーデルラント総督、パルマ公がアントワープを占領して、英国に向かい合う英仏海峡側の海岸が戦略的にスペインに対して開かれたとき、この展開が予想外の幸運を招いた。英国が、いつまでも続くオランダ人との勝敗のつかない戦争に国力を費消する代わりに、オランダ人を助けてスペインに刃向かわせたほうが英国のためになるかもしれないという考えに目ざめたからだ。英国にとっては、英国に侵入しようというスペインの意図がたえざる不安をかきたてていたからだった。フェリペが指名したネーデルラントの支配権の継承者、パルマ公がアントワープを再び占領し、テムズ川の河口から海峡をへだてた真向かいの重要な港とすばらしい海軍基地を手中に収めたとき、この不安は熾烈なものになった。

変化するのが嫌で変化を恐れる大部分の支配者とは違い、大胆で抜け目のないイギリスの女王エリザベス一世は、古い恨みを忘れ、喜んでネーデルラントの反乱者と手を組もうとした。一五八五年彼女は、反乱者たちがパルマ公の前進を食い止めるのを援助するため、お気に入りのレスター伯の指揮する八千の遠征軍を送った。だが、虚栄心が強く、野心的で、頑固なレスター伯を代理人に選んだのは失敗だった。オランダ人がエリザベスにいっそう肩入れしてもらいたいばかりに、外国の援助を尊重しすぎて承認したネーデルラント総督の地位を与えられると、レスター伯は連邦議会に干渉し、オランダ人の関心を無視して自分自身の戦略構想を推し進めたからだ。そして当時の慣行だった敵国との貿易を禁止する勅令を出すという、許しがたい罪をおかした。貿易への干渉はオランダ人が決して許さないことだったからだ。

こうして自慢の同盟は非難の応酬のうちに崩壊し、レスター伯は誰からも惜しまれずに去った。歴史のなかで彼のおかした過誤や失敗は、彼の副官で詩人の、サー・フィリップ・シドニーのずっとロマンチックで忘れられない評判のおかげで影が薄くなっている。ズトフェンの戦いで致命傷を受けながら、サー・フィリップ・シドニーは忘れがたい最後の言葉、「きみのほうが、ぼくよりこれをずっと必要としているから」と共に、同じように傷ついた仲間にコップ一杯の水を手渡したという。文学上の不朽の一節を別にすると、ヨーロッパ史の転回点の一つを間接的に早めたという以外、イギリスの干渉からは大したことは何一つ生まれなかった。それはフェリペ二世の怒りをかき立て、彼の偏狭な頭にオランダとイギリスの同盟を打ち破り、イギリス人を破滅させ、異教に対する決定的な打撃を与えようとする計画を植えつけた。

まず巨大な海の連合艦隊がこの打撃を与え、そのあと侵攻するという手はずができ、フェリペは指揮、戦略、備えのあらゆる面を通じてどこからどこまでも愚かしい計画を立てはじめた。彼は指揮官として提督、メディナ・シドニア公を選んだが、この男は以前一度も海戦の指揮を執ったことがない上、まったく未知の海へ船出する羽目になった。必要な場合には逃げこめる港を前もって手配しておくこともせず、計画の成否はネーデルラント国内のパルマ公の軍隊と合流して、いっしょにイギリスに侵入できるかどうかにかかっていた。ところが、オランダ軍に封鎖されて、パルマの軍隊はどうしても集合地へ赴くことができなかった。フェリペの強大なガリオン船団は、ひどい嵐にやられ英国海軍に叩かれて、沈んだりヘブリディーズ諸島沖に散らばったりした。風と波に翻弄され、敵船の大砲におびやかされ、また食糧不足のために乗組員の半数を失い、半身不随の連合艦隊はスコットランドとアイルランドの西を迂回する長く冷たい航路をとらねばならなくなり、みじめでみすぼらしい旅を続けて、こそこそと故国へ帰ってきた。栄光に満ちた征服の雲ではなく、長い敗北の影だけを曳きずって。世界中に知れ渡ったフェリペ海軍の大失敗は、ヨーロッパの覇権政治中、スペインの優位の終末を印すもので、事実その後二度と回復できなかった。

ただ一つの目的に凝り固まっていたフェリペ王は、あきらめることをせず、スペインが残したあらゆる手段を使ってオランダ人を抑圧した。だが、オランダ人は商業帝国を樹立したことによって新しく国力を強化していた。フェリペ自身は連合艦隊が敗北してから退屈な十年が過ぎた一五九八年、自分の墓所としてピラミッド以来最も壮大な霊廟エスコリアルを完成したあと、人間は死を免かれないことを証明して死んだ。彼がたえまなく十六世紀ヨーロッパの宗教戦争にたずさわっていたのは、プロテスタント主義に対する容赦なき聖戦の遂行という目的意識からだったが、これがオランダ人と戦うために残されていたスペインの攻撃力を涸らしてしまった。オランダ人はいまや富み、実業の世界や貿易市場で成功していた。ところがスペインのほうは、フェリペの死去によって支配権維持の努力をしていく気概がなくなった。こうして十六世紀末のフェリペの死をきっかけに、オランダの黄金時代を印す偉大な世紀が始まった。重要なことは、この新しい国の偉大さが発揮されるのはアメリカにおいてであって、歴史の風は西へ動いて、いままさにアメリカの上を吹こうとしていたのだ。

一六〇九年、オランダ東インド会社のために働いていたイギリスの航海者が、ハドソン川を発見した。アムステルダム銀行の誕生と同じ記念すべき年に、スペインは十二年間の休戦協定に同意したが、これは事実上、七州のオランダ連邦共和国の独立を承認したのと同じことだった。尊大で傲岸なスペインが君主国の間に新しく生まれた「水かき足」と呼ばれる湿地だらけの共和国から休戦させられた光景は、より長い歴史を持つ大国に強い印象を与えた。そうした大国はいま、かつての海乞食を、同盟国にしておくのが望ましいヨーロッパ諸国の政争の一要素として認めはじめた。こうした状況はオランダ人自身にも大きな感銘を与え、彼らはついに、努力して頂点まで登りつめようという気になった。休戦期間が切れたあと、スペインは発作的に戦争を再開したが、決定的な成果はあげられず、最後にはオランダを手離した。一六四八年、ウエストファリアの条約でヨーロッパの大国は、一九一四年以前のどの戦争よりも大規模で破壊的だった三十年戦争のヨーロッパ全域にわたる紛争を終結させたが、このときスペインを含む条約署名国は、長い戦争によって勝ちとったオランダ連邦共和国の独立を正式に承認した。ミュンスターの予備会談で条約の署名が行なわれ、スペイン代表は手を十字架の上におき、オランダ代表は二本の指を天の方向にあげてそれを行なった。オランダ代表が会議場へ進んでいく間、市民たちは二列に並んで敬意を表し、他方この瞬間を記念するため中世風の通りに大砲の音がとどろいた。それは十七世紀の中間点で、絶対王政の最盛期が、イギリスの国王チャールズの首を切り落とす処刑者の斧の影を感じとる一年前のことだった。

オランダ人はスペインを追放しようと努力していた期間、非常にゆたかな文化的生活を送っていた。オランダの為政者たちは融通のきかない保守的な一団であって、心の寛(ひろ)い思いやりを示す人々ではないと思われがちだが、文化的雰囲気は自由、寛容で、ユダヤ人やさまざまなキリスト教のセクトに医師や弁護士の業務を自由にやらせ、外国の迫害や偏狭な扱いから逃れてくる亡命者たちを温かくもてなすことで有名だった。亡命者たちのうち最もよく知られているのは、宗教上の自由を求めたイギリスの非国教徒たちだ。彼らは世紀の変わり目にライデンに定住し、二十年後、明日の運命もわからぬ重荷を背負って、一六二〇年アメリカのプリマスロックで終わりを告げる航海に出た人々だった。みごとな実を結んだもう一つのグループは、スピノザの両親を連れてきたスペインとポルトガルからのユダヤ人の移民で、スピノザは一六三二年アムステルダムで生まれた。

自国の検閲制度に邪魔されて著作の出版ができないヨーロッパの作家や学者たちは、ヨーロッパ大陸中最も精力的な活動を行なっていた贅沢な出版事情に惹かれ、喜んで本を出してくれる出版者と国際的な読者を対象としたラテン語の書物の流通手段を見出そうとネーデルラントにやって来た。そういうわけで、ルイ十三世の治世下に本国で暮らすよりはむしろ二十年間オランダで暮らしたいというフランス人が書いた、世界で最も有意義な著作の一冊を出版する栄誉を担ったのは、オランダの印刷業者だった。つまり、デカルトの『方法叙説』は一六三七年ライデンで出版された。ヨーロッパ文化中最も重要な他の人々も、しばしば仲間の敵意をかき立てはしたがオランダで仕事をした。人道的な宗教を奉ずる哲学者、バルーク・スピノザはアムステルダムに生まれ、ユダヤ人として異端的な思想を持っているからと自分のシナゴーグから追放されたが、祖国にとどまって『神学政治論』を出版した。顕微鏡の開発者、アントニ・ファン・レーウェンフクは、生まれた町デルフトで科学的な研究を続けた。もともとオランダ人だったデルフトのグロティウスは、『海洋の自由』のなかで時代を超えた海洋航行の自由を説き、『戦争および平和の法について』により、これまでに書かれた公法に関する著作中最も影響力の大きい書物の一冊を著した。ただしこの本は一六二五年パリで出版されねばならなかった。そのとき彼は、私怨を持つ敵から中傷されて牢獄に入っていたからだ。著名な学者で、宗教に関する理性的懐疑主義の主唱者、ピエール・ベールは、その著作で一般大衆の宗教上の信念は理性や現実よりはむしろ人間の信じやすさにもとづくという考えを提起したので、権威主義的なカトリック体制から気持ちよく受け入れられる哲学者ではなかった。それで、フランスを出なければならなくなってオランダへやって来て、ロッテルダムのエコール・イリュストルで教授職と給料を与えられた。この学校は、亡命学者たちに働き場所を提供するため市が設立したものだった。一六九七年にロッテルダムで出版された彼の有名な『辞書(ディクショネール)』は、一人の著者による百科全書で、自然現象についての彼の考えを具体的に説明している。初版はフランスで発禁処分になったが、ディドロやフランスの百科全書派には一つの拠り所、霊感の源となった。ロッテルダムはこうしてベールを歓迎し、寛容について至高の言葉を述べた一人の人間に家を与えたのだ。良心の自由が許されているかぎり宗教上の少数者はオランダ国家に対して忠誠を誓うと述べ、ベールは次のように示唆した。「理想的な社会は、あらゆる宗教に保護の手を差し伸べる。また、大部分の神学的問題は証明できないのだから、人は説得できなかった人々を弾圧するよりはその人々のために祈るべきだ*」。これらの言葉で、ベールは米国憲法の最初の修正条項を先取りしている。オランダの支配者たちは、安泰な地位と快楽を享受する一方で非正統を庇護する社会を育んだという点で稀有な存在だった。それに対してニューイングランドのアメリカ人清教徒たちは、厳しい困苦を経験した結果、同胞に対するやさしさではなくその逆の態度を

*彼のこの規定は、他の賢明な忠告と同様、運命から嘲弄されることになった。フランスのユグノー教徒もカトリックと同様、寛容を快く思わなかったからだ。そのため彼は、その後もオランダに住んで著作の出版は続けたが、亡命者たちの圧力がかかって教授職を辞さねばならなくなった。

学び取り、オランダの場合とは対照的に偏狭で懲罰的な支配グループを形成した。

オランダ社会が寛大だったため、少なくとも五十人の植民者の集落を扶養できるほど富裕な商人を除くと、追いつめられてニューアムステルダムに新しい家庭を見出そうとした移住者の団体はなかった。こうした富裕な商人たちは西インド会社から無償の土地の供与を受け、その地域の荘園主的特権地主となった。だが、しっかり根を下ろした大きなオランダの集落はなかったので、一六六四年イギリス人がやって来てその地域を占領し、ニューヨークと名づけたとき、ピーテル・スタイフェザント（オランダのアメリカ植民地総督）は防衛軍を形成するに足る数の志願者を見つけることができなかった。

十七世紀の半ばに人間性を描く巨匠レンブラントと完成された静謐さの具現者フェルメールの二人が登場して、絵画における黄金時代の栄光を現出させたのは、オランダ社会を育む自由のおかげだったのだろうか。同じ時代に、フランス・ハルスやファン・ダイクなど真に迫った肖像を描く肖像画家たち、ヤン・ステーン、テル・ボルフ、デ・ホーホといった家庭的な情景を写す画家、そして、ロイスダールやホッベマのように木の生い茂る森や水路に浮かぶ帆船を描いて人の心を魅する風景画家も活躍した。世界は、黄金時代について納得のいく説明はできないとしても、ひたすら感謝を捧げることはできるだろう。

結果からすると、黄金時代は平和ではなく、流血や敵の侵入への恐れや戦争に満ちていた。一六七二年、ルイ十四世の軍隊がフランスの怒りと呼ばれる残虐非道の怒濤となって国境からなだれこみ、スペインの恐怖政治を思い起こさせた。フランス軍は国の中心に位置するユトレヒトまで侵入した。このときもまたオランダ人は水という武器に頼り、水門を開いて国土を水浸しにした。同じ時期、イギリスも商人たちからけしかけられて、海上ならびに貿易上のオランダの競争力を武力で打ち破ろうと海戦を仕かけてきた。これら三つの戦争のうちの最後のものは、一六七四年、ウエストミンスター条約で終わりを告げた。この条約は中立国の通商行為についての規則を決めたが、将来の紛争のもととなる蛇の巣を抱えこむことになった。

やがて厄介なことになったとしても、この規則は黄金時代の大きな政治上の触媒、すなわちオランダの主権の獲得と一六四八年の独立を曇らすことはできなかった。ミュンスターで決められたあの条約で、オランダ人は政治的自由を求める戦いの正しさを証明し、これが次の世紀にアメリカに伝えられることになった。

Ⅳ 「途方もない企て」——アメリカ海軍

最初の礼砲というドラマの媒介物兼主役だったアンドリュー・ドーリア号は、ただの船ではなく、すでに歴史的名声の持ち主になっていた。この船は——乗り組んでいた士官の一人ジョン・ポール・ジョーンズが残念そうに認めたところによれば——「驚くほど小型の」四隻の改造商船のうちの一隻だった。だが、この四隻が一七七五年十月十三日付第二回大陸会議の法令によって創設されたアメリカ合衆国の最初の海軍を構成したのであって、アンドリュー・ドーリア号はその後まもなく最初の戦闘を経験した。

自由の大義のために戦った有名な人物、すなわち一五二八年にフランスに敵対して自分の町の自由を守る戦いを指揮した勇敢なジェノヴァの提督の名前（イタリアではアンドレア・ドーリアと呼ばれた）をつけられたこの船は、船長約七十五フィート、船幅二十五フィートで、メーンマストには横帆、ミズンマストには三角帆の縦帆装置という混合船装、すなわち「双性」船装を備えていた。軍備としては、小さい砲丸を発射できる六ポンド砲を十六門と、舷側上にすえつけられた射界の広い対人砲撃用の多くの旋回砲を装備していた。乗組員は百三十人だった。

戦略上の軍事力としての海軍の重要性は、十八世紀には当然のこととして認められていた。これは、アルフレッド・セア・マハン提督が一八九〇年、海軍力が戦争の決定的要素であると規定して、何世紀もの間この手段によって興亡を繰り返してきた海運国を驚かせるずっと前のことだ。スペイン連合艦隊の敗北は、マハンの発見より三百年も前に英国の勃興とスペインの衰亡を決定づけていた。また、トラファルガーの海戦におけるネルソンの艦隊は、マハンの『歴史に対する海軍力の影響』が出版される九十年前にナポレオンの脅威に終止符を打ち、英国とフランスとの力の均衡を変えていた。

アメリカの植民地は原則ができるのを待つ必要はなかった。軍備や火薬を補給する必要性と、敵の補給路を断ち、海岸沿いの町に対する英国海軍の攻撃や焼き討ちに対して防御する必要性は緊急のものだった。植民地の人々は、敵に対して使える海軍力がなければ植民地は決して勝利を収めることはできないと固く心に決めた総司令官を持っていた点では幸運だった。一七七五年の八月から九月にかけて、ボストンを包囲していたとき、ワシントンは英国の補給路を断つため、マサチューセッツ、ロードアイランド、コネティカットが英国の攻撃に対して海岸地帯を守る目的で就役させていた数隻の小型スクーナー漁船をチャーターして、武装させた。十月六日にはすでに、大陸会議から任命された数隻のスクーナーがボストン港の入口を監視していたところ、英国の輸送船に出合った。輸送船は植民地軍が海戦を仕かけてくるとは思わないので、武装はしていなかった。こうして「ワシントンの海軍」として知られるようになったこれらのスクーナーは、マスケット銃に弾丸、火薬、それにボストンの英軍を砲撃するためにのどから手が出るほどほしかった太い十三インチ臼砲一門という戦利品を手に入れた。

弾薬が至急必要だったので、ワシントンは一七七五年八月、つまりレキシントンとコンコードで最初の砲声がとどろいてから四カ月経つか経たないときに、武装船をバーミューダ島へ派遣するようロードアイランド議会に頼んだ。「あの島の辺鄙なところに相当な数の弾薬庫がある。住民は概してわれわれの大義に好意的で、とくにこの大事業の援助をしてくれそうだ」と彼は言った。

大きな湾や攻撃を受けやすい長い海岸を持つロードアイランドは、当然ながら海軍力が緊急に必要だという総司令官の考えに同意していた。そしてワシントンに一歩先んじて、プロヴィデンス大農園連合といっしょに一七七五年八月、「アメリカ海軍」を作るべきだという驚くべき決議を承認した。また同月、この決議を正式に大陸会議に提出した。続いてワシントンは十月、軍需品を積んでイギリスからケベックに向かう途上の二隻のブリッグを迎撃するため、二隻の武装船を用意するようマサチューセッツに頼んだ。この種の企てを大々的な規模で行ない、ボストン包囲の間英国の補給路を断つ必要があったことから、アメリカ合衆国海軍は生まれたのだ。船乗りをかねた商人や漁師が乗り組んだ私掠船やスクーナー漁船が、それぞれ別の植民地によって定期的に就役させられたり艤装されたりした。始まりはこのように細々としたものだったが、やがて大陸会議は植民地の統治に責任を果たしうる米国海軍の創設を許可するよう要求されるようになった。

船は船同士、大砲は大砲同士戦うという十八世紀の固定的な戦闘方法のため、数の優劣はつねに決定的な要因になると考えられていた。そしてアメリカの最初の海軍にとって、こうした状況は数字の上では不利だった。アメリカ海域にいる敵に比べると、船の数は三分の一以下、大砲の数は四分の一以下だったからだ。英国海軍はハリファックスからフロリダまで、海岸沿いに長々と展開していた。彼らはボストンとそこからさらに北のニューイングランドの港を基地にする戦列艦三隻、もっと小さい軍艦六隻、合計三百門の大砲、ロードアイランド沖のナラガンセット湾にはスループ艦二隻、ニューヨークには戦列艦一隻とスループ艦二隻、チェサピーク湾には三隻のスループ艦、チャールストンには十六門の大砲を装備したもう一隻、それに途中のさまざまな港には六～八門の大砲を備えたもっと小さな艦船十隻を配置していた。このような不利な状況だったので、士官として軍務につくよう任命された愛国党の何人かが「縛り首になるようなことはしたくない」という理由で断ったのは、別に不思議でも何でもない。陸軍の兵士たちは捕虜になると囚人として扱われたが、水兵は海賊として扱われた。それでも豪胆な紳士はそういう任務を受け入れた。そのなかに、アンドリュー・ドーリア号の指揮を執ったフィラデルフィアのニコラス・ビドル艦長と、彼の後継者で船をセントユースティシャスへ入れた艦長、アイザイア・ロビンソンがいた。

「これほど難しい時期に、わずか二隻の武装商船と二隻の武装ブリガンティーン、一隻の武装スループ艦（最初の四隻に五隻目の船プロヴィデンス号が加わっていた）で大洋に乗り出したとは、最初の海軍士官たちの一団が狂っていたという証拠だろうか」とジョン・ポール・ジョーンズは、アメリカ革命が勝利を収めたあと、当時を振り返って問うている。これほど小さな軍隊が「英国のような大国を相手に戦争をするとは、歴史上前例がなかった……」。

ジョーンズの主張の正しさを感じとって、大陸会議の代表たちはアメリカ海軍創設の提案について神経質に議論した。メリーランド代表のサミュエル・チェイスは、英国に対抗するためにアメリカ艦隊を作ろうなどというのは「まったく途方もない企て」であると断言したが、ヴァージニア代表の同僚議員、ジョージ・ウィスは、のちにワシントンの理論となる考えを主張し、「海岸に近いどんな海運国も海軍力がなければ安全ではありえない。ローマもカルタゴ戦争に備えて海軍を作ったではないか。どうしてわれわれは前例から学ばないのか」と言った。実際上の必要性とか歴史上の前例以上に海軍創設に寄与したのは、英国軍が海岸沿いの町に加えた攻撃の残虐さに対して復讐する武器がほしいという痛いほどの欲求だった。

「あなた方はわれわれの町を焼き、同胞を殺しはじめました」と、ベンジャミン・フランクリンはあるイギリスの国会議員にあてて書いた。「あなた方の手をごらんなさい！　同胞たちの血で汚れています。あなたとわたしは長い間友だちでした。しかしいま、あなたはわたしの敵で、わたしはあなたの敵です」

英国軍は残酷な懲罰を加えれば防衛する側はおじけづいて抵抗をやめるだろうという古今のすべての侵入者に共通した幻想を抱いていたので、家や農園や納屋や木材資源を焼き払い、家畜を殺し、英国兵やヘッセン兵が行くところはどこでも破壊の痕だけを残した。海軍も同じだった。それで、どうにかして拷問をする者たちに仕返しをしてやりたいという欲求が、アメリカ海軍の創設案に火をつけたのだ。

大陸会議は一七七五年十月十三日、ロードアイランドの決議を採択して、アメリカ海軍の創設を決定した。また、海軍業務を統轄するための海軍(のちの海事)委員会を任命し、四隻の武装船を購入して装備し、戦列艦のすぐ下の位の軍艦で四十門以下の大砲を積んだフリゲート艦を十三隻建造するため、五十万ドルまでは使ってもよいという権限を与えた。多少自信がありすぎて、三カ月経てばこれらの軍艦は就航できると発表された。

最初の四隻は十一月に購入され、当時は大陸海軍と呼ばれたアメリカ合衆国海軍が実際に誕生した。植民地連合はふつうの軍艦を持っていなかったので、商船や漁船を買って改造し武装しなければならなかった。そして、舷側からの砲撃が海戦の唯一の基本的な戦法だったので、この砲撃用の大砲を備えるため、船体を強化し、穴を開けなければならなかった。また、戦闘ができるようマストや艤装も強化する必要があったし、乗組員も募らねばならなかった。ワシントンはあらたに軍艦に改造された小さい粗末な船をチャーターして武装させ、ニューイングランドの連隊から募集した兵士たちを乗り組ませる手配をした。船の乗組員は強制徴募隊の手で集めなければならなかった。というのは、湿っぽい汚れた部署で海軍の軍務につかねばならず、国家の船では捕獲賞金をもらう機会も少ない――その大部分が政府へ行き、船の持ち主や乗組員への分配金は私掠船の場合よりずっと少なかった――ので、志願兵が飛びつくような魅力がほとんどなかったからだ。また国家の船の場合、主に商船を食いものにしていた私掠船の場合より危険は大きいし、兵役期間は長いので、なおさら志願兵は寄りつこうとしなかった。したがって、大陸海軍にとって強制徴募隊は必要不可欠なものだった。

本来私掠船とは、地方政府または国の政府当局が発行した強奪許可証を持った船だった。この慣行は、法と秩序の発展における一つの矛盾を表わしていた。法と秩序は向上していくもので、文明の進歩を表わすと考えられている。ところが私掠船は、船の所有者と乗組員、また、それを認可している権力の利益のため、商船を攻撃して積み荷を強奪するという明らかな目的のために装備されていた。この海上の侵略行為では、私掠船に委託された任務として攻撃行為が公に認可され、他国船拿捕免許状が積み荷の強奪を許容していた。この理論は、警官が強盗に対して親切な許可を与えているようなもので、人間が貪欲さに法律の隠れみのを着せたいとき、みごとに装う巧妙な偽善行為の一つだった。

海事委員会は縁者びいきの採用が柵(しがらみ)になって、新しい海軍を大いに強化するという明るい見通しを与えてはくれなかった。新しい艦隊の提督だったイーセク・ホプキンズは、四十年間海上で暮らした年配の商人兼船長だった。彼は行政官に対する実務家の軽蔑心を発揮して、この委員会を、海軍が戦争の決着をつけるのに役立つと考えるとは法律事務所の下っ端事務員のように無知な「いまいましいバカ者連中」(委員の一人はジョン・アダムズだったが)だと言っていた。イーセクの兄スティーヴン・ホプキンズは海事委員会の議長で、息子のジヨンは小艦隊の最初の四隻中の一隻、カボット号の指揮を執っていた。

旗は提督や乗組員と同じほど無くてはかなわぬものだった。一国の海軍は、旗がなければ無に等しかったからだ。陸の上では陸軍の一部隊や司令部の旗が誇りや忠誠心を表わす伝統的事物だとしたら、軌道のない海上の船にとって旗は、海賊と間違われないように身分を表わすしるしとして必要不可欠のものだった。そのときまでそれぞれの植民地から委嘱された船は、植民地の旗をなびかせていた。たとえば、マサチューセッツの松の木を表わした旗のように。または、「わたしを踏むな」という標語といっしょにとぐろを巻いた蛇を描いたジョージ・ワシントン旗のように、個人の旗を掲げていた。したがって大陸海軍には、苦労して勝ちとった一つの主権の下の植民地の連合、すなわち革命戦争を可能なものにする大きな一歩を表わす旗が必要だった。大陸会議の所在地、フィラデルフィアで婦人帽製造業のマーガレット・マニーが作ったこの旗は、最初の答砲を受ける旗となった。ベッツィ・ロス（一七五二〜一八三六。星条旗の作製者）についてはみんなが知っている。それなのにわたしたちは、どうしてマーガレット・マニーについては何も知らないのか。おそらく、彼女には逸話を語ってくれる発信力のある友人や親戚がほとんどいなかったからなのだろう。

旗の起源を探るという、あらゆる点で論争が起きているもつれたクモの巣に入りこむよりはむしろ、赤と白の縞の旗が一七七五年十二月、フィラデルフィアのドックで新海軍の一隻の甲板上に姿を現わした、という事実だけを単純に受け入れることにしよう。ここで記録に残っているのは、マーガレット・マニーがフィラデルフィアのジェイムズ・ウォートンから、旗を作るための幅広の布地四十九ヤードと幅の狭い布五十二ヤード半を受け取ったという事実だ。この品物の代金は、小艦隊の旗艦で三十門の大砲を備え、最初の四隻中いちばん大きいアルフレッド号の勘定に付けられている。

誰がデザインしたかという問題は別にして、出来上がった製品には十三の植民地の連合を表わす十三本の赤と白の縞と、小区分、すなわち左上の四分の一部分にユニオン・ジャックから取られた聖アンドリューと聖ジョージの十字架の組み合わせが描かれている。これらの十字架は、イングランドとスコットランドの二つの王国が英国の国王の下に連合した一七〇七年以来、英国の旗に姿を現わしていた。それがアメリカの国旗に描かれていたということは、植民地がまだ英国国王から分離するとか、自分たちを新しい主権国家だと宣言するなどという準備ができていなかったことを示している。一七七六年六月の議会に提出されたリチャード・ヘンリー・リーの先駆的な決議、「アメリカの植民地連合は自由で独立した国家であり、当然の権利としてそうあらねばならない……また、アメリカの植民地連合と英国との間の政治的繋がりはすべて完全に解消しているし、解消していなければならない」は、依然としてはげしい議論の的になっていた。この段階で英領植民地が求めていたのはもっと多くの自治と、自主的な課税の権利を持ち、同意なしに英国議会から税金や法令を押しつけられることのない成熟した民族のかけがえのない自由の観念であり、彼らが戦っていたのは、英国にこの立場をぜひとも認めさせるためだった。

一七七五年十二月三日という真冬のある日、新しい旗がひるがえった。「私が自分の手で自由の旗を掲げた」と、デラウェア河畔のフィラデルフィアのドックに入っていたアルフレッド号の甲板でジョーンズは回想している。艦隊の提督や士官や大喜びの市民たちなどの群衆が、海岸からこの行事に歓声をあげた。その後まもなくワシントンは、一七七六年一月一日、ボストン包囲の間マサチューセッツ州ケンブリッジのプロスペクトヒルの上に同じものだと思われる旗を掲げた。グランド・ユニオンと呼ばれたこの旗は、やがて海上での実戦中にひるがえっているのが見られるようになったが、トレントンやブランディワインやその他の陸上の戦闘地へも持っていかれたかどうかについて証明する決め手はない。グランド・ユニオンはその後星条旗にとって代わられ、一七七七年六月、英国の十字架の代わりに青地に十三の白い星をかたどった星条旗が、大陸会議によって正式に国旗として認められた。一七九五年には、ケンタッキーとヴァーモントの二州の連合加入を表わす二つの星が付け加えられた。

大陸会議は国旗の採用を待たずに、新しく誕生したばかりの海軍に任務を授けた。ホプキンズ提督は、可能ならチェサピーク湾の敵を攻撃せよとの命令を受けたが、自分の責任で別の目標を追う決心をした。それは海兵隊を奇襲上陸させて、バハマ諸島のニュープロヴィデンス島にあるナソーの港を占領し、そこに隠してあるとわかっている軍需品を奪おうという計画だった。海軍の戦闘を援護する上陸作戦のための海兵隊は、アメリカ海軍の創設後一カ月経たないうちに確立されていた。

小艦隊はアルフレッド号のマストに大陸会議の旗をなびかせ、デラウェア川の氷を砕きながら、二月の大しけの海へ乗り出した。これは、アメリカの運が下を向いていた時期だった。一七七六年八月にロングアイランドとニューヨークを失った結果、英軍がニューヨーク海岸を支配するようになっていたからだ。ワシントンはマンハッタンから軍隊を引き揚げ、ハーレム高原とニュージャージーに退却して軍隊の崩壊を防ぎ、ニューイングランドから南部にいたる細い陸の戦線をどうにか保持することができた。

バハマ諸島への遠征で、海軍は武器の捕獲という任務を達成した。ニュープロヴィデンスへの奇襲攻撃で、八十八門の大砲、十五門の臼砲、二十四樽の弾薬を分捕り、帰途、ロードアイランドの海岸を攻撃していた二隻の小さい英国襲撃船を戦利品として捕獲した。

一七七六年四月六日、最初の忘れがたい海上の戦闘が行なわれた。午前一時頃、ブロック島沖の黒い水平線を背景に見慣れぬ帆船がいるのをアンドリュー・ドーリア号が発見し、仲間の船に警告を送った。見慣れぬ船は英国の軍艦グラスゴー号で、海軍本部から南部の港に駐屯中の英軍へ急送公文書を運ぶところだった。幸運にもグラスゴー号は単独だった。というのは、アメリカの小艦隊は不慣れな乗組員を抱え、それに天然痘が発生して大勢の病人が出ていた上、他の連中は「分捕り品からあんまりたくさん酒を飲んだので」勤務につける状態ではなかったからだ。他方、船自体も奪い取った大砲の重さにたえかねて、航行もろくにできない有様だった。夜明けまで続いた三時間にわたる戦いは、艦隊としての統一命令は全然くだされず、各々の艦長が最善と考える作戦をとるしかない、あたふたした乱戦となった。アンドリュー・ドーリア号は近い射程距離から撃って立派に任務を果たしていたが、近くにアルフレッド号が入りこんできたので狙いがそれるようになった。アルフレッド号は艤装が損傷して操船できなくなっていたのだ。しかし、艦隊の他の船からの砲撃が目標に当たり、敵は仕方なく帆を揚げてニューポートめざして退却した。

「哀れなグラスゴー号は張れるかぎりの帆を張って逃げ出した」と岸辺の観察者は報告している。「足の折れた犬が、ひどい怪我をしたのを（ニューポートの英国艦隊へ）知らせでもするように、大砲の口からキャンキャン甲高い声をあげながら」

アメリカ軍は追跡したが、グラスゴー号はすぐれた速力のおかげで、損害にもかかわらずニューポートのすぐそばまで逃げこんでしまったので、グラスゴー号の警告の鳴き声に応えて港から出てきた英軍の砲撃につかまってはいけないと、追跡は放棄された。

分捕り品の武器は無傷のままで、アメリカ海軍はニューロンドンへ向かい、最初の大陸海軍の海戦を英雄的とは言わないまでも成功裡に終わらせた。だが事後に起こった批判のなかで、士官たちは艦隊の行動に不満を述べている。ビドル艦長の言葉によると「あれ以上に軽率で統制のとれない事件は一度も起こったことがなかった」。

その後デラウェア岬やバーミューダやノヴァスコシアやケープ・ブルトン島沖でも両艦隊の衝突はあったが、それが大陸会議の旗を敵と確実に中立国へ知らしめた点を除けば、本書ではあまり関係がない。

グラスゴー号との戦闘のあと、アンドリュー・ドーリア号はニュージャージーのグラスターにある母港で修理され再装備されて、新艦長、アイザイア・ロビンソンの指揮下、海事委員会からの封緘命令をたずさえ、十月二十三日に出航した。この命令を海上で開いた結果、目的地はセントユースティシャス、使命はデ・グラーフ総督に対する独立宣言の写しの送付、ならびにアメリカ軍のための服地と武器弾薬の買いつけであることが判明した。意のままになる新しい国家の海軍を持ち、「外交上の任務を果たしている」という意識があったため、ロビンソン艦長は人の注意を惹くような入港の仕方をしたいと思った。そこで港に入るとすぐ縞の旗を掲げ、オレンジ砦のすぐ下に錨を下ろすため前進した。それから慣習に従って、砦に向かって旗を下げ、砦の旗がそれに答えて下がったとき、入港の礼砲を撃った。砦の指揮官、アブラハム・ラヴネは、のちに証言したところによると、訪問者が誰であるかを推測し、相手を認めれば英軍との間にごたごたが起きるとわかっていたので、どうすればよいかわからなかったという。それで、近くに住んでいる総督を急いで迎えにやったところ、国家的な礼砲の場合より二発少ない答砲を撃てという指示を受けた。その結果、答砲の轟音が続き、白い煙が上がった。港外の停泊地にいたスループ艦上からこうした光景を逐一眺めていた三人のイギリス人水兵は、そのあと急いで、海岸からそれを見て興奮していたセントキッツの町の人々と話し合いに行った。

植民地当局は、アンドリュー・ドーリア号が受けた答砲を明らかに喜んで、これを繰り返してもらおうという気になった。一七七七年二月、海事委員会は大陸海軍のフリゲート艦ランドルフ号のニコラス・ビドル艦長に対し、次のような内容の命令をくだした。「貴殿は海上に出た最初のアメリカのフリゲート艦を指揮しているのであるから、必要なすべての機会をとらえてアメリカの国旗の名誉のために懸命に戦うことと期待している。外国の港に入港するときにはいつでも、そこの砦に対して礼砲を放つように……」。しかし、礼砲の記録は他にない。

艦隊の創設が途方もない企てであろうとなかろうと、十一月二十五日、大陸会議はあからさまに海上での挑戦を行なった。英軍によるアメリカの沿岸都市への攻撃に対する報復は、まだ商船には及んでいなかったものの、英国の軍艦は拿捕される可能性があると宣言したからだ。同時に、北米植民地連合による海戦のための海軍規約が発布された。

V 海賊船（バカニーア）――ボルティモア英雄号

大陸海軍に属してはいなかったがメリーランドの安全委員会の委任を受けていた私掠船ボルティモア英雄号は、一戦交えたくてたまらず、正式の許可が出るまで待てなかった。一七七六年十一月二十一日、この船は武器（大砲の数は六門から十四門の間）よりは豪胆さに頼って、セントユースティシャスの海岸から三マイル沖に出たところで、英国の貨物船メイ号を拿捕した。セントキッツから出航したメイ号は、同島とセントユースティシャスの両方から見える地点で捕獲された。そして、メイ号には、アメリカのデラウェア川へ連れ戻せという命令を受けた拿捕船回航員が乗りこんだ。船の所有者はリーワード諸島の南端にあるドミニカ在住の英国人だったが、ドミニカ総督を通じてこの地域最高の英国の高官だったセントキッツの統轄者に厳重な抗議を申しこんだ。セントキッツの総督は、その人自身にぴったりのクレイスター・グレイトヘッドという名の人物だった。

グレイトヘッド総督からの非難を伝える外交上の公文書が嵐のようにハーグに降り注いだ。いわく、セントユースティシャスの住民は「毎日、大っぴらに」軍需品をアメリカ人に供給して「大逆罪の援助をし、海賊行為の保護者になっている」、ボルティモア英雄号の行為はセントユースティシャスの大砲の射程内で起こった、云々。また、このアメリカの船が事件のあとセントユースティシャスの港へ帰航が許され、「明らかにあらゆる保護を受けている」という事実は、セントユースティシャス総督、デ・グラーフの積極的な共謀行為とは言えないまでも中立国らしからぬ寛大さのせいである、と彼は主張した。グレイトヘッドは弁明のためデ・グラーフを召喚すべきだとする一方、メイ号を所有者に返還するよう要求し、「煽動者」を発見して逮捕し、「テロ行為」への「当然の罰」を与えるべきだと力説した。また、以前のアンドリュー・ドーリア号の不法行為にまでさかのぼり、デ・グラーフが答砲を撃ったとき彼は反乱旗がどの国のものか知っていたはずだと、何の証拠もなしに述べた。礼砲の問題になるとグレイトヘッドはさらに憤激の情をつのらせ、「オレンジ砦が謀反人たちに敬意を示すことによって英国国王の旗に対しておかした侮辱行為には、見せしめになるような贖罪をさせよ」と要求した。

くどい論争調で彼は長々と言葉を続け、「英国に対する札つきの謀反人に援助と明白な指示を与えるとは……」「われわれの二つの宮廷」の間に存在する多くの盟約の「目にあまる侵害」であり、国家間の法律に対する違反であると嘆いた。「これらの血迷った人々は、法律的に考えると謀反人以外の何者でもない……そして諸国家の法律は、臣下の者が自分たちの主権国家に対して仕かける合法的な戦争の権利といったようなものは認めていない。したがって、簒奪した権力の傘の下で行なわれたこれらの拿捕は海賊の略奪行為に他ならない……世間の信頼と国家の名誉を汚したこの行ないにより、オランダの植民地は彼らの大逆罪の公然たる煽動者、海賊行為の奨励者となり、連邦議会はこれまで国旗のカタログ中知られていなかった旗の最初の公然たる承認者となった」。

この尊大な調子とおびただしい誇張は、えんえんと続いている（十八世紀の手紙の書き手――とくに、役人――が、いかに彫琢された文章と完璧な文法と適語（モ・ジュスト）を生み出す時間と能力を持っていたかは、つねに驚嘆すべき事柄だ。それに対して二十世紀の後継者にできるのは、過去を羨むことと、読者に学問的術語の藪を切り開き、官僚主義的専門用語の泥沼をたどる苦労をさせることだけだ）。

このバカニーア（十七世紀後半にカリブ海を荒らした英・仏・オランダの海賊）船ボルティモア英雄号の共同所有者は実はメリーランドの代理人、ヴァン・ビバーであって、彼が分捕り品の分け前をやると島の親戚に約束したというさらなる非難は、ヴァン・ビバー氏と海賊行為の推定上の共犯者オール氏によって強く否定された。

苦々しい非難の最後に、クレイスター・グレイトヘッドは、デ・グラーフがセントキッツ総督に対して弁明する機会を与えられたのに、話すのを拒否したと付け加えた。さらに補足的効果を狙って、この手紙が国王陛下の枢密院の構成員、他ならぬ国王の法務次官の「尊敬すべき手を煩わせて」送付されるよう手配した。デ・グラーフは平気だった。彼は尊大な返書のなかで、召喚に応じること、および、グレイトヘッド総督ないしセントキッツの他のいかなる人間ともこの件について議論することを拒否した。

しだいに脅迫的になってくる英国王ジョージ三世の抗議に応えて、オランダ連邦議会は、中立国の性質上アメリカの英領植民地も英国王と同じように扱う必要があり、そういう理由からオランダの港をアメリカ船に対して開いているのだと主張した。この主張には含みとして、オランダはこの抗争におけるアメリカを単なる反乱者としてではなく対等の交戦国として認めている、という意味合いがこもっている。とはいえオランダ連邦共和国は、貿易とその利益に忠実なアムステルダムの親米派とオランイェ公に忠実な親英派とに分かれており、戦争の脅威に対処する準備ができていなかった。その結果、聴聞のためのデ・グラーフの召還と、武器、弾薬、その他の禁制品を積んでいないかどうかオランダ船を捜索する目的で、セントユースティシャス沖への本国の巡回船配置を命令した。

デ・グラーフは、健康状態と、家族に対する責任、山積している役所の仕事、それにオランダ人としては奇妙なことに「猛烈な船酔いにかかりやすく」そのため全航海を通じて起き上がって食べたり飲んだりできなくなるので「海への恐怖と嫌悪感」があるとの理由で、帰国を回避しようとした。しかし、聞き入れてはもらえなかった。同時代の人が述べているように「船酔いは気の毒ではあるが、大した病気ではない」からだった。どうにかこうにか一年以上航海を延期したものの、彼は出発しなければならなくなった。そして一七七八年、船酔いで死ぬこともなくアムステルダムへ帰着し、そこで、西インド会社の委員会により三つの主な罪状で尋問された。すなわち禁制品の密輸出入と、英国船の拿捕の許容、反乱者の旗への礼砲。第三の告発に対して彼は、アンドリュー・ドーリア号に対して放った礼砲は国籍にかかわりない通過船舶への慣習的な儀礼行為であるから、別に承認の意味はないと主張した。

中心的な問題――デ・グラーフが、礼砲を放っている相手の旗がどこのものか知っていたかどうかという問題――は、明確にはならなかった。グレイトヘッドは詳細な証拠もなく、その旗は「すでにアメリカの反乱者の旗として知られていた」と主張した。おそらくは、ジョン・トロットマンという名のアンドリュー・ドーリア号の若い水兵の証言録取書からこの結論を引き出したのだろう。トロットマンはセントキッツ議会の尋問を受けたさい、「アンドリュー・ドーリア号はセントユースティシャスに到着してオレンジ砦に対し十三発の礼砲を放った。しばらく間をおいてから右の砦が九発または十一発の答砲を放ったが、どちらだったか覚えていない」。この間、船は「大陸会議の旗をなびかせていた」と証言した。この証言は、もし十七歳のトロットマンが大陸会議の旗を知っているのなら、他の人々も知っているにちがいないという事実を暗示していた。だが、トロットマンは旗が誕生したフィラデルフィアでむりやりアンドリュー・ドーリア号に乗り組まされたので、その地で旗の掲揚を目撃した可能性は十分ありうる。したがって、旗についての彼の知識は、デ・グラーフについての証明には全然なっていない。

しかし、デ・グラーフが答砲を放ったときその旗を認めていたという可能性は強い。でなければ、どうして彼は砦の指揮官に対し未知の旗に礼砲を放つよう言い張るだろうか。デ・グラーフは、旗を認めたことを肯定も否定もしなかった。ただ告発者に対し、どうして彼がそれを認めたと証明できるのかと訊いただけだった。事件に先立つ十カ月の間、この旗は陸海を問わず戦争のときにはひるがえっていたし、セントユースティシャスのような人目の多い港で注意が集まることはほとんど逃れられないことを考えると、彼の答は不正直だと言えよう。

全体として、七百ページの付録のついた二百二ページの彼の弁明文書は、徹底的な挑戦ではなく、注意深い――ほとんど法律家の――弁明だった。オランダの海運業に対する度重なる英国の干渉を引き合いに出して、デ・グラーフは会社に、自分は英国の捜査と力による捕獲をはねつける権利は持っていたものの、そうするのに「十分な手段が欠けていたので用心」しなければならないと感じたことを思い起こさせた。彼の現実主義はオランダの根本的な欠陥――アメリカ船との貿易に関しては、彼が言ったように、セントユースティシャスはすべての供給品を外国に負っているので、当然、通商を邪魔するようなことはしないのが自分のつとめだと信じている点――を浮き彫りにした。輸出用の積み荷は可能なかぎり厳しく検査されたが、つねに法規をおかす人間はいたのだ。彼は六週間分の食糧や水の積みこみを許したことを別にすると、アメリカ船に装備を施したという非難を否定した。そして、オランダ人をアメリカ人の「明白な協力者」と呼ぶのは「最も無礼で恥ずべき種類の侮辱」であると明言した。だが、少しばかり抗議のしすぎだと思ったのか、急いで言葉を続けて、起こったとされた違法行為の証人を要求し、原告なしで誰かを訴追したり証拠なしで有罪の判決をくだしたりするのは総督としての彼の職務を侵害するものだと主張した。関連した侮辱行為については、「マネア（オランダ語でミスターに当たる敬語）」と呼ばれたことで彼は侮辱を受けたと感じていた。英語のこの言葉は、オランダ人を笑い者にして軽蔑する言い方であると彼は主張した。そして誇らしげに、「わたしを呼び出して施政行為の説明をさせる資格があるのは、わたしの上司以外誰もいないはずだ」と言い張った。

ボルティモア英雄号については、その行為は彼の大砲の射程外で起こったので、アフリカの海岸沖で起こった場合と同様、阻止することはできなかったと述べた。しかし、二、三カ月前同じような事件が起きてシーフォード号のコルポイス艦長がセントユースティシャスの海岸沖でアメリカ船を拿捕しようとしたとき、オレンジ砦の指揮官、アブラハム・ラヴネが事実どういう風にそれを阻止したかについては述べなかった。

デ・グラーフはそのあと攻勢に出て、英国の行動についてオランダが苦情を述べねばならない場合のほうがその逆よりずっと多いと非難し、二隻のオランダの商船が密貿易を行なったかどで拿捕されているので、費用と損害に対する賠償金を相手に支払わせ、積み荷といっしょに釈放してもらうべきだということを委員会に思い起こさせた。

明らかにこの弁明ぶりが気に入って、調査委員会はデ・グラーフの答弁を完全に満足のいくものだったと報告し、総督としての彼をセントユースティシャスに帰すよう連邦議会に勧告した。連邦議会はふつう官僚制度の慣行では見られないような勇断をくだし、英国の要求に屈服するのを拒んで西インド会社の評決を受け入れ、総督の地位につかせるためデ・グラーフを送り返した。この決断をくだした動機の一つは、明らかにオランダの主権に対する自尊心であり、もう一つは、商人階級が満足するようデ・グラーフは利益の多いアメリカの英領植民地との貿易を続けていくだろうという知識だった。

デ・グラーフは一七七九年、再びステイシアのもとの地位についた。総督としての彼の帰還後、同島のアメリカ貿易はいちじるしく増加した。アンドリュー・ドーリア号とボルティモア英雄号の事件はユースティシャス人を萎縮させるどころか、むしろ大胆にした。一七七八年から七九年にかけての十三カ月の間、商船の護衛船を指揮していたオランダ人提督の注意深い記録によると、三千百八十二隻の船が島から出航した。これは一日当たり八、九隻という驚異的な数字になる。英軍に停止させられて捜索を受けた一隻は、輸出入禁止命令を言語道断にも無視して千七百五十樽の弾薬と、銃剣や弾薬筒付きの完全な武器七百五十組を運んでいたことが判明した。このような補給が、ほとんどからっぽのアメリカの軍需品倉庫を支えていたのだった。同年アメリカは、海軍用軍需品の見返りとして一万二千ホッグズヘッドの煙草と百五十万オンスのインジゴをセントユースティシャスに送り出した。

港外で待ちかまえている英国の番犬の数の増加とその攻撃的な捜索と拿捕のおかげで、補給品を入手するため多くの試練も辞さない覚悟のアメリカ船の数が縮小したことは疑いをいれない。英国のおどしと抗議が高まったあと、セントユースティシャスとアメリカとの貿易が実際に増えたか減ったかについては、歴史家の間にも意見の相違がある。ジョン・アダムズは、この点についてては疑問を持っていないように見える。「セントユースティシャス経由のいくつかの企画の成功から考えて、二国（オランダ連邦共和国と合衆国）間の貿易は増加しそうに思われます」と彼は一七七九年八月、大陸会議の議長にあてて手紙を書いた。

こうした活動すべてをとりしきっていた総督が人々の記憶に残っているのは、英雄的行動や英雄的言辞のためではなく、むしろ着実で揺るぎない目標を効果的に追求したためだ。アメリカ革命の軍需品供給を促進、奨励するために彼が果たした役割の重要性を同時代のアメリカ人が認めていたことは、二隻の私掠船の命名の仕方に表われている。一隻には彼の名前が、もう一隻は幸せなことに食卓用リネンについてのひどい趣味の持ち主であることも知らずに彼の妻の名前がつけられ、レディ・デ・グラーフ号と呼ばれていた。その上、スリナムの住民で「これまでのいきさつを感謝しているアメリカの市民」と自称するニューハンプシャーのＦ・Ｗ・クラギンは、「最初の答砲に敬意を表して」デ・グラーフの肖像画を依頼した。その肖像画は現在、寄贈者の故郷であるニューハンプシャーの州議会議事堂にかかっている。

相変わらず国旗問題を追及して、英国はオランダ連邦議会に対し、サー・ジョーゼフ・ヨーク大使のこの上なく横柄な言葉遣いで、反乱者に対する答砲を正式に否認し、罪人を罰して、セントユースティシャスの総督を召還、罷免しなければならないと通知した。さらに、満足のいく結果が得られなければ「わが国王はただちに王冠にとって利益になることと、王座の威厳にふさわしいと考える手段をとるだろう」と、サー・ジョーゼフ・ヨークは警告した。英国とオランダの親密になったり難しくなったりした長い関係のなかで、これは公然たる敵対行為だった。

ヨークの外交政策は、この高慢な使節の人柄からも予想できるものだった。彼の父親は一七五四年四月、貴族として伯爵に叙せられたので——イギリス人の人生のなかで人をワインのように酔わせる最盛期——その息子はいま、慣例的な、むしろ望ましい大使の礼儀作法まで軽蔑するほどの高みから他を見くだすことができたのだ。ヨークは連邦議会に対し、英国がボストンに対して用いたのと同じ口調を使っていると、アダムズは言っている。

ヴェールをかけた彼のおどしに、オランイエ公（ウィレム五世）の主任顧問官で事実上の首相だったブルンスヴィク公は激怒し、「これまでに見た、一国の主権者から他国の主権者へ送った文書のうち最も無礼で不穏当なものだ」と言った。サー・ジョーゼフ・ヨークのこの書簡は公表されて、猛烈な憤激を巻き起こした。もっともオランイエ公の別の顧問官は、「こうした無礼を忍ぶのはたやすくないが、力の伴わない怒り（ヴァーナ・シネ・ヴィリブス・イラ）は無益だ。だから、われわれは譲歩しなければならないだろう」と指摘し、オランダには怒れるだけの力はないと述べた。

英国人は、デ・グラーフがセントユースティシャスの総督の地位に戻ったことを、ロンドンの要求を満たすどころかむしろ侮辱するものだと受け取り、現実的な報復手段を考えはじめた。やがて、もう一世紀経ったから一六七四年のイギリス・オランダ条約を廃止しようかというささやきのなかに、その警告するような徴候が現れた。もともと英国は、「自由船舶、自由貨物」の原則にもとづく中立国の権利を支持したものだという理由で、この条約を嫌っていたからだ。だがオランダは政治的に分裂しすぎていて、この徴候に注意を払わなかった。

憤激したオランダ市民が英国大使館への糧食の配達を阻止しようと提案したのは、この時期だった。サー・ジョーゼフ・ヨークは不快な状況がいかに身近に迫っているかにまったく気づかず、ロンドンの担当大臣に対し多少の満足感をこめて、自分の覚え書が「国中にはげしい騒ぎを巻き起こし」、オランダ人に警告と恐怖を与えたと自慢している。

ブルンスヴィク公のほうはウィレム五世に、イギリス国王の大使によって表明されたおどしは、オランダ連邦共和国に対する不当な侮辱であると回答した。彼の意見によると、さらに悪いのは、三週間以内に満足のいく結果が得られなければ自分は召還されるだろうというヨークの口頭での説明だった。公爵がヨークの注意を促した通り、オランダの制度ではすべての諮問機関の同意を取りつける必要があって、三週間以内の決定は無理であることをヨークは十分に知っていた。人間の名誉と尊厳を保つためには、告発された人の言い分が聴かれなければならない、とブルンスヴィクは言った。連邦議会は国の貿易を保護し、港の機能を維持しなければならなかった。公爵が怒っていたのは明らかだ。ヨークの誇張した言辞は、オランダ国内にいる英国への強力な支持者を敵にまわすのに成功しただけだった。ブルンスヴィクは、ヨークのおどしはオランダ船の拿捕と捜索を正当化するための脅迫戦術であると結論をくだした。

この事件でヨークは、大使の役目——どんなに不快なことがあっても、それを隠して相互的友好関係を維持すること——と正反対の行為をしたのだった。こうした雰囲気のなかで、オランダの政治と世論における最も深く最もまじめな議論が起こってきて、オランダは英国に背を向ける結果になった。論議の的になったものは、無制限の護衛船団派遣を可決するよう連邦議会に訴えたアムステルダム商人たちの要求だった。これは、「自由船舶、自由貨物」の原則を十分に活かして、事実上拿捕と捜索に抵抗しようとする意図を表わしている。英国ははじめから、世界を支配する海軍国として自分たちには公海上の規制を作る権利があると思い上がっていたので、合衆国ののちの呼び方によると「公海の自由（マレ・リベルム）」という概念を厳しく排除していた。オランダ連邦共和国の総督オランイェ公は英国を、フランスの侵入と、とくに親仏的な愛国派による革命的顛覆に対する保護者であると考えていたため、英国の好意を繋ぎとめておくのに熱心で、無制限護衛船団の案に強く反対した。彼の支持者たちからなるオランイェ党も同じだった。アムステルダム、すなわち大部分の請求書の支払いをしてオランダ最大の影響力を持つ州の、海運業界の実力者たちからなる護衛船団擁護派は、自分たち自身の海上貿易のみならず全オランダの海上貿易を保護し、それによって日々の生活を維持して、繁栄の源を守ろうと心を決めていた。彼らは、英国の野放図な干渉が続けばそれがだめになると予測していた。こうした議論は、階級による分裂ではなかったものの、国を二分した。というのは、農民、職人、商店主といった中産階級は、多くのプロレタリアート、とりわけ船員と同様に、商人たちの要求を支持していたからだ。こうした人々は、海上貿易と、職を与えてくれる製造業者のための原料の輸入に依存していたためだ。したがって、彼らは金持ちといっしょになって護衛船団を認めよと叫んだ。

　政府は貿易が全面的に中断されると困るので、戦争はしたくなかった。一年に及ぶ嵐のような議論の末アムステルダムが州議会票決で無制限の護衛船団を支持する決定をくだしたとき、連邦議会は州の票決の確認を拒否した。西インド諸島のオランダ人が状況の鎮静化に努力している間、すべての資産家は「恐怖で震えているように見える」、だから、ヨークが騒ぎを起こしている間「わたしが金の借り入れに全然成功しないのは確実だ」とアダムズは書いた。彼は「政府内の全員がペストのように」自分を避けているのがわかった。

VI　オランダ人とイギリス人――もう一つの戦争

旧世紀が終わり十八世紀になってからまもなく、スペイン継承戦争と呼ばれる多くの国を巻きこんだ戦争が終結した。これは本質的に、フランスがスペインとフランスの王位を一つの王権に合体させてヨーロッパを支配しようとした野望を阻止する戦争であって、一七一三年のユトレヒト条約により、「もうピレネー山脈はなくなった（イル・ニアプリュ・ド・ピレネー）」というルイ十四世の自慢を上手にくじいて終わった。

世界的な成功にもかかわらず、一七八〇年のオランダは、よく機能しない統治制度、相反する国内の利益、分裂した政策、明らかな軍部の弱体などのため、支配力を失いかけていた。草創期にははなはだしく有能で、十六世紀には勇敢で決意に満ち、十七世紀には進取の気象に富み、無敵で、輝かしくさえあったのに、十八世紀のオランダ人は国内が党派的に分裂しているため効果的な政策がみすみす麻痺してしまうのを許していた。寸断された政治制度が、その他のどんなものもほとんど許容しなかったからだ。国制は「ひどく複雑で、気まぐれな代物です」と、アダムズは故国の大陸会議議長にあてて書いている。その上、統治の構造はとても厄介で、諸党派間の対立関係は支離滅裂だったので、そこでの使節としての彼の仕事は「ヨーロッパ中で最も難しい」役目になった。

オランダの各州には州知事がいたが、その職は選挙によりしばしばオランイェ公ウィレムに、彼の本来の地位に付け加えられる形で与えられた。沈黙公（ザ・サイレント）ウィレムは国の総督でありながら、ホラント、ゼーラント、ユトレヒトの州知事の職を兼ねていた。また各州には法律顧問（ペンシオナリス）と呼ばれるアメリカの州知事に相当する行政職があった。これらを総合して考え合わせると、同僚から選ばれたグランド・ペンシオナリスは事実上の首相の機能を果たしていたらしい。ホラント州のグランド・ペンシオナリスだったピーテル・ファン・ブレイスヴェイクは、アダムズから「偉大な学者、言語学者、自然哲学者、数学者であり、物理学者とも言え……公務について大変な経験を持っている」と述べられてはいるが、これらの才能を活かす個性の力がなかったので、右顧左眄してはっきりした政治的態度はとらなかったように見える。

貨幣と帝国は、オランダの分権主義をなだめてオランダ人を統一にかり立てるだけの魅力を持ってはいなかった。確かに商売上の利益のおかげで冒険的な商人は合併して大きな貿易会社を作るのに成功したが、軍艦を維持して監督する義務を負う海軍の業務管理は、五カ所の地方海軍局に分かれていた。すなわち、南ホラントのマース川のほとりにあるロッテルダム、アムステルダム、ゼーラント、フリースラント、それに北部地域（ノース・クオーター）。しかし、地理的位置に条件づけられたそれぞれの利害が互いに対立したため、十分で健全な艦隊を維持するのに不可欠な国家としての海軍政策が不可能になっていた。五つの海軍局は、私掠船や匪賊から沿岸海域を守り、戦時捕虜審判所やすべての港湾都市で起こる船員たちの喧嘩沙汰などを管理する仕事を受け持っていた。船員の数は、ほぼ八万人にのぼると言われていた。船上生活の驚くほど劣悪な物理的条件――鞭打ち、汚穢、まずくて乏しい食事、それに加えて嵐の襲来や砲火の炸裂や飛んでくる敵の砲弾の破片――に耐えられる人間には乱暴な性格の者が多く、上陸したときには、捕獲賞金の分け前やその他の原因で不満を持つと、どんな暴動や騒動でも起こしかねなかった。あるいは、長い間船内に閉じこめられていたあとの鬱憤ばらしをやりたがる。評判ではオランダ人は、礼儀正しく高潔できちんとした人間だと思われていたが、他の民族と同様、荒くれ者も多かった。

それとは対照的にレヘントと呼ばれる統治者階級は、もっぱら都市貴族だけから成る。都市貴族門閥（レヘント）はオランダ統治の身体であり、魂だった。彼らは市議会や州議会ならびに連邦議会の議員職を占めていた。名目上は選挙制度のもとでそうした役職に選ばれていたのだが、候補者は、財産とコネにもとづく社会的地位と実力のある有名な資産家の家族でなければ、官職につく資格さえないと考えられた。レヘントはレヘント同士で結婚して、支持し合い、都市行政府の重要な役職に任命し合った――市長、市判事、市民軍の隊長、市議会の議員、金融機関の取締役。これには東インド会社の重役会を構成する聖なる十七人が含まれる。こうして彼らは、市会議員を経て州議員や国会議員としての職につく。他所者はそのなかに入れなかった。この制度は中世の地方政府の官職任命制度と同じやり方であり、事実、それに由来している。それがしだいに侵食されるようになって、一五八一年の臣従拒否の宣言以後、オランダ共和国全体が、約一万人を代表する上の中階級の寡頭制に支配されるようになった。これは、勤務中の船員総数の八分の一に当たるとはいえ、船員であろうがレヘントであろうが、誰もが国家よりむしろ自分の都市と一体化して——それは国家にとっては損失だが——自分のことをオランダ人というよりはハールレム人とかライデン人とかアムステルダム人と呼んだ。

レヘントは保守的で自己満足に陥っていたので、労働者階級に対してフランス革命以前の特権階級と同じ見方しかせず、彼らを「小さい人々（リトル・ピープル）」——イタリア人の呼び方によれば「ポポロ・ミヌート」——と考え、それを臆面もなく口にした。「市民が小さい間は、小さいままにしておくべきだ」と、ドルトレヒトのレヘントは言った。彼の家族は何世代もの間、この都市のレヘントをつとめていた。これは、神によって確立されたと固く信じられていた社会的階級をずうずうしく確認する言葉だった。

レヘントは——統治の仕事を実際に引き受けたイギリスの支配階級には似ているが、フランスの上層階級（グラタン）とは違う。グラタンは国家のためには何もしないで、それぞれの爵位の相対的古さにもとづく優先権や典礼について大騒ぎするからだ——、自分たちは統治の仕事にたずさわる資格があるが、それに対して「完全なオランダ人」と呼ばれたヤン・デ・ヴィットが「資格のない卑しい人々」と述べた連中は統治や行政に何の関係も持つべきではない、「統治や行政の仕事は資格のある人々だけに取っておかねばならないからだ」という信念を持っていた。グランド・ペンシオナリス、すなわちホラント州の知事、そしてオランダが今日までに生み出した最も有能な政治家だった、ヤン・デ・ヴィットは、政治的な感覚には問題があったが、それ以外の点では正当に自分を有資格者と呼ぶことができただろう。彼は庶民に対する軽蔑をあまりにもあからさまに表わしたので人々から憎まれた。その結果一六七二年、彼と兄のコルネリスは大衆のリンチにあって八つ裂きにされた。フランスの狂暴な侵入軍に苦しめられた庶民が、それを阻止できなかったのは彼の責任だと考えたからだった。この殺人事件は、オランダ人の生活の秩序正しい表面の下から極端な一面が噴き出してくるという奇妙な矛盾を示している。

貧者保護の伝統はかならずしも富裕な支配階級の特徴だとは言えないが、それを奨励するオランダのレヘントたちは公共の慈善制度を後援しており、それが外国から訪れた者に大きな感銘を与えた。アムステルダムでは、どの家にもみんな鎖で吊るされた箱があって、その上には「貧者のことを考えよう」と書いてあった。人々は商人から何かを買うたびにもらった釣り銭の小銭を箱のなかに入れ、箱には、執事がお金を集めに回ってくるまで錠が下ろされていた。週に二回、執事は家ごとにベルを鳴らして、そこの住人がどのくらいの寄付をしてくれただろうかと尋ねるのだった。アムステルダムの老人ホームや救貧院は魅力的な庭のついた美しい建物で、そうした施設はいまでも旅行案内書の観光名所に選ばれている。孤児院、「不具や老人になった」兵士のための病院、船員用老人ホームや精神病院は、同時代のイギリス人、ウィリアム・カーが訪れて、「世界中のすべての都市を凌駕している」とその活動に感心した慈善制度の一部だった。

政治的発言をするのは上流階級に限られていた。財産上の資格を持たない庶民には参政権がなかったので、国民投票はありえなかった。政策は連邦議会の票決によって決定されたが、これは州議会が承認の投票をするかどうかにかかっていた。州議会は市議会の市長たちに支配されており、市会議員二人、市長二人、「スヘーペン」すなわち判事二人、州のペンシオナリス一人で構成されていた。ペンシオナリスは重要な人物ではあったが、市長の権威の下におかれていた。

政治制度は名目上の民主主義が行きついた極端な形を示していた。連邦議会による決定は、賛否を問う票決をするため州議会に差し戻さねばならず、そのあと州議会は市議会に送り、市議会が国会に戻すので、結果的に一つの決定が五十の都市を代表する約二千名によって討議されねばならない場合もあった。ポーランドの国会について評された言葉にならうと「彼らは混乱を作り上げ、それを国制と呼んだ」。その結果としての遅延と権力の細分化は、独裁制の恐怖をなくすため能率を犠牲にした一つの例であり——時折危機的な状況に陥ると重大な結果を生んだ。些細な事件の場合であれば、この問題は次のような典型例となる。あるとき、グランド・ペンシオナリスが緊急問題でフランス大使と会見したところ、国王に報告するため早急に答がほしいと言われた。ところが彼は絶望し、ほとんど涙を流さんばかりにして「ご存じでしょうが、三週間経たないとお返事できないのです」と答えた。

オランダ政府は、全住民のうち経済的社会的区分の一つを代表する緊密で小ぢんまりした一団だったが、政策決定の方法によってあまりにも制限されすぎていたので、リリパット人の紐で結えられたガリヴァーと同じほど無力だった。この制度は、アダムズがそれにもとづいて仕事をしなければならなくなったとき、たちまち迷いからさめて発見したように、「複雑で、わかりにくい組織」になっていた。まず第一に、主権はどこにあるのか。外国人にとってと同様、国民にとっても主権のある場所を突きとめるのは難しかった。名目上の主権は総督オランイェ公にあったが、最終決定権は彼自身にあるのか、それとも七つの連合州を統合したオランダ連邦共和国を代表する連邦議会の閣下諸君にあるのか。連邦議会の議長は議員による週単位の持ち回りになっていた。これは効果的に機能する方法とはほとんど言えないが、オランダ人は独裁的な統治者の出現を非常に恐れたので、能率を犠牲にしても滑稽なほど用心するほうを好んでいたように思われる。アメリカ人も憲法を起草するさい、どんなかすかなものでも君主制の気配を恐れた。そして、審議会の長を無力で役立たずの状態におくよりはむしろ、単に君主制だけを追放したのだった。一般にアメリカ人は、オランダ人と同じように州の地位に関する多くの決定をくださねばならないとき、オランダ人より分別のある解決の仕方をした。そのわけは彼らが、良識と学識を備えた政治思想家に恵まれていたためであることに疑問の余地はない。こうした思想家の努力によってアメリカの憲法は出来上がったのだ。

オランダの首長は総督だった。以前この地位には、スペイン王としてのカール五世の代理または副王という意味があった。カール五世はフェルディナントとイザベラの孫に当たり、複雑きわまる一連の繋がりと、（ここでは無視してもよい）王家間の姻戚関係により、フランス王の息子で豪胆公フィリップことブルゴーニュ公と、ハプスブルク家の神聖ローマ帝国皇帝マクシミリアンの両方から、相続によって低地地方、すなわちネーデルラントを受け継ぎ、所有することになったのだった。一五五六年カール五世が退位すると、所有権は息子のフェリペ二世の手に移った。

一五七九年のユトレヒト同盟締結の年、オランイェ家は王家ではなかったが、当時沈黙公ウィレムが占めていた総督の地位は世襲に変えられた。独立のときその地位を占めていたのは、彼の孫ウィレム二世だった。彼はオランイェ家特有の反抗精神を持つ青年で、ミュンスターの条約締結のさい独立の条件に反対した。スペインと取り引きをするべきではなく、最後の最後まで苦しくとも戦争するしかないと信じていたからだ。もっと重要なことは、彼がイギリスのチャールズ一世の長女と結婚して、オランイェ家の一族とイギリスの王女との結婚の習慣をつくったことだ。こうした結婚は、過去の戦争や将来のいさかいにもかかわらず、イギリスの王家との繋がりを作り上げた。彼らの息子のオランイェ公ウィレム三世は、イギリスのジェイムズ二世の娘メアリと結婚したが、これは、こうした一連の縁組みのなかで最も注目すべき結婚だった。メアリの父が一六八八年の名誉革命と呼ばれる顚覆で追放されたとき、彼のオランダ人の義理の息子が後を継ぐよう招かれたからだ。ウィレムはこの招きを受け入れて、数字で代々を表わすイギリス王の系列のなかへすんなり入りこみ、ウィリアム三世の名でイギリスの国王となり、ウィリアムならびにメアリとして妻と共同で統治した。ウィリアムはイギリス王として、またオランダ人の資格で言えば同盟国として、ウィリアムは、ヨーロッパ支配をめざすルイ十四世の進出をくい止めるヨーロッパ連合の中心的存在であり、推進力となった。ルイ十四世はウィリアムをヨーロッパにおける宿敵と見なして執念深く憎み、彼を破滅させて国境沿いの以前の仏領ネーデルラントを取り戻そうと心に決めていた。フランスの領土拡大というあくなき欲望に燃えていたルイ十四世は、彼の円熟期に当たる治世中（約一六六〇〜一七一五年）ヨーロッパ中を悩ませた流行病のような戦争の元凶だった。至上権を手に入れようとするルイ十四世の野心と、彼を抑えようとする近隣諸国の決意とは、国境という国境でのたえざる紛争の原因になった。その最も有名な例は、一七〇四年のブレンハイムの戦いとその総司令官マールバラ公だ。「だが、彼らがお互いに戦争をしている目的は何か、わたしにはよくわからなかった」と、サウジーの詩のなかで年老いた祖父は子供の問いに答えて言う。現代のわたしたちはずっと長期の展望ができるので、その答を示唆することができる。彼らの戦争の目的は、力の均衡と呼ばれる、実体はないが重みのある問題だった――本質的には、ハプスブルク家やスペイン王国の領土を吸収してヨーロッパの至上権を獲得しようとするフランスの野望をくじくものだった。

五歳のとき以来君主だったルイ十四世は、あまりに長い間独裁者的命令をくだして生きてきたので、彼の欲望は満たされるたびにいやまし、たえざる増大によって満たされねばならなかった。人間の権力に対する欲望は古くからあって、抵抗しがたいものだが、それが行動になって表われるときには、ほとんどつねに破壊的影響を及ぼす。領土の獲得とか民衆の自由の抑圧のために行使される場合には、被治者の福祉や幸福や生活の質の改善に寄与するとは言えないし、また統治者に満足を与えるわけでもない。いったい何の役に立つのか。それは、われわれの種族の常習的な活動ではあるが、大部分が時間の浪費だ。ルイ十四世はジンギスカンとヒトラーとの中間を占める。こうした権力の主要な具現者で、時代をよく映している。この時代は、権力についてたくさんのことを言ったアクトン卿が断言したように、「権力を卑屈に偶像視し、人間の法と神の法の両方が、陶酔感を与えてくれる権威と意志の支配に譲歩させられた」時代だった。戦争がヨーロッパより外の世界に広がったとき、マコーリは責めを負わせる別の候補者を見つけてきて、シュレジエン（シレジア）領有をめぐるフリートリヒ大王とオーストリアのマリア・テレジアとの際限のない争いに原因があると言った。ほとんどの人がどんな国か、どこにあるのかよく知らない国でありながら、シュレジエンはこすると戦争が起こる魔法の石のようなものだった。

フリートリヒの貪欲さと欺瞞は「プロイセンの名前も知らない国々でも感じとられた」と、すばらしい言葉で歴史を教えてくれるマコーリは書いている。そうした国々では、「彼（フリートリヒ）が隣人から収奪できるようにするため、……黒人がコロマンデル（インド）の海岸で戦い、インディアンが北米の五大湖のほとりで互いに頭皮を剝ぎ合ったのだ」。

ウィリアム三世は一七〇二年に、子供がないままで死んだ。彼の馬がもぐら塚につまずいてころんで、落馬したためだった。この「もぐら塚」には何か深遠な意味がありそうに見えるが、考察できるかぎりでは、そのような意味はない。ウィリアムのあとを継いだのは、イギリスでは妻の妹のアン女王、ネーデルラントでは親戚ナッサウ家のいとこがウィレム四世となった。ウィレム四世は冒険家ではなかったので、忠実にイギリス人との縁組みという習慣にしたがってジョージ二世の娘のアンを妻にした。純然たるハノーヴァー家——彼らはのんびりした家族ではなかった——の人間だったアンまたはアンナは、三歳の息子ウィレム五世を抱えて未亡人になった。この息子はやがて、本書にかかわりのある時代の総督になる。彼が未成年の間アンナがオランダの摂政をつとめたので、彼女は英語を話す歴史家たちからガヴァネス・アンナと呼ばれているが、これは単なる女性の行政長官を意味するもので、間違った名称である。

厳しい権威をもって統治したこの摂政アンナは、遺産として息子の顧問にもう一人の強烈な個性を持った人物を選んだ。この人物はオランイェ公を支配し、本書の背景となる時代に、真の統治者としてさまざまな問題を思うままに処理した。すなわち、ブルンスヴィク公で、一門中の他のブルンスヴィクと区別して言えば、ルートヴィヒ・エルンスト・ウィレム・フォン・ブルンスヴィク＝ヴォルフェンビュッテルだった。彼はもっと有名なカール・ウィルヘルムの弟だった。

カール・ウィルヘルムはプロイセンに隣接するドイツ公国を統治していた公爵で、人々から賞讃される勇士であり、まさに「啓蒙的専制君主」の典型だと考えられていた。ところがこの人物は、悪名高いブルンスヴィク声明書を布告して歴史に名をとどめるエピソードが示しているように、「啓蒙的専制君主」に期待されるような性質にはやや欠けていた。この声明書は、たった一つの例で旧体制の統治者の本質と——その没落を——みごとに表わしている。少しあとになるが、一七九二年、カール・ウィルヘルム公爵はフランス革命を撲滅する同盟作戦にあたって、オーストリアとプロイセン軍を指揮することになった。パリへの行軍中、彼の軍隊がフランス国境に近づいたとき、彼は同盟軍の提案としてルイ十六世の復位を要求し、自分の軍隊にあえて敵対するフランス人は最も苛酷な戦争の法律によって「処罰されー」「彼らの家は焼き払われる。フランス王と王妃に多少とも危害が加えられた場合、同盟軍はパリの町を軍事的に処刑して完全に破壊することにより、今後決して忘れられないほどの復讐を行なう」と発表した。この戦闘的な声明は当然ながらフランスの一般大衆に、この声明が守ろうとしている国王はプロイセンやオーストリアと同盟を結んでフランスを裏切った人間だということを確信させた。ブルンスヴィク声明書は、ルイ十六世を救出するよりはむしろ、ギロチンへの道を作ったことになる。もしカール・ウィルヘルムが洞察力をもってこの問題を考えたとしたら右の結果は予想できたはずだが、先を読むのはチェスの名手の特技であって、専制君主の特技ではなかった。

わたしたちは、兄との関連でルートヴィヒ・エルンスト・フォン・ブルンスヴィクを愚か者だったと考えてはならない。それというのも道理をわきまえた人物だったように思われるからだ。彼はプロイセン王、フリードリヒ大王のお気に入りの甥で、大王から「デブのルートヴィヒ」と呼ばれたが、これは礼儀にはかなっていなくとも、道理にはかなっていた――公爵は実際に太っていたからだ。だが、国王は礼儀のことなど考えるだろうか。たぶん、プロイセンの宮廷では考えなかったにちがいない。

以前はオーストリア軍の陸軍元帥だったルートヴィヒ・フォン・ブルンスヴィクは、オランイェ家のウィレム四世によってオランダに連れてこられた。ウィレム四世はヨーロッパで戦争をしている間に彼と知り合い、からだの大きい公爵の能力に大きな感銘を受けた。ウィレム四世はオランイェ家の血筋は引いていなかったので、すぐれた軍事上の才能は持たなかったが、オランダ軍の貧弱な状況を認めるだけの才能は持っていた。それで軍隊の改革をしてもらうために、六万グルデンの給料と陸軍元帥の称号および自身の領地を保全してよいとの約束で公爵をオランダに招いた。三度断ったあとで公爵はこの申し出を受け、総司令官に任命された。摂政アンナも彼を高く評価して、将来のウィレム五世となる王子を彼に託した。公爵はウィレム五世を説得して秘密顧問協定に署名をさせたが、この協定は統治権を、ルートヴィヒ公爵、グランド・ペンシオナリス、老練な秘書官（グレフィエ）、ファーヘル、内閣の年老いた秘書官、デ・ラレイからなる私的内閣に与える約束をしたものだった。

「これほど巨大な体躯をした男はめったに見られない……」と、オランダを訪れていたイギリスの日記作者、サー・ウィリアム・ラクソールはブルンスヴィクについて書いている。「しかし、この桁外れに大きい肉の塊りは、ふつうなら知力をそいだり弱めたりするだろうと思われるが、彼を無為にも不活発にもしていないように見える」。

ブルンスヴィクはもちろん彼の後援者を中心とする親英派に属していたので、英国の観察者から好意的な注目を受けたのは当然だった。「彼の性格の強さと確かな才能は」とラクソールは言葉を続けている。「オランイェ公の欠点をある程度補う一方で、彼が精通している巨大な機構を活気づけ、推進していた……パレードや、軍人としての資格についても」とラクソールは付け加えている。「ブルンスヴィクは同じ活力と専門的な知識を示した……彼は人前で居眠りすることはないし、食卓では評判に傷がつくような過食をすることもなかった」。これは総督に対する微妙な当てつけだった。総督自身は食卓や議場で眠りこむくせがあり、これはラクソールの診断によると、「体質的な居眠りぐせに……非常にしばしば食卓での節度のなさ、ことにワインの飲みすぎが加わっている」ためだった。

ハノーヴァー家の出身だった母親とプロイセン人の家庭教師の監督のもとでは、傍系的な遺伝によってウィレムの血のなかにすべりこんだかもしれない乏しいオランイェ家の活力は発揮されなかった。彼の結婚後、もう一人の勝ち気な人間が家庭内に入りこんできてからは、なおさらしぼんでしまった。彼の妻はフレデリカ・ソフィア・ウィルヘルミナで、フリートリヒ大王の姪だった。「立派な教育があり、知的で、精力的で、愛想がよい」と描写されているこの女性は、オランイェ公に代わって考えてやり、自分の影響を十分すぎるほど夫に意識させるという点では、母と家庭教師のお仲間になれるだけの立派な資質を備えていた。「彼は妻の徳性ではなく分別と力に対して非常な嫉妬をしていたので」とマコーリは書いている。「彼女の影響によるのなら天国にさえ行きたくない、と考えていた。また彼女のほうは夫の能力を全然買わず、一般に気概のある女性が劣った男性に抱くような軽蔑心を持っていたので、二人を睦み合わせるような望みは全然持てそうもない」

身体的な外見については、同じような出目と厚い唇、ずんぐりした体軀を持っていて、ウィレム五世はハノーヴァー家の血を引いたいとこ、イギリスのジョージ三世によく似ていたが、ジョージの強気の気質には欠けていた。「彼の理解力は洗練されており、会話は……おもしろく、ためにさえなるもので、文学に対する造詣の深さを示す歴史上の知識に満ちていた」とラクソールは報告している。

ウィレムは、長所や経験があるからではなく社会的地位の高さゆえに施政上の重要な地位を占めていた同時代の多くのイギリスの政治家と同様、自分は不適任だという自覚に悩まされ、いまの責任ある地位につくだけの才能はないと確信していた。この感情のおかげで、彼は決意や確信をもって行動することができなかった。それで、良心的に義務を遂行することでその不足分を補おうと思い、朝は六時に起き、しばしば夜中まで仕事をし、ところどころで祈禱や食事をはさんで宮廷での接見や軍隊の閲兵もして毎日を過ごした。しかし、いくら忙しく働いても、不安や、自分の受けた軍事訓練を全部合わせたところで伍長以上の階級にはふさわしくないという信念を追い払うことはできなかった。ある苦しい瞬間、彼は父親が総督なんかになってくれなければよかったのに、と叫び、くどくどと「死んだほうがましだ」と付け加えた。これが、オランダの首長となった不幸な男の有様だった。

こういう状況のなかで、頂点での弱々しく不決断な統治が始まった。君主の顧問たちは、信頼するに足る力とすがるに足る一貫性を持った人を集めることができなかった。ルートヴィヒ・フォン・ブルンスヴィク公爵は強力だったが人気がなかった。というのは、あらゆる党派と友好的であろうとする努力がかえってみんなの不信感を買い、またオランイェ公に対する影響力が大きいことでも恨まれていたからだ。王妃ウィルヘルミナは、公爵と有益な共同体制を組んで不安定な元首を支えることもできたのに、夫に対する彼の影響力に憤激した。そして、伯父フリートリヒ二世の親仏的な感情に影響されて、親英派と親仏派の大分裂のさいにはブルンスヴィクと対立した。その結果、ウィレムに最も近い二人の腹心は、決然とした指導力の代わりに正反対の忠告を与えることしかできなかった。最高の税金を納め主要な貿易の中心地として支配的な影響力を持つアムステルダム市のペンシオナリス、エンゲルベル・フランソワ・ファン・ベルケルは、商業上の利益、したがって反英的な利益のほうにあまりにも強く加担していたので、一方的な忠告以外どんな忠告もしなかったし、政策のかけ引きのなかに自分の都市の直接的な利益のほか何も持ちこもうとはしなかった。地理的に分かれた地域と主要都市との間の嫉妬深い摩擦は、オランダの呪いになっていた。かつてのスペイン王とアルバ公に対する戦いのなかで、伯爵領と公爵領と司教領とは互いに有利な立場に立とうと競い合い、国中を分裂させ、根深い不断の敵対関係の基礎がここに作られたのだ。

オランダ国家にとって最も根が深く最も危険だったのは、再軍備は陸軍にすべきか海軍にすべきかの問題をめぐる分裂だった。陸海軍とも貧弱で無力に近い有様だった。そして、どちらが国家予算の支出を優先的にもらえるかという問題が、苦々しい政治的論争となって国を二分した。つまり、フランスに備えて陸軍の改善を望む親英派と、貿易に対する英国の干渉に対抗するため海軍の改善を望むアムステルダムに率いられた商業上の利益をめざす親仏派。総督は自分が半分イギリス人だったので、当然英国の肩を持ったが、逡巡して、強い指導力を発揮することも、どちらの軍備に優先権を与えるかきっぱりした決定をくだすこともできなかった。各州と議会とが互いに決定的な票決を阻止し合ったので、どちらの軍隊にも新しい資金は割り当てられず、陸軍と海軍のどちらも強化されない結果になった。

この時代の陸軍は、三万人以下という憂うべき状態に落ちこんでおり、そのうちの大多数がドイツの傭兵だった。新兵は入ってこなかった。もちろん倦むことなく陸軍の欠陥を指摘してやまなかったサー・ジョーゼフ・ヨークによれば、給料があまりにも安すぎたためであり、半数が休暇中で不在だったためもあったので、軍隊としては全然用をなさない有様だった。

軍隊の給料の支払いに対してこれほど無頓着でいられる戦争志向の社会には、何らかの奥の深い論理を越えた事情がありそうに思われる。給料の不払いは軍隊の猛烈な怒りを招く。それは一五二七年、恐ろしいローマの略奪となって噴出し、また、わたしたちが見てきたようにアントワープを略奪したスペインの軍隊の反乱となって噴出した。これはアメリカの大陸会議についても言える。大陸会議は革命の初期、自分たちの国の生得権を守るために戦おうと家庭から入隊してきた農民や市民たちに給料を払う資金を見つける努力をしなかった。戦争をするだけの価値があるものがその目的だとしたら、どうして軍隊の強さに対する関心がこれほど薄いのか。どうしてあらゆる国家の政策の武器となる兵士たちが、反乱を起こしたり意気沮喪したりしなければならないほど吝な扱いしか受けなかったのか。その理由は、わけのわからない何らかの論理を越えた事情にあるというよりは、組織された軍隊に給料を払うだけの規則的な収入がなかったというだけだろう。かつて軍務は、報酬なしで国家に対して支払わねばならない封建的賦役だったのだ。

一九〇〇年以前のように歴史がゆっくり動いていた時代には、統治者たちは統治の実施面における現実を学ぶのが遅れていたし、ブルボン家の王たちのように全然学ばなかった者もいる。統治者たちが軍隊には給料の支払いをしなければならないことや、軍隊の母体となる下層階級の人々の欲求について関心を払う必要があることを実感するようになるまでには、長い長い時間がかかった。わたしたちは、ヘンリー・アダムズが時代の変化加速の法則と述べたものが作用しはじめてから生きているので、この法則に邪魔されて、われわれの祖先の時代には、変化そのものと、起こった事実についての社会的政治的認識の間に、時間のずれがあったことがわからなくなっているのだ。

トロンプやデ・ロイテルの時代にはあれほど勇敢で豪胆だった海軍が、いまは、帆は破れ、船の木材は腐り放題で、繋留されたまま無視されていた。港や海軍工廠は沈泥でふさがり、テクセル、すなわちアムステルダムへの出入口だったザイデル海の水深の深い投錨地でさえ、大洋航行用の船に適した水深がなくなっていた。水兵の給与水準は戦時禁制品を商う商船と競って志願者を募るには低すぎたため、船が航海能力を持っていたところで、それらの船の乗組員を集めることはできなかった。港の防備はなおざりにされていたので、どんなちゃちな海賊やイギリスの私掠船でも囲みを破って入ってくることができた。港や海運都市の市民たちは総督への不信感をつのらせ、英国の侮辱から海運業を保護する措置を講じてくれと要求していた。

西インド諸島のオランダの植民地と彼らに生活の資を供給している海運業を保護するため二十隻の小艦隊を送り出す計画が提案されたとき、海軍はそれだけの数の使用に耐える船も、その船に乗り組ませる水兵も、商船との競争に勝つだけの水兵への給料を払う金も持っていなかった。事実一七六七年、ウィレム五世は二十五隻の艦隊の建造とその装備を決定した以前の決議を履行するよう連邦議会に催促したが、諸州は費用の分担を拒んだ。決議から十年後ホラント州が、何らかの手を打たなければ海軍はやがて破滅すると断言して、四百万グルデンの費用で二十四隻の最大級の戦列艦を建造する提案をした。ところがこの提案は、七年間の際限のない議論の末一七七八年になって、ホラント州が海軍局に戦列艦の建造費用を捻出させるために、同州の陸軍を解体するぞと脅迫してようやく採択された。だが、ときすでに遅かった。

この時期にネーデルラントを訪れた外国人は、オランダ連邦共和国が強国にのし上がったあの異例の上昇ぶりから一転して凋落したのを感じとった。オランダの力強いエネルギーのうち残っているものは「蓄財に対するオランダ人の情熱だけだ。現在のところ、彼らはみんな文字通り商人か守銭奴にすぎない」と、サー・ジョーゼフ・ヨークは言った。彼は客観的とは言えなかったが、こういう判断をくだしたのは彼一人ではない。サー・ジョーゼフ・ヨークは、大方のイギリスの紳士階級の人々と同様、同じことがイギリスの政治についても言えることには気がつかず、商業を貪欲さと同一視していた。イギリスの政界では、役職とその金銭的な見返りの可能性に対する貪欲さは、オランダの商魂に優るとも劣らぬほどはげしかったからだ。オランダを訪れたヨーロッパ人やアメリカ人も、他人を見くだすような価値観を持つ人間の俗物根性から、オランダの商業の成功に対してイギリス人が軽蔑するのをまねて、オランダ人の商業的な成功を頽廃のしるしだと考えた。ドイツ人の訪問者、ヨハン・ヘルダーは一七六九年、オランダは「自分の重みで沈みかけている……オランダ共和国はヨーロッパの力の均衡のなかで前より重要性が減ってきた……オランダが、物資を吐き出し、そのあと代わりのものを入れることのできない廃れた倉庫以上の何物でもなくなる時期がやがて来るだろう」と考えた。ジョン・アダムズは、アメリカへのローンの形で投資するようオランダ人を説得するのに失敗した挫折感から不機嫌になり、オランダへの最初の熱中のあと幻滅して、次のように書いている。

「この国は本当に憂慮すべき状態にある。安逸に浸りきり、利益の追求に熱中し、複雑で、わかりにくい制度に苦しめられ、利益と感情から互いに分裂していて、すべてのものを恐れているように見える」

アダムズが考えた通り、オランダ人は経済と国家的統一の欠如という点で悪化の一途をたどりながら、一方で富者と貧者の間には深い溝があるにもかかわらず、かつてはその国民性のきわめて重要な特質だった「強い独立心と共和主義的な気質」に対する色褪せた誇りを抱いて自分自身に「満足しすぎて」いた。

一世紀後の観点から振り返ってみて、十九世紀のオランダの歴史家、ヘルマン・コーレンブランダーは、国民的な情熱としての金儲けの衝動を認めてはいるものの、ウィレム五世の時代、それは「もはや、かつて利益を求めるオランダ人を全世界にかり立てた切実な必要性ではなくなっていた」と述べた。「黄金を得るために、彼らはもはや外国へ行く必要はなかった。黄金は父から受け継いだ遺産として家で見つけることができたからだ。彼らはただ利益の上に利益を積み重ねて、それをふやしたいだけだった」。

地すべりのような下降を始めた原因は、オランダ人の自己満足のためというよりは、それ以上に、外国貿易における他の国々との競争の増大と新しい企てのせいだった。英国人は北海のニシン漁業に加わるために競争会社をチャーターし、オランダ人の漁師を雇おうと誘いかけていた。かつては何千人もの漁師を雇っていたオランダのニシン船団の無数の漁船は、数隻にまで減ってばらばらになっていた。英国人はさらに東インド貿易にも従事し、ある場合には車インド会社の領域まで奪っていた。

英国人が地元のラージャ（インドの王族・貴族）の助けを借りて一七八二年セイロンとの貿易を始めたとき、ホレス・ウォルポールは同島の産物について誇張した讃辞を捧げた。セイロンは「地上の楽園と呼ばれている」と彼は書いている。「われわれはルビー、象、シナモン、胡椒に埋まりそうだ。産物は……インドナガコショウ、みごとな棉花、象牙、絹、煙草、黒檀、麝香、水晶、硝石、硫黄、鉛、鉄、鋼鉄、銅、そのほかシナモン、金、銀、ダイヤモンド以外のあらゆる貴石……セイロンの主要生産物資はシナモンで、アジアのなかで最高のもの」。それから、もう一つの最上品について「セイロンの象、とりわけ、まだら模様の象は、他のすべてにまして好まれる」と述べた。

プロイセン、スウェーデン、それに船を出せるあらゆる国が、東西インド貿易の分け前を奪い合った。スウェーデンは中国との茶貿易の専売権を獲得していた。スペインとポルトガルの貿易は、フランス、イギリス、スウェーデン、ハンザ同盟の商人たちに水をあけられた。かつてはオランダが独占していた市場や製造業には、あらゆる方面から外国の「企業家たち」が割りこんできた。織物やその他の製造品に対して以前のような新しい原料の供給ができなくなった産業は、市場を失って閉鎖しはじめた。失業が起こり、町から町へ、一つの職種から他の職種へと広がっていく。乞食や浮浪者が街頭に現われはじめた。以前はしみ一つなかった道路にはごみが散らばり、かつては磨かれてピカピカ輝いていた窓はほこりで汚れ、もう運河沿いの丈の高い木立の緑を映さなくなった。

保守的な勢力の現状維持の姿勢に業を煮やした自由主義的不満分子のスポークスマンは、アメリカの大義を積極的に応援する一派になった。彼らの代弁者はオーフェルエイセル州の首都、ズウォレ選出の国会議員で、急進的なヨハン・ダルク・ファン・デル・カペレン・トト・デン・ポル男爵だ。ファン・デル・カペレンは十八世紀の自由の理想をからだ中に浸みこませた旧い貴族の一員で、古代テーベからスペインを相手どったオランダの独立の戦いにいたる自由を追いもとめた歴史を描いた小冊子の著者だった。批評家は、彼を「ラファイエットより頭のいいラファイエット」と呼んだ。

一七七五年十二月、彼はオランダ議会で立ち上がり、親英派の肝心要(かなめ)の懸案事項だったイギリスへのスコットランド旅団の貸与を拒否して、アメリカの英領植民地の財政的貧窮状態を救うための融資を提案する演説で大きな波紋を巻き起こした。アメリカでは、戦争を続行するための資金が火薬と同じほど不足していたからだ。スコットランド旅団はオランダの独立後スペインのカトリック勢力に対抗する援軍としてやって来て、そのままフランスに対する防壁としてオランダに尽くしていたのだった。しかし一六七八年のイギリス・オランダ同盟条約によると、どちらかの国が第三国から攻撃された場合、条約が要求する相互援助の一環として旅団は要請に応じて再度貸し出さねばならないことになっていた。数は六千人とされていたが、実際には費用のせいで千八百人にまで減っていたので、この旅団はそれほどの大騒ぎをするだけの価値はなかった。

イギリスはこの旅団を貸し出してくれれば、その代わりにハノーヴァー連隊をネーデルラントに貸すか、スコットランド軍の穴を埋めるためのオランダ人連隊を装備する費用を出すかしようと申し出た。総司令官としてのブルンスヴィク公はまたもや意見を異にして、この問題でも君主に反対する進言をした。旅団を手放せば地上軍はさらに少なくなるし、たぶんその損失を埋め合わせることはできないだろうと考えたからだった。政治的に旅団を貸し出す案に反対の人々は、英国の首相、ノース卿がオランダに拒否されることを予期してこの要請を計画したのだろうと考えた。そうなれば彼は、この拒否を利用して、正々堂々とアメリカ戦争のためのドイツ人傭兵追加の採決を議会に要求できるからだった。傭兵の使用は、植民地に憎悪を惹き起こすという理由で反対派のホイッグ党から強く反対されていた。

イギリスは、スコットランド旅団についての論議がオランダ連邦共和国を二分する問題になっており、長びくことは百も承知していながら、一カ月後の回答を要求して事態をさらに難しくした。

ファン・デル・カペレンは穏健な議論を尊ぶ地元の伝統を荒々しく踏みにじって、スコットランド旅団の貸与を、中立性の侵害であり、正当な理由のために戦っているアメリカ人に対する不当な行為だとはげしく非難した。「自由船舶、自由貨物」の原則は蓄財のために非常に利益の上がる機会を提供していたので、この問題をめぐる党派性はしだいに尖鋭になり、中立性は維持するのさえ難しくなってきた。それでいながら、あえて立場を明らかにして、アメリカの反乱の大義を大っぴらに弁護する人はまだいなかった。ファン・デル・カペレンは最初にそれをやった人で、惜しみなくアメリカの弁護をした。彼は、アメリカでの結果がどう出ようと、自分が人類の大義だと信じるものを支持したことは、光栄で名誉ある行ないだったと今後ともつねに考えるだろう、と言った。また中立を支持する人々を、オランダの商業と産業の利益を考えて取った立場にすぎない、と嘲笑した。さらに、自分たち自身反抗者だった民族が、イギリスからではなく神から授かった権利を守ったため全世界の尊敬を受けるにふさわしい勇敢な民族の邪魔立てをするのは恥ずべきことだと述べた。そして、彼らと戦うためにオランダの部隊を送り出すのはオランダの恥辱だ、と叫んだ。

ファン・デル・カペレンがこの演説を印刷して配ったところ、どっと憤激が高まり、総督はかんかんに怒った。総督は心を決することはできなくても、強い思いはあったからだ。

オランイェ公の影響によるのか、アメリカの大義に加担したくない議員たち自身の意思によるのかはともかく、ファン・デル・カペレンは連邦議会から追放された。これは、イギリスのジョン・ウィルクスの同種の事件と同様、議会の大きな醜聞になった。ネーデルラントでは、国内の政治的自由はまだ国民の口先の言辞にとどまっていて血肉にはなっていなかったからだ。

ファン・デル・カペレンはアメリカの革命者たちを公然と擁護したため、自分の州にさえショックを与え、議員としては追放され、市議会議員を退かされる羽目に陥った。これは、市議会はアメリカ支持を承認しないという態度の表明だった。というのは、貿易の黄金の夢よりも、革命に感じとられた社会階層の「平等化」に対する市議会議員たちの反発のほうが強かったからだ。さらに、アメリカの独立がネーデルラント自身の植民地にも影響を及ぼすかもしれないと恐れたからだった。

スコットランド旅団を貸せというイギリスの要求に応じるかどうかという問題は、オランダと英国の間に生じかけていた悪感情をいっそうあおり立てた。この問題は、影響力の大きいホラント州に率いられた親米派の諸州が頑固に反対したので、連邦議会に騒然たる論議を巻き起こした。ホラント州は主として、スコットランド旅団の人的資源を他におきかえると、陸軍に多大の費用がかかるという理由で反対した。皮肉なことに、ファン・デル・カペレンの情熱的な訴えかけに対する反応としてではなく、その費用に当てる金は出さないというアムステルダムの強固な反対のため、連邦議会は長々と議論をしたあげく一七七六年四月採決に入り、英国の怒りがどんなに高くつこうとおかまいなしに、スコットランド旅団の貸し出しを拒否する決議をした。英国が費用の支払いをしようと申し出ていたことを考えてみると、この採決は非友好的な行為であり、軽はずみだった。その結果予想される戦争への準備が伴っていない点を考えあわせると、なおのこと軽率だったと言える。

イギリスはただちに要求を押しつけはしなかったが、ネーデルラントは「社交性の原則（ロー・オヴ・ソーシャビリティ）」の点から考えても、真の同盟国らしくない振る舞いをしているというイギリスの印象は強くなった。この「社交性の原則」という魅力的な概念は、あらゆる形の交際で礼儀正しい行ないをしたいと思う十八世紀の欲求をみごとに反映しているが、もちろん立法化された法ではなく国際関係の理想像であって、国家はこの法則に従って同盟国または友好的な隣国を役に立つ親切な方法で遇するよう期待されていた。たとえば、その民族の通過を拒まない、嵐のときは船を避難させる、戦争のあとでは負傷者を助ける、さらに、二つの対立国のいずれにも同じ便宜を与える、という風に。英国国歌の歌詞にあるように、あらゆる国家が他のあらゆる国を「彼らの政治を混乱させ、ふらちな奸計をくじく」意図で攻撃していた時代、国際関係における「社交性」という概念はわたしたちに、これはチェスターフィールド卿の時代だということを思い起こさせる。

英国の敵意は、反乱者の旗に対するデ・グラーフの答砲以来、たえず着実に高まっていった。この件をめぐって英国人の心中に高まった憤激のおかげで、この事件は実際以上の重要性を帯びるようになった。「（アメリカの）武装船の礼砲にステイシアと同じくサンクロワでも答砲していることがわかりました」と、シーフォード号のコルポイス艦長は上司に当たるヤング提督にあてた手紙で書いている。この侮辱の追加はコルポイスの想像のなかで起こったものだった。サンクロワでは、そのような答砲はしていないからだ。サー・ジョーゼフ・ヨークは、オランダの戦時禁制品の密貿易が続いていることを知るには想像力に頼る必要はなかった。彼はヨーロッパ一の高度に組織された諜報機関を持っており、この機関がオランダの禁止措置を上手に避けた船荷とその量、その航路についてたえまなく密輸の証拠を提供していた。荷主たちは貨物をポルトガル経由で送り出し、そこで貨物は売られて、物資がアメリカの代理人の手に渡るのだった。ブリッグのスマック号は、外で待ちかまえている英国船に拿捕される恐れがあるからとアムステルダムから出港するのを止められ、アムステルダムのアメリカの代理人によって転売されたのち、新しい所有者のもとで新しい名前をつけられ、ペンキを塗り直し、中立的な書類とともに出港したと推定されている。別の密輸船でボストン人の持ち船のブリッグ、ベッツィ号は、それぞれ百十二ポンドの火薬が入った樽二百、マスケット銃千挺、ピストル五百挺とその他の品物を運んでいたと報告されている。

英国は反乱を鎮圧することができないのはオランダ人がアメリカの英領植民地に対して着実に武器を供給しているせいにしていたが、英国のこの屈辱的な無能さが最も英国人らしい戦争観を表わす言葉をヨークから引き出した。一七七八年五月、彼はノース卿政府の大臣だったサフォーク卿にあてて「英国が当然保つ権利のある体面を回復し」隣人たちが再び「尊敬と友情のこもった言葉」を話すよう仕向けるには、何らかの軍事的成功が必要不可欠だと書いている。こうしたことは大英帝国にとって非常に重要かもしれないが、ヨークが表現したのはもっと奥の深いもの、つまり尊敬されるだけでなく、英国人自身が信じこんでいる通りの世界一の大国として認められたいという切実な思いだった。

哲学者たちは人間がなぜ戦争に行くかをめぐって好きなことが言えるし、その理由はたくさんある。しかし一つの答については、ジョーゼフ・ヨークの言葉以上に掘り下げたものを探す必要はない。尊敬を受けたいという願いについて彼が言ったことは、一九一四年のカイゼルのドイツの気持ちを正確に言い当てている。ドイツ人は自分たちを現代の民族のうち最も勤勉で文明化されており、歴史上最高の地位を占めるよう神から選ばれた民だと信じ、他の劣った国々から卓越した民族として認めてもらいたくてたまらなかったのだ。旅行者たちがいつも洗練された文化の目標として彼の首都ではなくパリに行くのが、カイゼルにとっては苛立ちの種だった。この意味ではジョーゼフ・ヨークの言葉が暗示しているように、もっと深刻な原因と同様に、傷ついたエゴもしばしば戦争原因になりうるのだ。

陸軍の再軍備か海軍の再軍備かをめぐる対立のなかでオランダ政治の反主流的傾向は、はっきりアメリカ革命を支持する立場を取るようになった。総督はもちろんアメリカの反乱者に反対で彼の党もそれにならったが、そのわけは、生まれつき親英派のグループにいるからというだけでなく、アメリカの大義に同調する国内の政敵たちが世襲による主権者としての彼の地位をおびやかす革命的共和的意見を述べているからだった。このグループはフランス語を借用して愛国党(パトリオット)と自称し、オランイェ公の地位が大衆の尊敬を失う割合に反比例して力を増していた。ブルンスヴィク公は親英派だったためと、諸事件の真の状況をオランイェ公に隠していると一般大衆から思われていたので、愛国党から眼の敵にされた。

アメリカに関して最も重要な影響を及ぼしたのは、アムステルダムによって左右される商業上の利益だった。アムステルダムの指導者たちは、偉大な未知の大陸アメリカがひとたび独立して英国重商主義の桎梏から自由になれば、ハールレム織物やスヒダム・ジンの輸出、米、インジゴ、砂糖、棉花、コーヒー、ラム酒の輸入など、あふれるばかりの貿易の泉を提供してくれるし、アメリカ商人に融資すれば大西洋における英国の支配を彼らの手で断ち切ってくれると確信していた。ハーグのフランス人使節の報告によると、こうした機会は「浜の真砂のように何層倍にもふえる」と期待されており、オランダはそのような「膨大な可能性」を持つ新しい国との関係において、他のどの国からも先を越されたくはなかった。

それでいてアダムズは、そのアムステルダムのなかでも、影響力のある人間で、植民地戦争をまじめに考えている人はほとんどいないと感じていた。「秩序も躾も法も統治もなく、少数の熱血漢の気まぐれな怒りによるもの」というのが、植民地戦争に対する大方の人の認識だった。アメリカと、増大するアメリカの人口や貿易について、直接的な知識を持っている人はめったにいなかった。オランダ人は黄金の夢のなかで、アメリカについて何を本当に知っていたのだろうか。アメリカの膨大さが畏怖の念を与え、それが偽科学者やえせ学者たちによって育まれた末、広く知られるようになったいくつかの非常に奇妙な概念を生み出した。たとえば、『東西両インドにおけるヨーロッパ人の植民地と貿易についての政治・哲学ここでは、アメリカはあとになって創られたので、まだ不備であって人間生活には適さず、まして文明にはさらに不適なところだと断言されている。その自然的物理的な状況は、有名な自然科学者のビュフォンがヨーロッパの小説に見られるような荒唐無稽な飛躍をして、どういうわけか「けちな空と不毛な土地」と述べているが、動植物や人類の健全な発達をも阻害するので、そこの人間は生殖力が弱いとされていた。もちろんビュフォンは、大西洋を渡って自分の眼でアメリカを見たわけではない。同じような学識のある科学者によると、他の国から移住してきた十分成熟した大人たちがそこでは「体力を失った」という。またビュフォンは、アメリカ原住民は「生殖器が小さく」「性的能力はわずかしかない」という奇妙な発見をして満足していた。一七七五年にオランダ語に翻訳されたベストセラーのフランスの論文によると、新世界の気候は人間を無関心で無為な人間にするという。彼らは幸せにはなるかもしれないが、決して頑健にはならない。アメリカが創られたのは「幸福のためであって帝国のためではない」と、この学者は断言している。これが人々を安心させる意図で書かれたのだとすれば、新世界の何か巨大で原始的な力が勃興してきて自分たちを圧倒しはしないかというヨーロッパ人の心にひそむ恐怖を暗示している。

アメリカについての幻想は二つのまったく矛盾した結論を生み出したが、これは結局、黄金の夢に警戒心を注入するという同一点に帰着する。一方の派によると、アメリカはやがて一つの国になるにしては大きすぎ分裂しすぎているし、統一される国にしては情報伝達網が広がりすぎているという。たとえ独立を勝ちとっても内戦でばらばらになるだろうし、決定的な海軍力を持つのでなければ、長い海岸線を敵襲から守ることはできない、と彼らは言った。もう一方の派は、アメリカの巨大さと大きな資源がかならずアメリカを大国にするが、これは必然的にオランダと衝突してその貿易を、とくに植民地貿易をおびやかすと主張した。儲けの多い商売への期待はこの枠のなかに抑えねばならない、と悲観論者は警告した。このアメリカは弱すぎるという議論と、反対に強すぎるという議論の両方が、英国の政治工作員に取り上げられ、アメリカの植民地とより密接な絆を結ぼうとするアムステルダム一派の熱情に水をかける手段として使われた。

　中立国の権利というもつれた問題をめぐる一七七九年の海の戦いは、事態をいっそう緊張させた。中立がこれほど大きないやがらせ効果のある題目になった理由(わけ)は、たえまない戦争の下では交戦国ではつねに軍需品が不足し、それを補給するには中立国の輸送に頼るしかなかったからだ。おそらくは「自由船舶、自由貨物」の単純な原則の上にたてられたと思われる中立法は、一六二五年、偉大なオランダ人法学者のフーゴー・グロティウスによって公式化された。この法は、本質的に、軍需品自体を除き中立国の船で運ばれるものは何でも「自由に」交戦国に送り届けられるが、交戦国の船で運ばれるものはすべて、その事実(イプソウ・ファクトゥ)によって戦利品と見なす、ということを規定していた。では、どんな品物が「自由」で、何が戦時禁制品か、交戦国の捜索と拿捕の権利はどういうもので、そのような行動に対して身を守るための荷主の護衛権はどういうものかという補足的な疑問は、条約や条約議定書によって細かく規定されすぎているので、テーセウス（強盗プロクルーステースと怪物ミーノータウロスを退治したアテネの王）自身でさえ出口を見つけられないほどの迷路になっている。すっきりしたグロティウスの原則は、戦時禁制品の範疇から海軍「用品」、すなわち船を建造する材料、主に木材を免除するという風に修正されて、やや混乱した様相を呈している。英国の行動の自由を制限するので、海軍用品の免除と「自由船舶、自由貨物」の原則は英国人から憎まれていたが、一六七四年にオランダと結んだウエストミンスター条約では、英国はこれを承認した。高くついて際限のない対オランダ戦争をただただ終わらせたかったからだ。

海軍用品の問題になると、フランスが勢いよく登場してくる。フランスの個々人はアメリカの英領植民地の反乱の問題で自由の理想に心をかき立てられたが、フランスの公的政策は自由に関心はなく、カナダの喪失や七年戦争中の敗北に対し英国に復讐する手段として、反乱者を援助することのほうに関心があった。この目的のためフランスは、朽ちかけた艦隊を立て直す必要があり、そのためには中立国オランダの船で運ばれてくるバルト諸国の木材を当てにしていた。したがって、船舶不足で貧弱だったオランダの護衛船団をしかるべく強化することが、フランスの緊急な関心事だった。逆に、護衛船を減らし、厳しく制限することが英国の関心事だった。

さらに多くの船舶の必要性とその建造費用をめぐるオランダ各州での議論ははげしく、諸州はお互いに平常時以上に敵対し合う結果になった。外国貿易と造船に最も依存しているホラント州、フリースラント州は、地上軍の強化を望むユトレヒト、オーフェルエイセル、ヘルデルラント諸州と対立した。論争の焦点となったのは、侃侃諤諤（かんかんがくがく）の議論の的の「無制限護衛船団」の問題だった。この問題には、とくに戦時禁制品リストにあげられていないものならどんな品物を積んでいようがオランダから出航する全商船を護衛するという含みがあった。これは海軍用品の問題を提起し、フランスに対する木材の輸送を保護することになるので、英国は認めるわけにはいかなかった。他方フランスは、この問題を強く支持した。

英国にとってこれは、ただのフランスの造船用材よりずっと幅の広い問題だった。護衛船団には捜索に抵抗し、イギリスの海岸とヨーロッパ大陸との間のイギリスが主張する海の主権に疑義を呈するという意味合いがあった。この海の主権とは、イギリスがかぎりなく満足したことには、博識な法歴史学者のジョン・セルデンがグロティウスに対する反駁として『封鎖海論』のなかで規定している通りのものだ。セルデンはイギリス諸島を囲む海に対する英国の独占的権利を擁護し、英国には「保持する権利」があるとヨークが信じていた至上権を肯定した。無制限の護衛船団は、戦争の原因としてのもう一つの自負心の試練（テスト）となりそうだった。イギリスは捜索の権利を放棄するよりはむしろ戦うだろうと考えて、このテストを実行しないように忠告するオランダ人は大勢いた。

こうした論議は州の境界を越えて、党や集団を争いの大混乱へと引きずりこんだ。総督は愛国党の革命的な考えに対抗してくれる支持者としてイギリスを頼っていたので、この件では断固として反対できるほど自分の心がよくわかっていた。中産階級の職人やプロレタリアートは無制限護衛船団を、貿易を増大させ製造業を再び活性化してくれる手段だと考えていたので、負けず劣らず強力にそれを擁護した。オランダが統一されていれば、どちらを選ぶかはっきりした立場をとることができたのだろうが、決定をくだすだけの力や権威を持っている人間も集団もいなかった。

フランス大使のド・ラ・ヴォーギュイオン公爵はフランス宮廷の如才ない礼儀作法の訓練を受けた――彼の父は宮廷でルイ十六世の家庭教師をつとめていた――慇懃(いんぎん)で口調の柔らかな外交官だったが、オランダに対し、費用のかからない気楽でおだやかな政策をとるよう言葉巧みに勧め、フランスについて恐れることは何もない、オランダ自身のため国家的威厳を保つために強力な海軍が必要なのだと言った。それに対して英国大使のヨークは、オランダに戦時禁制品貿易をやめさせることに絶望すればするほど、それだけいっそう苛酷で横柄になり、イギリスはウエストミンスター条約を廃棄して、すべてのオランダ貿易船を捕獲の対象にするかもしれないという恐ろしい警告に訴えた。

オランダ連邦議会はこうした状況のなかに、英国の積極的な報復措置の兆候があるのを認めそこなった。たぶん、雷神のようなサー・ジョーゼフ・ヨークがあまりにもたびたびおどしをかけたためかもしれないし、それ以上に、そのときアメリカだけでなくフランスやスペインに対しても交戦状態にあった英国が、もう一つの戦争を始めるほど無鉄砲になろうとは考えられないからだ。だが、結果は反対だった。一七七九年六月、スペインはアメリカの植民地の味方をして英国に対する戦争に踏み切ったところだった。君主国中最も頑強な君主国のスペインは、アメリカの反乱の成功には全然関心がなく、むしろ逆で、アメリカとは同盟条約を結ばず、ブルボン家の盟約として知られる現状の同盟を深める形でフランスとだけ同盟を結んだ。盟約を更新した意図は、イギリスの敵の多くが夢に描いて長年待ち暮らした日、つまり英国侵入の壮挙に仲間を引き入れるためだった。スペインは戦争に参加するとき、英国侵入の機会を一七七九年にしようと計画した。これは、フェリペ王の連合艦隊に賭けた希望がついえて以来、百九十一年後に当たる。だが、もっと控え目な戦争目的もあって、これは、一七〇四年スペイン継承戦争で英国に奪われたジブラルタルとミノルカを回復することだった。英国はいま、同時にヨーロッパの二つの主な強国から圧迫されているので、スペインは好機到来と考えたのだった。

フランス向けの供給品を積んだオランダ船は毎週海上で英国から停止させられ、戦争になった場合の劣勢を憂えるオランダの海軍士官たちの心配を深くした。海軍の擁護者たちは、貿易を保護するための護衛船団としてもっと多くの船の追加を強く主張していたが、内陸諸州は費用の分担に賛成投票をするのをいやがり、その結果議論が長びき、海の保護者は全然増強されなかった。同じ頃、護衛船団司令官のベイラント提督は、西インド諸島の防備態勢の不足について報告し、とくにセントユースティシャスをあげて、攻撃に抵抗し、繁栄している貿易を保護するための武器と設備を追加しなければならないと警告した。しかし、彼の要求に対する適切な反応は起こらなかった。ようやく建造計画が実現したとき、護衛船の任務につくためベイラントの指揮下に入った船は、二十四隻ではなく八隻だった。

次の十年間は、オランダにとって気楽でおだやかな歳月とはならなかった。フランスは、護衛船団の追加に向けて圧力をかける手段として、個々の都市や州に与えている輸入上の特権を取り消しオランダの財布に損害を与えるぞ、とおどしをかけようとした。しかし考え直し、おどしより贈り物のほうがつねに効果があがることを悟って、前案の代わりにアムステルダムとハールレムの輸入関税を免除してやり、一七七九年三月、無制限護衛船団に対するホラント州の賛成投票という形で収穫を手に入れた。ところが、連邦議会は英国の反発を恐れて州の採決の確認をしなかったので、論争はやまなかった。

バルト諸国から海軍用品を積んだ商船を護衛するため許可を待っていた護衛船団は、実質上は禁止に等しい右の否定的結果を無視して、ベイラント提督の指揮のもと四隻の軍艦を連ねてとにかく出航した。一七七九年十二月三十一日、つまりその年と騒然たる七〇年代の最後に当たる日、ベイラントはワイト島の沖で、フィールディング准将に率いられた六隻の英国艦隊に遭遇した。フィールディングは、護衛されていようがいまいが、すべての船を検査せよとの命令を受けていた。彼の意図が信号で伝えられたとき、ベイラントは自分が護衛している商船はどれも戦時禁制品や木材は運んでいないと誓って明言し、捜索の許可を出さなかった。フィールディング准将は鉄と麻も戦時禁制品と考えられると主張して、捜索を行なうためスループ艦を派遣した。これに対しベイラント提督が停止の警告として大砲を二発撃ったところ、即刻フィールディングの艦隊から舷側砲の強烈な攻撃を受けた。一枚上手の相手から負かされるのを恐れたのか、戦争の原因となるのを懸念したのかはわからないが、ベイラントは部下の艦長たちに降伏の信号を出した。そして、あずかった船を放棄することを拒否したので、商船もろとも敵によってイギリスの港へ連行された。オランダでは、この信じがたい知らせに耳を疑ったあとから、海の暴君、海の災厄としてのイギリスに対する猛烈な憤激が高まり、必要なら武力でもって中立国の権利を守ろうという議論がわき起こった。オランダはなお中立国の利益を享受したいと願って戦争を望んではいなかったが、オランダの貿易や海上権に対する英国の妨害と、英国は貿易国としてのオランダの生命を破壊するつもりにちがいないという不安のため、向こう見ずになっていた。この向こう見ずがフィールディング事件に対する憤激といっしょになって、ついに議会は一七八〇年四月、全会一致で挑戦的に無制限護衛船団法を可決した。

英国人にとってこの採決は、フィールディングの砲撃がオランダ人に傷を負わせたように、敵対行為として傷を残した。いまでは双方に怒りの原因ができた。その後英国が自国の評判と自尊心に大きな一撃を受けたとき、さらに怒りが高まってふくれ上がり戦争熱に火をつけた。この打撃はオランダ連邦共和国からではなく、反乱者の植民地から加えられ、それもアメリカの軍隊から躍り出た最も大胆な戦士により独力で与えられたものだった。

ジョン・ポール・ジョーンズは、十三の歳から水兵の訓練を受け、西インド諸島行き貿易船の見習い将校兼航海士として勤務していた。ある航海で艦長と兵曹の両方が船上で死んだとき、彼がその船の指揮を受け継いだ。やがて彼は、新兵の募集が難しかったので大陸会議の一員から「鋳掛け屋、靴屋、騎手」の集まりだと言われた大陸(コンティネンタル)海軍で大尉に任命されて、試験的にアルフレッド号の指揮権を与えられ、バハマ諸島のニュープロヴィデンス襲撃の帰途、グラスゴー号との戦闘に参加した。喧嘩早く、指揮官の地位への野心を持ち、奇嬌さが「眼に表われた」人間として知られ、トバゴ沖で反乱者を船上で殺したという非難を受けていたにもかかわらず、一七七六年には海軍大佐に昇進した。海事委員会は、進取の気象に富む艦長ができると期待して、まるで海の妖精の王子の出現でもあるかのように彼に遂行してもらおうと計画した想像上の企画をどっと繰り出した。すなわち、ケベック行きの軍需物資輸送船を捕獲せよ。ニューファウンドランドの英国漁業を破壊せよ。セントローレンス川のフランスの島では自国の旗を掲げよ。ケープ・ブルトンの炭坑で強制労働をさせられているアメリカ人捕虜を釈放せよ。ニューヨークのハウ将軍に物資を補給している英国の石炭船団を捕獲せよ。これよりやや小規模の作戦のなかで、彼は八隻の船を拿捕し、数隻の英国のスクーナー漁船と大型のブリッグを破壊して、気概を見せた。

一七七七年ジョーンズは、サラトガでのバーゴインの降伏を知らせる使者になったのを喜び、十八門の大砲を積んだレインジャー号を指揮してフランスへ向かった。フランスでは、当時アムステルダムで建造中の強力な新しい軍艦ランディエン号の指揮権を与えられる手はずになっていた。ところが英国は、これを中立性の侵害だと非難して、オランダの親英派の人々を通じ軍艦移譲の阻止をしようと圧力をかけた。その結果、ジョーンズは新造船の代わりに古いフランスの商船を与えられた。彼はこの船を造り直し、戦闘可能な状態に変え、べンジャミン・フランクリンに敬意を表してボンノム・リチャード（人気を博したフランクリン作『貧しいリチャードの暦』から）と命名した。ところが、船の再装備と外交上の手配が完成する前に、「アメリカ合衆国の敵の士気をくじく」ための自由裁量にまかされた巡航命令を受けた。この任務は彼の気質に完全にぴったりするものだった。彼はレインジャー号に乗ってフランスからまっすぐ敵国の海に乗り入れ、イギリスの周囲をめぐりながら沿岸都市を攻撃し、湾内の船を砲撃し、商船を捕獲し、二十門の大砲を備えたフリゲート艦ドレイク号を拿捕して、この遠征の仕上げをした。この拿捕船とその他の船をフランスに連れ帰ったとき、彼は英雄として歓迎され、ヨーロッパでの名声が高まってきた。

いまではボンノム・リチャード号の指揮をまかされているものの、もっと大きな栄光を求めていたジョーンズは、英国の護衛船団が多数の商船を本国に連れ帰るところだという話を聞いて、その姿は見えないものかと海を偵察していた。そして一七七九年九月二十三日の日没の頃、ヨークシャー海岸のフランバラ・ヘッド沖で船団に追いついた。彼は前方に、四十一隻からなる巨大な獲物が強力で新しい二重甲板の軍艦セラピス号に護衛されているのを見た。セラピス号の武器は二十門の十八ポンド砲を含む五十門の大砲で、六門の十八ポンド砲を含むジョーンズの四十門の大砲よりずっとすぐれていた。二隻の軍艦が互いに接近したとき、双方が、同時に砲撃の火ぶたを切った。

日の入りと月の出の間であたりは暗くなっていたが、次の三時間というもの見物人は海軍史上忘れることのできない戦争のメロドラマを眺めることになる。双方の船がピストルの射程内の距離まで近づいたとき、セラピス号から撃った砲弾がリチャード号の砲列甲板上の発射火薬を爆発させ、多くの砲手を殺し、ジョーンズの最も重い大砲数門を使用不能にした。ところが彼は、順風を帆に受け、不屈の精神と完全な操船術を身につけていたので、主帆(メーンスル)を巻き上げてリチャード号の速度を落とし、舷側からの大々的な斉射や掃射ができる位置を計って、セラピス号の船尾にぴたりと直角につけた。それから唯一の助かる道を計算して、相手の船に乗りこめるほど近づいてから手際よく自分の船を敵船に横づけにした。彼が引っかけかぎを取ってこさせ、リチャード号をセラピス号に結びつけると、その間射撃手がありったけのイギリス兵の頭を狙って発砲し、桁端(こうたん)から乗組員を叩き落として甲板に屍をまき散らした。セラピス号の甲板に投げこまれた手榴弾が弾薬筒の山を吹き飛ばして、大砲の半分を破壊した。暗くなりはじめた空の下で、両船とも近い射程距離から砲火を浴びせ合った。見物人の前に、炎のきらめきが戦う二頭の大鹿のように死を賭けてがっぷり組み合った二隻の船のシルエットを浮かび上がらせた。リチャード号の甲板は火に包まれ、船体には水が入りはじめた。

船が沈むという危険に直面して、リチャード号の砲手長がセラピス号に向かって絶叫した。「お慈悲を！　お慈悲を！　お願いだから」。ジョーンズはピストルを力一杯投げつけて、彼を打ち倒した。しかし、セラピス号の指揮官ピアスンは叫び声が耳に入ったので、大声で訊いた。「降伏するか？」。戦闘のどよめきと砲声とパチパチ火の燃える音のなかから、かの有名な答がかすかに返ってきた。「まだ戦いを始めてもいないんだぞ！」。この豪語を身をもって立証しようとジョーンズは、殺されたり負傷したりして砲手がいなくなった九ポンド砲に飛びつき、自分で弾丸をこめ、セラピス号のメーンマストを狙って発射した。それからもう一度弾丸をこめて撃った。マストがぐらつくと、燃える索具の火の海で死者に囲まれたピアスンは、降伏のしるしにセラピス号の赤い旗を降ろした。リチャード号の後甲板まで護衛されてきて、彼がジョーンズに剣を手渡したちょうどそのとき、セラピス号のメーンマストが船端に倒れ、その帆は二度と決して風をはらむことなく波打ちながら海中に崩れ落ちた。損害が大きすぎて修理もできなくなったぼろぼろの勝利者、ボンノム・リチャード号は翌日海中に沈んだ。

ジョーンズは拿捕船としてのセラピス号に乗りこみ、東のオランダに船首を向け、十日間廃船同様の船で航海したのち、十月三日ようやくテクセルに這いこんだ。拿捕船が避難できる中立的立場の港、食糧の補給、負傷者の看護と捕虜に対する見張りを必要とする目的地として彼がそこを選んだことは、確実にオランダを英国とのごたごたに巻きこむ可能性があった。事実、ごたごたは起こって、すでに存在していた英国の怒りをさらに高めた。

ジョーンズがフランスへ行こうと思えば行けたのにわざとフランスの代わりにオランダへ行ってこういう問題を起こしたのは、外国問題担当の部局、つまり大陸会議の秘密通信委員会が使命の一部として彼に命じたことであって、これをジョーンズに伝えたのは同委員会の半分公的な代理人で万事につけおせっかい屋のチャールズ・デュマだったという話だ。デュマはベンジャミン・フランクリンの協力者だった。

フランクリンは当時パリでアメリカとフランスの関係を維持して、媒介者の役を果たしていると言われていた。おそらく、ジョーンズをだしに使ってオランダと英国に戦争をさせようという策略はフランスが考え出したものだろう。そして英国は、サー・ジョーゼフ・ヨークの情報によってそれを知らされていた。彼はデュマと、フランスの外務大臣、ヴェルジェンヌとの手紙の内容を知ることができたからだ。この手紙は、とくにこの種の任務を受け、時間をかけて暗号解読を学んだ人間が途中で押さえ、書き写して彼のもとへ送ってきた。十八世紀には、電子工学装置もなく誘惑に乗りやすい海兵隊員もいなかったが、大使館には簡単に入りこむことができた。外務大臣の手紙を開いて書き写すのは、さまざまな国家がふつうにやっていることだった。ジョーンズは喜んでフランス案に乗った。最大の満足感を味わったのは、「ここでの自分の地位を利用して、オランダとイギリスの関係を修復できないほど緊張させたことだ。現在、莫大な料金でヨーロッパのほとんど全貿易を引き受けている船主たちの影響を除けば、オランダを中立にしているものは何もない」と、彼はエドワード・バンクロフトに書き送っている。バンクロフトはアメリカの代表委員の通信員だったが、実は英国諜報活動にたずさわっていたスパイで「十八世紀最高のスパイ」と呼ばれていた。さらに、オランダ人はわれわれの味方だ、とジョーンズは報告している。そして、アダムズは大陸会議あての手紙のなかでこの言葉を受け売りした。

「毎日、幼い少女さえ含む母親や娘たちなどの大勢の恵まれた女たちが船を訪ねてきて、オランダの家庭からの無数のささやかなお見舞い、つまり人々の心の底からの贈り物を負傷者に届けてくれる。こういうことが、われわれに敵対するすべての政治や外交をはるかに圧倒するだけの効果をあげている」。

ジョーンズを讃える流行歌が作られ、彼のアムステルダム滞在を祝うバラッドが街頭で売られた。彼の存在は、丸裸になったセラピス号以上に――セラピス号は甲板上に何もなくなって、迷子の犬のように独りでさびしげに港のなかでおとなしく揺られている――英国大使にとっては毎日の不快の種だった。彼はただちに、いつもの懲罰を求める要求とジョーンズを追放せよという主張をやりはじめた。国王の臣下として彼は、連邦議会に、ジョーンズは反乱者ならびに「海賊」としてしか考えることはできない、したがって、船や乗組員といっしょに国王の政府に引き渡されるべきだと通告した。さらにオランダの総督に対して、ジョーンズがテクセルに入ったのは「連邦共和国と英国を反目させるために考え出された計画」だと思うと述べ、この結果を歓迎すると公言した。なぜなら、中立国の仮面をかぶっている敵よりは明白な敵を持つほうがいいからだ、と彼は述べた。ジョーンズに対して示される一般大衆の熱狂には、たえず頭を抱えてはいたのだが。

サー・ジョーゼフ・ヨークは一七七九年十月八日、海軍本部にあてて、ジョーンズが船を降りて町にやって来たときに、「彼を逮捕できる……という考えが、昨日頭に浮かんだ」と書いた。サー・ジョーゼフ・ヨークは、大使が中立国の客人を逮捕するのが礼儀作法にもとるかどうかなどと考えるような人間ではなかった。「わたしはそれをやってみようと思って友人を派遣した」と彼は事務的に言葉を続けているが、監督執行吏から阻まれてしまう。監督執行吏は「強奪についての証拠と宣誓供述書、それに金額の賠償請求がなければ」自分には逮捕する権限はないし、「そうした書類は手元にはない」と言った。強行すればただちに政治問題になってしまうからだった。「大変残念だったが、わたしはせっかくの手掛かりをあきらめねばならなかった」。英国外交の装飾物たるこの人物の直情径行的なやり方には抵抗しがたい愛嬌がある。

次に彼は、ジョーンズ個人の逮捕ができないのなら裁判所の強制立ち退き命令を取ってやろうと努力したが、これも、アムステルダムやその他の商人たちの強い反発にあって拒否された。負傷者——負傷したイギリス人捕虜を含む——の手当てをしてもらおうとするジョーンズの努力は、きわめて複雑な問題になった。中立国オランダの国内でアメリカの兵士に捕らえられたイギリス人捕虜を保護するという問題は、解決のしようがない問題だったからだ。ついにジョーンズは、若干名の負傷した捕虜をテクセル島に上陸させ、「われわれの命令で吊り橋を上げたり下げたりできる島の砦内で、アメリカの兵士に彼らを保護させる」ことを許された。食糧と水の補給、航行のためにはぜひとも必要な船の修理がさらに議論を紛糾させたが、ついにアムステルダムの著名な商事会社の社長、ジャン・デ・ヌフヴィルの肝いりでこれは解決された。彼はもっと重要な別のアメリカの問題に深くかかわっていた。

ジョーンズが、海峡を脱けて外で待ちかまえている英軍から逃げおおせるための風を待っている間、デ・ヌフヴィルはオランダの問題を行き詰まらせている苦境を打開して、決定的な行動を促進する計画の交渉をしていた。一年前にフランスは、植民地が独立したあかつきに効力を生じるアメリカとの友好通商条約に署名しており、パリに滞在中のアメリカの代表委員、フランクリン、サイラス・ディーン、アーサー・リーの三人はその写しをグランド・ペンシオナリスのファン・ブレイスヴェイクに送って、オランダにも同じようにするよう提案していた。この件はまた、アムステルダム市のもっと活動的なペンシオナリスで、戦闘的な性格の弁護士、エンゲルベル・フランソワ・ファン・ベルケルにも提示された。彼は、貿易上の仲間としてのアメリカについての夢を抱き、アムステルダムを指導する者として、アメリカ人が英国の和平提案に屈して英国の支配下に逆戻りする前に、彼らと通商条約を結びたいと熱望していた。

やがてイギリスのカーライル和平使節団が植民地へやって来て大陸会議との交渉を開始すると、革命の勝利を快く思わない人々でさえ、アメリカが敗北して独立した貿易上の仲間にはなれない場合の見通しを恐れはじめた。昔受けた何らかの侮辱のせいでファン・ベルケルは英国を憎んでおり、個人的な理由からデ・ヌフヴィルの条約が英国の誇りをへし折るのを見たいと願っていた。イギリスの敵と同盟を結ぶというデ・ヌフヴィルの条約の提案は秘密事項になっていたが、グランド・ペンシオナリスのファン・ブレイスヴェイクはまったく当然のことながら、主権者のウィレム五世に相談した。すると総督は激怒して、そんな条約はアメリカを独立国家として承認するのに等しいと断言した。また、そんなことを受け入れるくらいなら、総督の地位を棄てて家族ぐるみこの国から出ていったほうがましだと、ブルンスヴィク公に通知した。公爵は彼をなだめ、この提案を秘密裡に討議するのを許すよう彼を説得することができた。その間ファン・ベルケルは、条約の提案を正式に国会に通知しないで、まず他の市議会に知らせて道を固めておくようアムステルダム市議会に忠告した。その結果、秘密はまもなく数百人の人々に知られ、年末を迎えないうちから連邦共和国はその噂で騒然となり、洩れた話がイギリスの新聞に現われた。ファン・ベルケルはまたデ・ヌフヴィルに、イギリスがアメリカの独立を認めるまでは秘密にしておく予定のアメリカとの条約の草案について交渉する権限を与えた。ヨークはこの噂を、デ・グラーフの答砲からジョン・ポール・ジョーンズへの追従にいたる一連の侮辱の頂点をなすものだと考えたが、その背後にはアメリカの反乱を抑えられない英国の不甲斐なさという、たえず心をさいなむ問題がひそんでいた。そしていま、大国が現に反乱者たちと交渉の提案をしているというのだ。

彼には戦争以外どんな解決も考えられなかった。当時、戦争は政策の延長であって考えるだに恐ろしいものではなく、実行可能で、おそらくは有利になる方策だと考えられていた。正当なエネルギーと十分な武器と軍隊で戦えば、失われた植民地を取り戻すか新しい植民地を手に入れて、これまでのアメリカでの失敗に対し世論に償いをする機会を英国の政策立案者たちに提供するものだった。不利な点——英国はすでにアメリカでの兵隊不足を補充するのが難しくなっていることや、それ以上に、需要に対してすでに少なくなりすぎている英国の戦艦と比べ、敵の戦艦には二十隻が余分に付け加えられるということ——は、楽しい計画に水をさすたいていの兆候と同じように、心理的に絨緞の下に突っこまれて無視されてしまった。ヨークはそんなことには無頓着で、非難のためにオランイェ公と会見し、ウィレムが条約の提案をいちばん先に同盟国イギリスと話し合わなかったことに不快の意を表明した。

オランイェ公はオランダ共和国のなかで王家の身分は有しておらず、それがイギリスの王族の親戚たちが頭を悩ませている欠点だったが、威儀を正して、これは国家の秘密文書であるから自分はどんな人ともそれについて話す義務はないと回答した。ヨークは主権者をとがめるのに躊躇はせず、パリ駐在のアメリカの代表委員を指して「三人のろくでなし」と呼び、これらの国王に対する謀反人の計画などが国家の秘密であるはずがない、と述べた。だが、手元にそれ以上の情報もなく行動もとれないので、ヨークは加害者に「相応の罰を与えよ」といういつもの性急な要求をむり押しすることはできなかった。そして当分の間、この事件の追及はなされなかった。

秘密条約が火のついた導火線のように静かにくすぶっていた間、もっとしつこい炎が野外で燃えていた。それは、海上の英国の攻撃に共同で抵抗するために企てられた連盟、舞台に新しく登場してきたロシアの女帝エカテリーナ二世が個人的に考え出して後援した武装中立国際連盟だ。彼女はヴォルテールが北国のセミーラミス（紀元前九世紀のアッシリアの女王）と名づけた冒険心に富んだ権力者で、やがて世界がエカテリーナ大帝として知るようになった女性だ。ルイ十四世と同様、領土に対する野心に燃え、ロシアの国境をオーストリアやポーランドの上まで広げたがっていた。彼女はすでに三つに分割されたポーランドの一区画を手に入れていて、残りの二つをも取ろうとしていた。もう一つの彼女の目的は、ロシアの保護の下でビザンチン帝国を復活させるために、オスマン帝国を顚覆させることだった。何にもまして彼女がほしがったのは、地中海の不凍港だった。マームズベリは、ハーグに来る前セント・ペテルスブルグで大使をつとめていたとき、もしロシアが攻守同盟を結んで、英国、フランス、スペインの間に正当で名誉ある講和を成立させる仲立ちに成功したら、イギリスの貴重なミノルカをエカテリーナに提供する政府の了承を、事実上取りつけていた。実現すればあれほど長い間切望していた目的物が手に入るのに、エカテリーナは誘惑に抵抗する。その見返りに多大なものを要求される策略をかぎ取ったのか、あるいは、彼女が外交上のことわざとなった語句で言い表したように「花嫁は美しすぎる（ラ・マリエ・エ・トロ・ベル）。彼らはわたしをだまそうとしている（オン・ヴ・ム・トロンペ）」と考えたためだった。

通商に対する英国の干渉に腹を立てているのはオランダだけではなかった。「ヨーロッパのすべての国が」とベンジャミン・フランクリンは、秘密通信委員会にあてて書いている。「始終イギリスの侮辱に傷つけられていて、英国が高慢の鼻をへし折られるのを見たがっています」。

エカテリーナは、こういう感情を表現する場として連盟を当てにしていた。力を合わせれば一国の場合より強くなるのは明らかであり、それと同時に、反英的すぎる態度で自分だけが目立つのもいやだったからだ。彼女は単なる植民地の問題から全面的な戦争にまでふくれ上がった難局の調停者として受け入れてもらいたがっていた。そして、この調停が自分の信望を高めると考えた。信望については、多くのロシアの支配者同様、少々不確かだったからだ。その上、他のすべての国と同じように、エカテリーナはアメリカ貿易について頭一つ分先を越したがっていた。他のすべての国と同じように、アメリカが英国から自由になれば、たちまち大滝のようにどっと増えると思っていたからだ。彼女はまた、ロシアの商品、つまり主としてオランダ人によってフランスやスペインに積み出されていた海軍用品に対する交戦国の需要の増大を利用して、輸出をふやしたいと考えていた。二本の導火線――武装中立と、まだ秘密にされている通商条約――は、シュルシュルと互いに近づきかけていた。二つはまもなく出合うのだが、二つが出合ったとき、戦争の火花が散ることになる。

二隻のロシアの船が、宣言されてはいたものの実体が伴わないスペインの封鎖地域に入ったため、ジブラルタル沖でスペインに拿捕されたとき、女帝は海上の無政府状態に秩序をもたらす女性になろうと決心した。そこで一七八〇年二月二十九日、連盟の加入国が守る五カ条の中立の原則を制定して、自分の目的を発表した。この原則中の三つが特記していたのは、海軍用品はこれまで通り戦時禁制品から除外する、特定の港の封鎖宣言は、封鎖国が十分な軍隊を配置してそれを物理的に効力あるものにした場合に限って承認される、中立国の船舶は交戦国の沿岸の港から港へ自由に航行できる、ということだった。残った二つの原則は、戦時禁制品に関する交戦国の財産にかかわるものだった。

スウェーデンとデンマークは、連盟の支持者としてロシアに合流し、宣言された条件のもとで自国の船を保護するため海軍を使うと発表した。連盟参加の要請を受けたオランダでは、この件がただちに意見の分かれる大問題となり、アムステルダムはオランイェ派と対立し、それぞれの派閥が互いに反目し合う結果になった。八カ月の間、どんな意見の一致も見られなかった。オランダが武力で中立を守るほうを選んだ場合、オランダ海軍は英国の報復に直面する準備ができていないという周知の事実だけで、二の足を踏む十分な理由になった。

自分たちの貿易を守ろうと決心したアムステルダムは、ホラント州議会から連盟支持の採決を引き出すことができたが、最初連邦議会がそれを受理したとき、ゼーラント、ヘルデルラント、ユトレヒトの諸州が抗議をした。またサー・ジョーゼフ・ヨークは、この採決は一六七八年の同盟条約の侵害だと非難し、例によって「こうした侮辱に対する謝罪」を要求した。連邦議会は右の三州の圧力とヨークが巻き起こした嵐に押されて、この採決を否認して論議を再開した。

だが、サー・ジョーゼフ・ヨークと彼の政府は満足しない。オランダ人が感情と行為の両方で敵意を持ちはじめているのは、明らかだった。英国の言い分では、アムステルダムがジョン・ポール・ジョーンズに分捕り品を返せと要求するのを断ったことや、昔の条約が要求している援助と報酬金の拒否、それに一七八〇年四月、ちょうどこの時期に提出された無制限護衛船団に賛成する敵意ある採決からして、オランダにはこれらの条約がかつて約束していたすべての特権を受ける資格はなかった。英国政府は、心を決め、戦う用意ができていた。この決定は閣議で採択されたが、その問題が討議されている間ノース卿は眠っていたし、ヒルズバラ卿とサンドウィッチ卿も居眠りをしていた——これは食後に政策決定をした結果だと言われている。マームズベリが同僚にあてて書いているところによると、この決定は英国が四つの国を相手に——フランス、スペイン、オランダとアメリカの反乱者たち、「そのうち三国は英国を除けば海上の最強国だった」——独りで戦わねばならないという意味になった。

同時に四つの国を相手にして戦うのは最も賢明な選択ではないように思われるが、オランダと戦うことが、アメリカでの苦しい成り行きにもかかわらず、あるいはそのために、虚勢の誇示として英国人には歓迎されたように見える。その上、彼らはオランダ人に対して腹を立てていて、明晰な思考ができる状態ではなかった。フランス艦隊に対するオランダの用品補給を断つ必要性のほうが、アメリカへの軍需品の供給より重要だと思われていた。オランダ人に対する感情的な反発は、マームズベリの言葉にも表われている。彼はサー・ジョーゼフ・ヨークの仕事を引き継ぐ前から前任者の敵意を吸収していたように見える。まだサンクト・ペテルブルグにいる間に彼は仲間の大使にあてて「オランダ人は恩知らずの、薄汚ない、無分別の田舎者だ」「やつらは破滅するにきまっているんだから、その運命に従わせなくちゃならない」という意地の悪い言葉を吐いた。

英国の心中には、怒りよりもっと実質的な動機があった。商業をあれほど軽蔑していた英国人でさえ、貪欲に「アメリカとの新しく儲けの多い貿易」の見通しを考慮して商売人の大群に加わっていた。マームズベリは率直に手紙のなかで、オランダに対する戦争を決定するのに「寄与した要因」の一つとして、これを含めている。オランダは、アメリカ貿易について最も重要な競争者になりそうだったからだ。時機（タイミング）の選び方が緊急の問題だった。奇妙な政治力学の持ち主であるオランダ人が武装中立連盟についてこれからどんな態度をとるかは見当もつかなかったが、もし連盟に加盟するとしたら、武装中立が戦争原因になるのを許してはならなかった。その場合、オランダには連盟の加盟国が同盟者になるという利点ができるからだ。英国人には、もし宣戦布告をするとしたら、そして、オランダ人が実際に連盟に加入するつもりだとしたら、宣戦の布告はオランダが連盟に加入する前であって、あとにすべきではないことははっきりしていた。

もっと直接的な口実を探して、彼らは一六七八年の同盟条約が要求している援助と報酬金（そのなかにはスコットランド旅団が入っている）をオランダが提供していないと苦情を言った。しかし、用心してオランダをただちに連盟に加入させるようなあからさまな行為はとらないようにした。ところがこの時点で、誰一人予想できなかった奇妙でありがたい事故が起こって、英国はジレンマを脱することができた。デ・ヌフヴィルが草稿を作ったアメリカとの友好通商条約の草案が、海水に漬かっていたため濡れてはいたもののちゃんと読める状態で、草案の発端との繋がりを表す通信文といっしょに出現したのだ。

デ・ヌフヴィルと交渉していっしょに草案を作ったアメリカ人は、ヴァージニアの大家族リー家のおせっかいな一員、ウィリアム・リーだった。大陸会議は彼をプロイセンならびにオーストリアへの使節に任命したが、ウィーンやベルリンでは信任されていなかった。両国は、アメリカの使節を正式に承認して英国と紛争を起こす立場に身をおく覚悟はできていなかったからだ。リーはオランダへ行った。そこで（アダムズの後任としての）サイラス・ディーンの任命を阻止して、その地位を自分のほうに回してもらおうと望んでいたからだ。リーは、懸命に貿易促進計画を練っていたアムステルダムのペンシオナリス、ファン・ベルケルの庇護のもとで、まもなくデ・ヌフヴィルに接触し、一七七六年にベンジャミン・フランクリンとウィリアムの弟、アーサー・リーが将来他の国と同盟を結ぶ場合に備えて作成していたモデル草案と似た形式の、友好通商条約の条件について彼と協議を始めた。完成したときウィリアムは、意気揚々と外交上のポストをもらう資格証明書としてそれを大陸会議の友人にあてて送り出した。ファン・ベルケルやデ・ヌフヴィルがオランダの代表として交渉する権利がないのと同様、彼は、国を代表して条約の交渉をする権限はなかったのだが、一瞬たりともそのことで頭を悩ます人はいなかった。

この草案は、フィラデルフィアで、サウスカロライナの裕福な農園主でのちの大陸会議の議長、ヘンリー・ローレンスに委ねられた。彼は、アダムズのあとを継ぐようハーグ行きを命じられた当の人物だった。一七八〇年八月、彼は任地に向かって出航するとき、その条件を検討しようと条約の草案を持っていった。ところが、護衛船団なしの単独定期船（客船または郵便船）に乗っていたので、彼の船、マーキュリー号はニューファウンドランド沖で英国のフリゲート艦ヴェスタル号に追跡された。ローレンスはすばやくトランクから外交文書を取り出し、散弾の錘をつけた袋に詰めて、船外に投げ捨てた。不幸なことに、彼は袋の空気を抜いておかなかったので、袋は浮き上がり、ヴェスタル号の目ざとい水兵に見つけられて、鉤で船上に引き揚げられた。ヴェスタル号の乗組員は、「自分たちをアメリカ合衆国民と呼んでいる人々のために借款を締結する目的で、オランダに赴く途中の紳士」としてのローレンスの身分を見破り、九月三日、彼を逮捕してロンドン塔のなかの監獄に幽閉した。彼は戦争が終わるまで、そこから出られなかった。

ローレンスの書類と関連通信文書のなかに条約が発見されたことは、英国が求めていた通りのオランダの敵対行動と考えられ、英国人を興奮させた。当時植民地問題担当の英国の大臣だったストアモント卿はヨークにあてて、ここにアムステルダムがアメリカ人と直接に連絡していた証拠がある、と書いたが、これは、彼の大げさな描写によると「どの点から見ても事実上の侵略行為に等しい」振る舞いだった。条約が仮のものであり、オランダとアメリカのいずれをも代表して行動する権限のない人間によって書かれたことを考えると、この文書をめぐる英国のはげしい反応は――故意に――誇張されたものだった。彼らはオランダを怖がらせて中立連盟に入らないようにするための騒動を起こしたかったので、ローレンス事件の発覚については、まるで国王暗殺の陰謀を暴いたかのような態度をとり続けた。

もし連邦議会がこの件に手を染めていることが発覚すれば、宣戦布告のための戦争理由として使うことができるのだが、とストアモント卿はヨークあての手紙に書いた。オランダが親仏派の影響を受けて中立連盟に加入すれば、ローレンス文書は「全世界を前にして英国がとりたいと思うどんな手段をも正当化し」「これを、どんな中立国ともかかわりのない英国とオランダとの間の特定の争いにすることによって、この上なく正当な開戦への方向づけをするだろう」。

ヨークはただちに、英国のおどしを総督に伝えるというお得意の仕事にとりかかった。事件を公表すればかならず「この国にすばらしい恐慌を巻き起こすことになり……北の連盟に加わろうという熱意を完全に冷ましてしまうだろう」と彼は報告している。しかしヨークは、この件をやや強引すぎるほど強引に推し進め、この上なくカサにかかった態度で、条約の草案は総督によって否認されなければならず、ファン・ベルケルとその共犯者たちは「公共の平和を乱し、国際法を破った者」として見せしめ的な罰を与えられなければならない、さもなければ国王は威信を保つための手段をとらねばならなくなるだろうと言った。まだ交替していなかったアダムズは、「傲慢なイギリス人は、ボストンの場合とまったく同じようにアムステルダムを扱っている」と繰り返した。

教訓を忘れてしまうという例の致命的とも言える才能を発揮して、彼らは同一の結果――圧制者に対抗する団結――を生み出した。この団結がアメリカで、怒りっぽい植民地の人々を最初の連邦にまとめ上げたのだった。アダムズは、戦争の雲行きをみんなが感じとっていると報告している。クリスマスの日、彼は「はげしい葛藤」がオランダをわしづかみにしている、と書いた。船員たちの共感をあてこんだ反英的なバラッドが、街頭で歌われた。「あれを歌っていた女は――一昨日、一カ所に一時間立っている間に六百部の歌を売った。これは戦争の兆候だ」。中立連盟の議論が再開されている間、英国は、オランダが一六七八年の同盟条約の条項を履行していないとして最後通牒をつきつけた。オランダ側は、英国が主張する条約上の援助は植民地の反乱のために要求されているのであって、第三国による攻撃のためではないから、この条約は適用されないと回答した。オランダは最後通牒をはねつけ、一七八〇年十一月二十日、中立連盟加入の合意に達した。十二月十日、英国を含む交戦国は正式にこの決定の知らせを受けた。

アムステルダムとアメリカとの秘密条約は友好国が反乱者たちを優遇している一例だと考えられた上、劇的な手段をとらなければ英国には止めることのできない戦時禁制品の流出が続いていたので、英国はさらに面目を失った。戦時禁制品の流出を根源で断ち切るには、セントユースティシャスを占領しなければならなかった。この手段を政府に進言したのはサー・ジョーゼフ・ヨークだったと言われている。この任務のためにロドニー提督が選ばれた。最後通牒をはねつけられた場合、それを出した国は何らかの行動をする必要がある。したがって十二月二十日、英国は予想通りオランダ連邦共和国に対して宣戦を布告した。この指令は海上の司令官たち、とくにサー・ジョージ・ロドニー提督に伝えられた。提督はオランダが攻撃に対する準備をするようセントユースティシャスに知らせる前に、この島に進攻せよとの命令を受けていた。戦争を宣する議会での演説のなかでノース卿は、オランダ人の手によって英国が蒙った不当な扱いを列挙した。「公然と条約を破って」彼らは、当然英国に対してなすべき援助を拒否した。彼らはフランスに、軍需品に類する物資を提供した。彼らは、アムステルダムが「反乱者の植民地と条約を結ぶことによりわが国に加えた侮辱」を支持した。彼らはジョン・ポール・ジョーンズ、すなわち「スコットランド人の海賊（スコットランド人と海賊の両方が同じように不快の種であるらしい）が英国の船をオランダの港に持ってきて、そこで修理する」のを許した。彼らはセントユースティシャスにおいて、「反乱者の私掠船」が「そこの砦の大砲の射程距離内」において二隻の英国船を拿捕したあと、礼砲で迎えられるのを許可した。

わたしたちが知っているように、アンドリュー・ドーリア号は英国船を二隻どころか全然拿捕していないので、ノース卿がこの船の罪状を誇張しているのは確かだが、彼が大陸会議の旗に対する答砲を戦争原因のリストの一つに数えていることは、デ・グラーフのジェスチャーがいかに深くイギリス人の心の底に食いこんでいるかを示している。イギリス人の心をうずかせたのは、彼が「不忠な反逆者たち」を国として承認したばかりでなく、イギリス人がある程度下の階級の人間と見なしていたアメリカ人を同等の者として扱ったからだった。

おかしなことにノース卿をいちばん悩ませたように見えるのは、オランダの準備不足だった。まるでそんな相手に攻撃をしかけるのがやましいとでも言うかのように。オランダ側はその挑発行為にもかかわらず「まったく思慮分別を欠いた行動をし、攻撃を受けた場合の戦争の準備はしていない。また、国家間で承認されたあらゆる法を直接侵害してオランダ商人が常時英国の敵に軍需品のたぐいや糧食を供給し、セントユースティシャス島をその根城にしている事実を知りながら、発覚に対する用心もせず、付近の海域で公然と哨戒活動を行なっている英陸海軍の奇襲に対して防衛措置を講ずる必要があるとも考えなかった」と、彼は庶民院で語った。明らかにノース卿は、戦争の準備を整えている相手に対して英国が宣戦布告をしたのだとしたら、ずっと気が楽になっていたことだろう。

オランダ人が第四イギリス戦争と呼ぶ、そのあとに起こった周辺的な、ほとんど人々から無視された戦争は、世界的な観点から見るとたしかに小さな事件にすぎなかったが、不釣り合いなほど重大な結果を生んだ。地域的な意味では、デ・グラーフの答砲のあと連綿と続く歴史物語のなかでセントユースティシャスが衰亡し、主役のサー・ジョージ・ブリッジェズ・ロドニー——英国海軍の中心的人物——が登場する。だが、彼はやがて怠慢行為により、アメリカ戦争という運命の中で重大な役割を果たすことになる。

オランダにとって、それは英国による植民地、貿易、船舶の掌握と、自国の総督オランイエ公の威信の究極的な破滅へ通じるものだった。ウィレム公は、海軍の軽視、中立連盟への加盟の遅れ、その他悲惨な結果に終わったすべての責任を追及された。その結果、親仏派の愛国党が政治的支配権を確保し、総督制は顚覆し、優勢なフランスの影響のもとでオランダ連邦共和国は一七九五年、ナポレオンによりフランスに併合された。苦労して勝ちとった独立のあと百五十年も経ずして、差しあたりオランダ共和国は没落したことになる。

Ⅶ　ロドニー提督登場

提督サー・ジョージ・ブリッジェズ・ロドニーはセントユースティシャス攻撃の命令を受けたとき、西インド諸島配属英国艦隊のリーワード島基地司令官で、英国の敵に対する主な供給源としてのセントユースティシャスの日ごろの活動に長い間憤慨していたところだった。彼は執念深い性格と果敢な行動の男で、この懲罰の機会を歓迎した。命令書を受け取ったのは、一七八一年一月二十七日、ウインドワード諸島の東端にあるバルバドス島の沖に停泊していたときだった。この命令書は、英国が目下オランダ連邦共和国と戦争状態にあること、また「オランダ連邦共和国の議会ならびにその臣下の者たちの多くの不法な行動を考慮し、国王陛下の陸海軍司令官たちが攻撃を試みて成功すると考える西インド諸島のオランダの領有地に対する攻撃と征服を行なって賠償と満足を手に入れるため」海軍本部は即時の行動を提案していることを知らせるものだった。海軍本部は「最初の攻撃目標としてセントユースティシャスとセントマーティン島を選べ。どちらの島も実質的な抵抗をするだけの力はないと想定されるから」と勧告していた。ロドニーは、戦闘を予期して二、三週間前に送り出されていた陸軍の司令官、ヴォーン将軍と「戦略について」相談する権限を与えられた。十八世紀のすべての戦争に関連した事業を正当化する必要条件、つまり物質的な利益も看過されてはいない。「大量の補給品とその他の用品がそこに貯えられており」、「迅速に占領しさえすればわれわれの手に入るので、即刻攻撃してそれらの島を帰順させる」のが望ましい、と海軍本部は指摘していた。

十二月二十五日にロドニーが海軍長官、サンドウィッチ卿にあてて書いたように、戦略的には、リーワード諸島随一の良港を誇るマルティニクが「最も攻撃に適した島」だった。その島を英国が手に入れたら、戦争の成り行きは完全に違ってきたはずだが、英国の直接的な目的は、セントユースティシャスから英国の敵フランスならびにアメリカの反逆者たちに流れる戦時禁制品の流れを断ち切ることだった。護衛船団に守られて英国から送り出される供給品や海軍用品の三分の二が最後にはセントユースティシャスにたどりつき、そこからマルティニク島のフランス海軍のもとへ送り出されるのだ、とサンドウィッチ卿は九月に内閣で説明したばかりだった。

ロドニーは彼の船でもしばしば取り押さえたことがあるのでこの不正なルートを熟知していた。その上、在庫が全然ないからというでっち上げの口実で島から艤装の修理用ロープを売ってもらえずひどく腹を立てたこともあって、セントユースティシャスを憎んでいたので、つついてもらう必要はなかった。彼は「即刻」命令を実行に移した、と海軍本部に報告している。船に食糧と水を積みこんで、軍隊は乗船し、大砲と艤装を点検すると、準備は整った。これらの準備は、「雷」のように襲撃するため「すべてが徹底した秘密裡に行なわれた」。一月三十日の夕方おそく、十五隻を連ねたロドニーの艦隊は任務のために出発し、二月三日にセントユースティシャスの港に着いた。

島々の海岸の砲列が、攻撃の意図で近づいてくる船を撃破するには不十分な口径と射程距離のものだったということは、科学技術の機能不全を示す奇妙な例の一つだった。航行する船の揺れる甲板に十ポンドもの砲を載せられるのなら、どうして陸地にも同じか、それ以上に大きい大砲をすえられないのか、不思議な気がする。実は、海岸の砲列が、戦列艦の重砲と火力の点で肩を並べるには先を読めない防衛費節減のせいで、数が少なすぎたのだ。これらの大きな艦船が海岸の砲列と撃ち合いをする場合には、陸地の大砲が撃破される可能性のほうがその逆よりは大きかった。オレンジ砦の大砲は、他の島々の大砲と同様に、いまでも砦の中庭にすえられていて、まっすぐ下の港を狙っているさまが見られる。上陸してくる軍隊から島を守ることができないのなら、いったい何のための砲列だったのか。技術は沈黙したまま何も答えない。

ロドニーの軍隊は上陸し、島の総督に対する召喚状が出された。これは、「即時降伏して一時間以内にセントユースティシャスの島とその保護領を、なかにあるすべての物ならびにその付属品と共に国王陛下の役に供するため差し出さねばならない。抵抗する者はその結果を甘受しなければならない」と通告するものだった。

港にオランダの軍艦は一隻しかなく、ロドニーの重砲と三千人の地上軍に対する何の防衛準備もしていなかったので、デ・グラーフには選択の余地がなかった。港内のオランダ海軍を代表するベイラント提督の名誉のために、抵抗のしるしとして砦から二発撃ったあと、彼はセントユースティシャスを明け渡した。港外の停泊地にいた五十隻のアメリカの武装商船は、戦闘準備をするいとまもなく捕獲された。彼らの文書は、反乱者の援助という点でこれまで以上にセントユースティシャスの重要性を示す多くの証拠を提供している、とロドニーは書いた。

「反乱者たちの艤装、帆、大砲用の火薬、弾薬、あらゆる種類の貯えすべてが、この島から送り出されていた。この島の援助がなかったら、アメリカ船の航海はとうてい維持できなかっただろう」

ここでも彼は、セントユースティシャスが植民地の反抗に必要不可欠だったと主張している。島にいた二千人のアメリカの船員と商人は戦いたがったが、英軍によって食糧を断たれたので降伏者の列に加わらねばならず、捕虜にされた。一七八一年二月三日、英国の捕虜の確保と占領は完了した。

「わたしはこの島の占領によりオランダ西インド会社とアムステルダムの不実な行政長官どもに与えた厳しい打撃を通じて、心から貴官たちにお慶びを申し上げる」と、ロドニーは海軍本部に作戦の成功を報告する手紙に書いた。また、「この島は敵の全軍をいっしょにしたよりもイギリスにとって有害だったし、この島だけがアメリカ戦争の継続に寄与していたのだから、決してオランダに返還されることのないようにしたい」という希望を述べた。

「総督や住民の驚愕や狼狽ぶりは、ほとんど信じられないくらいだ」と彼は、さらに言葉を続けて書いている。二日前アムステルダムの海軍局からベイラント伯爵が到着したことが、「人々の戦争への恐れを鎮めていた」。イギリスとの戦争の予感がオランダの上に暗く垂れこめていたこのとき、ベイラント伯爵はもっと切迫した警告をもたらしてもよかったと考えられるかもしれない。おそらく彼は、やいやい言って防衛努力をさせても無益だと考えていたのだろう。この目的のために使えるものは何一つ与えられていなかったからだ。とにかく、英国の降伏要求に対する「驚愕と狼狽ぶり」は理解できる。噂によるとロドニーは、フランスの旗をなびかせて港内に入ってきたからだ。しかし、この報告には確認できる目撃者の証言が欠けている。この欺瞞がもし真実だとしたら、英国海軍の提督にしては驚くほど不名誉で似つかわしくない振る舞いのように思われる。英国海軍の提督なら、宿敵の旗で偽装することなど軽蔑したにちがいないと思われるからだ。長い歳月の間、戦いの名誉と栄光についてあれほど多くを語ってきた勇士たちは、いかに戦いがよこしまであろうと、つねに戦争ではすべてが公明正大（フェア）だという格言に則って行動をする用意ができているはずだ。ところが実は、他国の国旗の使用は当時通用していた国際法に背くものではなく、不快感をかき立てるものではなかった。ロドニーはもう一度欺瞞行為をやった。英国が占領したあと数週間も島の上にオランダの旗を掲げたままにしておいたのだ。疑いもしないでやってくる船をおびき寄せて捕獲するためのおとりだった。

ロドニーは、本国の野党の非難を招くほどのすさまじさで——この非難を述べたのは、野党随一の雄弁家で不正に対する怒りの達人、エドマンド・バークだった——スティシアを破壊し、没収した。まず、沖合で五十万ポンドの価値がある積み荷といっしょにさまざまな種類の百三十隻の商船を捕獲したが、これは戦利品の獲得としては別に変わったことではない。次には、商店や邸宅の個人財産、倉庫のなかの品物や海軍用品、兵器庫の武器や弾薬、海岸の砂糖や煙草や米の梱(こり)の略奪が続いた。拿捕した船を除いて、収益の合計は三百万ポンドと見積もられている。

ロドニーは商人のリストとその在庫目録の提出を求め、この島に確固とした小さな共同体を作っていたユダヤ人を選び出し、現金、宝石、または衣服などに隠してあるものすべてを差し出せと命令した。また、必要とも思えない情熱を傾けてユダヤ人に抱いていた卑俗な反感を実行に移し、わずか一日の予告で、家族にも知らせず、家にも近寄らせないまま、ユダヤ人を追放するよう命令した。ユダヤ人に比べれば、こちらのほうが理にかなっているといえるが、フランス人は敵国の市民として全員が付近の仏領の島へ移された。

またロドニーは同じような熱意をこめてデ・グラーフ総督を追及し、「海賊にして反乱者の礼砲に応じて英国国旗を侮辱し、任期中の全期間を通じて英国にはなはだしい敵意を抱き、アメリカの反乱に味方をした最初の人間……」にふさわしく処罰した。二隻のアメリカ船、つまり二十六門の大砲を備えたデ・グラーフ号と、十八門の大砲を備えたレディ・デ・グラーフ号の存在は、「アメリカ人がいかに彼に恩義を感じているかということを証明している……彼は驚くべき財富を築いている。誰に聞いても、圧制によって多くを築いたという話だ。彼の農園は陛下のために没収した」。デ・グラーフ自身は捕虜として捕らえられ、他の全家財といっしょに英国へ送られることになった。ロドニーはさらに、金持ちの男にふさわしい尊敬を払って、「総督は自分の家財、家具、食器、宝石、リネン、使用人全員をいっしょに連れていくことが許される。また、彼自身と家族を乗せるために、きちんと装備した立派な船で英国に運ばれるだろう」と説明した。

略奪品の勘定をしていた間、ロドニーは二隻の軍艦と一隻のフリゲート艦に、三十隻からなるオランダの護衛船団を追跡するよう命令した。この護衛船団は「ゆたかな積み荷」を積んで、彼が到着する三十六時間前にセントユースティシャスから出航していた。そして護送艦のオランダ人司令官、クリュル提督は、国旗の名誉のために勝ち目のない抵抗をして戦死し、船団はすべて捕獲された。「一隻たりとも逃がさなかった」と、ロドニーは満足そうに報告している。その後アムステルダムからやって来た三隻の大船と、グアドループからの護衛船団も入港したところを捕獲された。「まもなく五隻の戦列艦の艦隊が入ってくる予定だ」った。三十八門の大砲と三百人の乗組員を乗せた軍艦マルス号といっしょにこの艦隊が到着してみると、ロドニーの艦隊には歯が立たないことがわかった。マルス号については「いま就役させ、乗組員を乗り組ませているところで、数日後には英国軍艦として巡航するだろう」と報告した。ロドニーはまた、十四門から二十六門の大砲を備えた五隻のアメリカのフリゲート艦の捕獲についても報告することができた。全体としてオランダ戦争の最初の一カ月あまりの間に、セントユースティシャスと同じほど重要な目標物だったオランダ商船隊のうち二百隻がイギリスに捕獲されたので、オランダ海運業は麻痺状態に陥り、この過程でオランダ共和国の凋落が早まった。ロドニーは陸地で島の財富を集めたり、処理したり、イギリスへの安全な輸送の手配をしたり、敵と商売をしていた不法なイギリス商人*を追及したりしていて忙しかったので、アメリカ戦争に介入する恐れのあるフランス軍を阻止するため海上をパトロールしていた艦隊の指揮を執ってはいなかった。

この致命的な怠慢の責任は彼にあるものの、実は彼が悪いというよりは政府と戦争担当大臣らのいい加減な采配の仕方のほうに責任があった。彼らはフランスの介入を重大な関心事として考えもせず、予見してもいなかったからだ。彼らはロドニーに対し、彼の艦隊の第一の使命は、どんな犠牲を払おうとフランスの増援艦隊が反乱者援助のためアメリカに到着するのを阻止することだという命令は、一度もくだしたことがない。彼や彼の政府が将来を見通す才能を備えていて、将来ヨークタウンにおけるフランス軍の存在が英国にどんなに致命的な影響を及ぼすか予想できたとしたら、提督に対する命令は「楯を持ちて帰れ、しからずんば楯に乗りて帰れ」というもっとはっきりした、スパルタ的口調のものになったかもしれない。ロドニーは、そのような緊急命令は与えられなかった。イギリス人は、アメリカ人が戦争に勝つとか、フランスの援助が決定的な要因になりうる、またはなるとは、一度もまじめに考えたことがなかったからだ。大臣たちはのちのヨークタウンの攻防戦においても、コーンウォリス将軍麾下の軍隊の包囲を阻止する行動はとらなかった。それは彼らが、起こるなどとは夢にも考えなかった偶発事件だったからだ。

ロドニーの最も厳しい怒りの対象になったのは、同胞に向けられる武器を敵に売っていたステイシアと、とくにセントキッツのイギリス商人だった。彼は会計事務所にあった彼らの記録に襲いかかった。英軍の急襲があまりにすばやかったので、記録を破棄する暇はなかったのだ。彼は、こうした商人たちをイギリスのジョージ・ジャーマン卿の戦争省へ送り返した。アイザック・グーヴェルヌールとサミュエル・クルゾンまたはカーソンと呼ばれる大陸会議から委託されていた二人のアメリカの代理人は、品物の買いつけをしていたが、反逆者として裁判を受けるべく、囚人としての書類つきで送り出された。ロドニーはイギリスの役所のルーズなやり方を知ってはいたものの、政府に信をおきすぎた。彼がのちにこうした人々から訴えられた訴訟の件につき法廷で自己弁護するための証拠が必要になったとき、敵と商売をやっていた英国商人の慣行と利益を暴露する文書は、ジャーマンの植民地担当次官だったウィリアム・ノックスにあずけられていて、公開されれば英国政府にとって痛手になったはずだが、しかるべき「コネ」の有用性を証明するかのようにみごとに消え失せてしまった。したがって、ロドニーは法廷で、こうした取り引きが行なわれていたことを示すたった一つの証拠しか提出できなかった。積み荷の品物はイギリス商人により英仏海峡を横断してオランダに積み出され、そこで積みかえられてセントユースティシャスに送られ、この島

*独立して貿易をやっている他に、多くがイギリスにいる商人たちの代理人として行動していた。彼らは海峡を越えて商品をオランダへ積み出した。商品はそこからオランダの船荷といっしょに積みかえられてセントユースティシャスに運ばれ、そこからアメリカへ運ばれた。

でアメリカの代理人に売られたが、イギリス人兵士に対する砲列で使われるためのものだった。二人のアメリカの代理人は実際に大逆罪で裁かれはしたが、裁判は公開されなかった。二人はその後監獄に入れられた。アメリカでの戦争が終わってようやく釈放されたが、一人はその後まもなく死んだ。裁判のため貴族院に提出されていて、重要人物に罪を負わるほどではないにしても、立場をまずくするかもしれない彼らの手紙や商用文書は、金輪際見つからなかった。この頃にはすでに、アメリカでの英軍の降伏がこの上ない落胆の種になっていたので、誰一人裏切り者の商人の文書紛失事件を追及したがる者はいなかった。

セントユースティシャスの財宝を集めたときロドニーは、海軍の捕獲物とは違い、国家の名で分捕った領土や財宝は主権者のものだということを十分よく知っていた。海軍の捕獲物は、船や積み荷の公示競売でその価値に見あった額で現金化されたあと、慣例として提督、艦長、乗組員、船主の間で分配した。それでいてなお、自分の手のなかで本物の金が鳴るのを感じとりたくて、彼は貪欲に、あるいは愚かにも、戦時捕獲審判所手続きを採用し、住民から奪った品物の競売公告を出した。この競売は原価以下で品物を売ることを許したので、所有者たちはロドニーに対し不足額を要求する訴訟を提起した。この訴訟は彼の勝利に輝く経歴を損い、生涯、彼をしつこく苦しめることになった。

とはいうものの、当分の間、すべてが栄光に輝いた。「親愛なるサー・ジョージ、お慶びを申し上げます」と、彼の妻は嬉しそうに書いている。「あなたが輝かしい成功を収めて、国全体と言ってもいいでしょうが故国の友人たちに与えたものにもお慶びを言いましょう……あらゆる人々の顔が歓喜で輝き、あらゆる人々の声があなたを讃えています……」。十三日に彼の速達が届いたその「瞬間から、わたしの家はお祭りのようです。友人や知人たち全員がやって来ます」。木曜日に接見の間で「陛下と妃殿下からわたしが受けた注目と厚遇は、わたしの哀れな頭を混乱させるのに十分なものでした。夕方わたしはカンバーランド・ハウスに行きましたが、そこでもお祝いの言葉は同じように温かく、気持ちを浮き浮きさせるようなものでした……この輝かしい知らせは、野党を雷電のように打ちました。庶民院に姿を現した野党の人々はごくわずかしかいませんでした。あなたは貴族に昇格させられるという噂です」

セントユースティシャス陥落の報に接したネーデルラントのショックも同じように大きかったが、もちろん正反対だった。「この事件のおかげで町中に広がった陰鬱さと恐怖は、あなたには想像もつかないほどです」と、ジョン・アダムズは書いている。ロドニーが喜んで報告しているように、この事件はまた仏領西インド諸島を「考えも及ばぬほど」意気消沈させた。「仏領の島々ではあらゆる種類の糧食や用品がひどく欠乏している。だから、何一つ彼らの手に入らないようなやり方で封鎖してやりたい」とロドニーは考えていた。

ロドニーは、セントユースティシャスを占領したことにより「オランダ、フランス、アメリカに与えた損失は、考えられないほど大きく……捕獲品は莫大で、口にするのがはばかられるほどの額に達します。すべては、国王が自由に処分なされるよう確保してあります」と、閣下たちに注意を促した。ところが実は、このときにはすでに植民地の同盟国としてフランスがアメリカ戦争に参画して必要な武器の大部分を供給していたので、セントユースティシャスの役割はもはや重要ではなくなっていた。ロドニーによる島の占領は、分捕り品以上の大きな目的を果たすには遅すぎたのだ。

ロドニーには貴族ではなくバス勲爵士への任命だけが用意されていた。これは、ジョージ三世が自分の部下はいつも受け身の司令官ばかりだと苦情を言って大胆な行動の人を求めていたことを考えれば、つつましすぎるきらいがある。ロドニーのうさんくさいやり方についての報告が、その原因なのかもしれない。ロドニーは「もし陛下がその一部を海軍と陸軍に御下賜くださるなら、そして、どのようなやり方でお恵み深き賜物をくだされるのか指図してくだされば、あらゆる口論は阻止することができましょう」と希望を述べている。

敵と取り引きをしていたのが見つかった商人たちからロドニーが英国資産を没収したためわき上がった騒動は、当然本国の政府批判者たちの耳に入り、野党の最も強力な発言者エドマンド・バークは、庶民院で査問を要求する演説を行なった。告発をするとき、バークの言葉にこめられた力と情熱とあふれる奔流のような勢いは、相手に自分の母親が悪魔の手先だったとさえ信じさせるほどだった。論点は、セントユースティシャスの住民に対するロドニーの扱い方の「残酷さと弾圧ぶり」で、それは「われわれが敵は大勢いるのに友人は一人もいない、このまったく不幸な戦争にたずさわっている」間に、彼らの国から報復を招きかねないやり方だ、とバークは述べた。彼は「戦争を極端なところまで推し進める」代わりに敵に対して穏便な方法をとれば「怒りを柔らげ」、敵の心を「講和に賛成する方向」へ向けられるという楽観的な考えに従って、そうすれば中立国は「一民族としてのわれわれの威厳ある心情に拍手を送り、戦いのなかでわれわれを助けてくれるかもしれない。しかし、われわれの側が逆の行ないをすれば、彼らを刺激してわが国に刃向かう団結をさせ、略奪や強奪からの人間性の保護を共通の大義にする可能性が強い」と主張した。

　バークのように鋭敏な政治的頭脳を持ち戦争中の諸国の現実の行動を熟知している観察者の言葉にしては、こういう意見はたわごとに等しく、バークが本気でそう信じていたとか、まだ派閥への忠誠心によって心を決めていない票をこの演説が一票でも多く獲得したとか信じることは、不可能だ。バークは弁論の力とその流れの催眠的魔術により、このような熱狂的な話し方をして議会を楽しませ、みんなの注意を惹きつけておくことができたにすぎない。オランダ戦争の宣戦布告に用いられた言葉は「非人間的な残酷さや、異常な峻厳さを示すものではなく」、「むしろ古い友情と好意が、共通した戦争の惨禍に火をつけるというよりは緩和するほうに働く、古い同盟国同士のちょっとした意見の食い違いを示しているように思われる」と彼は言葉を続けた。「そこにはやさしさの表現が見られ、長い苦しみ」とその脅威は、「気の進まない抗争の苦痛で血を流している心臓からむりやり引き千切られてきたように思われる」。それから、セントユースティシャス征伐は、すべての島々を「共通の苦しみと共通の悲嘆に巻きこんだ」最近のハリケーンの「最も悲しく広範囲にわたる災厄」の直後に命令された、と言い、ここで彼は核心を衝いた。「世界のあの地域では、戦争という恐ろしい蛇はしばらく沈黙しておとなしくなり……悲しみの堆積を増さなければいいがと思われていたにちがいない……確かに、人間の誇りがなぎ倒され、万能の神の御手の下では、われわれはなんという虫けらに等しい存在であるかがわかるとき、お互いに兄弟愛を抱き合って穴から這い出し、わずかばかりの怨恨を鎮め、ハリケーンの惨害に戦争のそれを付け加えないのが、われわれにふさわしい行ないだった。だが、英国はそれをしなかったのだ」。彼はそのあと、まるでこの件がどういうわけか英国のせいで、英国の罪をさらに増すとでも言うかのように、島々の「全然準備がなく、裸で、無防備」の状況についてお涙頂戴式の演説をぶち、それから没収についての熱弁に移った。「敵か味方か」中立国の市民か英国の臣民かにおかまいなく、「富者の富、商人の品物、職人の道具、貧者の生活必需品が押収され、一様な貧窮の宣告が一瞬のうちに全員にくだされた。何年もの間ヨーロッパでは聞いたこともない残虐さ……絶対に正当化できない、暴虐で、無原則な国家の法の侵犯……あの野蛮時代の歴史においても前代未聞と言っていい残酷さといっしょになって……倉庫には錠が下ろされ、持ち主がそこへ近寄ることは許されず」、彼らから「正直な労働の果実を奪い……あの瞬間にいたるまで、これ以上に完全な暴虐行為があったろうか。……征服の年代記にも前例を見ないものだったが、そのあとに続いたものはこれを凌駕していた」。次の行為は「彼らのすべての通信文、個人的な書類」の押収だった。これで、外国に対する借款の申しこみが不可能になった……「この世で持てるすべてを略奪され、奪われ、財産を返してもらうというすべての望みまで奪われた商人や住民たち」。貧窮させられたとはいえ、銀器と召使とふくれ上がった倉庫のある生活をしていた商人たちへの憐れみに駆られて、バークは彼らが敵と商売をしていたことには心を動かさなかったように見える。彼はこの面についても、会計簿が押収されたのはそのためだという事実についても、一言も述べなかった。実はこの事件を政府を非難するために利用しただけなので、客観的であろうとする努力はしなかったのだ。

長い演説のなかでロドニーのユダヤ人への扱いに説き及んだとき、バークは心の広い関心を示した。たった一日の予告で、財産を剝奪され、妻子の同伴も許さず、彼らを追放した命令について語りながら、彼は、八十年前にようやくユダヤ人自身が自分たちの問題の性質を系統立てて述べるようになったのだが（十九世紀のシオニズム運動か?）、国家がないために彼らの立場が弱い点について語った。「もし英国人が被害を受けたら」とバークは言った。「英国人には正義と保護を求めて頼ることのできる軍隊と法律がある。だがユダヤ人にはそのような力も、頼りにできる友人もいない。だから、全人類が彼らの保護者兼同盟者にならねばならない」。バークはこの問題の、解決とは言わないまでも鍵を、国家のあり方に見たのだった。解決は次の世紀まで待たねばならなかった。バークはユダヤ人問題ではなくて、ロドニーによって具現された自国の政府の不正行為に関心を抱いていたからだ。彼が提出した動議は、承認された諸国家の法というものの有無についての活発な論議を巻き起こした。

ジョージ・ジャーマン卿がロドニーの主な擁護者として、次のように述べた。占領された島や占拠された島で「この種の占領に共通した避けられない結果」と同じ状況を経験しないものはほとんどなく、この結果はいかに「人々が反発しようと」阻止できないものであるから、バークは戦争行為についての「完全な無知」をさらけ出している。オランダ人はあの島を英国の敵が使うための補給所にしていた。「あの島からの定期的な補給がなければ、フランスは戦争を続けることはできなかった」はずだし、もちろんアメリカも続けられるはずはない。また、ロドニーが十月の嵐のあと「艤装と貯蔵品が切れたため、ひどく困って」セントユースティシャスでロープを買おうとしたところ、ほとんど残っていないという口実で断られたが、実は数千トン――今後何年もの間、ロープを必要とする全船舶に供給できる量――を倉庫に貯えていた。没収について言えば、個人の財産は裁判所からの処分通知を待つ間、封印されて所有者を示すしるしが付されている。要するに、「司令官たちの行為には責められるべきものは何もない」と述べた。

熱のこもった告発と弁護が続き、論議はふくれ上がって収拾がつかなくなった。非難にかけては刺すように舌鋒の鋭いチャールズ・ジェイムズ・フォックスが、話しはじめた。彼はまず、サー・ジョージ・ロドニーとヴォーン将軍の人物と性格に対して念入りな敬意を払って、査問の動議を提出した尊敬すべき紳士(バーク氏)は、「地上の何びともとうてい払えないほど誠実な敬意をこの二人に対して払い」それを公言したと確信しているが、重要なのは彼らの個人的責任ではなく、「大きな国家的問題」、つまり英国の評判についてくだされる判断であると述べた。「ヨーロッパ諸国は、海軍裁判所がくだすのろのろした決定を待ってからこの件についての判断を表明し、報復に取りかかるでしょうか……この行ないが略奪欲によるのか、あくことを知らない軍隊のはなはだしい残酷さのためか、はたまた軽率な政府の野蛮な制度のためか……をわざわざ調査する労は取らないで、当然ながら彼らは即刻、英国の側がすべての戦争に関する法律を侵犯したと公言し、かつてイギリスを灰燼に帰した野蛮行為をおぞましく再現したことに対し、せっかちにわれわれを罰しようとするか、あるいは、武器を寝かせたまま、われわれが狂気と愚策から敵にまわした国々から根絶させられるのを傍観するでしょう」。以上の理由で、議会はただちに「そのような行動に対する驚きと嫌悪を表明し、それを最も痛烈な強い言葉で非難する」決議を採択しなければならない。彼は、閣下（ジャーマン）がこの件には非難すべきものは何もないと言うのを聞いて嬉しい、と述べた。というのは、「いまやヨーロッパ中に、セントユースティシャスの略奪者と戦争権の侵害者はわれわれの司令官ではなく海軍長官であること」が知れ渡り、公言され、このようにして陸海軍は「不名誉な悪口から救われ」、同じ議員としての同僚、「サー・ジョージ・ロドニーの人格は、さもなければ善良で偉大な人間でさえ彼に投げかけたにちがいない汚名から救われる」からだ、と語った。

フォックスは痛烈な皮肉をこめて、「閣下が寛大にも陸海軍の責任解除をしてくれて嬉しい」と言明した。「わが国の軍隊、とくに海軍は、われわれにとって大事なものであり、軍隊の名声はあらゆる英国人の心にとって神聖なものでなければならないからであります。大英帝国がすべての敬意と力を引き出したのは、この高潔な男性の集団からであり、今後ともこの集団から国の安全と名声とを保障してもらわねばならないからであります。もし彼らが性急な強欲や貪欲に駆られた行為によってその純潔な性格を汚し、以前の業績に汚点をつけるようなことがあれば、英国は、将来いかに悔い改め、勇猛果敢な行ないをしようとも浮かび上がることのできない状態、大災害より恐ろしい不名誉な状態に沈んでしまうでありましょう。なぜなら冒険心は不利益を回復できても、このように破壊された評判を元に戻すことはできないからです」。英国に対する諸国の軽蔑と報復行為を描き出すフォックスの言葉は、その誇張された情感のみに釣り合うすばらしい言語の駆使能力を発揮してよどみなく流れ出てきたが、それは聴き手の心をとらえるというよりは反発させるほうが多そうな演説だった。フォックスに続いてスコットランドの弁護士が、報告者の叙述によると「セントユースティシャスでの措置を本心から弁護する」弁論を行なった。この措置は彼の信ずるところでは「必要性と政策に立脚し、諸国の法律により正当化されうるものであって」、「われわれに向けられる武器を敵に供給している倉庫を司令官たちが破壊したのは立派な行為と言えましょう。事実、それこそ彼らの義務であります……戦時法規について言えば、それはグロティウス（オランダの法学者、政治家）、プーフェンドルフ（ドイツの法学者、歴史家）、ヴァッテル（スイスの法学者、外交官）をはじめ、あらゆる著作家たちが合意した原則にもとづいたものです。武器ばかりか戦争の材料も破壊するのは、正当な行ないであります」

さらに六人の討論者が遅くなるまで議論を続け、ついにバークがもう一くさり大げさな熱弁を振るって、締めくくった。実施された投票について言えば、すべての言葉は話されなかったも同然だった。査問を要求したバークの動議は、百六十対八十六という政府の安定多数によって敗北させられた。派閥が調整を行なっているかぎりでは、議論は耳の聞こえない人に話しているも同然だった。

英国商人の貪欲さと裏切りに対するロドニーの残忍な感情は、同国人によって供給された弾丸で戦友が倒れるのを見た人の感情と同じように純粋で深かった。彼は島を占領してから三週間後の二月二十七日に、セントユースティシャスにとどまる意図を認めた手紙をバルバドスの総督あてに書いた。期限は、「金儲けをしたいばかりに英国の敵を援助するほど卑劣で、よこしまな英国商人が、大逆罪のため正当に破滅させられるまで、……すべての貯蔵品を船に積みこむまで、そして、あのまむしの巣、下町が破壊され、不運な貴殿の島とセントルシアの使用に供するための木材が送り出されるまで、としておきましょう」。彼はこの邪悪な「島がもはや後ろ暗い商売の市場ではなくなるまで」そこを立ち去るつもりはなかった。

ロドニーがセントユースティシャスの手近の財富に眩惑され、その富をかき集めたいばかりに長く島にとどまりすぎたと言うのはやさしく、これまでしばしばそう言われてきたが、裏切り者に対する憤激と彼らを罰してやりたいという欲求が、同じように強力なおまけの動機になっていたのは明らかだった。「セントキッツの主任判事、ジョージズ氏が帰国して、この泥棒島に住んでいる英国商人たちの悪行を暴く予定だ」と彼は記している。「やつらは鞭打ちの刑を受けるにふさわしい、きっとそうしてやります」とロドニーはジョージ・ジャーマン卿にあてて、熱情をこめた手紙を書いた。そしてこの意図は、その後も変わらぬ彼の目的となった。セントキッツから来た判事が、ロドニーが没収するよう命令した

「あらゆる帳簿と書類」、「やつらの卑劣な企みを明らかにする書類を持って帰ります。セントキッツとアンティグアの五十七人の英国商人も同じように有罪でした」。彼は政府の行政官にあてて、何百通もの手紙を途中で差し押さえることにより、この島や付近の島に住む英国商人たちの「不正な行為と反逆的な通信」を「毎日体験して」おり、「彼らの援助がなかったら、アメリカ戦争はとうの昔に終わっていたにちがいない……と固く確信しています」と書いている。彼らはイギリス人だったが、オランダ市民に身分を変えていた——「神がこの正当な罰を命じたもうたのです」。ここで提督は、わが身を神と同列におくという思い上がった誘惑に負けている。

島の略奪品は三十四隻の商船に積みこまれて、三月の末、本国に送り出され、海軍本部は「非常に豪勢な船団」が四隻の軍艦に護送されてイギリスに向けて出航したという通知を受けた。この四隻とは、七十四門の大砲を持つヴェンジェンス号と、前身はオランダの軍艦マルス号で（プリンス・エドワード号と名を変えた）六十二門の大砲を持つ軍艦と、それぞれ三十八門、三十二門の大砲を装備した他の二艦であって、すべてがのちに提督になったハサム准将の指揮下にあった。彼は「船舶の保護に極度に注意せよというわたしの命令を受けています」。その間「いまだにグアドループとマルティニクに駐屯中の敵の四隻の軍艦と四隻の大型フリゲート艦は、十分監視しています。奇襲攻撃で島を奪回して貯蔵品を取り返そうとの魂胆から、ヴォーン将軍とわたしを島から立ち去らせるために考えられるかぎりの策略が弄されました……」。反逆的な商人たちは「卑劣な心が考えつくかぎりのあらゆるうそを広めるのに、ためらいはしないでしょう」。

十分用心したにもかかわらず、貴重な船団は失われてしまった。フランスは船団の出発と積み荷の内容について正確な情報を受けていたので、指導的な立場にある提督の一人、ラ・モット・ピケを、百十門の大砲を備えた一隻と七十四門を備えた二隻を含む六隻の主要な戦列艦と、監視用に付け足したフリゲート艦からなる小艦隊といっしょに送り出した。彼らは五月二日にシシリー諸島沖で船団を見つけて、猛追した。ハサム提督は保護下の船団に散らばって逃げるよう信号を出したが、俊足のフランスの軍艦は商船団に追いつき、大半の二十二隻を拿捕した。仏軍に数と力で劣っていたハサムは、あずかった船団を最後まで守り通すことはしなかったし、その能力もなかった。アイルランドに逃れた数隻を除くと、五百万ポンドと見積もられた貴重な略奪品はフランスの手に帰した。

ハサムは、ロドニーを激怒させた四月十七日の指揮を誤った戦闘中、彼のもとで戦った艦長の一人であり、もともとそれほど親しい間柄ではなく、のちに別の司令官の隊に転属を願ってうまく行かなかったこともあって、自分の司令官に対して何の忠誠心も感じていなかった。ロドニーは確かに反感には気づいていたもののハサムに船団を託したのは、彼の船がロドニーの艦隊中最大で最強のヴェンジェンス号だったからだ。

ほぼ同じころ、英国海軍本部の方ではラ・モット・ピケがフランスのブレスト海軍基地を出て公海上にあるという情報を受け、彼を迎撃するか、さもなければ代案としてフリゲート艦を分遣してハサムに会い、スペインの連合艦隊のかつての逃走路、つまりスコットランドとアイルランドの北を経由して帰るように指示するため小艦隊を送り出した。しかし、捜索隊は二週間巡航を続けたが、ユースティシャスの輸送船団を発見して危険から救うことができなかった。そして、政府の功績を見せびらかそうと大収穫の到着を待ちかまえていた大臣たちがひどく落胆したことに、期待した宝物は持たず、から手でイギリスの港に引き返してきた。サンドウィッチ卿は、国王あての手紙の表現によると「この不愉快な事件」における残念な海軍の失策を吉報の代わりに告白しなければならなかった。

ヴォーン将軍と分け合っても、十六分の一、すなわち十五万ポンド相当の分け前をもらえる立場にあったロドニーにとって、失望はかなり大きかった。その上、セントユースティシャスというもっと重要な戦利品もその後失われてしまった。一七八一年十一月、ヨークタウンで英国がアメリカに敗北した一カ月後に、フランスに奪回されてしまったからだ。ロドニーとヴォーン将軍は、「この重要な占領地を英国のために確保して、この島から与えられた損害の償いとして英国が島のすべての財富を利用できるようにするため」に守りを難攻不落のものにしようと心を決めていた。彼は少々野蛮さを発揮して、自分とヴォーンはこの島を「地上最大の商業の中心地にする代わりに、単なる砂漠、報告しなければ知られない場所にしようと思う。これまでのところ、この岩は……最も有力な敵の全部の武器より大きな損害をイギリスに与え、独りで悪名高いアメリカの反乱を支えてきたのだから……」と書いている。個人としての期待については、次のように書いている。「この捕獲品を積んだ大輸送船団が無事にイギリスに着いたら、すべての借金の支払いを別にしても、愛する子供たちに何ほどか残してやれるので嬉しい」。二人の娘と息子たちに対する気遣いと愛情は手紙のなかにも繰り返し表われていて、ふだんは見せない彼の性格のやさしい一面を示している。「わたしの主な心配は、きみや愛する娘たちのどちらにも今後二度と貧乏暮らしをさせず、他人への負い目も感じないですむようにしたい、ということだ」と彼は、不運な輸送船団が故国へ向けて出発したあと、妻にあてて書いた。貧乏暮らしの屈辱感は、身から出た錆とはいえ、この手紙のなかでは痛ましい調子を響かせている。

ロドニーは砦を修復し地上軍を警備につけて、この占領された島を西インド諸島のジブラルタルにしたと信じ、アンティグアに向かい、それからバルバドスへ船で行った。六カ月後セントユースティシャスがフランスに占領されたとき、そこは人の住まない廃墟になっていた。フランスの占領中、再建されて再び人が住むようになったが、昔日の華やかな繁栄は二度と取り戻すことはできなかった。

ロドニーをセントユースティシャスに連れて来て、島での彼の行動を決定した波乱に富む経歴は、彼が十二歳で英国海軍に入隊したときに始まる。彼は、十三世紀以来サマセット州に住みついていた古い田舎の豪族の息子だった。彼らはそこにストーク・ロドニーと呼ばれる領地を持っていた。提督にいたるまで二十代にわたって、祖先は抜きん出た最高の地位ではなかったが、軍務や外交上の仕事をこなして、イギリスの地主階級に期待されている義務を果たし、よく言われるように、名声よりは古さで名高い家族の記録を持っていた。その過程で、一家は初代チャンドス公爵ジェイムズ・ブリッジェズを通して公爵家との血縁ができた。彼は何代か前のロドニーの娘で相続人だった女性とブリッジェズ家との縁組みによって、ストーク・ロドニーの所有者になる。チャンドス(ジェイムズ・ブリッジェズ)はジョージ一世の宮廷によく出入りしていた貴族で、王といっしょにロドニー家の息子(ロドニー提督)の合同名づけ親になった。この息子は両人の名前、ジョージとブリッジェズを授けられた。ロドニーの壮年時に第三代公爵の地位を継いだチャンドスの孫息子は、ハノーヴァー家の忠臣で、ほぼ一七八〇年頃まではジョージ三世と彼のアメリカ政策の支持者だった。しかし、この頃からアメリカ政策の無益さが明らかになってきたので、公爵は徐々に野党側に移っていく。公爵が変化をまったく受け入れない人間ではなく、むしろ現実が入りこむのを許せるタイプの人間であるのは明らかだった。ロドニーは偉大で支配的なホイッグ党の名門の一員ではなかったが、「すぐれたコネ」を持つ若い紳士としての資格を得ることはできた。十八世紀の社会では、コネが「地位」を得る鍵であって、「地位」とは官界の有利な職を指す。とくに次男以下の息子にとっては、「地位」こそ肝心要(かなめ)のものだった。ロドニーは兄が死ぬまで、つまりほぼ二十歳になるまでは、ただの次男のままだった。

ロドニーの性格は、彼の経歴にとって利益と不利益の両面に働いた。容姿はほっそりして優雅で、単なる見目形(みめかたち)のよさ以上のものが備わっていた。ロドニーがすでにやもめで三児の父になっていた四十二歳のときに描かれたジョシュア・レノルズの肖像画が真実を伝えているとしたら、率直に言って彼は美男だ。力強い肉感的な口、秀でた広い額、印象的な大きく黒い眼を持ったその顔は、若々しく魅力的で、きっと彼の恋愛体験を推し進める役に立ったことだろう。この点について、多忙な日記作者、サー・ウィリアム・ラクソールは、もっともな言葉を記している。「彼の安息に対していずれも高度に有害な二つの情熱、女性とゲーム〔賭博〕のせいで、彼は多くの行き過ぎをした」とラクソールは、この友人について書いている。

ゴシップの帝王、ホレス・ウォルポールによると、ロドニーはジョージ三世の娘、アメリア王女の好意をかち得、二人の関係の「形見」を残したという。この形見は成長して、彼女のサークルでは「かわいいミス・アッシュ」として知られる小柄で愛らしい若い女性になった。十八世紀の手紙や日記を編集した疲れを知らない調査者たちは、二人の年齢の計算を根拠にして、ロドニーはこの王家のささやかな恋愛事件に責任があるにしては若すぎると主張している。ロドニーはおしゃべりで、とくに「自分のことをしばしば談話の主題にする」くせがあり、「誰がその場に居合わせようとおかまいなく、何一つ隠さず、あらゆる話題について あけっぴろげに」話すくせがあったにもかかわらず、記録されているかぎりでは、アメリア王女や「形見」については全然何も言っていない、とラクソールは述べている。

しかし、彼の賭博癖については疑問の余地がない。彼はホワイトの店の賭博テーブルを長い間離れていたことは一度もなかった。そこには病みつきになった人々の熱気があふれていて、彼の借金が上昇中の政界の新星、チャールズ・ジェイムズ・フォックスの借金ほどめざましくなかったとしても、それはただロドニーには借金を払ってくれる金持ちの父親がいないだけのことだった。借金は残り、その多くは役職についているか政治的影響力を持っているかした人々に対する借りだったので、経歴上の汚点になった。その上、金遣いの荒い性格といっしょになって、生涯を通じて彼を金銭的に逼迫した状況下におくことになった。

「彼の人柄は、その荒っぽい職業にふさわしくないと思われるほど優雅だった。また姿には、繊細さと柔弱さに近いものさえあった。しかし、戦闘になると彼ほど節度のある沈着な勇気を示す者はいなかった」とラクソールは付け加えている。戦闘の場合と同じように談話でも「恐れを知らず」、ロドニーは「賞め言葉と同じほど非難の痛撃を加えたので……必然的に、とりわけ同じ職業の人々のなかに多くの敵を作った」。

レノルズによる肖像画が描かれた年は一七六一年だった。その頃レノルズは、のちのバイロンと同じように一夜のうちに輝かしい名声を得るようになったばかりだった。上流階級の人々や名士はみんな、二十五ギニーを握りしめて彼の家の門口に列を作った。最もゆたかなスペインの宝物を積んだガリオン船を捕獲し、のちに海軍長官になった世界周航者のアンソン提督から、まもなく気が進まない首相としての長い制約された生活に耐えねばならなくなる眠そうなノース卿、レノルズ門下の衣裳画家たちの筆を大いに訓練した薄く透き通るガウンをまとった絶妙に美しい公爵夫人、無骨な体軀ながら才気のきらめく座談家、サミュエル・ジョンソン博士にいたるまで、社交界、政界の名士や重要人物などロンドン中の人々がレノルズのカンヴァスの上で出会った。海戦と政戦の英雄、ケッペル提督の等身大の肖像画が、最大の注目を浴びた。嵐をはらんだ空と逆巻く波を背景に、彫像のような姿勢でまっすぐ立つ彼の姿が、描かれた一群の人々を圧していたが、男性の肖像画のなかでは、ロドニーのはっとするほど美しい頭部に匹敵するクローズアップはない。

この美貌の持ち主をある歴史家は次のように叙述している。「ドレイクとネルソンの間の最も進取の気象に富み、短気で、有能で、大言壮語屋で、他人を許さず、他人からも許されない成功した海軍士官」。これは胸の躍るような紹介文だが、歴史家の誇大宣伝だと言っておかねばならない。短気だというのはその通りだが、当時の海軍の司令官は誰でもかんしゃく持ちだった。このかんしゃくの原因が、戦争の道具として厄介な乗り物を航行させようとするたえまない試練のせいであるのは、疑いをいれない。この乗り物の原動力は、人間の統率力の及ばない不確かな風だし、その行動は、ほとんど見分けのつかない無限に長いロープを使っての帆の微妙な調整を統轄する命令に、荒っぽい乗組員がいかに速く熟練した対応を見せるかにかかっているからだ。このような状況下で戦闘における勝利を本国に持って帰らねばならない司令官が、かんしゃく持ちになるのは不思議なことではない。あるいは、船や、帆や流れを統率する行動には——いわば船上に生える不思議な菌類のように——かんしゃくを引き出すものがあるのかもしれない。別の戦時の偉大な提督について、「彼は執念深く、短気で、威張り散らし、恐れられ、憎まれていた」という叙述がある。この人物は十八世紀の人間ではなく、第二次大戦中のアメリカ海軍総司令官、アーネスト・J・キングだ。いらだちは職業病だった。「他人を許さず、他人からも許されない」というのも同じ範疇に入り、航行中の船上の劣悪な物理的条件によっていささかも軽くなるものではなかった。腐った肉、がその理由で男たちが腐敗したチーズ、濡れた服、船底にたまった汚水、消火に使えるからという理由で男たちがそのなかに排泄するように指示されている口のあいた小便用の樽、それに加えて、甲板の下のハンモックに詰めこまれて眠っているか、浴びるようにラム酒を飲んでころげ回っているか、船内に連れこんだ妻や情婦と寝たりしている五、六百人の洗わないからだの悪臭が立ちこめていた。

船が港に入る前、陸地へ吹く風に運ばれてくる悪臭のせいで船が近づいてくるとわかることがしばしばあった。ネルソンを除いて、艦長や提督たちの不機嫌や喧嘩についての報告はたびたび繰り返されている。ジョン・ポール・ジョーンズは、死罪に値したかもしれない反乱者殺しのほかに、配下の船の艦長の一人――アライアンス号のランダイス――に対し、戦闘中裏切り行為を行なったと非難して猛烈な復讐をやった。「あら探し、うるさい小言、完璧主義は、予想のつかないかんしゃくといっしょになって、多くの船員たちから彼が嫌われる原因になった」というのが、ジョーンズの伝記作者、サミュエル・エリオット・モリスンの意見だ。数回ロドニーといっしょに軍務についたバルバドスの司令官、ハイド・パーカー提督は「ものすごく怒りっぽい気質」の持ち主で、その荒っぽい言葉遣いと態度のせいで「不機嫌おやじ(オールド・ヴィネガー)」と呼ばれていた。直属の司令官、マシューズ提督に対するリチャード・レストックの反感は、ツーロンの戦闘が歴史的な結末を見たあと公然たるものになったが、はじめから二人の間柄は「険悪」だったのだ。マシューズはサルディニアの宮廷に仕えたことがあったが、はげしい気質のせいで、イタリア人からイル・フューリボンド（荒れ狂う男の意）という仇名をつけられていた。フランス人の間でも状況は同じだった。アメリカ海域では英軍に対し、西インド諸島海域ではロドニーに対して戦ったデスタン伯爵は、「無愛想で独裁的」という評判で、士官と水兵の両方から嫌われていた。他方、アメリカ史にとって最も重要な人物、ド・グラース提督は艦長たちを甲板に集め、マルティニク沖で敵と遭遇しながら、捕えそこなったことに対する不満の表現として「最も痛烈な非難」を行なった。彼は、貴殿たちが信号に従い、よりよい行動を示して義務を完遂するのでなければ、自分は司令官の職を辞めたほうがましだと言った。

一七八〇年、マルティニク沖のへまをやった戦闘で配下の艦長たちがおかした間違いと失敗に対するロドニー自身の名高い怒りの爆発は――海軍本部に対する公文書のなかでは「英国国旗は正しく守られてはいませんでした」と表現されているが――そのうちに詳しく述べることにしよう。それが短気だとしても、明らかに個人的な気質の問題ではない。「海軍士官ほどこうした問題を曲げて取る人間の集団はない」と、海軍長官としてつらい経験をしていたサンドウィッチ卿は嘆いた。「というのは、戦闘のあと彼らが、お互いにどんな不満を持っているか全世間に聴いてもらおうとしないことはめったにないからだ」。海軍軍人の短気は、あるフランス人士官の日記が証明している通り、一般に認められていた現象だった。このフランス人士官は、海軍の協調性のなさを示すある事件について述べながら、何気なく

「魅力的な海軍の怒りっぽさ」と書いているからだ。

軍艦の効果的な管理にとって怒りっぽさよりずっと損害が大きかったのは、士官たちを分裂させ、勝とうという集団的意志の邪魔をするはげしい政治上の党派性だった。ホイッグ党のケッペル提督とトーリー党のパリサー提督とのはげしい対立は、もともと戦闘の失敗はケッペルの責任だというパリサーの主張をめぐるものだったが、はげしい論議を呼ぶ軍法会議に持ちこまれて政界を二分し、怒ったケッペル支持の群衆が海軍本部を襲撃するまでになった。その上、海軍内に非常に深い恒久的な敵対感情を残したので、士官たちはお互いに、反対派の提督を傷つけるためには戦闘中わざと失錯や過誤をおかすことができる（おそらくは実際におかしたのだろう）と信じたほどだった。こうした敵対感情は、アメリカ戦争の間中続いた。この時期、力で反乱を押しつぶすことができるという政府の信念は、野党側の最大の軽蔑の的になっていたからだ。

ロドニーはパブリック・スクールのハロー校から選ばれて、十二歳のときに海軍に入った。ハロー校で受けたのが唯一の正式な教育だった。彼は洗練された社交界のお飾り的な存在となり、愉快な談話をすることで知られていたが、そういう態度は自然に、または他の世慣れた人々との交際で身につけたにちがいない。

英国海軍の未来の士官たちを早い時期に学校から引き抜き、学問や遠い過去、近い過去の思想について無知のままにしておいたことが、軍事行動に献身していた世界にいながら彼らに軍事的思考が欠落していた事実の説明になるかもしれない。戦略についてはほとんど考えず、学問、戦争理論、計画目標達成の理論については全然知識がないとなれば、戦争の「輝かしい技術」はたしかに輝かしいかもしれないが、個々の例外を除けば、それは多少とも無思想のものだった。英国海軍に本来備わっていた知性は明らかに他の国の場合と同様すぐれてはいたものの、苛酷な職業において望み通りの目標を達成するには、それだけで十分というわけにはいかなかった。海軍理論の父で司教のアルフレッド・セア・マハン提督は、イギリス海軍が支配的地位を保っていたにもかかわらず、期待通りの成果をあげられなかったということは、士官たちの頭脳を「若いときに戦争の条件を学習させて鍛え、その知識を仕込んでおく」必要があるという教訓だ、と書いた。しかし、十二歳で学問をやめた青年士官は、それまでにどれだけの知識の貯えを身につけることができるだろうか。

マハンが出てくるずっと前、エリザベス女王の治世に、偉大な旅行家のハクルートは、水兵たちの教育の必要性について語っている。彼は古典となった著作『主要な航海、旅行、貿易とイギリス民族の発見』中のイギリスの海軍司令長官への献辞のなかで、故カール五世皇帝が「すぐれた先見の明を発揮して、船舶の担当者として必要な人間を試験するためにパイロット・メイジャー（水先案内人の主任制度）を確立し」、また「今日まで読まれている航海術についての著名な講義の基礎を……セビルで創った」ということを指摘している。ハクルートが考えていたのは操船術のことであって、戦略のことではない。歴史や政治学の学習については、全然念頭になかった。船乗りの教育という彼の考えは、フランスを除けば、士官養成の学校での士官に適用されるとは考えられていなかった。それを適用すれば、アメリカ革命の折の英軍の無気力な戦争のやり方に違いが出てきたかどうかは、誰にも判定できない。アメリカ史がこの時期に、周知のように一群のまれに見る有能で政治的資質を持った人々をいちどきに輩出したのはアメリカの幸運だったが、他方、英国史の同じ時期にまったく反対の状況だったのは英国の不運だった。この事実は、さほど注目されていない。ジョージ三世、サンドウィッチ、ジャーマン、次々に戦場に赴く総司令官たちのことだ。サー・ウィリアム・ハウとサー・ヘンリー・クリントンは、両者とも活力に欠けた男だった。これらの人々は、戦争を遂行して勝たねばならない危機にさいして、英国が生み出した最上の人々ではなかった。

保護者たちの影響力により、ロドニーは「国王の推薦者(キングズ・レター・ボーイ)」として海軍に入った。これは、国王の紹介状があるという意味で、最初は士官候補生よりも地位の低い艦長付見習い(キャプテンズ・サーヴァント)という地位にしかつけなかったが、昇進を重ねていけば将来は後甲板の士官の地位が約束されているので、きわめて有望なものだった。ロドニーが海軍に入った一七三〇年は、イギリスの平和の時代だった。当時イギリスとフランスは、今ある以上に戦費を捻出することができず、それぞれの大臣、サー・ロバート・ウォルポールとフリューリ枢機卿の注意深い指導のもとで両者とも事を起こすまいと努力していた。この攻撃性を欠いた状況は、野心的な若い新米士官に昇進に踏み出すための行動の機会を全然提供してはくれなかった。

しかし平和は長続きするものではないし、実際長続きしなかった。一七三九年、スペイン領西インド諸島での貿易権の統轄をめぐるスペインとの戦争が勃発したが、これを早めたのはジェンキンズという名の商人船長の傷害事件によって大衆が激昂したからだった。彼はスペインの密輸監視官と衝突して、片耳を切り落とされた。このジェンキンズの耳戦争は、ブルボン家の盟約によりスペインの同盟国としてフランスを巻きこみ、フランスとイギリスとの間の植民地とヨーロッパにまたがる戦争時代の始まりとなった。この戦争はロドニーの生涯を通じて断続的に続き、彼の経歴を築き上げる戦闘の機会を作ってくれた。

この戦争の原因は古いものだった。スペインの名において実施されたコロンブスの発見、続いて一四九三年のスペイン人法王（アレクサンデル六世）による新世界の分割——これはスペインとポルトガルとの間の分割で、大きいほうの部分をスペインが取った——のおかげで、ヨーロッパの海外戦争の舞台が整った。言うまでもないことだが、スペインは一五八〇年にポルトガルを征服したあと半島全部を併合し、こうして、貿易の独占権とブラジルからキューバにいたる帝国を手に入れた。したがって、スペイン＝アメリカ植民地の貿易に割りこもうという狙いでイギリスがこの地域で密貿易を行なったことが、ジェンキンズの耳切り事件を誘発したのだった。

士官と乗組員の間で分ける捕獲賞金が、海軍には船にとっての風と同じほど重要な原動力になっていた。そして、当時の大部分の戦闘と同様に、戦略的な目的というよりは単なる略奪品が、ジェンキンズの耳戦争の間に行なわれた海戦のもっと直接的な目標になっていた。海上交通路の支配のためとか、アメリカの英領植民地を統轄する目的で陸上基地を手に入れるためといったようなはっきりした戦略上の目的もなく、戦闘は主として艦長と国家に対して支払われる金のために行なわれた。艦長たちは捕獲賞金から自分たちの分け前を取り、国家は敵側の貿易利益から貪欲に一口をかみ取った。一七四七年五月、フランスの東インド貿易に対して仕かけられたスペインのフィニステーレ岬沖でのはげしい護送船団戦争では、アンソン提督に率いられた英軍がフランスの護衛船を壊滅させ、六隻のフランスの軍艦と、護衛船団四十隻のうち五隻の東インド会社の武装貿易船と、六隻か七隻の他の商船を捕獲した。残りはカナダに逃れた。それでも、イギリスの獲物は、捕獲した船舶に加えて約三十万ポンドの宝物や貯蔵品を含んでいた。仏軍の英雄的な防衛について言えば、四十門の大砲を備えた小型のグロワール号が三隻のイギリスの戦列艦を相手に日暮れまで戦い続け、ついに艦長は大砲の弾丸(たま)で頭を吹き飛ばされ、乗組員のうち七十五人が死んで甲板に横たわった。マストや帆は千々に裂け、弾薬は徹底的に撃ちつくし、船倉は水びたしになったあと、やっと降伏の旗が上がった。

降伏を拒んだこの頑固な抵抗は、グロワール号の少尉で二十五歳のフランソワ・ド・グラースの存在に多少負うところがあったかもしれない。彼は地方貴族で、士官候補生の頃から腕力と気力にあふれている点で有名だった。グロワール号が捕獲されたとき、彼は捕虜になり、イギリスのウインチェスターに三カ月とどめおかれた。金と品物はポーツマスで二十台の荷車に積みこまれ、住民たちの歓呼を受けて通りを練り歩いたあと、収益はイングランド銀行に預け入れられた。六月にブレスト沖(フランスのフィニステール県にあるので、しばしばフィニステーレ岬と混同される)でゆたかな西インド諸島貿易商品を祖国に持ち帰る途中の大々的なフランスの輸送船団に二度目に遭遇したとき、イーグル号に乗り組んだロドニーを含むイギリスの小艦隊は、貴重な貨物を積んだ四十八隻の船を拿捕した。同数以上のフランスの商船は難を逃れたものの、ロドニーと同僚の指揮官たちは多量の捕獲賞金を手に入れた。当時の最大の戦争だった一七五六年から六三年にわたる七年戦争の結果、イギリスは海の覇者として君臨することになるのだが、正式な宣戦布告さえしていない一七五五年の一年間に、イギリスは全体として六百万ドルと見積もられる三百隻のフランスの商船を拿捕した。

提督や艦長は、捕獲賞金の分け前で個人の財産を作った。捕獲賞金はきわめて複雑な捕獲賞金法に従って分配されたが、これだけ複雑になったのは制度内でこの分配方法がいかに重要だったかを証明している。勝利を収めた小艦隊の艦長たちは——この艦隊が提督の命令下にあるかどうかによって異なるが——拿捕した船と貨物の価格全体の八分の三を分配した。艦隊司令官が乗っている場合には、八分の一をその司令官の艦長が取った。大尉、海兵隊の大尉、下級准尉、軍隊付きの牧師、それ以下の士官たちは八分の一を分ける。もう八分の一は士官候補生と縫帆長に行き、残りの八分の二、すなわち二十五パーセントが水兵、コック、司厨長のものになった。捕獲賞金法は、能力の高い船が大部分の砲撃を行ない、他の船より乗組員の数が多いという理屈にもとづいて、大きな船と小さな船の分け前を平等にするため、船の大きさと武器の数を基準にしたややこしい調整をする許可を与えていた。各々の船に、乗組員の数に船が装備している大砲の口径総数を乗じて計算された因数を適用することによって、調整率が割り出された。明らかに、壊血病の予防や信号に払う注意よりずっと真剣な注意が捕獲賞金に向けられていたのだ。

ブレストの戦闘では、イーグル号の艦長としてのロドニーの分け前は八千百六十五ポンドだった。この金で彼は田舎の屋敷を買うことができ、財産の基礎ができたが、やがてそれも賭博ですってしまうことになる。

一七六二年のハバナの占領から上がった捕獲賞金の分配総額は七十五万ポンドにのぼった。そのうち次席司令官だったケッペル提督は二万五千ポンドをもらい、総司令官のポコック提督は十二万二千ポンドを受け取った。当時主導的地位にあった海軍士官、アンソン提督は、いくつかの作戦を通して五十万ポンドの財産を作ったと信じられていた。そのような報酬の魅力が、危険と船上生活の不快さにもかかわらず若者たちを海軍に惹きつけたのだ。

一七一三年に終わったスペイン継承戦争で、イギリスはジブラルタルとミノルカを併合して地中海の支配権を握った。アメリカでの植民地競争は、ヨーロッパでの古くからの抗争に付け加わったばかりか、それにとって代わりさえした。植民地を切望していたフランスは、カナダやノヴァスコシアからアメリカ北部の森林地帯を抜けて陸路を進み、オハイオ川をくだって、イギリスの西への進出を阻もうと、イギリス人が住みついた植民地と押し合う形で新たな植民地を築こうとした。インドでもフランスは植民地に関してイギリスと抗争していた。しかし、フランスはルイ十四世の陸戦で消耗していたので、海軍はみじめに無視され、その結果海軍は、貿易と帝国の将来を左右する制海権の獲得競争に本気で乗り出すことができなかった。

一七三九年から八九年までの次の五十年間、つまりジェンキンズの耳戦争からフランス革命までの間、十八世紀の戦争はさまざまな局面をたどり、さまざまな名前がつけられたが、だいたい右に述べてきたような条件で続いていた。そしてついに、革命によって諸問題が洗い直され、再編成され、ナポレオンのもとで再び戦いが始まった。英仏間の戦いのように、それは基本的には外国貿易やアメリカならびにインドの植民地を手に入れようとする海上の戦いだった。アメリカ革命は政治的には戦争の目的を変えたが、この革命の闖入によっても右の基本的な戦争の形は変わらなかった。

三つの主要な海軍国、オランダ、イギリス、フランスの発展の仕方はといえば奇妙なものだった。各国とも不十分な資金の供給と、政治家と国民の無関心、そして使用可能な資金さえ官僚と海軍工廠管理官のポケットに呑みこまれてしまうような腐敗によって、制海権を勝ちとる道具を朽ちさせてしまったのだ。さらに、英国海軍は機能を攻撃と防衛との二つに分けられて効力を二分されていた。同胞たちから「イギリスの木製の壁」と讃えられた海軍はまた、相手が植民地の反乱者であろうとフランスであろうと、英国の軍隊を敵に対して展開するための唯一の輸送手段だった。島国としての英国は、海軍力が許す範囲でしか外国の敵に対して陸上軍を使うことはできなかった。海軍は、いったん緩急あれば即座に使えるようにみがき上げられ、養い育てられ、完璧で最上の状態で維持されるどころか、一七六二年には七百万ポンド以上の歳出予算が使えたのに、七年戦争が終わったあとの一七六六年の予算は半分以下の二百八十万ポンドに削減された。そして、一七六九年には再びけちくさい半分の百五十万ポンドに削減された。サンドウィッチはまだ海軍長官にはなっていなかったが、この削減は彼の責任だと言われていた。彼は、一般大衆の英雄ジョン・ウィルクスを裏切ったというので世間から嫌われていた著名人だったからだ。

当時サンドウィッチは、実際には外務関係を扱っていた部門、いわゆる北方部門担当の国務大臣の地位についていた。前任の仕事の関係で海軍本部とも関係があり、海軍に深い愛着を持っているという話だったが、フランスのショアズールとは違い、卓越した誇り高い戦闘艦隊として海軍を再建する努力はしなかった。

政争と派閥によって引き裂かれていた上、海軍を管理していたのは、陸軍のように軍務についている職業軍人ではなく、当時王友派として知られていたグループから選ばれた政治力のある人物だった。一七七一年から一七八二年までの十一年間、海軍長官は第四代サンドウィッチ伯爵だったが、ある人々からはイギリスで最も人気のない男だと言われ、金銭ずくの管理の仕方と怠け癖と放蕩ばかりの個人的な悪行で有名だった。

彼は十一歳のとき祖父から伯爵領を受け継いだ貴族で、その後イートン校からケンブリッジ大学へ進み、教育の総仕上げのヨーロッパ大旅行（グランド・ツアー）を経て、次々に政府の要職につくという貴族のふつうの経歴をたどった。彼が政府の要職についたのは、申し分のない「コネ」があったこと、国王に対して熱烈な忠誠心を持っていたこと、アメリカ人に対する苛酷な政策を支持したこと以外、何一つ特別な長所があったからではない。以上の利点のおかげで彼は二十六歳のときに海軍本部委員会の委員になった。三十歳のときに海軍長官の地位にのぼり一七四八年から五一年まで短期ながらつとめ、再び七〇年代と八〇年代の初期、長期間長官をつとめた。

彼の評判は、自分で招いたスキャンダルによって定まった。サンドウィッチは一七六八年、悪名高き友人のジョン・ウィルクスが書いた『女性に関するエッセイ』という題の卑猥な詩を貴族院で読み上げたのだ。ウィルクスは自分で発行していた新聞『ノース・ブリトン』の第四十五号に発表した国王に対する中傷的な批判で不敬罪に問われ、すでに――彼の支持者たちは不当に、と非難していたが――逮捕されていた。今度は猥せつ罪で、議員として議会から追放され、法益被剝奪者と宣告された。一方、彼の旧友だったサンドウィッチはその後、『乞食オペラ』（イギリスの劇作家で詩人、ジョン・ゲイの有名な戯曲）中の友人を密告する裏切り者の登場人物をもじったジミー・トウィッチャーとして知られるようになった。彼が支配していた時代、海軍の要職は官職任命権の投票によって決定された。これはサンドウィッチと彼のグループが庶民院で牛耳っていた十七票によるもの、つまり彼の権力の源泉と一致していた。彼は海軍長官として、庶民院に議席を持つ政治家および海軍の専門家たちからなる海軍本部の最高委員会参議員の上に君臨した。

スペインは、フェリペ二世の連合艦隊が敗れてから二百年近く経っていたが、依然として意気沮喪しており、海上戦をする気力は持っていなかった。フランス海軍は人々からかえりみられず、どん底まで落ちていた。しかし、ルイ十五世治下の主要閣僚で、十八世紀にフランスで活躍した役人中最も有能なショアズールの精力的な努力によって改善されつつあった。彼は軍艦の設計と建造ならびに士官の訓練のために海軍士官学校を創設し、乗組員の数を確保する方法としては、英国のように街頭から拾い上げた酔っぱらいや浮浪者や悲惨さと困窮の犠牲者たちの徴発に頼る代わりに、正規の水兵の徴兵制度を実施するため海軍登録令を出した。一万人の砲手からなる軍団が、射撃の正確を期すため厳しく訓練された。海軍工廠は、英国の船より大きく、よりよい設計の新造船を造る物音で賑わっていた。操船術に関しては、フランス人はみごとな旋回作戦の訓練をした。すなわち、帆を芸術的な形にうねらせたり巻き上げたりして、小艦隊の部分部分がバレエのような正確さで一斉に向きを変えたり少しずつテンポをずらしながら全体で流れるように方向を変える練習をした。ショアズールは町から町を巡回して造船のための募金運動を組織し、新しい船ができるたびに、進水のさい最も多く寄付してくれた都市の名前をつけることにした。ヴィル・ド・パリ号と名づけられた百十門の大砲を備えた艦隊の巨大な旗艦は、やがてロドニーが彼の最後にして最大の戦闘で自分の軍門に降らせることになる軍艦だった。スペインの無気力ぶりとは対照的な、また、フランスの戦法の基本となっていた海戦の防御的な原則とも対照的な、進取の精神がみなぎっていた。

戦闘に入るさいのフランスの艦長の指導原理は、他船に対して風下の位置、つまり防御的な態勢をとり、そして敵のほうから攻撃をさせることによって自分の船は無瑕に保って敵の船を破壊せよ、という原則だった。この理論はフランスのグリヴェル提督の言葉によると、敵対する二者のうち劣勢のものについては「最小の数の船しか持っていない場合、つねに勝利のおぼつかない戦闘は避けねばならない……あるいは、最悪の状態になって、どうしても交戦しなければならないときは、有利な条件を確保せよ」という意味になった。要するに、「慎重、節約、防御戦」というのが、七年戦争の敗北によってフランスが蒙った海上の劣勢巻き返しをねらうフランスの政策の固定された目標だった。理論的に言えば、そのような方針に、何年もの間終始一貫して従い、それが浸みこめば士官たちの進取の気風に何らかの影響を及ぼすにちがいないように思われる。それでいて、たとえそれが平均的な士官たちに当てはまるとしても、傑出したフランスの海軍軍人、ド・グラース提督の場合には、アメリカを救った歴史的な決断をくだすとき、用心深い声を抑え、いちかばちかの大胆な衝動に従って心を決めるのに何の困難も感じなかった。

ロドニーの最初の戦時勤務はニューファウンドランドだった。彼はそこで艦長に昇進し、地中海に転属させられて、マシューーズ提督から六十四門の砲を備えた戦列艦、プリマス号の指揮を命じられた――戦列艦とは、六十四門かそれ以上の砲を備えた最大級の軍艦を指す。構造、装備両方の点で一列縦隊に並んで戦えるほど強力だ。敵を急襲するときには、通り過ぎるさい舷側から砲撃した。それが、十八世紀の戦艦同士の戦闘で慣習的に用いられた唯一の戦術隊形だった。戦列艦の最大のものは、三層になった百門の砲を備え、全長二百フィートもあり、十万ポンドの費用をかけて樫（オーク）の木で造られた。最大級の戦列艦だったネルソンのヴィクトリー号は一七七六～七七年に建造され、八百七十五人の乗組員を乗せていたが、それほど大きくない船の乗組員は四百九十人から七百二十人程度だった。全長二百二十フィートあったヴィクトリー号は、建造するのに二千五百本の大木を必要とした。これは六十エーカーの森林に等しい。メーンマストの樅の木は吃水線上二百五フィートの高さがあり、根元の太さは三フィートあった。船体は三つの部分から構成されていて、三本のメーンマストは三十六枚の帆を張ることができた。これは四エーカー分の布地に当たる。速度は十ノット出すことができた。強風でマストが曲がると、床板に圧力が加わって水漏れが始まるので、たえずポンプで水を汲み出さねばならなかった。商船の襲撃用に使われたフリゲート艦は百三十~百五十フィートの船で、ふつう捕獲賞金が目当てで志願する乗組員を乗せていた。

大砲は砲丸の重さが基準になるが、ふつう十二~四十二ポンド砲で(フリゲート艦は九~十二ポンド砲を装備していた)、四百ポンドの弾薬を入れて発射すると最大射程距離は一マイルに達した。当時は砲弾ばかりでなく、あらゆる種類と形の飛び道具——桶一杯の釘とか先を尖らせた屑鉄の破片とか——を、敵の帆を焼くため真っ赤に熱してから発射した。大砲は台車に載せられ、テークル(大砲が暴走しないよう固定する道具)で安全にとめられていた。このロープと滑車からなるテークルは、砲口を砲門から出し入れし、発射後の反動を柔らげるために用いられる。砲撃のさいは、一回ごとに砲手たちに対する九つか十の一連の命令が必要だった。「砲の綱を解け」——ロープが取り除かれて、巻かれる。「固縛はずせ」——砲身を甲板と平行にする。「木栓を抜け」——砲口から木栓を抜く。「弾薬筒を塡めろ」——布袋に入れた黒い弾薬の筒を砲口へ押しこむ。「装弾せよ」——砲弾か他の弾丸が押しこまれる。「砲を出せ」——砲身を砲門から突き出す。「発射用意」——火薬用の筒から弾薬を火口に注ぎこむ。「狙え」——導火索を砲尾に持ってくる。その間、砲手は火を吹いて注意深く燃やしておき、砲台の上で砲の調整をする。「上げろ」——照準器を通して目標に狙いを定める。「撃て！」。船のうねりが最高照準を目標の上に持ってきたとき、導火索の火のついたほうを火門に着ける。発射のあとに「砲口掃除」の命令がくだる——堅い棒状の長いロープに巻きつけたスポンジを水を張った桶に漬けておいて、それを砲口に突っこみ、燃えているかもしれない弾薬袋の残りかすを一掃する。それから、大砲を元の位置に戻し、弾薬を填める過程が繰り返される。ネルソンの時代、完全に熟練した砲手たちはこの一回の過程を二分で完了することができた。

間切る（タッキング）ために——つまり、方向を変えるとか、逆風に入る（帆走不能の方向から風を受ける状態になる）とか、敵に襲いかかるとか、他船に対して風上の位置を取る、または追跡するとか退却するなどいろいろな作戦行動で、風に対する調整を必要とする場合——帆をうまく扱うには操桁索や、帆（ほ）脚索（あしづな）や、ハリヤード（帆、帆桁、旗などを上げ下げする動索）や、横帆の横端を平らにぴんと張らせておくためのはらみ綱、ロワスル、トップスル、トガンスル、ステースル（支索に張った長三角形の帆）、ジブ（船首三角帆）用帆脚索、バックステイ（後支索）、それから無数のその他もろもろ——その名前を書いても陸の上の人間にとってはちんぷんかんぷんだろう——を操るための別の正確な一連の命令が必要だった。乗組員が士官や水夫長（ボースン）といっしょにマストのそばにいて、帆を巻き上げたり下ろしたりする。その間艦長は、命令を大声でくだすほか、操舵手とも連絡を保っている。風下に回りながら船を反対方向に向ける――つまり、回れ右をするとか、方向を変える――ということは、操作の瞬間の正確さと興奮の度合いに連動した行動だ。そのとき、メーンスルは反対側から風をとらえようと大きな音を立ててはためく。モリスン提督が次に述べている通り――南西に方向を変えるため、南東の風を受ける場合――それは、それぞれ違う帆とヤーダム（ヤード・アーム。桁端）に対するそれぞれ違う命令を必要とする（ヤードとは、マストから水平に吊り下げられた柱ともいえるもので、帆が取りつけられている）。

まず、水夫がヤード（桁帆）をできるかぎり船体の軸に近いところに整え、船が船尾を中心にぐるりと回れるようにミズンマストの縦帆ドライバー、すなわちスパンカー（横帆艤装船の最後檣にかけた縦帆）の帆脚索をぴんと引っ張る。甲板の士官が「タッキング用意」と叫び、水夫長が笛でその言葉を伝える。舵手が舵輪を右舷の方向へ懸命に――回せるだけ――回す。すると、舵柄と連動している舵が風上のほうを向く。それをやり終えると、彼は大声で「下手（したて）舵」と叫ぶ。前帆を適帆（帆を風にうまく釣り合わせ安全限度内で最大速力を得るようにすること）にしていたジブとステースルの帆脚索が解かれる。舵が船を南東風へ向かわせると、ヤードはまっすぐ風のほうを向くので、帆が震え、ロープは緊張がゆるむにしたがって荒々しく躍り上がる。船のへさきが風の眼を通りすぎて、南東微南へ方向を変えるやいなや、左舷のジブとステースルがぴんと引っ張られる。いまでは逆風になっている――つまり、マストに吹き当たっている――フォースル（前檣の下帆）とフォア・トップスルとフォア・トガンスルの動きに付け加わった左舷のジブとステースルの動きが、てこの働きをして、船のへさきを風から引き離して望み通りの新しい針路へ向ける。風が右舷の四角のメーンスルかメーントップスルのリーチ（縁）をとらえるやいなや、甲板の士官が「メーンヤード回せ」と叫ぶ。これは、船が上手回しになる重要な瞬間だ……そのとき他の仕事でふさがっていない水夫はすべてメーンヤードかミズンヤードの風下のブレースを握り、帆が左舷側の風をとらえるまで、ほぼ七十度の弧を描くほど引っ張る。ちょうどよい瞬間にこれをやると、風が、さっとそれを回す助けになってくれる。だが、このときまでに船がすばやく要領よく動き、海がなめらかでなければ、船足は落ちてしまう……。

次の重要な命令は「フォアヤード回せ」だ。フォアブレースと帆脚索は放して、フォアヤードを引っ張れという意味である。このヤードの帆は終始裏帆になって平らに寝たままだが、ついに風が裏側から入ってくる。暴風雨用のジブとステースルの帆脚索は解かれ、風下の分はぴんと引っ張られる。他のすべての帆は、船が船足を増して新しい針路を勢いよく前進することができるように、適帆にされる……大勢の乗組員がいる軍艦の場合、この過程は少なくとも十分、おそらく、それ以上かかるだろう……

間切り（タッキング）と呼ばれるすべての方向転換に必要なこの厄介な過程は、緊張して興奮する瞬間を味わう役には立つが、効率のよい運行方法と呼ぶことはできない。大きくうねる山のような帆を持った大船の方向を転回する作業は、天気がよくて熟練した乗組員の場合、十分程度で完了するだろうが、そうでなければ数時間かかることもある。荒れ模様の天候では、半日かかる場合もあり、本当にひどい暴風のなかでは不可能になることさえある。風の吹く方向とは違う場所に行くということは、一日中ジグザグに間切らねばならず、船も乗組員も疲労困憊してしまうという意味にほかならない。したがって、しばしば双方が疲れきって戦争どころではない状態になっている場合があることも、驚くに当たらない。

十八世紀の半ばを埋めつくした海の覇権をめぐる新たな抗争のなかで、海軍同士の衝突は一七四四年のツーロンの海戦から始まった。それは、セラピス号に対するジョン・ポール・ジョーンズの戦いのような英雄的な戦闘ではなく、この時代の海戦につきまとうあらゆる厄介事と船や規則の欠陥がめちゃくちゃに入り混じったものだった。そのため、フランスの閣僚、M・モールパは、人命を浪費しながら決着のつかない結果しかあげられない海の戦争をいかにも胸がむかつくといった有様で次のように片づけてしまった。「こういう海戦はあまり評価できないね。両方でパンパンやって、そのあとでも海は相変わらず塩辛いままじゃないか」。ツーロンで、イギリスはブルボン家の盟約による同盟国のフランスとスペイン両国を相手にして戦った。

この盟約により三国は、統一行動をとろうとするたいていの一族と同じようにいろんなごたごたで苦しんでいた。抗争の真の原因だったアメリカやインドでの植民地をめぐる敵対感情を別にすると、二義的な葛藤の原因は、お定まりの複雑なヨーロッパ大陸での争いにあった。この場合はオーストリア皇位継承戦争として知られるもので、またしても遠い、筋違いのシュレジエン領有問題が争いの種になっていた。この戦争にいたるよじれた原因の糸をたどろうとするのは無駄な努力になるだろうが、これだけは言っておこう。つまり一七四〇年、フリートリヒ大王がプロイセンの王位についたちょうどそのとき、オーストリア皇帝のカール六世が死んで、ジグソーパズルのように入り組んだ領土のいろいろ問題のある主権は長女のマリア・テレジアに与えられたが、彼女が継承することについてはヨーロッパの諸大国が保障していた。ところが、フリートリヒ二世は個人的な目的から彼女を退位させようとしてさまざまな敵対行動をとった。とくにシュレジエンを占領したことから、プロイセンとオーストリアは戦争状態に入り、いくつかの大国がそれぞれの側についた、というわけだった。

この混乱状態の中で海の三強国、スペイン、フランス、英国がツーロンで衝突することになった。ツーロンは地中海沿岸にあるフランスの主要な海軍港で、ニースとマルセイユの中間にある。一七四四年、ツーロンの戦いが起こったのは、オーストリアの敵であるスペインが、オーストリアが支配していたイタリアの領土を奪うために出動したときだった。スペインの艦隊がツーロンに入ったところ、イギリスの封鎖にあい四カ月間そこに閉じこめられることになった。スペインが艦隊を本国へ連れ帰るためフランスに護衛の要請をしたところフランスは承諾したが、フランスの提督はスペイン側の戦闘能力が信用できなかったので、スペインの船をフランス側の船の間に散らばらせるよう要求した。当然のことながら、スペイン側のナヴァロ提督はこの提案を拒否した。

妥協案として、軍艦の戦列に入るときスペインの船は自国同士固まることにした。戦列はつねに、前衛、中央、後衛と名づけられる部分から成り立っていた。したがって、前衛には九隻のフランスの艦船、中央はフランス六隻、スペイン三隻、後衛はスペインの九隻という隊伍を組み、二十七隻の軍艦からなる同盟国の艦隊は、港を出て、マシューズ提督が指揮する二十九隻の英国の地中海艦隊と向かい合った。マシューズを援護するのは彼が軽蔑している男、レストック提督で、レストックのほうも司令官であるマシューズの感情に相応した悪感情を抱いていた。彼らの争いは政治的なものではなく、私的な取るに足りないもので、マシューズが前任者に代わって指揮を執るためイギリスから到着したとき、レストックが迎えのフリゲート艦を送りそこなったことに端を発していた。無学で、行儀が悪く、威張り屋の士官と叙述されているマシューズは、部下に対する不快感を「粗野な侮辱」の形で吐き出した。その結果、歴史家のマハン提督は、ややためらいながら、この二人の間に「たぶん存在したはずの悪感情のしみ」がツーロン沖での「大失策」の一因だったかもしれないと仄めかしている。

夕方、ツーロンから軍艦の一団が出てくるのを認めたマシューズは、有利な立場（風上の位置）にあったので「一斉追跡」の信号旗を掲げた。しかし、翌朝前衛が敵に追いついたとき、レストックの指揮下にある後衛は後方の遠すぎる位置——約五マイル彼方——にあって合流できず、イギリス艦隊の数の上での優勢を見せつけることができなかった。実は前夜、レストックはすでに持ち場を離れていたのだ。マシューズは艦隊に「停船」——つまり、夜の間同じ場所にとどまれ、の意——の信号を出したとき、同時に「密集隊形」の信号も出していた。これはレストックのようにぶつぶつ言うことは言うもののやる気のある部下にとっては、夜の間前衛と中央に近づいて戦列中の持ち場についているように、という意味であるのははっきりしている。だが朝になっても、レストックはまだ航行数時間分後方にあった。彼は、密集せよという信号よりはむしろ停船という静止の信号のほうに服従したからだ。

遅れているレストックに堪忍袋の緒を切らしたマシューズは、獲物が一網打尽の網の目から逃げてしまうのを恐れて、単独で追跡することに決めた。前衛のフランス艦が救援に引き返してくる前に、後衛のスペイン艦と中央のフランス艦を圧倒できるだろう、もしくは圧倒したいと考えたマシューズは、単独で敵を攻撃するために戦列を離れた。間違いによるのか、挑戦の興奮に駆られたためかはわからないが、彼は「縦列を組め」という信号旗をひるがえしたまま、「交戦せよ」という信号旗を掲げて、配下の艦長たちをすっかり混乱させた。信号書のなかにも、『戦闘教本』と呼ばれる主導的な教本のなかにも、マシューズの意図を教えてくれる指示は全然見つからなかったからだ。彼らはただ「縦列を組め」の信号が他のすべてに優先することだけを知っていた。それで、艦隊のうち数隻は、信号のある無しにかかわらずマシューズのあとを追ったが、他の船はためらって、自分たちの提督を孤立無援のままにし、効果的には射撃も届かぬ位置にいた。この無秩序状態のなかで敵は逃亡し、のちにホーク提督として有名になる一人の艦長の勇敢な行為により一隻だけが捕獲された。日暮れになってマシューズは引き揚げ、レストックを逮捕させて故国に送還して得た満足感を除けば、彼の豪胆な行為の成果を示すものは何もないまま、艦隊の再編成をしなければならなかった。

この遺憾というべき物語は庶民院と、海軍本部に対する厳しい批判のあとに行なわれた一連の軍法会議で、ざっと論議された。軍法会議は、制服組の非の打ちどころのない論理により、戦った側の男マシューズを罰し、戦わなかったレストックを無罪にした。マシューズは非難され、軍務からはずされた（「縦列を組め」の信号を掲げながら、彼自身の行動は縦列の保持を不可能にしたという理由だった）。それに対してレストックは、信号に服従したという主張が認められて無実だとされたのだった。

この点で、私たちは『戦闘教本』として知られる、行動の自由を奪う竜（ドラゴン）に対面しなければならない。これは、各々の戦列艦はケーブルの長さ（二百ヤード）の間隔をおいて互いのあとに続き、敵の戦列の相対応するもの、つまり前衛は前衛、中央は中央、後衛は後衛同士で交戦し、決して他の行動をとるために戦列を離れてはいけないということを要求する暴力的な文書だ。「縦列を組め」と呼ばれる規則は、個々の船が同僚の砲撃の下に入ってくるような大混乱（メレ）を避け、戦列の各部分に、船尾のすぐあとに続く船からしっかり支援されていれば、敵の相対応する部分を破壊するための機会を与えようという意図で作られていた。『戦闘教本』はオリヴァー・クロムウェルの体制下で行なわれた第一次オランダ戦争の間に発行された。この教本は、あの哀れな人物ジェイムズ一世の手になったとも言われているが、クロムウェルの独裁者的な心理を映し出しているのは確かだ。ジェイムズ一世は、これほど非妥協的な性質の文書を考案するような性格の人間ではなかったように思われる。当時の個々の艦長はそれまで独自の戦術を使っていて、収拾できない混乱状態にしばしば陥ることがあったので、海軍本部は『戦闘教本』を発行して、各々の船に指揮官の信号命令のもとで協同した行為をとらせ、個人の創意による行動を禁止することで、艦隊にずっと大きな戦果をあげてもらおうと考えたのだった。

全体としては、教本のおかげで戦闘中に以前より大きな戦果があがったのは確かだが、特定の例では――たとえば、ヨークタウンに先立つチェサピーク湾の難しい戦闘におけるグレイヴズ提督の行動のような場合――当意即妙の情勢判断による独自の方針のほうが危機的状況によりよく対処できる場合ですら、従順すぎる艦長は規則にしがみついてしまい、大災厄を招くことがあった。規則からの逸脱は不満を持つ士官の誰彼からつねに報告され、軍法会議で裁かれたので、当然ながら『教本』は個人の創意を破壊するまでにはいかずとも、減退はさせた。だが例外的に、強い自信を持った艦長が予想外の事態を利用して行動する場合もあった。英国人ほどいろいろな慣例を遵守したがる民族はいないが、この種の行動はまれではなかった。風や大洋の気まぐれは言うまでもなく、人間の気まぐれのなかにひそむ予想外の事態に対して全然寛容さを示さない点で、『戦闘教本』は非軍人を永久に驚嘆させるにちがいない軍隊的融通のきかなさを表わしていた。

ツーロンでのレストックが、指揮官に対する悪意から戦線の後部にとどまっていたのか、あるいはその後の軍法会議で主張したように、可能なかぎり帆を張っても距離を縮められなかったのかどうかは、審判の対象にならなかった。のちに、攻撃できたはずなのに攻撃しなかったという非難に対してレストックは、『戦闘教本』の専門的事項を弁明に使い、「交戦せよ」の信号といっしょに「縦列を組め」の信号がひるがえっており、「縦列を組め」の信号のほうに従ったので戦列を離れて戦うことはできなかった、と述べた。

海戦の核として、縦列を組むことは船の構造自体から必要とされていた。艦船の主要な武器は、かならず舷側から撃たなければならなかったからだ。戦列は必要だった。それは、小艦隊中のすべての船に船腹を敵に向けて転回することを可能にし、同時に味方の船が一隻たりとも砲と目標との間に入りこまないことを確実にする唯一の形式だったからだ。縦列を組むという法則は、砲火の音楽に合わせて海上で踊る巨大なメヌエットのように、形式的な動き方をするよう戦闘を条件づけていた。太鼓が軍楽行進曲を奏でて砲手たちを持ち場につかせ、爆薬が大砲の砲口から爆発する瞬間、軍艦は進み出て、おじぎをし、また引きさがっていった。戦列は反対側に並んだ敵の戦列に平行して進み、各々の船が射撃位置に入ったときに発砲する。イギリス軍は船体を狙い、フランス軍は帆を裂くため砲に鎖やぶどう弾や金属片を詰め、マストや艤装を狙って撃った。炎が高々とあがり、木片が飛んでひどい傷を負わせ、死体が散らばり、血ですべりやすくなった甲板は危険になる。負傷者は横たわったままどうすることもできず、船外の、鮫が大きく口を開き水兵たちの知られざる墓場になってやろうと船のまわりに群がっているところへ、屍といっしょにころがり落ちるのではないかと恐れおののいていた。渺々（びょうびょう）たる海の上に打ちこまれる砲弾の破壊的な暴力は、戦略的な価値があるとは限らなくても耳を聾するばかりの恐ろしいものだった。別の惑星からの訪問者がこの有様を眺めたとしたら、諺にあるような白い翼をつけたサラバンド（カスタネットを持って踊るスペインの踊り）の帆走運動の美しさに感嘆しただろうが、何のために？　といぶかったにちがいない。

境界の定まらぬ海の戦闘でどちらが勝ったのかという問題は、ふつう、歴史家でさえ、双方の死傷者の数で決めた。無意味な「パンパン」によって殺される死者の数は多く、しばしば七百人、八百人を数えた。記録に表われているかぎりでは、この数字に多少とも心痛を見せた唯一の人物は、おもしろいことに国民への同情心が厚いという評判はなかったフランス国王ルイ十六世だった。枢密院での演説で彼はこう尋ねた。「だが、わたしのために生命を犠牲にした勇敢な水兵たちを誰が生き返らせてくれるのか」。これは、死者数の報告を受けた役人や、甲板の上に累々と築かれた屍の山を見た提督たちが示した関心よりずっと大きいものだった。

どんな戦争でも戦争の究極的な目的は、政治的ならびに物質的な力を獲得することだ。当時これは、植民地との貿易に依存すると考えられていた。植民地と貿易は、今度は海を支配することにより途中の補給基地――だが、マハンが用心深く忠告しているように多すぎてはいけない――と自由に連絡がとれるかどうかにかかっており、基地を維持できるかどうかは海軍の保護によるところが大きい。だから、海戦の目的は、敵の海軍を征覇すること、また敵艦隊に出合ってそれを破壊することにあった。この議論を論理的に突きつめていけば、最上の結果を得るには戦闘に全然近寄らないほうがいい、ということになる。フランス人は論理的な国民なので、こうした結論に達し、できる場合にはその方針に従った。

十八世紀に行なわれた帆走軍艦の戦闘は、合理的な精神を悩ませる。明らかに、縦列を組むことの利点は、敵が攻撃目標または対抗者として同じような戦列を組んでくるかどうかにかかっていた。だが敵がそれをやらず、縦列を組むことを拒否して、何とか風上の位置を占め、うまうまと友好関係にある港や本国の港に逃れてしまえばどうなるのか。フランスはしばしばそれをやった。または港から出て敵を迎え撃とうとはせず、イギリスにから振りの挫折感を味あわせた。

理性と啓蒙の世紀だと賞讃された十八世紀の矛盾したところは、島の海岸に役にも立たない砲台を並べたり、縦列を組むなどという不変の戦略を採ったりする無分別をしばしば見せる点だ。縦列を組むというのは、海に生きるすべての人が自分の名前と同じほどよく知っている作戦であり、どんな奇襲もありえない、わかりきった話だった。奇襲こそ軍隊の弾薬庫にひそむ最も効果的な武器であるのに。

六十ポンドの鎧——戦闘のおかげで着ている人はまるで蒸し焼きにされるようだし、いったん転んだら起き上がることができなかった——を着た中世以来、どんな戦争の道具も不快さと不便と自然に反する使い方という点で、帆船時代の戦列艦と呼ばれる浮かぶ城に匹敵するものはない。その原動力は天の気まぐれに、方角の測定ははるかな星に依存し、装備の中心となるマストはめったに手に入らない乾燥させた材木、運航の制御はソルボンヌの哲学者にも難しく、いわんや乗組員を構成している家もなく教育もない哀れな浮浪者たちにはとっては、さらにわかりにくいのは複雑な艤装やロープだった。また司令官から艦隊への意思疎通を距離や砲煙や船の揺れなどで簡単に見えなくなってしまう信号旗に依存しているとなれば、こんな厄介な乗り物は、ちょうど恐竜が生き残っていて、それをカウボーイが家畜を追いこむために使っているのと同じほど不便なものだった。闘争本能を満足させるため男たちが進んで対処する苦難を、帆を張った軍艦ほどみごとに表わしているものは他にない。当時でさえ、モールパ氏に「パンパン」という結論的な判断をくださせた海戦上の奇妙な制約に困惑させられた人は少なくなかった。

海軍精神を鼓舞する意図があったとは言えないツーロンの軍事裁判の判決は、『戦闘教本』の締めつけを強化する役には立ったが、他方、一般大衆を迷わせ、政府に対する民衆の疑念を深めた。二十九人の艦長のうち十一人が告発されて、裁かれた。そのうち一人は死に、一人は逃亡して二度と消息は聞かれなかった。七人が軍務を解かれ、無罪になったのはわずか二人だった。当然ながらこの結果が海軍の士気を低下させ、海軍を損なった。

一七七七年、英国大艦隊には三十五隻の戦列艦があるという海軍本部の発表は、大部分が航行不能で就役できるのは六隻だけという調査者の報告が提出されて、うそであることがわかった。この六隻でさえ、新しい総司令官のケッペル提督が点検したとき、「船乗りとしての彼の眼を満足させるものではなかった」。一七四九年の調査以来改善されたものは、ほとんどなかった。一七四九年の調査で検閲官が発見したのは、たるんで無知な士官、無為で未熟のまま放っておかれている乗組員、めちゃくちゃな用品、ぼろぼろで朽ちかけている装具、汚れて、航海には適さず、乗組員の数は不足している船だった。当局は、これらの欠陥の原因をたどれば当然行きつくはずのトップの腐敗した管理という中心的な問題に触れないまま、『続戦闘教本』という題名で、もっと正式に言えば一七四九年に制定された海軍訓練法に則った『戦闘教本』のもっと厳格な改訂版を立法化しようとしていた。

この海軍訓練法は、軍務遂行中、戦闘努力にごくわずかでも欠ける点があれば、これを罰すべき罪に値するものとして「怠慢」の項を付け加えている。この立法のもとで、十八世紀中最も悪名の高い海軍裁判劇、すなわち一七五七年のビング提督の処刑が行なわれた。彼は、ミノルカ救出のさい熱意を欠いた戦闘を行なったと判断され、怠慢のかどで裁かれて死刑の宣告を受けた。ビングの悲劇となった実戦にさいし、海軍本部はミノルカ救出を命じて、よくあることだが敵の力を過小評価して、装備も整っていない不十分な数の小艦隊といっしょにビングを防戦のために送り出した。彼がジブラルタルに着いたとき、敵はすでに上陸して島を手中に収めていた。援軍を出すことになっていたジブラルタルの総督は、守備隊からそれだけの兵力を割くことはできないという理由で派兵を拒否した。ビングはすでに自分の艦隊の兵力が不十分である旨の苦情を述べてはいたものの、全然抗議はせず、仏軍に対峙しようとしたのだ。フランス艦隊は彼の艦隊より大規模でずっと重い砲を備えていたが、防戦に徹していた。両艦隊が互いに相手の姿が見える範囲内に入ったとき、仏軍は風下、ビングの艦隊は風上にいた。彼は「縦列を組め」の信号旗を掲げたが、有利な立場を占めている間に「かかれ」(交戦せよ)の信号旗を掲げてすぐ次の行動に入ることはしなかった。彼の艦船がまだ戦列を組み終えていなかったからだ。彼はマシューズの軍法会議の結果に縛られて、動きがとれなかった。マシューズは、全軍が戦列を組まないうちに交戦したため罰せられたからだ。ビングはマシューズ対レストックの裁判で彼自身裁判官席についていたため、その判決文を引いて旗艦の艦長にこう言った。「いいかね、ガーディナー艦長、縦列を組め、の信号は出してある」。そして、二隻がまだ持ち場についていない点を指摘した。「全軍を一斉に攻撃にかからせなかった点で偏見を持たれたのは、マシューズ氏の不幸だった。だから、わたしはそれを避ける努力をするつもりだ」

ついにビングが「かかれ」の信号旗を掲げたとき、彼の艦隊はまだ幾分か乱れており、前衛が仏軍の砲火をまともに浴びる角度になっていた。中央と後衛はその火力が援護の威力を発揮するにはまだ敵から離れすぎていた。前衛は潰滅。夜になったとき、艦隊はバラバラになっていた。ビングは艦隊をもう一度集める努力はせず、戦略会議を招集し、これ以上なしうることは何もなく、ミノルカは運命にまかさざるをえないという、彼の命令で戦略会議が提出した勧告をやすやすと受け入れた。したがって、それ以上戦闘はせず、艦隊と共にジブラルタルへ引き返した。だが、そこで指揮権を剝奪され、拘禁されて本国へ送還された。

彼はミノルカの守備隊を救援するか、敵船を捕獲・破壊するか、いずれかの任務を全力をあげて遂行しなかったかどで、陸海軍条令第十二条に照らして告発された。第十二条は「臆病、怠慢、あるいは謀反により」任務を怠った場合を規定している。ビングに臆病または謀反の罪があてはまらないのは明らかだったので、暗黙のうちに怠慢の罪に問われているのがわかった。この判決は『戦闘教本』をこれまで以上にねじ曲げてしまった。というのは、マシューズは戦列を離れて敵を攻撃したため軍法会議にかけられたのに対して、ビングはそれをしなかったために罰せられたという意味になるからだ。提督たちは二股に分かれた締め木にかけられていた。個人の判断を剝奪された指揮のもとでは戦争に勝てるはずはない。後にアメリカの運命を決することになった最も重要な指揮権の問題が、やがて起ころうとしていた。

死刑の宣告を聞いてごうごうたる騒ぎが巻き起こった。閣僚たちは、防衛軍として十分な兵力を送らなかった自分たち自身の失策を隠すため、何がなんでもビングにその責任を負わせようとしていた。国王ジョージ二世は慈悲などは持ち合わせない人間だったが、恩赦は与えなかった。ロドニーはつねに自主的な精神を持ち、非常識が自分の前に立ちはだかったとき、それと有益性との区別はできる人間だったので、ビング擁護の旗頭だったオーガスタス・ハーヴェイ艦長といっしょに助命嘆願の運動に加わったが、効果なし。死刑に関する論議が活発に続き、これも海軍を二分するもう一つの苦いしこりになった。ビングは、意地の悪いフランス人の言葉によると「他の連中を奮起させる」以外はっきりした目的もなく、仲間の士官たちからなる銃殺刑執行隊により定式通り射殺された。ヴォルテールの右の評言のおかげでこの裁決は不滅になったが、裁決の不可解な行きすぎは、啓蒙された世紀のもう一つの逸脱行為となった。処刑は何物も成就しなかった。当時でさえ、人間が法令によって勇敢にされるとか、罰への恐れという弱さから勇気を出さない場合がありうる、と思っている人は一人もいなかったからだ。

もし何の目的も果たさないのだとしたら、どうして死刑が課せられたのか。理由は法令集にそう書いてあったからにすぎない。ビングが裁かれ、有罪とされた特定の失策に対し、立法者たちが知恵をしぼって罰を定めておいたからだった。そこに定められていたのは死刑であり、それに代わる罰が書いてなかったので、死刑を避けるわけにはいかなかったのだ。法廷の自由裁量権は除かれていて、代案はないと述べられていた。だが、選択をするということは、人間が人間であるゆえんの精神を持っていることから来る重荷の一つだ。選択をしないほうが楽かもしれないが、選択をしなければ、この感覚は鈍ってくる。アメリカ戦争における英国の行動が冴えなかった理由の一つは、ここにあるのかもしれない。

ビングは時代の犠牲者だった。これは、英国人がジン浸りになった貧民たちの乱暴な攻撃を恐れ、いわゆる犯罪者階級から生じる無政府状態を怖がっていた時代のことだった。彼らは犯罪者階級というものが一つの実体として存在すると思いこんでいた。そして、それを抑えるため、極刑を課す法律を制定した。靴下を盗んだからといって十一歳の少年を終身流刑にしたり家族や家庭から引き離したりする措置に対して、理性や憐憫や常識の声がどんなに反対しても、耳を傾けてはもらえなかった。法というものは基準から逸れてはならなかった。ある意味では、この思考をしない厳格さは、英国人が生み出した政治上の自由そのものの発展の姿だった。彼らはこれを、人間ではなく法による支配、独裁者の命令ではなく立憲政治の原則を確立しようとして行なった革命によって苦労して育て上げたからだ。これこそいま、英国の子供であるアメリカの植民地が戦っている当の目的であり、英国人がアメリカの反乱は何らかの方向を誤った狂気だというふりをして終始一貫して無視しつづけ、そのため英国への忠誠を取り戻す機会も和解の道も失ってしまったものだった。

ビングの裁判官たちは、国王か大臣たちが特赦してくれることを期待して死刑の宣告をくだした。ところが政府は、領土の喪失——一七〇八年にスペインから奪ったミノルカは、わずか四十八年間英領だったにすぎない——に腹を立て、血を求めて叫んでいる群衆を恐れて、特赦をしなかった。ビングは贖罪の山羊として銃殺されるままになった。命令一下銃殺執行隊の銃がとどろき、提督のくずおれたからだは、モナーク号の後甲板に横たわる塊りにすぎなくなった。人間行動の保護者であるべき法が行なう暴虐行為の黙せる一証人として。

砲火の角度を考えると、縦列を組む戦術には代案がないように見えるかもしれないが、やがてある日ロドニーがやったように、革新的な頭脳の持ち主なら戦術上の変形や奇襲作戦を工夫したかもしれない。しかし海軍は、家族内の反抗的な息子やバカ息子を収容する場所だと考えられていて、革新的な精神の宿るところではなかった。彼らのもっと有望な兄弟たちは、陸軍に入ったり聖職についたりする資格があると見なされたからだ。

戦列を破るのは当時の戦法にとって最も革新的で重要な貢献であり、この方法が出たあと戦法は二度と決して元へは戻らなかったが、それを考え出したのは専門的な船乗りではなく、エジンバラの学生だった。彼は子供のとき、趣味として池に浮かべる手作りの玩具の帆船を作っていたが、最終的には学術論文としてその構想を詳しく開陳した。ロドニーは好機が到来したとき、勇敢にもこの考えを実施したのだった。その少年、ジョン・クラークは最初、『ロビンソン・クルーソー』のなかの難破物語を読んで船の航行に興味を持った。そして、エジンバラの港のリースから吹いてくる風に対応した船の動きを仔細に眺めているうちに、学友の船の模型で独力の実験を始めるようになった。まもなく少年は自分でも船の模型を作って、その船が自分の家の庭の池を航行するさまを観察した。やがて、世間の注意がケッペル対パリサーの軍法会議に注がれるようになり、その証言を聞いているうちに、少年には「縦列を組む」ことと海戦中それが提起する問題点がわかってきた。クラークは国境から南のほうであれほどしばしば不安を巻き起こした敏活なスコットランド的知性の持ち主だったので、縦列を組んだ場合の主な欠点に気がついた。つまり、敵が同じような戦列を組まないかぎり『戦闘教本』の規則のもとではその日の戦闘はありえないことになってしまう。彼は自分の小さな船隊がそよ風に導かれて動くのを眺めているうちに、戦列の恐ろしい呪縛を破る解決法を考え出した。それは、各々の船が戦列中のそれぞれに対応する敵船を攻撃する代わりに、全戦列を敵の一部に集中させ、こうして敵の戦列を破って穴をあけ、そこから入りこんで敵の「裏側に回る」。一方、敵は仲間を援助しようとして上手回しになったり、帆走が難しい方向から風を受けたりする緩慢な操作をやっている間につかまってしまう、という案だった。本文に付ける略図まで描いて、ジョン・クラークは『海軍の戦術に関する省察』という題名の小冊子のなかで、彼の理論を説明した。

これは友人や海軍の熱心なファンの間で回読されているうちに出版者が見つかり、まもなく海軍の専門家の眼に止まるようになった。そのなかにはロドニー提督も含まれる。調査者がのちに発見したところでは、ロドニーは原稿の写しを手に入れ、それに注を施して、セントヴィンセント岬の戦い、失敗に終わった一七八〇年のマルティニク沖の戦闘、最も顕著な例としては一七八二年のセインツの戦いの最終的な勝利のさいにこれを実践したという。セインツの戦いでは、フランス軍に対し決定的な勝利をあげて、ヨークタウンでの敗北後の英国の自信を回復した。この戦いの名称は、戦闘が行なわれたグアドループとドミニカの間の海峡に横たわる二つの島の名にセイントがついているところから来ている。

続けて何カ月も甲板と甲板の間の悪臭を放つ汚れた空気のなかで暮らし、暑い天候のもとで腐ったものを食べ、黒っぽく濁った水を飲んで生きている結果として、たいていのときは船の乗組員の半数が病気になっているという状態は、ここでも怠けて古いやり方を踏襲しているせいだった。これは、当局に啓蒙の光がさしこむのを許すだけの機知と意思さえあれば、変えることができる事態だった。一六二二年から一八二五年までの二世紀の間、英国海軍の公式の食事はビール、塩づけの豚肉と牛肉、オートミール、乾燥豆、バターと、いつも腐敗臭を立てているチーズ、それにスモーレットの小説のなかでロデリック・ランダムが語るところによれば、そこを住み家にしているうじ虫のせいで独りで歩き出すビスケットからなっていた。この規定食はからだが必要とするビタミンCを全然供給していないので、壊血病が蔓延する結果となる。それとわかる皮膚の紫斑のあと、壊血病の兆候としては、一般に全身が弱って、衰弱し、そのあと死が訪れた。

他ならぬ海軍内で船医、ジェイムズ・リンドによって発見され、一般にも認められていた柑橘類投与の治療法を海軍本部が採用するには、四十年かかった。リンドは死にかけている男たちにオレンジやレモンやライムを与えたところ、すばらしい治療効果があることを発見し、一七五四年に『壊血病に関する論文』を発表して全員に一定量のライム・ジュースを与えるよう処方した。しかし、これは高価すぎると判断されて、一七九五年までは義務づけられなかった。動けないほど弱っている乗組員を運び、最低限とはいえその世話をするという重荷は、ライム・ジュースの一樽よりずっと高くつくということを、啓蒙思想は仄めかしもしなかった。

この件は、紀元前六百年に、この世には三種類の人間がいる、すなわち、生者と、死者と、海上にいる者だ、と言ったという伝説上の「哲学者」の思想を説明してくれるかもしれない。提督たちが海上生活から何らかの影響を受けて、変化することに抵抗するようになったということがありうるだろうか。二十世紀になってもなお、融通のきかない無気力がまだ旗艦の甲板を支配していた。権威ある海軍史家、リチャード・ハフによると、一九一四年ウィンストン・チャーチルは海軍大臣として、「第一次大戦下の英国海軍の全階級は、伝統に縛られ、冒険心が欠けていて、創意も知性も不足している」と考えていたという。

型破りのロドニーは、一度も捨てたためしのないあふれる自信に加えて、創意と知性の両方を備えていた。彼はある状態が明らかに改善の必要があるとわかった場合には迷わず改善する積極行動主義者だった。ある場合には、自分の評判に傷をつけてまで改善しようとした。

ジャマイカ勤務の間に彼は、貯水池から船までパイプで水を送る装置を取りつけ、水兵たちが桶を転がして水を運ぶという長くて労の多い仕事を割愛してやった。ところが、新しい方式では仕事があんまり早く片づくので一息入れる暇もないことに水兵らが気づいたとき、感謝は怒りに変わった。不幸にも彼の改革は無気力のほうが安全性が高いことを示す結果になった。水兵たちの不満が一つの理由となってロドニーはジャマイカの総督になれなかった。

全然改善の努力をせず胸の悪くなるような生活条件をそのまま受け入れるという寛大さは、古い習慣を変えたがらない一般的風潮の底を流れる心理的無気力を示している。代案は手の届かないところにあったわけではない。新鮮な食物を入手できる友好的な寄港地を探すのは、多くの敵対関係のなかでは困難だったろうが不可能ではなかった。船が右舷に傾いているときには左舷のハッチを開き、左舷に傾いているときには逆にするよう注意すれば、海水が流れこむ危険をおかさずにハッチを開くだけで新鮮な空気を取りこめたはずだが、快適さのために前もってそれだけの配慮をすることは、計画の一部になってはいなかった。食物を腐敗から守るための代案はなかったかもしれないが、人間の汚れは避けられないものではなかった。汗、吐瀉物、排便排尿、性的分泌物、女性の生理などを考えると、人間のからだは清潔なものではない。そして、多数の人間が閉鎖された空間に詰めこまれた場合、体内からの排出物は極度に高められた不快感を生み出すことがある。衛生観念と衛生設備の改善方法は、その気になれば工夫することはできたはずだ。ふつう人間は、「仕方がない」という繰返し句（リフレイン）を指標とするのでなければ、真にほしいものを手に入れる技術的手段を考え出すことができるからだ。

時折改革が行なわれたが——快適さのためではなく、船の機能を改善するためだった。最も重要なものは、船底を腐らせて速度を遅らせ、しばしば船をまったく航行不能にする甲殻類や虫や海草の繁茂を防ぐため、船体を銅で被覆する方法だった。ロドニーはたえず銅貼りの船を要求していた。こうした船は、時折海軍本部が珍しく金を使う気になったときに作られるからだった。滑車で舵に繋がれ、舵手に機械的な統御をさせるブリッジ上の舵輪は、その純然たる効率のよさのおかげで、圧倒的な無気力に抗して入りこんできたもう一つの進歩だった。中世の戦闘のさい弓の射手が用いた由緒ある「船首楼」でさえ、重心を低くし、もっと多くの帆を備える空間を作るため排除された。古株の老練な水夫たちの嘲笑の的にはなったが、とらえにくい風をつかまえるための船首三角帆(ジブ)も付け加えられた。

一七四二年ロドニーは、地中海で最初の船プリマス号に乗り組み、海峡の西端での敵の私掠船の襲撃を切り抜け、リスボン貿易専門の三百隻の商船からなる巨大な輸送船団を無事に連れ帰って、たちどころに名をあげた。この手柄のおかげで彼は世間の注目を受け、ロンドンやブリストルの商人に感謝されたばかりか海軍本部委員会の委員にも注目されるようになり、やがてこの委員たちから大佐に昇任させてもらい、のち六十四門の砲を備えた戦列艦イーグル号の指揮権を与えられた。

ロドニー艦長はイーグル号に乗り組んで商船の襲撃をするのに忙しく、ツーロンの戦いには参加していなかった。参加していたら、三年後の一七四七年十月の第二次フィニステーレ戦や、それより前のブレスト沖の戦闘で見せたような、必要とされていた大活躍をしたかもしれない。その年ロドニーは、ホーク提督指揮下の艦隊に入っていた。この艦隊は、フランスの商船団を探して大西洋を巡航するよう英国が派遣したものだ。最初の戦闘でトーマス・フォックス准将指揮下のロドニーの部隊は、砂糖、コーヒー、インジゴ、そのほか西インド諸島の品物をどっさり積んでサントドミンゴから帰航中のおよそ百五十隻の商船隊を護衛していた四隻のフランス軍艦を襲撃した。ロドニーは、ちりぢりになった商船隊を二日間追跡して六隻を捕獲し、分捕り品を本国へ護送したあと海へ帰った。彼がホークに合流したとき、九隻の戦列艦に守られた外国行きの二百五十隻のフランス商船隊を攻撃せよという命令がくだった。ヨーロッパの最西端にあるスペインのフィニステーレ沖の海域で英軍が仏船団を阻止し、そのあと戦闘が行なわれたが、そのさい受動的な態度や怠慢は全然見られなかった。

フランスのレタンデュエール提督は、護送中の船団に逃げる機会を与えるため船団と英軍の間に割って入り、まるで皇太子その人を船に乗せて運んでいるかのように決然として、指揮下の艦長たちの戦闘精神を鼓舞しながら六時間戦った。フランス軍はおびただしい被害を受けた。七十門の砲を備えたネプチューン号では、降伏するまでに七人の士官と三百人の水兵が殺された。ロドニーは力でまさるネプチューン号ともう一方の側にいた第二の仏艦を相手に一時間戦い、ついに舷側砲により操舵輪を破壊され、帆と艤装を引き裂かれて航行不能になったので、イーグル号は戦闘区域外に漂い出ていった。勇敢な抵抗にもかかわらず、仏艦中六隻が日没までに降伏した。夜になるまで——応急修理をしたあと、やる気満々で戦闘を続けたがっていた——ロドニーと英国艦隊の他の二隻に追跡され、逃げおおせたのは二隻だけだった。護送中のフランスの商船は逃げた。

捕獲品のおかげで、ロドニーの評判はいちだんと高くなった。とりわけ、フィニステーレで発揮した敢闘精神はツーロン軍事裁判の恥辱の雲を追い払う助けとなった。とくにイギリスの戦利品は三十万ポンド以上にのぼり、例によって市民を喜ばせようと今回はロンドンの街をパレードしたのでなおさらだった。

政府にこの幸運の財富をもたらした生みの親として、ロドニーはペラム一族——第一大臣（首相に当たる）のヘンリー・ペラムと、彼の兄、ニューカースル公爵で、この二人は官職任命権を一手に握る大物だった——に庇護を受ける身になる。彼は二人のおかげで与党の被保護者となり、あらゆる野心家が出世のためには通らねばならない道と考える資格——国会の議席——を与えられた。そして、フィニステーレでの英国艦隊総司令官、アンソン提督の計らいで国王ジョージ二世に拝謁した。国王はロドニーの若さに大きな感銘を受け、お付きの者が急いで記録したところによると「これまでわたしの海軍にこれほど若い艦長がいるとは想像したことがなかった」と言った。これに対してアンソン卿は「陛下がこのような艦長をもう百人お持ちになって、陛下の敵を恐怖におののかせてやれたらと存じます」と答えた。

「そう願いたいね」と国王は当意即妙に答えた。

ロバート・ウォルポールの追随者としてペラム兄弟は、戦争を終わらせたがっていた。そして、フィニステーレのゆたかな獲物のあと、一七四八年のエクス・ラ・シャペルの講和で名目上戦争は終結した。講和条約によりさまざまな領土の交換が行なわれたが、現実には一時的な休戦にすぎず、植民地の支配権獲得競争については何一つ解決しなかった。列強は戦争を長びかせるのを恐れて、注意深い交渉をするのをいやがったからだ。カナダとノヴァスコシアの国境や、スペインに対する通商権、航行権の問題は未解決のままで、西インド諸島と北アメリカでの戦争は続いていた。

翌年の一七四九年ロドニーは、快い国王の寵愛を受けてレインボー号の艦長に任命され、それと同時にニューファウンドランド基地の指揮権と総督としての称号を授けられた。一七五三年にはノーザンプトン伯爵の妹と結婚した。だが彼は、この家庭内での身分を獲得する前からハンプシャーの古い領主館（マナーハウス）のあった土地に美しい館を建てて自分の身分にふさわしいと思う居場所を手に入れていた。そして、こうした事柄に関する最高のものを正しく見定めて、ちょうど肖像画を描いてもらうのにレノルズを選んだように、「可能性」のブラウン（本名ランスロット・ブラウン。「大いに改良の可能性を認めます」とよく言ったことからこう呼ばれた）に屋敷の外観を設計させた。同時に、海軍大佐にしては少々豪勢すぎる経費を使ってロンドンのヒル通りに私邸を購入した。

一七五二年ニューファウンドランドからイギリスに帰ってきたとき、彼はひどい痛風の発作のためポーツマスで上陸させてもらい、船を副官の手に委ねなければならなかった。これは、残る生涯の四十年間彼を苦しめ、ときには無力にしてしまった多くの発作の最初のものだ。彼は三十三歳の若さで痛風の犠牲になったのだが、この病気の原因となった十八世紀の大酒飲みの習慣は、胸のむかつく悪臭に耐え、海上の長い空虚な日々の退屈さをまぎらすため、船上ではいちだんとはげしさを増す。十八世紀イギリスの最も偉大な政治家だった大ピット、チャタム伯爵の健康を損なったのも痛風だったように、結局ロドニーの健康をだめにしたのも痛風だった。もっとも七十四歳までは何とか持ちこたえることができたのだが。帰国したとき、彼の病気は役に立った。というのは、一七五六年のビング提督の軍事裁判に出廷するよう命じられていたにもかかわらず「非常に不快で、はげしい疝痛」のため、免除してもらえたからだ。それよりさらに幸運だったのは、処刑が行なわれるのが彼の船モナーク号に決まったとき、彼はその少し前ダブリン号へ転属になっていて、自船の甲板で執行隊に「撃て!」の命令をくださなくてすんだことだ。しかし、幸運は長い間彼のもとにとどまってはくれなかった。一七五七年、すでに彼との間に二人の子を儲けていた妻のジェインが、三人目の子供の産褥で死んだからだ。だが、女の子の赤ん坊は生き残った。妻を失ったので、ロドニーは再び戦闘を切望し、まもなく一七五九年の「すばらしい年」にその機会を見出した。これは七年戦争の真っ只中で、イギリスは敵に会えばかならずこれを打ち負かしていた。

主に海上の支配権とアメリカでの植民地支配、一部にはインドでの支配権を争ってフランスと英国の間で戦われた七年戦争は、十八世紀の中心となる戦争だった。これはアメリカでは、フレンチ・アンド・インディアン戦争と呼ばれた。後世の歴史家はあと知恵で、この戦争を最初の本格的世界大戦だと考える。支配権をめぐるプロイセンとオーストリアの決闘を中心に、領土と王統の争いやもつれた同盟関係が織りなす網のなかで、副次的にヨーロッパ戦争が行なわれたからだ。プロイセンの側に立つフランスはオーストリアと組んだイギリスに敵対し、それにスウェーデン、スペイン、オランダ連邦共和国がさまざまにからみ合っていた。

戦争の結果、英国の海の支配権が確認され、まもなく英国の海上の覇権は当然だと考えられるようになった。ホレス・ウォルポールはインドからの商船団の帰還を報告するさい、おだやかに、船団は「わが国の首都の大通り、すなわち大洋」を通って本国へ帰ってきた、と断言することができた。領土に関する主な収穫は、フランスによるカナダの割譲と、ハバナをスペインに返還した見返りとしてのフロリダの獲得だった。マハン提督はこの結果を簡潔に要約して、次のように述べた。「英国は大英帝国になった」。

ピットの自信を裏づけるように、七年戦争の間、英国の海軍力は、五十万トンに達する貿易の増加を確保した。これはヨーロッパ全土の貿易のほぼ三分の一を占め、新しい産業の生産物をいっぱいに積んで新しい市場へと航海する八千隻の船舶で運ばれた。輸送船団は聖なるもので、貿易は力だった。それは、艦隊と二十万人の兵隊と、アメリカ駐屯の五万人を含む英国から給与を支給されている傭兵たちを維持できるだけの収益をもたらした。事実、英国が優先権を与えているのは貿易と、それがもたらす収益だった。非常に多くの英国の貿易品が通商航路を通っていたので、フランスの海賊や私掠船による襲撃は、戦争の風向きにそれとわかるほどの影響は全然及ぼさなかった。高価な産物を有する西インド諸島が貿易の主眼となり、貿易は再び多くの西インド諸島の大農園主によって直接代表されるようになる。彼らは国会の議席を十二から十五持ち、数よりはむしろ富とコネによって影響力を振るった。

最も著名だったのは、ジャマイカ最大の地主で、一七六〇年代に二度もロンドン市長をつとめたサー・ウィリアム・ベックフォードだった。北アメリカの植民地がいかに二義的な扱いしか受けなかったかということは、革命が武装闘争に発展したあとの一七七八年、フィラデルフィアから剝ぎとられた五千人の軍隊がフランスの再占領を防ぐため西インド諸島に送られ、その後一七七九年には第二波として四連隊がリーワード諸島へ、もう四連隊がジャマイカへ輸送されたことからも知れる。ニューヨークのクリントン将軍が兵力の増強を大声で叫び、イギリスがアイルランドから新兵をかき集め、刑務所の囚人たちを動員しようとしていた折りだというのに、独立戦争の勃発以来、合計二十二大隊が西インド諸島に送られていた。

一七五九年という「すばらしい年」の最も重要な手柄は、ケベックでのウルフ将軍によるフランス軍打破だった。これは、イギリス海軍の間接的勝利であり、数世紀にわたる支配権獲得闘争のなかでイギリスが最後にフランスに勝つための手段は海軍しかないとピットが固く信じて準備してきた成果だった。九千人のウルフの軍隊は英国の海上征覇のおかげで無事にカナダへ輸送され、彼らが崖をよじのぼってアブラハム平原に出る前、タイコンデローガとクラウン・ポイントでの予備的勝利によって道が開けていた。丘の上の戦闘で主人公のウルフ将軍が戦死するという犠牲を払ったとはいえ、この勝利は決定的な成果をもたらした。そのあとモントリオールの占領が続き、今度はこれが英国のカナダ征服を確実にしたからだ。これによりフランス人は、これまで領有問題で論争中だったアメリカの領土から排除された。オンタリオ湖からやって来たアマースト将軍の下方と背後からのモントリオール攻撃に直面して、カナダのフランス人総督、ド・ヴォードルイユ侯爵は、一七五九年九月、ケベック州、すなわちニューフランスをイギリスに譲渡した。カトリックの大国としてフランスがカナダに君臨し、ニューイングランド植民地の定住者に対して敵意を持つイロクォイ族と結んでいたので、アメリカの英領植民地はつねに、こうした北からの脅威に対して保護してもらうため英国に忠誠を誓わねばならない理由があるのだと、英国人、アメリカ人の両方が考えていた。人間の期待のむなしさを示すために運命が用いたがる策略の一つとして、英国人はケベックでの勝利とカトリックの脅威の除去により、アメリカ人に反抗の自由を与えたのだった。

一七五八年ロドニーは、ルイスバーグ（ノヴァスコシア）攻撃のため派遣されたボスコーイン提督指揮下の艦隊といっしょに出航したが、彼が乗り組んだダブリン号は不健康な船で、乗組員は大半が伝染性の熱病で寝こんでしまった。その結果船はハリファックスに残され、乗組員たちは船の大工たちが急いで海岸に建てた小屋に収容された。このダブリン号の弱体のおかげで、ロドニーはフランスの砦に対する重要な攻撃には参加できなかった。この砦の攻略がケベックへの道を開いたのだ。彼は敵の降伏寸前に勝利者に合流し、いっしょにイギリスへ帰ってきた。また、一七五九年十一月、ブルターニュ海岸沿いのキブロン湾の戦闘で、イギリス侵略をはかったフランスの主力艦隊をホーク提督が潰滅させたときも彼は参加していない。この戦闘は身元不詳のある熱狂者から「連合艦隊以来最大の勝利」と呼ばれ、「すばらしい年」にさらに栄誉を付け加えた。ロドニーはそのとき侵略計画の別の面をくじく任務を帯び、上陸用舟艇としてルアーヴルに集結していた平底舟の小艦隊を焼き討ち船で破壊せよと命じられた艦隊の指揮をとっていた。上陸用の平底舟は船長百フィートで、それぞれ四百人を運ぶことができた。一七五九年五月、彼は青の少将に昇進し（もともと青と白と赤は戦列内の艦隊の持ち場を示すもので後衛、前衛、中央の艦隊を表わし、青、白、赤の順で少しずつ位階が上がっていく）、六十門の砲を積んだ旗艦アキレス号と、他に四隻の砲艦、五隻のフリゲート艦、ルアーヴルの港を襲撃してそこの船を燃やすための六隻の爆破用ケッチ（縦帆小型船の一種でメーンマストとミズンマストを備えるもの）の指揮をまかされた。ロドニーは海岸の砲台から「まったく元気のよい砲撃」を受けたにもかかわらず、フランス船のすべてのマストを吹き飛ばし、「やつらの船はどこから見ても背骨がへし折れたように見える」ほどの損害を与えた。そして海軍の弾薬庫としての港自体は、戦争が終わるまでもはや英国を悩ますことができないまでに破壊されたという。彼の襲撃は、キブロン湾でのフランス軍の撃破のあと、仏軍のイギリス侵略計画中残っていたものをことごとく破壊した。

ルアーヴルでの焼き討ちの任務から帰国したとき、ロドニーはイギリスに新しい国王が生まれているのを知った。一七六〇年十月、ジョージ三世が即位したのだ。彼はハノーヴァー家の血を引く最初のイギリス生まれの本国人（ネイティヴ）であって、自分の清廉さに対する信念と、「ジョージや、国王におなり」という母親の励ましをからだ中に浸みこませていた。彼は自国イギリスに対してはよき支配者、植民地を含む大英帝国に対しては断固とした主権者になろうとした。とくに反抗的なアメリカ人に対してはそうだった。国王ジョージや国民の大部分が考えているところでは、アメリカ人は自分たちのためにフランスと戦ってもらっているのに、まったく恩知らずだったからだ。その戦争と将来の防衛費用をまかなうための税金にアメリカ人が反対しているのは、感謝の道を知らない恩知らずな振る舞いだと考えられていて、代表なきところに課税なしという基本的な国制上の問題とは考えられていなかった。ジョージ三世がこうした問題の見方を理解していたかどうかは別にして、彼は植民地に課税する議会の——または、彼の見方によると国王の——権利を確立する決意を固めていた。それで、戦闘と、戦闘的な司令官をほしがっていた。

国王が理解していたところでは、防衛上重要な領域は西インド諸島だった。「われわれの島々は、英本土が侵略される危険をおかしても守らねばならない」と、ジョージ三世は二十年後の一七七九年、つまりアメリカ革命が武力闘争になった年、サンドウィッチ卿にあてて書いた。ジョージは極端な場合のことを述べていたのであって、「侵略される危険をおかしても」というのは確かに、大臣たちが同意するはずのない感情だった。しかし、海軍は同時にあらゆる地域にいることはできず、フランスの侵略をはねつけるだけの兵力を本国周辺にとどめておくとすれば、カリブ海に駐屯する海軍はそこの島々を防衛するには不十分なものとならざるをえなかった。「もしわが国が砂糖諸島を失ってしまったとしたら」と国王の手紙は続いている。「戦争を続けるだけの金を集めることはできないだろう」。これもまた極端な考え方に見えるものの、富裕な大農園主や西インド諸島商人たちのゆたかな財産から政府に流れこむ収益の点では多少の根拠はあった。サンドウィッチは、フランスによる制海権の掌握が砂糖諸島を危険にさらしているので、英国海軍の主力をカリブ海に持ってくるべきだという考えに同意した。一七七九年、リーワード諸島の艦隊の有様は「非常に嘆かわしく」、強化が必要だったものの、「最も望ましい」のはマルティニク島に対する作戦を成功させることだった。マルティニク島が占領されれば、他の仏領の島々も陥落し、フランスはこの打撃を非常に深刻に受けとめるので「ひょっとすると戦争は終わりになるかもしれない」と考えられるからだった。サンドウィッチはまた、一七七九年の国王あての覚え書のなかで、セントユースティシャス攻撃を勧告している。フランス軍はそこで西インド諸島艦隊の物資補給ができるからだった。もしカリブ海でフランスの制海権を打ち破り、フランスの島々を占領することができれば、英国陸海軍の全力をアメリカに向け、反乱を鎮圧することができると考えられた。

二十年前の一七五九年はアメリカ人がまだ母国に対して武器をとっていなかった時代で、国王と海軍長官の手紙はのちの状況に対する戦略を映し出しているのだが、これらの手紙は英国人の思考のなかで西インド諸島がすべてにまさる重要性を占めていたという事実を示している。国王は大臣たちの「用心深い対策」の代わりに仏軍をくじくための「大胆で男らしい」努力と攻撃をつねに望んでいたので、王位についた翌年の一七六一年十月、マルティニク島に対する陸海合同攻撃の海軍側の指揮を執らせるため、ロドニーをリーワード島管区内のバルバドス島総司令官に任命する許可を喜んで与えた。

仏領の島々のなかで最も人口が多く最も繁栄していたマルティニク島は、ときにはウインドワード、ときにはリーワード諸島と呼ばれる一連の島々のなかで最大のものだった。この命名の仕方は、当地の歴史家の一人が嘆いたように「正確さを欠いていた」。名目上はリーワード（風下）諸島に入れられていることとは関係なく、マルティニク島は風上の地位を占めている。フォール・ロワイヤルには最もすぐれた港があり、ここは仏領の島嶼中最も繁栄している島として仏領西インド諸島の首都、フランス人総督ならびにアンティル諸島全域に対する管轄権を持つ独立議会の所在地だった。この鎖型の島々からかなり離れた風下にあるバルバドス島にはよい港がなかった。それでイギリス人は、マルティニク島から鎖をさらに北上したところにあるアンティグアのイギリスの港を使っていた。

一七六一年十月二十一日、ロドニーが新しい任命を受けて西インド諸島の艦隊に合流するためプリマスから出航したとき、攻撃計画はすでに出来上がっていた。この計画はもともと、ピットが第一大臣時代に作ったものだ。

大西洋を西向きに横断する三十日の航海のあと十一月二十二日にバルバドスに着いて、ロドニーはモンクトン将軍の地上軍に合流した。それから彼らは翌年の一月七日、いっしょにマルティニク島に到着した。今度の作戦というのは防衛軍の驚くべき兵力にもかかわらず、おきまりの西インド諸島式上陸を敢行することだった。「海岸の砦を沈黙させた」あと、英国艦隊は一隻を失っただけで、サン・ピエール湾に錨を下ろした。この一隻も敵の砲火によって沈められたのではなく、岩だらけの暗礁に乗り上げたため失ったのだった。

「われわれは島民全員と貯蔵品全部を救った。まもなく島の大砲全部を手に入れると思う」と、ロドニーは報告した。艦隊は無事に上陸を果たし、すばらしい港を確保した。二旅団と一小艦隊がプティット・アンス湾の基地を占領するために派遣され、もう一小艦隊がグランド・アンスに送られた。ドラゴン号のハーヴェイ艦長が砲台を沈黙させると、ロドニーの船舶と水兵が砦を攻撃して占領した。ついで海岸の敵の砲台を破壊したあと、「一月十四日、わたしは全艦隊と陸軍を率い進軍した」。

そこの海岸を偵察したのち、彼とモンクトン将軍は十六日にフォール・ロワイヤルを攻撃することに決めた。そして「ほとんど損害を出さないで非常に首尾よく砲台を沈黙させたあと〔ここでは、ふつうの使用不能の状態に陥れたというより以上のものを表わしているように思われる〕、わたしは日没までにモンクトン将軍と彼の軍隊の大部分を上陸させた。それで、翌朝の夜明けをほんの少し過ぎたときには全陸軍が上陸していた。一兵の損失もなく必要な糧食はすべて陸揚げし、「全艦船と輸送船は、ここの海岸で可能なかぎり安全に停泊中だ」。そこでそれぞれ四百五十人の海兵からなる二つの大部隊が上陸し、高原を登りはじめた。そこから砦を包囲する計画だったからだ。

二月十日にロドニーは、フォール・ロワイヤルの重要な砦が降伏した件について大臣閣下に祝辞を述べることができた。その結果「国王陛下の軍隊は、この界隈の最上で最高の港を所有することになった」と述べ、「敵の最上の私掠船のうち」十四隻を拿捕したが、降伏の条件として島の他の地域からさらに多くの船が届けられるはずだ、と付け加えた。また、陸海軍のそれぞれが国王と祖国に対する最上の奉仕を競い合いながら、なお両者の間に「この上なく完全な調和」があることを報告するのが嬉しいと述べた。地上軍を率いていた一歩兵隊将校によるいきいきした描写は、地の利を確実にするため、いかに水兵たちが大砲や最も重い臼砲などを丘の上に運び上げたかを語っている。「そして、水陸両方で彼らがわれわれのために尽くしてくれた勲功は信じがたいほどだ」とロドニーは報告した。水兵たちが船内の悲惨な状態から解放されたことが困難な運搬作業にエネルギーを与えたのは、確実だろう。

マルティニク島が降伏した結果、小アンティル諸島が無防備になり、さらに三つの島がロドニーの艦隊に降伏した。それはマルティニク島の南に横たわるセントルシア、セントヴィンセント、鎖の最南端のグレナダだ。貴重な基地であるこれらの島を「平和裡に手中に収めたこと」につき、ロドニーは海軍本部に祝意を述べた。ロドニーが長い間特別な執念を見せていたセントルシアは、英領ウインドワード諸島中最大で、最も美しい島だと考えられており、良好な港が多かった。他方「重要な島」グレナダは、ハリケーンの季節には安全な港と、非常に堅固な砦を提供してくれた。

その間ジャマイカが、予想されるフランス・スペインによる合同攻撃に対して彼に緊急の援助を求める要請をしてきた。この冒険からは有利な戦利品が手に入ると予想したロドニーは、モンクトン将軍は乗り気でなかったし、またイギリスからの命令もないのに、自分の責任でジャマイカの救援に駆けつける覚悟を決めた。モンクトンは彼より権力に対して従順だったので、本国からの指令がないのにロドニーに同行するための兵力を割きたくなかったのだ。ロドニーは、自分には「危機に瀕しているかもしれない陛下の植民地のいずれをも救援する義務があり、またその権限は与えられている」はずだという思い込みから、海軍本部に自分の意図を知らせ、「国王陛下のお役に立ちたいという望み以外いっさい他意はありません」と大臣閣下たちに保障した。だが、海軍本部は他意があるではないかと疑い、ロドニーが怒りかつ失望したことには、計画を遂行してはならないという命令が届いた。その理由は、秘密の遠征部隊を準備中であって、それを「他の全計画に優先させねばならず」、そのため彼は自分の任地にとどまることでその援助をしなければならないからという趣旨だった。同僚の提督たちがすでに財産を築いていたのに、彼だけはその好機を奪われたため、彼は仏頂面をしたまま、スペイン貿易の支柱となっていたハバナでの将来の戦闘に備えて、自分の艦隊を部隊に合流させる準備をした。キューバ攻撃で海軍側の指揮を執ったポコック提督が首尾よい成果をあげ、一財産となるほどの捕獲賞金をたずさえて帰ってきたのにひきかえ、ロドニーには得るものが何もないので、苦々しい思いをかみしめるしかなかった。くやしさのあまり、彼はモンクトン将軍と喧嘩をした。マルティニク島では将軍とあれほど「完全に気が合った」戦いをやったのに、いまでは、そこで得た捕獲賞金を将軍が不公平に分けたと文句を言った。

翌一七六三年のパリ講和条約では、さらに広く失望が広がった。英国は、七年戦争の間に武力で勝ちとったほとんどすべての有利な立場を、条約により愚かにも譲渡してしまったからだ。新しく勝ちとったアンティル諸島の宝石、マルティニク島と、隣島のグアドループ、セントルシアは、フランスがノヴァスコシアやケープ・ブルトン、セントローレンス諸島つきでカナダ全土を割譲した見返りとして、フランスに返還された。イギリスと同様、フランスは西インド諸島の価値をカナダの価値以上だと考えたのだった。フランスはマルティニク、グアドループ、セントルシアを取り戻すためなら、その代償として喜んでカナダを譲渡しようとした。英国にとってこれらの島の喪失は、英国の生活に必要な貿易を何にもまして損なうはずだ、と信じたからだった。フランス人は国王ジョージと同様、英国にとって貿易は必要不可欠だと考えていた。英国民はこの交換を、アメリカの植民地への関心を西インド諸島の巨額の富や貿易上の利点に優先させていると考え、嫌悪の眼で眺めた。スペインとの取り決めについても、同じような否定的な見方が多かった。この取り決めで、キューバとフィリピン諸島は、スペインがニューオーリーンズを除きミシシッピー川以東のスペイン領土全部とフロリダを英国に譲ると保障した見返りに、スペインへ返還されたからだった。アメリカの南部植民地の権益保護のための交換として、これもまた、他の何よりもアメリカ植民地の利益を優先させるものと見なされた。

英国民は、七年戦争をフランスの侵略からアメリカの英領植民地を守るために戦われたものと考え、それなのに植民地の人々は自分自身の防衛のために指一本上げなかったと考えた。大陸会議軍がタイコンデローガからケベックにいたるウルフの道を開いた事実や、ルイスバーグの最初の包囲を始めて、フランスが後援するアメリカ原住民の攻撃に対し自分たちの集落を守ったことは無視された。この戦争の結果、英国が最強の地位を占め、確実に海の覇権を握ったことを考えれば、パリでの譲歩はいっそう不必要なものに思われた。この条約により英国が事実上北米大陸全土の支配権を手に入れたという事実は、大きな成果とは認められなかった。政府はすぐ手に入る砂糖の収益や貿易より、雑木林や人跡未踏の森林に厚くおおわれた未開拓の荒地のほうを高く評価して、当時の人々には愚行に見える交換をした、と考えられたのだ。この交換がアメリカの将来の可能性をぼんやりとつかんだ結果だったとしたら、おそらくこれは、啓蒙された世紀における良識の最初の兆候を示していたのだろう——そして、それだからこそ、英国民の間ではまったく不評だった。

人並以上の洞察力を持った人々にとっても、フランスやスペインの今後の侵略から安全に保護されたアメリカの英領植民地が提示する将来の見通しは、決して好ましいものではなかった。「もはや英国の保護を必要としなくなった」とき、「その瞬間から彼らは独立を手に入れたと言ってもよい」と、ロドニーの伝記を書いた彼の義理の息子は、明らかにあと知恵から書いている。この記述は歴史の先取りをしすぎだ。というのは、独立への動きが根づくまでに何年もの波乱に満ちた歳月が過ぎなければならなかったからだ。しかし、植民地がフランスとカトリック支配の恐怖から解放されたという点では、確かに転回点が訪れた。ロドニーは一七六二年十月、青の中将に昇進したが、彼にとって戦争の終結とは、昇進の遅れと挫折、彼の人生の奇妙で決定的な出来事へと通じる借金地獄の時代という意味になった。

パリ講和ののちイギリスに帰ってしばらくの間、たとえ貧窮していたとはいえ、彼の運は静かに上昇していた。この間給料は半分だったが、これは勤務外でも給料が出る場合の海軍士官や乗組員全員に共通した運命だった。彼は一七六四年一月、三つの価値ある島を大英帝国に付け加えた功績が認められて、准男爵に任ぜられた。翌年、七年間やもめ生活を続けたあと再婚した――相手はヘンリエッタ・クライスという名の婦人だったが、やがて彼との間に二人の息子と三人の娘をあげたということ以外、彼女についてはほとんど何も知られていない。一七六五年十一月、グリニッジ救護院総裁という陸上勤務の職が彼に提供された。これはからだが不自由になったり窮乏したりした水兵たちの避難所で、瀆職（官僚の汚職を表わす用語）の多くの道を提供してくれる地位だった。ロドニーの在職期間中に、有名になったのは、冬、副知事が年金受給者たちに防寒上衣の支給を拒否したとして注目に値する非難をした事件だった。とくに、副知事自身は暖かい火のそばにすわってそれを着ていたのでなおさら怒りは増した。ロドニーは、「年取った人々の生活を居心地よいものにすることで」、若い訪問者たちに「年を取ったとき王子様みたいに幸せに暮らせるのなら、水兵になりたがらない人なんていないだろう！」と言ってもらえることを自分の方策にしようと思っていると述べた。その結果、防寒上衣を支給することになった。

船に乗ることなく、ロンドンの近くで、しかも社交界暮らしをしていたため、ロドニーはまたもや賭博の誘惑に巻きこまれてしまった。ただし破滅を招いたのは、賭博の誘惑よりは議会の誘惑のほうだった。彼は政治上のパトロンからの贈りものとして三度議席を占めたが、一七六八年、彼が議員をつとめていたノーザンプトンに突如として局外者の対立候補が現われ、ロドニーは議席を保持するため選挙運動をやらねばならなくなった。テレビや現代のような出費はなくとも、饗応や酒や票集めのための直接の金の支払いなど選挙にかかる費用は破産しかねないほど多額だった。だが、国会という神秘的な魅力は非常に強かったので、ロドニーは、権力の幻影のために、喜んで三万ポンドを費やした。そのため、何の影響力も振るえず何の利益もない地位のために、さらに深く借金地獄に沈まねばならなかった。

一七七一年彼は、英国少将という名誉職を授けられ、ジャマイカの総司令官に任命された。ところが、ジャマイカの公金支出と彼の給与に対する他の債権者の請求について、海軍本部へ納得のいく説明をするまでは、提督としての明示された彼の給料の半分は押さえられていた。そのため、彼はグリニッジ救護院総裁の地位を保持させてくれと頼んだ。彼が指摘した通り三人の前任者も総裁の地位に留まることを許されていたからだ。しかしサンドウィッチ卿は、理由のわからない悪意を見せてこれを許可するのを拒んだ。そして、ジャマイカでの勤務が終わってロドニーが同島の総督に任命してくれるよう頼んだとき、これもまた拒絶された。怒ってむっつりしたものの彼は三年勤務の終わりを迎え、見通しとしては別の地位が与えられないかぎりイギリスに帰って半分の給料で暮らすしかなくなった。一七七四年の九月に帰国したとき、借金が払えない場合には牢獄暮らしをすることになるかもしれないので、むしろ国を出たほうがよいと忠告されて、彼はパリに逃れた。そこでは、ハンサムなイギリスの提督を敬愛してくれる社交界の仲間とつき合う喜びと優雅な生活がまたもや彼を圧倒し、新しく重ねた借金の重荷が、石の壁のなかではないにしても、ついに彼をパリに閉じこめる結果になった。フランスの警察が、パリの債権者への支払いがすむまでは彼の出国を許可しない方針をはっきりさせたからだ。

このときレキシントンとコンコードの銃声がアメリカの蜂起を知らせたので、ロドニーは海の戦いに参加したくて矢も楯もたまらなくなった。しかし、動くことができなかった。というのは、実戦に参加する意思を伝え、「知らせがあれば即刻……どんな企てにも出動する」覚悟を認めたサンドウィッチ卿あての緊急の手紙を出したにもかかわらず、海軍本部からは何の呼び出しもかからず、長官からの紋切型の公式の返事以上のものは何も来なかったからだ。長官は、これまでいつもお世辞たらたらの手紙のなかで自分をロドニーの真の友だちだと公言していたくせに、この有様だった。

イギリスの筆頭植民地が母国に対して反旗をひるがえしたことはいまや事実となり、国際的紛争が起こりそうな兆しが見えてきた。一七七七年十月のサラトガにおけるアメリカ側の驚異的な勝利のあと、一七七八年二月にフランスが植民地と同盟を結んだとき、この兆しが事実となった。サラトガの勝利は、バーゴイン将軍の五千七百人にのぼる軍隊のほとんど信じがたい降伏を招き、彼らは二度とアメリカに対して武器を取らないと誓って捕虜として本国へ送還された。四カ月後の一七七八年三月、フランスは英国政府に対しアメリカ合衆国の独立を認め、米仏はともにイギリスがアメリカの独立を認めるまでは単独講和を結ばないという条件で、大陸会議との間に同盟条約ならびに友好通商条約を結んだ旨の通知をした。この同盟によって強大国フランスは反乱者の側に立った。そしてまたもや英国は宿敵と対立することになって、戦局が変わった。

VIII　フランスの介入

反乱者たちと同盟を結んだので、フランスは必然的に統治権力としての英国と戦争することになったが、もちろん、フランスの意図はそこにあった。ブルボン家の政策は、一民族が「地上の大国の間で、自然の法と自然の神が権利として与えてくれた独立した平等の地位につく」べき時期が来たというジェファースン的原則に同情して作られたものではなかった。その原則は、いまブルボン家がその大義を擁護する形になっている同盟者によって明確に述べられてはいるものの、君主の考えではなかった。フランス側の動機はさほど哲学的ではなく、一〇六六年（ノルマン人の征服）以来七世紀にわたる敵対意識から生まれてきた単なる英国への敵意と、七年戦争で蒙ったフランスの損失を取り戻そうという欲求によるものだった。したがって、アメリカの英領植民地に英国からの独立を勝ちとらせたフランスの介入を招いたのは、アメリカへの関心ではなくて旧世界の権力闘争だった。同盟協定は二つの条約から成り立っていた。一つは通商と友好を規定したものであり、もう一つは、英国がアメリカの独立を承認するまでは英国と単独講和を結ばないと両方の当事者が誓うことを条件としたものだった。

フランスはアメリカとの同盟条約に署名してから五カ月後の一七七八年七月、英国に対して宣戦布告をした。その一年後、ブルボン家の盟約を復活させてスペインがこれに続いた。スペインへの代価は、フランスが約束したジブラルタルとミノルカの地位の回復の援助をすることだった。

フランスが最も恐れたのは、アメリカの英領植民地が本国と和解し、大貿易国、植民国、海運国としてのイギリスの地位を回復させ、英国をかつての覇者へ返り咲かせることだった。英国の力を縮小するのがフランスの主な戦争目的だったからだ。ベンジャミン・フランクリンがフランス人に対しわざと和解するかもしれないと仄めかしたことや、それを裏づける兆候やしるしを見つけたとフランス人が考えたことなどが引き金となって、まず同盟条約を結ぼうという話になった。単独講和を禁ずる誓約のおかげで、フランスが恐れた英国と植民地との和解への道は——しばらくの間——閉ざされた。だが、まもなく英国自身が植民地との和解を提案したとき、この恐れが再燃することになった。

フランスの参戦後十七日経って、アメリカとは何の関係もないことだが、はっきりした形ではないにしても長期的に見れば目に見えないところで、英国の戦争努力に重大な損害を与える最初の海戦が、フランスの海岸沖のアシャント島付近の英仏海峡で戦われた。フランスの目的は、イギリス侵入への前段階として英仏海峡の支配権を握ることにあった。ブレストとツーロンからフランスの二艦隊が出航するという情報を得ていたので、英軍の目的は両者の合流を阻止することにあった。万一両者が合流して英仏海峡を北上してくる場合にはその兵力が「いちじるしく優勢」でないかぎりこれを攻撃し、「いちじるしく優勢」なときには帰国して兵力を増強する手はずになっていた。英国の海峡艦隊司令官、オーガスタス・ケッペル提督は、フランス艦隊の先駆けの二隻のフリゲート艦を認め、闘志満々で砲撃の口火を切った。当時の慣行では、提督は戦列の中央にいるのがふつうだった。そこにいれば、艦隊の最先端と最後端が、そのときどきの事情により見えることもあれば、同じように見えないこともあった。戦闘を成功させるには、提督としんがりを指揮する副司令官との間に完全な了解がなくてはならない。この場合、ケッペル提督と第三司令官のヒュー・パリサー提督とは、それぞれ違う政党に属していた。またもや信号の誤認が起こり、それが誤解にもとづくのか悪意によるのかは、のちに派閥の議論の的となって殴り合いになりそうなところまで発展した。どちらにしても、使われた信号表はこの場合の目的遂行のためには不十分だった。

英国の信号法には、艦長が与えられた指令を見そこなったり理解しそこなったりした場合、これを知らせる信号もなければ、総司令官が第二の信号を最初のと取りかえるとか、そのほか命令の変更などを伝える信号もなかった。陸地で将軍の副官が口頭の指示をたずさえて馬を走らせる場合のようにメッセンジャーとして軽装備の通報艦を用いる以外、よりよい意志疎通の制度を考え出すことはできなかった。これは、戦場の実情にはそぐわない。戦列艦は地上の旅団長や師団長のように、一カ所にとどまって命令を待つことはできなかったからだ。フリゲート艦に乗った提督が戦列の先頭に立ち、信号よりはむしろ模範を示して、とりたい航路を教えるという代案は、のちにネルソンが試みたが、一般的に採用されたことは一度もない。

アシャントでは、それぞれ三十隻の戦列艦が戦い、拿捕されたもの、沈められたものはなかったが、いずれの艦隊も輝かしい戦果はなく、それぞれの港へむなしく引き揚げた。英国民は――本国の艦隊が海から敵を追い払ったあと、フランス人の頭皮をベルトからぶら下げて帰るのを期待していたので――責任者探しにやっきになった。そして、パリサーがケッペルに対する非難の声をあげ、ケッペルも負けずに反撃すると、たちまち侃侃諤諤の論争が起こり、はじめは一方の、続いてもう一方の側の軍事裁判で頂点に達し、国民と海軍双方のそれぞれの意見が厳しく対立した。民衆の感情はケッペルに味方していた。

ケッペルは野党のホイッグ党員で、一七七五年、アメリカ植民地に刃向かう軍務にはつかないと言明していた。フランスが参戦したあとになってはじめて、本国艦隊の指揮を引き受けたのだ。いまパリサーから、フランス艦隊が逃げようとしていたとき自分の艦隊に退却命令を与えてアシャントの勝利をふいにしたと非難され、彼はこの嫌疑を晴らすため、軍事裁判を要求した。パリサーはサンドウィッチの被保護者で、忠実な政府の支持者だった。ホイッグ党員の上官に対するパリサーの攻撃は同僚の反感を招き、そのうち十二名の提督がパリサーの行為に抗議をする署名を行なったので、今度は彼のほうも裁判を要求した。裁判と証人たちの証言が、国民の怒りをさらにかき立てた。

一般の世論は、海軍が空手で帰国した責任をサンドウィッチにかぶせた。国民は、ケッペルが負ければケッペルが大っぴらに支持している野党の信用が落ちることになるので、十分な装備も整わない艦隊といっしょにケッペル提督を海へ送り出したサンドウィッチこそ、この事態の責任者だ、と信じこんでいたからだ。実は、造船所の汚職のせいで船は航行に不適合で、装備は不十分、糧食も乗組員も不足の有様になっていたのだった。国会の野党の面々は、海軍業務の「まったくひどい無能さと犯罪的な怠慢」の責任はサンドウィッチにあるとして「これまで国会で聞いたこともないような猛烈な毒舌の奔流で」彼を非難した。政府をこらしめる鞭として、チャールズ・ジェイムズ・フォックスが彼の罷免を要求する動議を提出したが、この動議は政府側の安定多数の百三票によって否決された。サンドウィッチは留任した。

ポーツマスの軍法会議が白熱した議論の末にケッペルを無罪にしたとき、興奮がわき起こった。ロンドンの暴徒は、パリサーの家を略奪し、ノース卿の家の窓をことごとく打ち破って、祝意を表わした。生き残りの名人で、のんびりした気質の首相は屋根にのぼり、暴徒が散ってしまうまで悠然とそこにとどまっていた。暴徒は腹の虫がおさまらず、海軍本部の門を攻撃しに行き、大声でサンドウィッチの失脚を呼ばわった。パリサーも無罪になったあと、海軍将校を罷めた。のちになって政府は、収入の損失を補償してやろうと、ロドニーが占めていたグリニッジ救護院総裁の職をパリサーに与えた。ケッペルは前以上に大向こう受けをねらって、サンドウィッチが海軍長官をつとめている間は二度と海軍の軍務にはつかないと宣言した。

二人の敵対者が退場しても、喧嘩は一向におさまらなかった。ちょうど英国が同時に四つの戦場で行なわれている戦争——アメリカ、本国海域、西インド諸島、インド——の攻防のため、有能で自信のある海軍を最も切実に必要としているこのとき、一連の不和と内部の敵対感情が、士官から造船所の労働者にいたるまで海軍のいたるところに浸透した。ケッペルのもとに結集したホイッグ党の海軍将官たちは彼の例にならい、政府のやり方に反対するのなら名誉をかけた信義の問題としてサンドウィッチのもとで軍務につくことを拒否するかどうかはっきりさせろと言った。こうして心にもなく派閥によって分裂させられた海軍は、いまや多くの進歩的な士官を奪われてしまった。海軍士官はほとんど全員がホイッグ党員だったからだ。

海軍を統轄する最高の地位にあるのは最高委員会参議員で、彼らは議会内の議席で政治的権力を振るう船乗りの専門家だった。その一人である海軍長官が、八人か九人の大臣からなる小さな実行内閣のなかに議席を持っている、という仕組みになっていた。その組織は数百隻の軍艦を統轄する巨大なもので、軍隊を装備するのに十分な大砲、全軍隊組織、海軍工廠、軍需部倉庫、世界中の倉庫に配置できるだけの人員などを擁していた。アシャントの怠慢に続く過激な政治論争によって与えられた被害については、ロドニーの友人のラクソールが、ロドニーの個人的な手紙に依拠しながら次のように述べている。「彼自身の艦隊のなかの党派と派閥の感情は非常にはげしく、国王と祖国に対する愛情にとって代わり、それを消滅させてしまいそうなほどだった……」。「政府……とくに海軍長官に対する反感は非常に根深く、それが大臣たちの罷免につながるのなら自国の敗北を願うことさえやりかねなかった」。海軍士官自身がこうした感情の存在を確認している。フッド提督はポーツマス海軍工廠の長官として、弟あての手紙のなかで次のように断言している。「艦隊中に浸透しているこれほどの規律と秩序の欠如は、これまで一度も経験したことがない。国王の軍隊の利益に対する留意と関心の欠如も同様だ。一般に、士官の怠慢は本当に驚くほどで、この不和がどこまで高じるかは神様だけがご存じだ」。

サミュエル・バリントン提督は十一歳で海軍に入り、十八歳で艦船の指揮を執った人で、兄弟が海軍本部の最高委員会参議員の一人だったが、海峡艦隊の指揮を執るのを断ったとき、「規律の完全なゆるみ」について語り、そのための「緊張と気づかい」とで殺されてしまうと言った。「わたしが指揮を執っていたとしたら、ここに来てから見たもののせいで気が狂っていただろう」。彼はサンドウィッチにも海軍本部にも信頼をおかず、海軍本部は「かつて善良な人々がその下で働いたことのある集団のうちで最も邪悪なものだ」と述べた。今世紀になってアメリカがみずから犠牲を払って学び取ったように、軍隊内での方法や戦略についての不統一、国民の間に戦争目的の正当性についての不統一が存在すれば、どんな長さのものであれ戦争を効果的に戦って勝つことはできないという教訓は、十八世紀にはまだ明らかになっていなかった。

近代の歴史家、ジェフリー・カレンダーは、アシャントの手詰まりが歴史的結果を生んだという刺激的な考えを提示している。というのは、もし仏軍が敗北して、それ以後自国の港に閉じこめられていたとしたら、アメリカの援助には出てこられなかっただろうし、そうなると英国が革命を破り、アメリカを大英帝国の一部のままにしておいた可能性が強いからだ。

しかし、このような世界史の仮定はいかに興味深いとはいえ、現実的ではない。フランスの大西洋岸の港を封鎖し、それを維持していけるかどうかは、英国の意志と能力にかかっていたからだ。貿易の保護と、ジブラルタルからセイロンにいたる広範囲の基地の防衛が戦艦の第一の義務だと考えられていた折り、艦隊を静的な役割に縛りつけておくということは、たとえアシャントで勝利を占めたとしても可能性は小さい。

アメリカの独立戦争で英国が敗北した主な原因は不十分な海軍力にあった、という一般に受け入れられている見解については、正しいかどうかまだ結論が出ていない。確かに英国海軍はバラバラで、規律に欠けていた。任務の大きさに比して海軍の数は少なすぎたし、海軍工廠の不当利得と海軍本部委員会委員たちの不注意の結果として、艦船はまったくひどい状態だったので、実際に、国王の息子に因んでプリンス・ウィリアム号という立派な名前をつけられた戦列艦が浸水して、テムズ川に錨を下ろしたまま沈没したほどだった。海軍の統轄者たちは、貧弱な知性とわずかな経験の持ち主で、筋の通った戦略や絶大な勝利への自信などは持ち合わせていなかった。今なお結論の出ない問題は、ジョージ・ワシントンやニューヘイヴンのダゲット尊師（わたしたちはもう少し先で彼に会うはずだ）に見られるような敵側の粘り強さと意志の力、それにアメリカ大陸の地理的事情が、とにかくこの戦争に英国が勝つことを不可能にしたのではないかという点だ。この戦争では、北米に駐屯している五万人の英軍の一人一人、弾丸一個一個と糧食のビスケット一枚一枚、それに司令官あての指令文書一通一通が、到着するのに六週から八週かかる大西洋上を輸送されねばならなかった。

もっと大きな海軍なら、海峡艦隊または西インド諸島の艦船の一部を大西洋岸のフランスの港を封鎖するために割き、フランスの植民地援助のための海上からの介入を阻止して別の状況を生み出しえただろうが、それも英国が封鎖をやるだけの価値ある重要事だと考えた場合にのみ実現することができるのだ。

だが、英国はそうは考えなかった。戦争の間、アメリカが勝つ可能性についてまじめに考えたことは一度もなかったのだ。フランスの港湾を封鎖するのには、多くの艦船を固定してその間船底が海の生成物のために腐っていく危険をおかさねばならないし、戦争内閣の一致協力した決定によらねばならなかった。ところが内閣は、封鎖のため海軍を一カ所に集結することが、貿易船の護衛や、カリブ海や東インド諸島の植民地ならびに本国の島々の防衛力を弱めてまで実行する価値があるのかどうか、心を決めかねた。

もっと古い帝国やのちの帝国の場合と同様、帝国主義的版図を大々的に拡大するにはそれを達成するために必要な資源が不足していた。この場合の主な欠陥は、適切な政策決定ができないということだった。サンドウィッチ卿は国王に対して、「閣議」はその決定を文書にするように、また、「問題が紛糾した場合にはどちらかに決定しなければならず、現在非常にしばしば行なわれているような、決定をしないで先に延ばすというふうなやり方はしないように」要請してくれと頼んだ。使える資源を唯一の目的に集中させ、その目的に絶対的な優先権を与えることができないというのは、戦略上の主要な欠陥だ。一般の人々の意見に反して人間は学ぶことができるし、ときには確かに学ぶ。ヒトラーの敗北を可能にしたのは、一九四一年の真珠湾攻撃以後、ヨーロッパの防衛に優先権を与え、まずヒトラーを敗北させようという前もって英国と合意していたアメリカによる決定だった。

一七七八年の英国には、この種の決定的な決断をくだせる人がいなかった。国王はその器ではない。ジョージ三世は何の苦もなく決意を固めることはできたが、彼の心には一つの考え――征服すること、だが方法については関知しなかった――しかなかった。ピットはいなかった。ピットはちょうどフランスが同盟を結んだ三月に卒中で倒れ、一カ月後には亡くなったからだ。国王の二人の主要な戦争大臣、ジャーマンとサンドウィッチは十分強力な人間ではあったが、戦略についてのはっきりした計画は持たず、自分たちが考え出した計画の実行については投げやりで、性格の強さを戦略に生かすことができなかった。

戦争の終結時以前の最も驚くべき英国の敗北、つまりサラトガの戦いの失敗は、作戦計画によると、合流して敵をはさみ討ちにすることになっていた二つの軍隊、ハウの軍隊とバーゴインの軍隊が両方とも、それぞれのために計画された作戦行動の概略とタイミングについて合意されているかどうか確認しなかったという単純な不注意の結果だった。あとで判明したところによると、作戦計画は二つの軍隊に知らされていなかった。さらに、クリントンの伝記作者ウィリアム・ウィルコックスの意見によると、ジャーマン卿が承認した計画は「途方もなく誤った前提」にもとづいていたという。つまり、ハウの野戦軍の主力は、かなりの部分をニューヨークに固定しておきながら、ペンシルヴェニアで戦闘を行なうことができ、バーゴインの軍隊はハウの軍隊の動静にかまわず北で自由に移動することができるという前提だった。ウィルコックス教授は、この英国「最悪の」戦争計画の責任は、三人の当事者、ハウ、ジャーマン、バーゴインの「知的欠陥」と、「彼ら三人のほとんど完全な意志疎通能力の欠如」にあるとしている。基本的な失策の原因は、知的能力のなさというよりはむしろうぬぼれにあったのだ。

うぬぼれは、中国人の場合のように、長期間続いた権力の属性だ。中国はその歴史を通じて、自国を世界の中心であって、野蛮人に取り巻かれた真ん中の王国だと考えてきた。「中国の国境の外に住んでいる」のがその不幸だと言える局外者たちは劣等民族であって、もし皇帝に近づきたいと思うのなら、顔を床にすりつけ叩頭の姿勢を取らなければならない。それほどあからさまではないにしても、英国も心のなかで同じ感情を抱いていた。つまり、自分たちの国は国際的事件の潮の満ち干を司る世界の月だという意識。

うぬぼれの危険は、うぬぼれている人間が、交渉相手の人々を律している条件や地域特有の要素を重要ではないと無視してしまうところにある。アメリカ革命に直面した英国人は、アメリカ人にも、二つの大洋にはさまれたそのすばらしい大陸にも、関心を抱かなかった。大西洋の彼方にある自分の領土を見にいった英国国王もいなかったし、反乱の空気が徐々に沸騰しかけていた一七六〇〜七五年の十五年間、手に負えない臣下の心を突き動かしていたものは何か、また彼らがどういう人間なのかを知ろうと、植民地を訪れた英国の大臣もいなかった。その結果は無知であって、これは戦争の場合、不利に働く。英国とアメリカとの戦争の「汝の敵を知れ」というその後の軍事作戦における必須条件は、場合完全に欠如しており、うぬぼれのおかげで知識の不足を補う努力をまったくしなくなっていた。たとえばサンドウィッチ卿は、パリ駐在英国大使ストアモント卿が国会で行なった非難によると、フランス海軍の動きについて情報を得るのに適した手段を全然講じなかったという。彼の「怠慢」は、おかげでフランスの戦艦が港を出て西インド諸島に向かっても、それを見張っている海上の英国軍へは警報も届かないという「まったく考えられない」ほどの有様だった。「われわれには情報機関がない」と、大使は貴族院に告げた。ストアモントが言うには、情報を得るためフランスの港を見張るカッターを手配するよう繰り返し手を尽くして頼んだが、サンドウィッチ卿を説得することはできなかったという。

もっと根本的な問題は、主な戦争担当大臣、ジョージ・ジャーマン卿の態度だった。彼は、ただ一度の戦闘で反乱を終わらせるため「この王国最大の力」を振るえ、そして英領東部十三植民地に服従か破滅かの選択を迫って戦争を終結せよ、と提唱したことにより国王の寵愛を得て、いまの地位を獲得した人間だった。以上のことが、反乱者たちについての政府のかぎられた理解力の範囲を示している。

無計画性は、戦争のはじめからつきまとっていた。当初、英国人は反乱を鎮圧するのに計画は必要ない——苛酷な打撃だけが必要だ、と考えていた。また、英軍は非常に優秀なので苦労して作戦計画を練って実行する必要はないという思いこみから、注意不足が生まれていた。もっと根本的な戦況悪化の要素は、本国での意見の食い違いだった。

政治のあり方も他のものと同様、アメリカ戦争では英国の敗北に力をかした。英国人はいつも政治に取りつかれているが、相対立する信念からというよりは、誰が与党で誰が野党かという観点からだった。この政治姿勢は、ケッペル対パリサーの争いで海軍にまで持ちこまれ、肉切りナイフのように海軍の団結を真っ二つに切り裂いた。ラクソールがわたしたちに語ってくれるように、艦隊内の「党派と派閥の感情は非常にはげし」かったので、「あらゆる愛国の熱情をほとんど消してしまわんばかり」だった。

ケッペル事件以後サンドウィッチに対する不信感は、国王を除くと事実上国民全員に及んでいた。国王は彼に頼り、艦隊を戦闘できる状態にしておくために必要なナットやボルトについては何も知らなかったので、言われたことを受け入れ、敵を襲って打ち砕く英国の鷲としての海軍を忠実に信じていた。そして未知の人は既知の人より悪いかもしれないと思いたがる性格から大臣をすげかえることができず、かつてはビュートに、いまではノース卿にしがみついているように、サンドウィッチに固執した。ちょうど溺れかけた人間が頭上に水が押し寄せてきたとき、必死で柱にしがみつくように。

野党は海軍長官を軽蔑していた。野党の指導者の一人、リッチモンド公爵は、アシャントの戦いの前、ケッペルが最初に英国艦隊司令官の職を提供されたとき、彼にあてて「自分はこれがお祝いを言うべき事柄とは考えていない」という手紙を書いた。もしサンドウィッチが「質の悪い艦隊」しか送り出せないとしたら、「喜んでその艦隊を嫌いな男の指揮下に入れる」だろうから、と言った。彼はケッペルに、それぞれの船を自分と部下の士官とで点検し、「一本のロープの件であろうともサンドウィッチ卿を信用するな」と忠告した。

アメリカの反乱と手を組むフランスの参戦という英国最大の心配は、いまや事実となった。これは戦況を反英国側へ大きく傾かせたので、ただちにとらねばならない措置は、フランスの挑戦に立ち向かえるよう足かせ手かせを断って、無益で高くつく戦争から英国を救い出すことであり、それを実現する唯一の方法は、ホイッグ党の人々が長い間主張してきたように植民地との合意をはかることだ、と与党の多くの人々は確信していた。徐々に、この戦争には勝てそうにないという意気沮喪する真実が「ものを考える政府の支持者たち」とエドワード・ギボン*が呼ぶ人々の意識には明らかになってきた。これは、ギボン自身に似た人々のことだ。偉大な首相だった以前のピット、つまりチャタム卿は、一七七七年十一月二十日の演説でこれを指摘した最初の人間だった。サラトガでのアメリカの勝利を知る以前に、彼は貴族院に向かって次のように言った。

「英領アメリカの征服は不可能だということが、わたしにはわかっている。わたしはあえて言うが、あなた方はアメリカを征服することはできない……」。この戦争は「原則において不正であり、手段は非実践的、結果は破滅的」だ。「略奪や強奪に長けた欲の皮のつっぱったやから」(ヘッセン兵や他のドイツの傭兵たちの意)を雇ったため、アメリカ側に「とり返しのつかない憤激」を招いたからだった。「わたしはイギリス人だが、かりにアメリカ人だとしたら、自国に外国の軍隊が上陸している間は、決して武器を離さないだろう──決して、決して、決して」。

英国が服従を無理強いすれば、貿易や反仏政策の支持という面で植民地からの恩恵をすべて失い、フランスとスペインに対する新たな戦争だけを得ることになりかねない。唯一の救済措置は、敵対状況を終わらせ、解決のための協定の交渉をすることだ。

この議論を突きつめてチャールズ・ジェイムズ・フォックスが付け加えた兵站学によると、軍事上の勝利は不可能だった。陸上では、将軍たちは距離的にあまりにも離れすぎていてお互いに援助し合えない。他方、無数の湾や入り江や河口を持つアメリカのはなはだしく長い海岸線と、軍備の自給はできなくとも食糧の自給はできるという事実が、事実上英国軍の海からの攻撃に対して不死身の強さを与えている。実は、アメリカとの戦争状態は逆に作用して、アメリカから輸入していたマスト用の丈の高いストローブマツや、よく乾燥させた木材、タール、その他の造船用海軍用品がイギリスに入らなくなった。また、ヨーロッパの陸上戦では首都を包囲すればふつう降伏にこぎつけることができたが、植民地のそれぞれの地域は互いに離れているので、ニューヨーク、またはボストン、またはフィラデルフィアを占領したところで決定的な打撃にはならない。その上、「たとえアメリカ人を征服できたとしても、心を開いた仲間にすることはできない」というこれもチャタムが述べた究極的な問題があった。

通常の軍事行動で反乱者の鎮圧ができなかったことは英国にとって屈辱であり、植民地内の忠誠派の積極的な支持が得られなかったのは、大きな失望だった。忠誠派の人々は蜂起し

*ギボンは一七七四年、政府支持者として議会に選出された。

て心得違いの同胞たちを圧倒してくれると期待されていたし、反乱を軍事的に鎮圧するための主要な要素として当てにされていたからだ。だが、この結果を英国人が認識していなかったように見えるのは、彼ら自身の罪だった。彼らは植民地人に対する軽蔑的態度を固持し、忠誠派の人々を募集して独立した組織的軍隊を作るとか、忠誠派師団や旅団を作るとか、または英国軍のなかで士官の職務を与えるというような努力は全然しなかった。忠誠派の人々が組織された軍隊として戦い、愛国者たちのいやがらせや迫害から身を守る以上の活動をしたいと思っても、いったいどんな軍事的指揮下に入ることができただろう。英国政府はドイツの傭兵に対して、ますます不快の度を増すことになるような犠牲を払ってまでも給料を支払い、アイルランドの新兵の募集からはわずかばかりのみじめな結果しかなかったが、手近にあるものを活用せず、忠誠派の軍隊が自発的に大地から湧いてこなかったとき、悲しげに不平を鳴らした。忠誠派の人々は主に有産階級に属していたので、事実、戦争に対しては英国の支配階級より強い反感を抱いていた。彼らの感情は、国王に対する敬愛というよりはむしろ自らの特権的地位から生じるものだった。その地位を革命が顛覆しそうに思われたからだ。革命の指導者はワシントンやジェファースンのような地主や、モリス一家のような金持ちだったが、世界に高まりつつある破壊的な精神の代弁者だと考えられた。忠誠派に対する敵対的態度からもわかるように、革命は本質的に階級闘争で、それは財産がなくなるぞとおどすすべての戦いと同様、この上なくすさまじい反感を呼び起こしたのだった。

　英国は一七七七年の春までには反乱を終結できるだろうと踏んでいた。だがそれどころか、一七七八年には、アメリカ戦争の首尾よい終結はこれまでにないほど遠くなっていた。フランスの参戦で、この戦争に勝ち目はないという主張は力を増し、ノース卿政府に驚くべき方向転換——植民地に対する講和の条件と懐柔策の提示——をさせることになった。こうした政策が植民地を親の家へ連れ戻し、フランスとの婚約を破棄させるだろうとの思惑からだった。右の案は懐柔提案と呼ばれ、一七七八年二月に議会に提出されたが、議会は仰天して信じようとしなかった。目的は、アメリカ人と和平交渉をするというよりはむしろ野党をなだめることにあった。野党は庶民院きっての雄弁家で有能な演説者、フォックスとバークを擁しており、この戦争を不正な上、増税という犠牲を払わざるをえない大軍隊、大艦隊のうなぎ上りの維持費用により確実に英国に破壊的影響を及ぼすものだと非難しつづけていたからだ。

政府の人々は、不満を除去して現職に居すわるため、つまり政策とはかかわりのないあらゆる政府の第一の関心事のために、和平提案をした。三月に第五代カーライル伯爵フレデリックを筆頭とする和平使節団が任命された。彼はハワード家の子息で、巨万の富を持つ青年であり、壮麗なハワード城の城主だった。また、主に最新流行の服を着こなす粋人として知られており、それ以外ではたいていゴー卿の義理の息子としての資格があるだけだった。ゴー卿は、国王とノース卿に忠実な政治グループ、ベッドフォード派の傑出したメンバーだ。富と広大な領地は、多くの場合、その持ち主に謙虚な態度をとらせたり、譲って妥協したりする習慣をつける性質のものではない。人生はカーライル伯を交渉人（ネゴシエーター）として訓練してはいなかった。とくに、サミュエル・アダムズやベンジャミン・フランクリンの信奉者たちとわたり合う交渉人としては無理だった。

一つの欠けている要素を別にすると、英国が提示した和平条件にはアメリカがほしがっていたすべてがそろっているように思われた。すなわち、議会による課税の免除、庶民院への代議員選出の原則（議員数や選出方法は討議して決められることになっていた）、立憲政体としての大陸会議の承認、茶税やその他の懲罰的諸法の撤廃――要するに、アメリカ人が交渉の内容としてではなく前提条件として主張していた独立の認可を除くすべてが盛りこまれていた。この独立の岩にぶつかって、使節団は坐礁した。また、英国陸海軍のアメリカからの撤退については全然触れられていなかったが、これもアメリカ側の前提条件の一つだった。これらの条件が満たされるまでは、大陸会議のメンバーは和平使節団に会いもしなければ会談しようともしなかった。とにかく、和平の働きかけは遅きにすぎた。単独講和は結ばないとフランスに約束してしまったので、アメリカがたとえそう望んだとしても英国と和解することはできなかっただろう。「人間の誇りは」とエドマンド・バークは述べている。「理性がもはや何の役にも立たなくなるまで、全然理性を働かさないことがしばしばある」。

戦争を終わらせて平和を回復するには、繊細さが要る。この使命を受けたカーライルとその仲間――ジョンストン総督、以前西フロリダの総督をつとめたことがあったので、「総督」と呼ばれている――はあまりにも不器用だったので、はじめから失敗する意図だったのかと疑いたくなるほどだった。ひょっとしたら、本当はそうだったのかもしれない。英国政府は独立という考えが大嫌いでそれを排除し、(こういう推測もあったのだが)はっきりした結果は望まず、野党を黙らせるための単なるジェスチャーとして和平使節団の計画をたてたのかもしれない。ジョンストン総督のやり方では、とてもはっきりした結果など得られそうもなかった。彼のやり方はやがてわたしたちが考察するように、これ以上ないほど非生産的なものだったからだ。彼は西フロリダ総督になる前は、攻撃的で尊大で喧嘩っ早い海軍士官だった。すぐ決闘をするくせがあって、決闘という不服従行為で軍事裁判により有罪とされたが、戦闘のさいの個人的な勇敢さを認められて懲戒だけで罪の宣告はされなかった。フロリダでは、部下が正式に彼の独裁的行為に対して抗議をしたことがあった。彼を和平使節に選んだのは理想的な人事ではなかった。カーライルのほうは、前に述べたように、交渉については何も知らなかった。三番目の使節、ウィリアム・イーデンは、植民地との関係を扱う交易植民局の信任の篤い長官をつとめたことがあり、イギリス議会とのちにアイルランド議会の両方の議員として、二つの厄介な民族、アメリカ人とアイルランド人に対処しなければならなかった。アメリカ戦争の間は、秘密情報局の局長だった。彼はこれらの役職についていた間に、上手な駆け引きのこつと効用を体得していたと考えてもいいだろう。もっとも、かりに体得していたとしても、その技術を同僚に伝授することはなかったように見えるけれど。

英国政府は、司令部をニューヨークに移すためフィラデルフィアからの撤退を命じて、使節団が行動する以前に彼らの効用を無にしてしまった。ちょうど和平使節団がアメリカに到着すると同時に、英軍が撤退するという印象を与えたからだ。フィラデルフィアを占領していた五千人の軍隊が、予想されるフランスの攻撃をはねかえすため西インド諸島へ移動させられたので、旗色が悪いという印象が強くなった。このようにしてフィラデルフィアの防衛ができなくなったので、カーライルは「弾薬か金貨が事態を収拾する」という自慢の定理をもぎ取られてしまった。

交戦国の一方による和平条件の提示はつねに、目的遂行と勝利への意志が弱まったという印象を与える。だから、もう一方の当事者は相手の弱さをかぎとり、なかなか条件を受け入れようという気を起こさない。つねに戦争を始めるより終わらせるほうが難しい理由の一つは、ここにある。和平使節と懐柔提案が英国の戦意がさめかけているという印象を与えるのは、避けがたかった。事実、英国の戦意はさめかけていたのであって、そのため当然のことながら、アメリカにはこの条件を拒否し、条件についての討議さえ拒否する理由ができたのだった。

アメリカで、自分にも同僚にも会わないという大陸会議の拒絶にあい、挫折感と恥辱感を抱かせられたジョンストンは、世俗的な報酬で個々のメンバーをくどき落とし、扱いにくい大陸会議を交渉の座につかせる案を考え出した。彼はこの提案を文書にして、アメリカで最も富裕な人間の一人で献身的な革命の支持者だったフィラデルフィアのロバート・モリスと、ペンシルヴェニアの愛国者、ジョーゼフ・リードを買収しようとした。リードは、植民地を英国と和解させることができたら、一万ポンドを差し上げようという申し出を受けた。ジョンストンはまた、解決の推進に成功した他のメンバーに対しては貴族に推挙することもできると仄めかした。彼が接近した人々のなかには、大陸会議の議長、ヘンリー・ローレンスも入っている。ジョンストンの手紙が憤慨した受け取り人によって新聞に発表されたとき、大衆は激怒して、この策略に長けすぎた交渉委員を和平使節団からの辞職と、イギリスへの帰国に追いこんだ。もっと慎重なイーデンは、私的な、文書に残らない形ではいざ知らず、同僚のあまりにも熱情的な策謀には加担していなかった。ただイギリスの兄弟にあてて次のように書き送っただけだった。

「わたしの願いと配慮によって和平がかなうものなら、この高貴な国はまもなくもう一度英国の一部になるだろう」。

彼の上司で使節団の団長だったカーライル伯爵は、恐怖と荒廃のおどしの戦術に頼るしかなくなった。彼は一七七八年十月の公的声明書を、大陸会議のメンバー全員、ジョージ・ワシントンとアメリカの全将軍、すべての地方知事とその議会、福音を宣べ伝える牧師全員、英国軍と捕虜収容所の指揮官全員に配布するよう命じたが、そのなかで和平使節団の名にかけて、植民地は英国の敵と同盟を結んだので、「英国に可能なかぎりの手段を用いて、英国を破滅させるために考案された繫がりを破壊するか無益なものにしてしまう」のが英国の義務になった、と公言した。要するに、「これまで英国が戦争遂行のさいに用いた人間的で慈悲深い態度」を捨て、もっと厳しい手段をとる、と言明したのだ。カーライルの「慈悲深い態度」という概念は、それぞれの植民地ですでに略奪や破壊、村の焼き討ちや、農場、田畑、森林の荒廃作戦を経験してきた人々に向かって説かれたため、全然信用してはもらえなかった。大陸会議は彼のおどしを利用して、地方の行政当局にこの英国の文書を地元の新聞に掲載し、「これら諸州の善良な人々に和平使節の陰険な計画を確信してもらうよう」に勧めた。

軍事上の不首尾と和平使節団の個人的屈辱感がいっしょになって、交渉委員たちはカーライル宣言として知られる声明書を出そうという気になった。そこに述べられているおどしは、公表されなかった最初の草案の意図に比べるとおとなしいものだった。草案は、陸海両軍によって加えられる「全面的な破壊作戦計画」を提案していたが、立案者は愚かにもそれが「効果をあげる」と信じていたのだった。コネティカットでそれを実際にためす機会が訪れた。カーライル宣言からヒントを得たかどうかはわからないが、一七七九年七月、ニューヨークのトライオン総督によって短期間の恐怖作戦が実施された。ヘンリー・ローレンスによって、恐ろしさで記憶に残るスペインの恐怖政治の中のアルバ公爵の作戦になぞらえられてはいるものの、コネティカットの襲撃は虐殺ではなかった。しかし、抵抗を抑えるよりはあおりたて、住民たちにこの事件を多くの新聞記事にする気を起こさせるほど悪意に満ちたものだった。そのような手段がこうした結果を生むのは、周知のことなのだ。

地理的便宜を別にすると、コネティカットが選ばれたのは、植民地人のために軍需品を生産したり、マサチューセッツを除けば他のどの植民地よりも多くの軍隊を反乱の大義のために提供したり、さらには英国の総司令官、サー・ヘンリー・クリントンの軍事計画を邪魔するように陸海両方の襲撃をしばしば加えたりなど、ニューヨーク内外で英国の気にさわる振る舞いをしてきたからだった。その上、住民は四分の三が反乱者だとされていた。クリントンは「厳しい罰」をくだそうと心を決めていた。この罰は、ニューヨーク総督、トライオン少将の指揮のもとニューヨークからやって来た三千人の軍隊によってくだされ、それに二隻の軍艦に護衛された艀(はしけ)つきの四十八隻の輸送船でロングアイランドから海を渡ってくる二千人の水兵と海兵が合流することになっていた。この艦隊はこれまでロングアイランド海峡に入ってきた最大の船団で、ニューヘイヴンへと北上し、一七七九年七月五日、夜明けの光のなかで錨を下ろすさまは、実に印象深い眺めだった。

前日の七月四日、トライオンは雄弁な宣言を発表した。これに真の説得力があると考えたのは明らかで、印刷して配布したのだ。というのは、彼の報告によると、この宣言の効果は「次の作戦を行なってコネティカットの海岸に足を下ろすまではわからない」が、自分の言葉が海岸の住民の間に「恐怖と失意」を目ざめさせるだろうと思ったからだった。彼はそこの住民が「すでに分裂しているので、この文書にたやすく心を動かす」と考えていた。彼は「あなた方の無防備な海岸に住居があり」、生活しているという事実は、「温和で高尚な努力をしている英国の寛大さと寛容を示している」と述べた。また住民に、「個人的な目的のために腹黒いやからから欺されて行なった不寛容で気まぐれな蜂起」をやめるよう促した。この訴えかけのなかでトライオン将軍は、アメリカの大衆は基本的に王に忠誠であって、煽動政治家(デマゴーグ)や政治運動員(アジテーター)を打ち倒し昔の同盟関係に復帰できるのを待っているだけだ、というつまでも変わらない英国の信念を反映させている。英国が間近に迫っているはずの早期勝利の期待にしがみついたのは、この信念のせいだった。「あなた方の地域全体の力は、英国の権力に刃向かえるのか」と宣言は言葉を続け、「とても太刀打ちできないということに気づいているはずだ。ではどうして、判断を誤った破滅的な抵抗を続けるのか。われわれは、いま、この大陸の大部分が自分たちの迷いに顔を赤らめる日が来ると信じている」。そしてあなた方がこの不幸な国を狂わせてしまった狂気から立ち直るだろうと望んでいた。どうして一植民地の総督であるトライオンが、戦っている相手についてこれほど何も知らないということがありえたのか。ほんの一年前、自分たちの意図についての固い意志を表わして、コネティカットと六つの他の植民地は――二つはニューイングランド、二つは大西洋岸の中央、他の二つは南部の植民地――のちにアメリカ合衆国の基礎となる連邦規約に署名したのだった。

七月五日の日の出の頃、トライオンの襲撃用の船から上陸合図の一発の砲声が響いた。ただちに、英国兵を満載した一連のボートがすべての輸送船の船尾から下ろされ、まっすぐ海岸へ向かうのが見られた。予想されたほど「たやすく心を動かさ」ないことがわかった人々からの痛烈なマスケット銃の砲火が、彼らを見舞った。ニューヨークの同胞からあらかじめトライオン来襲の警告を受けていたので、古風で射程距離の長いクイーン・アン・マスケット銃で武装した総勢数千人にのぼる防衛軍が、近くの町からニューヘイヴンになだれこんでいた。彼らは一本一本の木やひとつひとつの塀を知りつくし、自分たちの祖国と権利のために銃を取った人々だった。そして、このとき七月の最高の丈に達していた高いインディアンとうもろこしの蔭から侵入者を狙撃した。彼らは抜群の射手だったのでトライオン将軍の思いこみに対して甚大な被害を及ぼしたが、数をたのむ彼の軍隊を追い返すことも、自分たちの家庭や隣人たちを略奪や放火や殺人から救うこともできなかった。小銃射撃の鋭い射撃音と燃える建物の煙が、侵略者の行進してくる道筋を示していた。彼らはあらゆる家に押し入り、家具調度を引き裂き、踏みつけ、家財を積み上げて火を放ち、住民を殴り、強姦し、暴行した。ある老いて無防備な犠牲者を殺害したりもした。二日後の「コネティカット・ジャーナル」によれば、ベンジャミン・イングリッシュ氏は、酔っぱらった英国兵の一団が彼の家に押し入って飲みものを要求したとき、娘に対する彼らの乱暴で侮辱的な行為をとがめたのだという。すると、彼らは老人のからだに数回銃剣を突き刺した。彼の娘は、飲みものを持って老人が血を流し死んで床の上に横たわっている部屋に入ってきたとき、大声で叫んだ。「まあ、年取ったかわいそうな父をどうしてこれほど残酷に殺せたの」。兵士の一人が「こいつはお前の父親か」と訊いた。娘が「そうよ」と答えると、彼は老人の胸に足をかけ、顔を上向きにして鼻を踏みつぶしたという。

ニューヘイヴンの小ぜり合いの最中、敵を迎え撃とうと前進中だったイェール大学の学生の一団は、イェール大学の元学長、ナファタリ・ダゲット尊師が年老いた黒い牝馬にまたがり、さあ来いと言わんばかりに鳥撃ち銃をかまえ、すさまじい気魄で戦場へ馬を駆っているさまを見て、歓声を上げげた。神学教授で九年間イェール大の学長をつとめた尊師はたちまち走り去り、まもなく近くの丘の上に独りで立って前進してくる英国兵の縦隊に発砲しているさまが見られた。縦隊の隊長が丘に登ってきて、どなった。「この年寄りの阿呆、陛下の軍隊に発砲するとは、いったいきさまは何をやってるんだ」。ダゲットは断固として「戦争の権利を行使しているのだ」と答えた。生命を助けてもらえたら、もう一度そんなことをするか、と訊かれて、彼は答えた。「もちろんだ。むしろそうする義務があると考えている」。このような冷静な挑戦は、たとえ一時的とはいえ相手に尊敬の念を呼び起こすことがある。射殺する代わりに兵士たちはダゲットが降伏するのを許し、銃剣の先を突きつけて彼を町まで歩いて戻らせた。一人の観察者の言葉によると、これまで経験したうちでいちばん暑い日の燃えるような真昼の陽の下で、兵士たちは歩かせようと銃剣で何度も突っついて小さな刺し傷でダゲットを傷つけていたという。「いちばん頑丈な男でさえ、その熱気のなかで溶けそうだったよ」。尊師の力が尽き、疲労のあまり大地に倒れ臥しそうになったときでさえ、兵士たちは銃身で殴ったり打ち身をくわせたりしながら、なおも彼をかり立て、その上銀の留め金を盗むため靴まで剝ぎ取った。その間中彼らは、「いまいましい老いぼれの謀反者め」など幾多の侮辱的な言葉を浴びせかけた。傷から血を流しながら、彼はついに置き去りにされ、そこで隣人たちが彼を家のなかに入れて看病した。しかし、殴打はからだを傷つけすぎた。彼は一年経たないうちに死んだ――誰もが固く信じているところでは、そのとき受けた虐待のせいだという。

ニューヘイヴンでは、二つの教会と一つの集会所が焼かれた。それについてトライオンは、近くの燃えていた家からたまたま引火したのだと弁解した。イェール大学から持ち去られた文献や手稿は、トライオンに対するエズラ・スタイルズ学長が憤慨して抗議したにもかかわらず、戻ってはこなかった。学長は「学問に敵対する」戦いは「古来、最も賢明で最も強力な将軍たちから非難されてきたはずだ」とトライオンに言った。アルバ公ならしそうもないことだが、トライオンは、文献についての情報は調査はしたが全然得られなかった旨の回答を実際にしている。それは、ニューヘイヴンだけでは終わらなかった悲劇のなかの些細な一項目ではあった。トライオン総督の軍隊は、フェアフィールドとノーウォークまで進んで略奪と焼き討ちを続け、ニューヨークへ引き返す前、ホースネックの天然塩田を破壊した。

このような市民への迫害で、彼らはいったい何を得ようと考えたのだろうか——大義を捨てて、おとなしく英国の主権のもとへ帰れとアメリカ人を説得するつもりだったのか。戦争を、するだけの価値あるものにするには、ばかげた攻撃だけではなく、政治的に、かつ短期的観点からは軍事的に、合理的な目的が要る。究極的には、その目的は、敵の軍隊とそれを支える資源を軍事的に破壊し、敵の領土に入りこんでそこを占領することにより、また恐怖と、恐怖が国民のなかに惹き起こす絶望によって、敵を降伏させ、それが何であろうと目的を放棄させることだ。テヴェレ河畔のタルクイニウス（ローマ五代目の王）の時代から一九一四年のベルギーに侵入したドイツ軍、それから一九四二年のチェコスロヴァキアの小村リディツェまで——このとき町中の大人は全員一まとめにして狩り出され、何らかの抵抗行為の報復として銃殺されたのだが——こうした方法は全面的で揺るぎないものでないかぎり、望み通りの結果を生むことはまれだった。クリントンとトライオンはこれ以外の何を期待したのだろうか。

彼らとその軍隊は、単に戦争がうまく行かないための怒りと挫折感から暴力行為に走ったというほうが、当たっているように思われる。ふつう、こうした挫折感が――ミライ村のアメリカ人の場合のように――残虐行為を生む。オランダのスペイン人、中国の日本人、両大戦中のドイツ人の場合のように、それが上部組織から正当と認められ、組織から公認された場合もあるが。行為者は単に上からの命令に従って行動しただけだと言うことはできるし、いつもあとではそう言うが、ふつうの兵士や他の人々の正常な感情は、いったいいつ行為を止めさせるように働くのだろうか。正常なためらいの感情が強い強制力によって組織的に弱められているのなら、働きはしないだろう。

アメリカの植民地という王国の領土を固守する英国の断固たる意志と、独立を勝ちとろうとする同じように強い植民地の意志を考えると、実のところこの争いには解決のしようがなかった。国王ジョージをはじめとして野党の大部分を含むあらゆるイギリス人は、英国の偉大さは植民地の保持にかかっており、アメリカを手離すことは世界の強国としての英国の凋落であり、ウォルポールが書いているように、「デンマークやサルディニアのような目立たない、みじめな小さい島」に転落することだと確信していた。「もしアメリカの独立が承認されたら」と野党の指導者のシェルバーンは言明した。「その日、英国の太陽は沈むのだ」と。たとえ英国が勝っても、敗北して怒った民族の友情を回復する手段を講じなければ、彼らとの通商や有益な繋がりは干上がってしまうだろう。トライオンの襲撃は、友情を回復する最も確実な方法には見えなかった。

貿易や植民地がなければ、英国の破滅は予言されているようなものだった。「英国の土台となっている貿易がなくなれば、英国はカルタゴのように倒れるだろう」とある役人は言ったが、この予言はやがてストロベリー・ヒルの賢人(ホレス・ウォルポール)がこだまのように繰り返すことになった。「英国は次に、東インド植民地を失うだろう」とホレス・ウォルポールは予言した。「そうなると、われわれがアイルランドに指図したよりもさらに権柄ずくな態度で、フランスがわれわれに指図するだろう」。

確かにフランスはそのような意図を持ってはいたが、歴史が展開したのは違う道だった。三十数年後のナポレオンの挑戦は英国を刺激して、かつての意志とエネルギーを生き返らせ、回復した海軍がネルソンの指揮のもとでナイル川とトラファルガーで挑戦者を撃退したとき、英国は予言通りデンマークやサルディニアの規模まですべり落ちる代わりに、世界の強国としての支配的な地位を取り戻し、一九一四年の破滅にいたるまでさらに百年間それを保持したのだった。

アメリカでは、カーライル和平使節の働きかけは屈辱的で際限のない戦いに終止符を打ちそこなっただけだ。大陸会議のメンバーの交渉のため会うことすら拒否するという強硬な態度に直面して、カーライルと仲間の交渉委員は一七七八年十一月、から手で帰国した。彼らの訪問は、トライオンの襲撃と同じようにむなしい試みだった。

同じ頃、アメリカの運命は、フランスとの同盟によって実施された最初の軍事的援助の大失敗により——それが最も必要な海軍の援助だっただけに、失意はいっそう大きくなった——さらに由々しい挫折を経験した。一七七八年七月のはじめ、フランスがはじめて戦争に参加したとき、提督デスタン伯爵に率いられた十二隻の戦列艦と三隻のフリゲート艦からなるフランス艦隊がヴァージニアの海岸に到着し、ニューヨークまで北上した。作戦計画では、協力態勢を組んだアメリカの陸上軍と仏艦隊とでニューヨーク合同攻撃を行なう予定だったが、フランスの大きな軍艦はニューヨーク湾サンディ・フックの細長い海域を横断することができなかった。そのため、ワシントンの提案でロードアイランドのニューポートに合同攻撃をかけることになり、デスタンは北に向けて出航した。これを、ハウ提督に率いられた英国の艦隊が、ニューヨークから追跡した。しかし、一連の失策が続き、両艦隊を散らばらせた猛烈な嵐によって混乱は頂点に達した。疾風にあおられ、デスタンの旗艦がマストと舵を失い、間に合わせの仮帆装で修理のためボストンに引き返さねばならなくなったので、戦闘は回避された。デスタンはボストンから戦闘もせずに出航してしまい、ついえた希望と反目を残しただけだった。

アメリカ人は失望して、自分たちは「まるでフランスの艦隊に悪魔自身が乗っていたかのように、この上なく無情に見捨てられた」と主張した。ワシントンとその他の人々は、悪感情のほとばしりを鎮めるため熱心に努力したものの、大して効果はあがらなかった。デスタンは、運命の寵児ではなかったからだ。彼はボストンから西インド諸島へ航海し、翌年アメリカ軍と協力してもう一度合同攻撃をするために帰ってきた。これは、前年英軍に占領されたサヴァナを取り返すためだった。戦闘中デスタン伯爵は負傷し、この攻撃もまた目的を果たさなかった。英軍の補給路を断つためにすぐれた海軍力により大事に育んだ希望は、失意の提督をフランスに連れ帰る船が水平線の彼方に消えたとき、デスタンの船のマストの最後の姿と共に見えなくなってしまった。

英国きっての有能な海軍士官、ロドニー提督はパリに閉じこめられ、陸にあがった提督として帆やマストから遠いところに繋がれていた。長い間干されていたため半狂乱になり、彼は親しく国王に謁見してもらおうと、友人たちを通して故国への呼び戻し措置を画策したが、徒労だった。それで妻へ手紙を書き、サンドウィッチに直接会って自分のために弁じてくれるように、また息子をノース卿のもとへ送って自分の立場を説明してくれと頼んだ。サンドウィッチはレディ・ロドニーとの会見を拒み、その手紙に対しては彼女の夫が個人的債務者および財務府への借金を完済するまでは実務につけるわけにはいかない旨の返事を書いた。財務府への借金というのは、海軍へ請求したグリニッジ救護院年金受給者用の防寒上衣のような費用を指していると考えられる。

サンドウィッチは必要もないのに意地の悪い手紙を国王へ書いて、次のように述べた。「もしサー・ジョージ・ロドニーが貧窮のあまり物資の購入やそれに類した他の件で利益をあげたいという誘惑に駆られたとしても、現在のところそれを実施する手段がないでしょう。現場には監督官がいて、あらゆる取り引きは彼の手を通して行なわねばならないからです」。

同時代の人々から嫌われ、一般にサンドウィッチの人間的評価が低いのは、この種の行動のせいだった。

のちにロドニーが呼び戻されて実務についたとき、彼が絶対に地位を利用して私腹を肥やさないようにと、本当に、海軍本部の監督官が彼に割り振られた。物資の購入を利用して儲けることにかけては、他ならぬサンドウィッチ以上に通じている人はなく、彼はその役人生活を通じて利権あさりに没頭した。汚職自体はイギリスの役人の生活様式の一部になっていたこともあり、もし海軍本部が借金をそれほど痛手だと考えるのなら、おそらくは外国暮らしだからという言いわけのもとに、彼の地位に対して支払われるべき給与の半分しか払わないことでロドニーを借金しなければ立ち行かない立場においこんだのはなぜなのか、理解するのは難しい。もし海軍本部が「英国少将としてのわたしに支払うべき金額の半分だけでも支払ってくれたら、すべての人々を満足させることができたはずで、なおその上に貯えるぶんの金さえ残るだろう」とロドニーは、一七七八年四月、妻にあてて書いている。また手紙のなかでちょっと理屈をこねて、「国に仕え、同時に立派に借金を完済する唯一の方法は職務につくことだ」と指摘した。サンドウィッチが彼に何らかの遺恨を抱いていたのは、確かであるように思われる。

戦争再開というこの危難にさいして、やがてロドニー自身が劇的に証明するように英国海軍中最も精力的な軍人であり、その上海軍本部長官としてのサンドウィッチのもとでも喜んで働こうという男を軍務からはずしておくのは、とうてい国益に沿った施策とは言えない。

この時期、ケッペル事件のせいで大多数の士官は就業を拒否していたからだ。表向きは、ロドニーがあまりにも好戦的なので敵としてスペインを参戦させかねない何らかの行動を起こす恐れがあるという理由からだったが、これははっきりした実体のある恐れとは思われない。スペインはフランスと同盟していたので数々の利点がありながらも、英仏海峡での攻撃の好機がめぐってきても、あえて避けていた。冒険心が欠けているとか言って、英国人はいつもスペインをばかにしてきたのだ。

パリで、ロドニーは――何の伝言もなく送金もないので――心中苦悶しながら、妻にあてて次のように書いた。「遅延は死よりもつらい。とくに、一時間一時間が時々刻々の戦争の可能性をいっぱいにはらんでいるこの重大な時期にあっては」。フランスの小艦隊は一月の終わりに、「大陸会議のもので、それぞれ二十八門の大砲を積んだ」二隻の軍艦と十三隻の護送船からなる船団といっしょにアメリカへ向けて出航した、とロドニーは報告している。「アメリカの船団は大陸会議の旗をなびかせながら、フランスの提督に向けて礼砲を放ち、大っぴらに公式に答礼してもらっている。これによりフランスは、彼らを共和国として承認しているように見える――われわれに対する最大の侮辱ではないか」。

活動できない苦痛に加え、ロドニーはいま生活費にも事欠くという不如意な厳しい状態におかれていた。このとき、まったく現実とは思えないほど予想外で、ありそうもない筋から思いがけない友情の手が差し伸べられた。フランスの貴族で、フランス軍最高司令官にしてフランス近衛隊隊長、パリ隊の司令官だった元帥ド・ビロン公爵が、強制的にとどめおかれている彼の苦境のことを耳にして、「自分の財布を自由に使ってくれ」と申し出たのだった。ロドニーが手紙に書いているところでは、「わたしが必要とする額はいくらでも、たとえ二千ポンドであろうと、彼は即座に用立ててくれる」という。また、この提案はイギリス人の友人の家で知らされたのだが、その友人は、あとで元帥が支払うから、銀行家たちにその額を前払いするようにと告げることを頼まれたという。

最初ロドニーはそのような驚くほど寛大な申し出を受け入れるのは気が進まなかったが、ビロン公爵は同席しているイギリス人の客たちの聞こえるところで、「これはフランス人特有のほら話ではなく純粋な友情と尊敬による申し出」であると述べたという。さらに、「わたし(ロドニー)が祖国に尽くした行ないについてはフランス中が高く評価しており、わたしが受けた周知の扱いは英国とその大臣たちの名折れとなる行為だった」、だから「わたしがとがめ立てされずにパリを出ることができる」ようにこの「尊敬と善意」のしるしを役立ててもらえれば、この上ない幸せである旨断言した、とロドニーは書いている。

このフランス人の申し出がなされたのは五月、つまり、フランスとアメリカの反乱者たちとの同盟が締結されたあとだったが、フランスはまだ英国に対して実際に宣戦布告はしていなかった。ビロンは自分が恐ろしい敵を釈放しようとしていることを確実に知っていたはずだ。この介入が人々に知られたとき、ビロンは多くの同胞からこの行為を非難されたからだ。それで、このときになって、彼はフランスの宰相モールパに相談した。モールパはこの事件を重要視しなかった。彼の意見によると、海戦というものは「パンパン」にすぎなかったからだ。またビロンはヴェルサイユまで出かけて、ロドニーを自由にするよう国王の許可を願い出た。「早くきみのような考えを思いつけばよかった（ジュ・ヴー・ザンヴィ・ダヴォワール・ユ・セット・イデ）。実にフランス的な考え方で、あっぱれだ（エレ・フランセーズ・エ・ディーニュ・ド・ヴー）」。ビロン家の家族の記録によると、国王はこう答えたという。これがフランス的だというのなら、おそらく中世の騎士道精神の反映なのだろう。そこでは仲間の騎士たちは国家を超えた騎士団の友愛によって結ばれており、他のどんなものよりもお互いに対して忠実でなければならないと感じていたからだ。

ド・ビロン公爵は、かつては王位簒奪者ナヴァールのアンリ四世にくみしていたゴントー＝ローザン家の一族だった。祖先のシャルル・ド・ビロンは提督かつフランス軍最高司令官に任命されていたが、その後国王に近すぎる高顕の士に共通の運命をたどった。つまり、陰謀を企んだかどで告発され、反逆罪で裁かれて、仕えていた気まぐれな君主の命令で首をはねられた。それにもかかわらず、一族は国王に仕えて繁栄し、ビロンの甥、アルマン・ルイ・ド・ゴントーの驚異的な金の使い方から判断すると、ロドニーの時代にはありあまるほどの富を手に入れていたらしい。この甥は一七四七年の生まれで、ド・ローザン公爵の称号を受け継いでいた。彼は百五十万リーヴル（当時の価格でおよそ四十万ドル）で大佐の地位を買ったという記録がある。彼の屋敷のあとが現在のリッツ・ホテルだ。彼はオペラ座の一つの桟敷席の半分に千三百三十七リーヴル十スーを使い、同じくイタリア劇場の桟敷席の半分に千五百リーヴル、コメディ・フランセーズの桟敷席一つに同額を支払った。その一方で、芝居見物の気晴らしとスペインのドン・ジョヴァンニについて従僕レポレロが誇らしげに

「千三つ」と数え上げる色事の記録に匹敵するほどの情事を重ねる合間に、昼間の仕事として『世界全域におけるイギリスとその所有物の防御策』という論文を書いた。論文の題材から大きな感銘を受けたためかどうかはわからないが、ド・ローザン公爵はアメリカ革命のための戦いに志願して、ヨークタウンの戦いでは積極的な役割を果たした若い貴族の一人となった。一七八九年には革命派の一員として三部会の議員に選出され、革命軍ライン部隊の指揮を執ったが、党派間の抗争の過程で祖先と同じ運命をたどり、一七九三年ギロチンの露と消えた。

ロドニーは釈放されてイギリスに帰りさえすればフランス艦隊を取りひしいでみせると豪語していたし、イギリスの新聞は新聞で、フランスはロドニーの軍事的才能を怖がって彼を第一線へ引き出さないようにしているのだと仄めかしていたので、ビロンの寛大な措置は騎士道精神と同じほど民族的憤激に動かされたのだろうという噂もあった。とにかく動機は何であれ、同国人からないがしろにされてきたあとで、ロドニーはまさに重大な時期にこの温かい好意と敬意のこもった申し出を受け、パリから出国できる見通しがついたのだった。というのは彼が書いているところでは、パスポートの期限が切れ、債務者たちがひどく「騒ぎはじめた」ので、彼は訴追されるか、またはそれ以上悪い事態になりそうだとおそれていたからだ。債務者たちをかろうじて抑えていたのは、警察の力と名門の一族の後ろ楯にすぎないという有様だった。「名門の一族が敬意を払ってくれたおかげで、債務者たちが何とか行動を差し控えてくれたのだ。そうでなかったら、どんな面倒なことになったかわからない」。

五月六日、ロドニーは妻にあてて「ここ一カ月以上の間、ハサム氏とおまえの他は」誰も手紙をよこさなかったと書いた。

このように故国の友人たちが驚くほど彼をないがしろにしたという事実は、ロドニーがイギリスの上流社会であまり人気がなかったことを暗示しているように思われる。そのため、対照的ド・ビロンのきわめて親切で寛大な申し出とパリの「名門の一族」の手厚い配慮は、とくに敵のイにいっそう際立ち、謎めいたものに思われる——フランス人は苦境にある敵、とくに敵のイギリス人を助けて、ひねくれた喜びを味わうのが好きだとでもいうのなら、話は別だが。

イギリスから全然手紙が来ないとぐちを言った同じ五月六日、ロドニーはさすがに気落ちし、ためらいを捨てて、全債務者を満足させうる千ルイ融通しようというビロンの申し出を受け入れた。一七七八年五月、ロドニーがイギリスに帰国すると、ドラモンド銀行が借金の返済金を集めてくれた。この銀行の頭取、ヘンリー・ドラモンドは、ロドニーの最初の妻の親戚だったからだ。この紳士は、彼の苦境の話を聞いて、借金を帳消しにする手段を講じてくれた。現役に登用してもらいたいというもっと切迫したロドニーの訴えは、アメリカや西インド諸島、それに英国艦隊の主な司令官のポストは全部ふさがっているという理由で、さらに一年、宙ぶらりんのまま放っておかれた。

実は、この理由は真実とは言いがたい。スペインの参戦が予期され、敵であるブルボン家の合同軍が攻撃準備にかかっていたこの重大な時期に、ロドニーはケッペルの後任として英国艦隊司令官にはなれず、老いぼれ提督の一人サー・チャールズ・ハーディが選ばれたからだ。もっと現役ばりばりの海軍将官たちは、何かうまく行かない事態が出てきたときに犠牲にされるのを恐れて任命を受けようとしなかったため、サンドウィッチは樽の底から前年の干からびたリンゴをこそぎ取るように、老いぼれ提督を掘り出してきたのだった。グリニッジ救護院で居心地のよい隠退生活を送っていたところを引っ張り出されたハーディは、ここ二十年間海に出ていなかった。

「故国の人々は、わが国が危機に直面しているとは考えていないのだろうか」と、英国艦隊のある古参の艦長は、サー・チャールズ・ハーディのよたよたした指揮の下にあったとき、同僚に手紙を書いた。「英国艦隊の行動はあまりに混乱しているので、大事が起こった場合を考えると震えが来るということを知らせておかなければならない。先の見通しは全然なく……われわれは毎日朝から晩まで、枝葉末節の事柄に苦しめられ、当惑させられている。その間、肝心な事柄はまったく無視されたままだ……本当に、きみたちおえら方はあんな任命をするなんて、何ということを仕でかしてくれたのだ」。海軍における政治上の分裂は、同僚たちをお互いに反目させたばかりでなく、海軍の将官や海軍本部の役人の選定を、心身ともに弱く、よき時代の遺物にすぎない年寄りの疲れた退役将校に限定したことで、軍務をも損っていた。

この問題を解決してくれたのは自然の力だった。すなわち、一七八〇年五月、重すぎる責任を背負わされた一年を過ごしたあと、サー・チャールズ・ハーディは死んだからだ。安堵の吐息をついたのも束の間、バリントン提督が指揮を断ったため、ハーディの後任は七十歳のフランシス・ギーアリに決まった。彼も干からびたリンゴの一人で、ある士官の叙述に従えば「記憶力も判断力も失われ、すべての能力がすっかり衰えている。あらゆることに逡巡するばかりで、決断力がない」。三カ月後ギーアリは死にはしなかったが疲れ果て、朝ベッドから起きられないと報告するとともに、退官願いを承認するように医者の意見書を送った。次席指揮官だったバリントンが再び昇格を拒否したとき、海軍本部はくじけそうもない士官はいないかと本部内を探し、海軍本部の一員で喜んで指揮を執りたいという五十代のダービー副提督を見つけた。

ロドニーが無為の日々を送らされていた間、西インド諸島で小ぜり合いが起こった。フランス軍がアシャントでの手詰まり状態のあと、再びカリブ海の英国貿易に対して攻撃を仕かけたからだ。果敢な上陸作戦を行なって、彼らはマルティニクとグアドループとの間に横たわるドミニカを占領した。これは、リーワード諸島とウインドワード諸島との真ん中にフランスの強力な拠点をおく結果になった。同じ頃、英軍はセントルシアを奪回した。ここは、ロドニーがつねにマルティニクのフォール・ロワイヤルを監視するための要の基地と考えていたところだ。翌一七七九年の夏、フランス軍がウインドワード諸島の鎖の真ん中近くにあるセントヴィンセントと、鎖の端のグレナダを占領し、それに呼応してさらに多くの島が陥落した。

一七七九年六月、英国と戦っているフランスにスペインが合流したとき、両大国は共通の敵を敗北させるには四肢よりもむしろ心臓に攻撃を加えるのがいちばんよい、つまりセイロンからジャマイカまで世界中に広がっている英国の通商航路や広範囲の植民地を攻撃するよりは、むしろ本国へ直接侵攻したほうがよいという結論に達した。この侵攻は一七七九年の夏、英国が防衛のため英仏海峡に集めることのできる四十五隻よりはるかに強大な六十六隻の連合艦隊によって実施する侵攻計画ができた。しかし英国が救われることになったのは、英国よりさらにひどいフランス政府側の不決断とだらしのない管理体制のおかげだった。ヴェルサイユとマドリッドの間の通信は十二月以来行なわれていたが、艦隊と指揮官たちの協調関係は実地にではなく書類上で行なわれていた。そのことが重大な欠陥をもたらした。フランスの司令官ドルヴィリエは急ぎの命令を受けて、六月の第一週に合流地点へ向けて出航したが、七月二十三日になるまでスペインの主力艦隊に出合えなかった。そして、その時点ですでに何もせず六週間も巡航していたので、艦船は早くも糧食と水が不足していた。乗組員の数は少なく、「艦長たちは凡庸で」「今回の航海には前回よりもずっとこうした連中の数が多い」と彼は苦情を言った。その上、すでにスペイン軍の間で多大な犠牲者を出していた病気が、仏艦の乗組員の間にも広がりはじめていた。平時には準備されていなかった信号書や命令の翻訳のために、さらに多くの時間が失われた。立派な作戦効果を期待するには合同して戦う経験があまりにも少ないことに気づいていたので、ドルヴィリエは「勇敢さと断固たる態度」に希望をかけねばならないだろうという趣旨の手紙を書いた。

　英仏海峡を北上してくる白い翼のついた敵船の群れを目にしたイギリスの人々は、恐怖の念にとらえられた。国王の声明書は、馬や家畜を海岸から引っこめろ、港には澪杭（みおぐい）（船の入港を阻止す

として る妨害物）をぶちこめ、軍隊は南の海岸に野営せよ、と命令した。ところが再び天候がイギリス人を助けた。だが、フェリペ二世の連合艦隊を散らばらせることができたような嵐ではなく、その反対――プリマスが見える沖合で敵軍を動けなくした凪ぎ――だった。ドルヴィリエの報告によると、病気の蔓延と水の貯えの減少によりフランス艦隊の状態は「日に日に悪化した」。それに加えて、はじめの計画のワイト島上陸の代わりにコーンウォール海岸のファルマスに上陸せよという命令の全面的変更を知らせるフリゲート艦が到着した。さらにドルヴィリエは、国王が「数カ月間」艦隊は海上にとどまるよう希望しており、補給船が彼のもとへ向かうためブレストを「出発するところ」だ、という通知を受けた。

海上では陸海軍がすでに待機しているというのに最後の瞬間になって膨大な作戦計画を変更するというのは、お世辞にも分別のあるやり方とは言えないだろう。糧食が尽きかけ、「恐ろしい伝染病」が艦隊の力を弱めつつあるときに戦闘を延期するのは、「非常に不幸なことだ」とドルヴィリエは言わざるをえなかった。また、秋と冬の間、艦隊を海上にさらしておくのも、同じように不幸なことだった。宮廷人のド・シャトレ公爵はルアーヴルの司令官にあてて、内閣が「万難を排して……スペインとの約束を果すため、イギリスに対する何らかの遠征をあえてやろうとしているのは……明らかだ」と書いた。宮廷は、「やらねばならないときが来るまで……自分が何をやりたいのかもわからない頭の弱い人々のように振る舞ってきた」大臣たちと同じ「無知と優柔不断」のために、決断をくだすことができなかったのだ。

スペインの艦船上の乗組員の死亡率が高まって実質上動きがとれなくなったのに加えて、こうした状況のもとではいたしかたないので、一七七九年の秋、侵攻は取りやめとなり、合同艦隊は解散した。イギリスは一〇六六年のノルマン人の征服以来最初の侵略となったかもしれない攻撃の手から、海軍力のおかげではなく、神の御業によって救われた。

一七七九年十月のこの最後の段階になって、つまり、スペインはフランスといっしょにジブラルタルを包囲し、武装中立連盟は敵意を示し、オランダはそれに加入しようと考えているなど多くの脅威が迫っているこの時期になってようやく、ロドニーは攻撃的な海軍軍人だという評判のおかげで、実地の任務に連れ戻された。彼は政治的には野党にくみしてはいず、「植民地の強圧は完全に正当だ」と信じて政府を支持していたので、待ちかねていた国王との謁見が許されることになり、その場で王は早期の任命を約束した。他の名声ある将官が誰一人サンドウィッチのもとでは勤務しないというときに一年間ロンドンで朽ち果てるままに放っておかれたあと、ロドニーはリーワード諸島基地とバルバドスの指揮権を与えられた。だが、即座にやるべき任務は、最後の糧食もすっかり尽きかけているジブラルタルの救出だった。

地中海の重要な入口であって、ヨーロッパ大陸におけるイギリスの最も肝要な足がかりであるジブラルタルに対する心配は、深刻だった。急を要する状況だったので、航行可能な艦船と十分な乗組員を確保して艦隊の準備を整えるため、ロドニーはただちにポーツマスへ急行した。伝記作者によると、彼はそこの労働条件や規律が、はっきり表わしているのは「それぞれの官庁の部局にまじめに働こうという気分がまったく欠けており」「彼の艦隊の士官たちは士官にふさわしい熱情と活動する意欲を欠いている」状態であることに気がついた。「士官たちはまったく未知の人々に等しく、ロドニーに対して明らかに無礼で誠意のない振る舞いをする者が多かった」。

士官たちの態度は政治的な背景によるものだった。ロドニーは政府を支持し、アメリカに対する戦争を支持する者として知られていたからだ。この問題をめぐる人々の感情は白熱し、意見の対立は内乱になりそうなほど高まっていて、それが海軍内ではひときわはげしくなっていたのだった。最近の議会のこきおろし戦術では、野党の発言者が「政府の悪質なやり方」のおかげで、本国海域の海軍は「はなはだしくみじめな」有様になり、彼らの主張によれば、英国は「混乱と不和と破滅」に追いやられた、と非難していた。海軍はみじめどころではなく、「英国海軍は少なくともフランス・スペイン合同軍と同じほど強力にしておかねばならない」という不文律に規定されているレヴェルからはほど遠い有様だった。その責任は海軍本部長官としてのサンドウィッチにあった。

国民の不信という冷たい風と役職を失いそうな脅威を感じとった国会は、一七七九年十一月に行なわれた、もっと精力的に戦争を遂行することを求める国王の演説に応え、傭兵追加用の補正予算と、海軍のために二万五千人の水兵と一万八千人の海兵を徴募する法案を可決した。海軍の遅延と無規律についての国民からの苦情の雨のなかで、ロドニーは最低限航行可能な艦隊をなんとかまとめ上げることができた。しかし、二週間にわたって彼を港にとどめおいた「べた凪ぎ」のあと、西風が吹いたため航行できず、最後の挫折感を味わわねばならなかった。その間サンドウィッチは、ロンドンでそよ風を感じるやいなやガミガミと小言を言った。「お願いだから、ぐずぐずしないで海へ出てくれ。きみがこの順風を逃してはならないことが、きみ自身とわたしと国民にとっていかに重要か、きみには想像もつかないくらいなんだから」。ついに、ポーツマスを風が吹き抜けるようになり、一七七九年十二月二十四日、ロドニーは出航することができた。その結果遭遇した事件により、彼は一躍当代の英雄になったのだ。

彼が率いていたのは、二十二隻の戦列艦、八隻のフリゲート艦、六十六隻の荷物を満載した軍需物資船と軍隊輸送船からなる大艦隊と、それに同行した西インド諸島に商品を運ぶ三百隻もの商船隊だった。大洋上何マイルにもおよぶ艦隊の長い船列を従え、彼はスペインの海岸を指して大西洋を南下した。途中、ジブラルタルの包囲軍に物資を供給する途上のスペイン軍の輸送船団に出くわした。段違いに劣勢だったスペイン軍が戦いもしないで降伏すると、彼は五十四門の大砲を備えた護衛艦と六隻のフリゲート艦、十六隻の補給船を分捕って、積み荷もろとも自分の船列に加えた。その後航海を続けて一月十六日、カディスのちょうど北に当たるポルトガル海岸のセントヴィンセント岬の沖合に、スペイン軍の小艦隊の姿を認めた。この小艦隊は、ジブラルタル救護隊が来るという警告を受け、それを阻止するため待ち伏せていたのだった。スペイン軍はロドニーの艦隊の半分の規模の、十一隻の戦列艦と二隻のフリゲート艦しか擁していなかったから、カディスに逃れて身の安全をはかるべきだった。しかし、ロドニーの艦隊に直面したため、岬の近くの港に避難しようとした。

ロドニーは痛風で病臥していたので船室から指揮を執り、昇ってくる月明かりのもとで午前二時まで敵を追跡した。また、ベッドに寝ている間に勝利を逃すことはすまいと、彼より他には誰もあえてやろうとしないような大胆な決断を即座にくだした。嵐になりそうな強い疾風が吹いていたので、ロドニーは風下で交戦せよという信号を掲げた――つまり、スペイン軍が安全に港に逃げこむのを阻止する目的で、敵と陸地の間に割りこめという合図を出したのだ。風下はふつうすべての艦長が避けようとする無力に陥る位置だった。その上このときには、暗くなりかけていたために、嵐が起これば岩に叩きつけられるという危険も付け加わっていた。また、「わたしが例の岬に近づいたら戦闘準備に入れ」という全軍向けの指示はしたものの、事前の戦略会議で艦長たちに対しそのような型破りな戦闘の心構えを与えていたわけでもなかった。ネルソンとは違いロドニーは、会議の開催や士官たちとの友好関係が役に立つとは考えていなかった。月光のもとで彼が行なった賭けは、ひとえに自分自身の操船術と彼に対する艦長たちの信頼感にかかっていたのだ。だが、ポーツマスでの彼らの態度をみると、これはとうてい成功するとは思えなかった。ところがおそらくは彼の大胆不敵さがこのとき信頼感を生み出したのだろう。彼らは、ロドニーに従った。最高速度を出すために全帆を張り、重量を減らすため樽や木材を船外に投げ捨てて、ロドニーに従った。

「目がさめるような猛進」をしてイギリス艦隊は岸辺のほうに回りこみ、その間いままでは満月になった月の光が、「鮫に追跡されて動転したイルカの群れのようにカディスを指して逃げていく」スペイン軍の姿を照らし出した。ロドニーは航海長に、小さな商船には目もくれずに、最大の艦船、「もし提督がいれば提督の船」に横づけせよと命令した。提督の船は、自分の旗を五枚の他の旗といっしょに掲げたスペインの司令官、ドン・ファン・デ・ランガラの旗艦、八十門の砲を備えたフェニックス号であることがわかった。もう一隻のスペイン船は猛烈な爆発を起こして吹き飛び、イギリス船といっしょに浅瀬に乗り上げた四隻は拿捕された。短い一月の日の薄明かりがさしはじめ、風が強風になったとき、ロドニーは自分の艦隊を岩に近づけないようにしなければ、拿捕船に配下の者を乗り組ませることができなかった。夜が明けたときには、拿捕した敵の戦列艦を六隻数えることができた。このなかには提督の旗艦も入っており、提督自身も捕虜になっていた。敵の戦列艦のうちあと三隻は、岩にぶつかって難破していた。ランガラの小艦隊のうち逃げおおせたのは二隻だけだった。

ロドニーは勝利の最中にも自分の救援使命を忘れなかったので、タンジールの領事のもとへフリゲート艦を送って、いま英国が海峡を掌握していることと、即刻ジブラルタルに糧食を送らねばならないことを知らせた。やがて彼は、暴風と荒海を衝いてジブラルタル海峡に到着し、封鎖している艦隊を追い払って、ジブラルタルの岩山沖に錨を下ろした。そこの守備隊と住民たちは、わずかな配給食糧しかなく餓死寸前の有様で、店という店には、棚の上の最後の農産物への襲撃を阻止するため歩哨が立てられているのが見えた。ロドニーはジブラルタルとその向こうのミノルカに二年分の貯えと糧食を供給したあと、カリブ海に向けて出発した。その間カッター船が、ジブラルタル救出の華々しいニュースと月下の戦闘の物語を知らせるため、急いでロンドンに引き返した。

セントヴィンセント岬ではロドニーの艦隊が数の上で優位だったため、この勝利は英雄的行為という評価にまでは高められなかったものの、彼に栄光をもたらした。それは剛勇と完全な指揮のおかげだった。ウォルポールの熱心な文通相手だったホレス・マンは、フィレンツェから、ロドニーの勝利の知らせは「野火のように町中に燃え広がり」、マンは会う人ごとにお祝いを言われたと書いてきた。ロドニーは本国で、ジブラルタルのみならず海軍の名誉を、またそれ以上に国旗の名誉を救った者として賞讃された。ロンドン塔からは祝砲が放たれ、続けて二晩花火が夜空にきらめいた。「誰もがお父様をあがめんばかりで、みんなの口からはお父様への讃辞ばかりが述べられています」とロドニーの長女は書いてきた。「あなたに向けられた一般の人々の拍手のさまの熱烈さを描いたり、この幸せな出来事に祝意を述べにきた友人の数を数えたり」するのは不可能だ、と妻は手紙に書いた。これらの友人の多くが、彼がパリで職もなく落ちぶれているとき、言葉もかけずに打ち棄てておいたのと同じ人々であることに疑いの余地はない。成功の上衣のすそをつかもうとする身ぶりはなんとすばやいことか！　ロドニーが受けとった報酬は、両院の賛成投票によって捧げられた議会の感謝というややはかない贈りものと、金の小箱に入れて捧げられたシティ・オヴ・ロンドンの名誉市民の称号だった。もっとありがたかったのは、勝利の上げ潮に乗り、無競争でウエストミンスター選挙区を代表する国会議員として選出されたことだった。

のちに、ロドニーの旗艦の艦長、ウォルター・ヤングは、敵船を追い、風下に回りこめという命令をくだしたのは自分であり、ロドニーは健康がすぐれなかったのと「生来の優柔不断」のせいで艦船追跡の取り消し命令を出そうとしていたのだと主張した。ロドニーはベッドから起きられない有様だったので、情勢を眺めている他の人間の視力に頼らねばならなかったのは明らかだが、艦隊付きの医師、サー・ギルバート・ブレインは、提督が日没時に風下をとるコースについてヤングと話し合い、そのとき戦術決定をしたと証言した。ロドニーの性格からして優柔不断だったという主張は信じがたい。風下のコースをとれという命令は提督がくだすべき性質のものであり、その判断は彼の責任だったはずだ。何の混乱も起きず、艦長たちのためらいもなかったことが、それを証明している。報告書のなかでロドニーは、「あらゆる階級の将兵たち」の敏捷さと勇敢さ、そして底を銅貼りにした船の利点が大変嬉しかった、こうした船のおかげで敵を戦闘に引きこむことができたのだ、と述べている。「これらのものがなかったら、われわれはスペイン船を一隻たりとも拿捕できなかっただろう」。

サンドウィッチはこの海戦について祝辞を述べる手紙を書いたが、以前ロドニーを棄てておいたことを考えれば、その文面は「鉄面皮(クラスト)」という近代語を使ってはじめて言い表わせるものだった。「わたしが、自分の任務をわきまえた、勇敢で、誠実で、有能な将官を選んだことを、いまは最悪の敵でさえ認めてくれるでしょう」。ロドニーの艦長の一人、サー・ジョン・ロスから、この遠征が「九週間のうちに、敵から英貨百万ポンドと見積もられる三十六隻の商船と九隻の戦列艦を奪い、ジブラルタルとマホンの守備軍に二年分の糧食とあらゆる種類の物資を供給した」という情報を受け、サンドウィッチは少なくとも「賞讃のお気持ちのもっと実質的なしるしを御下賜くださるよう陛下に具申してみよう」と思う、と付け加えるだけの礼譲心は持っていた。彼はこの約束を果たし、やがて国王から下賜された報酬は莫大だった。

セントヴィンセント岬の勝利についてのニュースは、この場にはあまりしっくりしないように見える奇妙な評言をホレス・ウォルポールから引き出した。彼は定期的に手紙を取り交わしていたもう一人の知人、ウィリアム・コール師にあてて次のように書いている。「狡猾さと洞察力がよい目的のために発揮されることはめったにないので、天が存続させようと図ったその平衡を保って維持しているのは……人間の不条理だというのが、わたしの持って生まれた信念のようなものだ」と。この海戦はまもなくイギリス全土で月光の戦闘として知られるようになったが、ウォルポールの言葉はこの戦闘には当てはまらない。たぶん、ロドニーを指したというよりは、むしろ人間の営みについて述べた哲学的格言なのだろう。「さらば友よ」と彼は結んでいる。「いつか安らかに頭を横たえられる日が来るのだろうか」。ジョン・アダムズもまた、平和はとらえにくいと感じていた。大胆で進取の気象に富む海軍の艦長が作戦中となると、戦争を終結させようとする英国の望みが叶えられなくなると見たからだ。「海軍の勝利はイギリス人を狂気に近いほど興奮させるからだ」った。アダムズはいつものように、問題点を的確につかんでいた。というのは、ロドニーが月光の戦闘とジブラルタルの救出でかちえたことによって、英国の自信をよみがえらせたからだが、それはやがてアメリカとの戦争において致命的な役割を果たす自信過剰につながる。

セントヴィンセント岬の分捕り品は国王陛下のもとへ送られた。一方ロドニーは四隻の艦船といっしょにカリブ海へ、つまりセントルシアにあるリーワード諸島基地へ針路を向けた。彼は、ド・ギシェン伯爵指揮下のフランス艦隊が、息を吹き返した海軍力で西インド諸島の戦いに望もうとマルティニク島のフォール・ロワイヤルに入ったのとちょうど同じ週に到着した。

この抗争のときは、イギリスは七年戦争のときには経験しなかったような不利な立場におかれていた。いまイギリスは軍事的に北米植民地との戦いにはまりこんでいて、それが海軍の予備軍から力を奪っていた。他方、敵についてはその逆が真で、フランスの海軍は力をつけていた。パリ講和のあと、フランスはヨーロッパ大陸での戦争から救われていた。戦争が続いていたため、一七六三年以前は主力を陸軍に注いで海軍を弱体化していたが、その年以来、人員と物資、訓練と造船術を強い海軍の育成に注ぎこみ、海軍力で英国を凌駕しようとしていた。フランスが正式に宣戦を布告した一七七八年、フランスは七十五隻から八十隻の戦列艦と五十隻のフリゲート艦という、英国のものより新しく、設計もよくできた、俊足の船を持っていた。スペインはそれにもう六十隻の戦列艦を付け加えた。もっとも第一次大戦のときのイタリアのように、スペインのあやふやな戦意のおかげで、力になるよりはむしろ足手まといの同盟国になってはいたが。ブルボン家の同盟国に比べると、英国が持っていた戦列艦は六十九隻、そのうち就航可能なものはわずか三十五隻で、十一隻はアメリカの海域にいた。要するに、フランスとスペインの合同艦隊に比べると均等にはほど遠い有様だった。リーワード諸島におけるフランスの攻撃計画のおかげでロドニーは、ジブラルタルの勝利から数カ月も経たないうちに彼の経歴中最も不満足な戦闘をやらされることになった。決して忘れられない痛手だったが、その痛手との釣り合いをとるかのように、一七八〇年三月、ジブラルタルのあとで彼がアンティル諸島に帰ってきたとき、セントルシアで大きな幸運の知らせが彼を待ちかまえていた。幸運の知らせというのはサンドウィッチ卿からのお祝いの手紙で、国王が彼に年二千ポンドの年金を贈ったということ、そしてこちらのほうが重要だったのだが、彼の死後この年金は未亡人に対して年五百ポンド、長男には千ポンド、もう一人の息子と四人の娘に対してはそれぞれ百ポンドずつという形で、これは「各人が生きている間継続される」ということを知らせてきたのだった。

この報酬は、家族に対する彼の最大の心配を軽減してくれた。またこののち、セントユースティシャスの金に目がくらんでロドニーは海上の義務を忘れたのだ、というしばしば持ち上がる歴史上の議論を説得力のないものにしている。この年金は心の安らぎを与えたようで、彼は妻にあてて、この件につきいつもより率直に次にように書いた。「わたしがいまやりたいのは、できるだけ早く借金を払ってしまうことだ……あらゆる債務をすっかり片づけさせてくれ。そうすれば、この収入は身分相応の暮らしをして金を貯えるのに十二分だということがわかるだろう」。

だが、この件はそれほど容易にはいかなかった。結局、彼が商品を没収したセントユースティシャスとセントキッツの商人たちから起こされた訴訟のおかげで、彼は生涯の残りの間、財政的窮乏状態に陥ったからだ。しかし、そのような窮状は当初予想できなかったので、新しく手に入った幸運がすぐに台なしになるようなことはなかった。最初の通知があったとき、年金は他のすべてのクラブよりもただ一つのクラブ、つまり庶民院に入りたいという昔ながらの憧れを再び目ざめさせた。まだウエストミンスター地区選出議員となるという知らせを受けていなかったので、彼はジョージ・ジャーマン卿にこの問題を提起した。「議会から離れているのは、世間から離れているということで、私の心はそこへ入りたい一心です」と彼は書いている。またサンドウィッチにあてても、「今回の事件についてのわたしの幸せな状況は」借金をなくしてくれるばかりか「必要なら議会に入るための金を残しておける」ことだ、と同じ望みを告白している。

ジブラルタルからの途上、ブレストの捕虜生活から逃げ出してきた英国の水兵たちがもたらしたニュースによると、十五隻から二十隻の戦列艦からなる強力なフランス艦隊が一万五千人の部隊を運ぶ輸送船といっしょに西インド諸島へ向けて出航したのだという。フォール・ロワイヤルで一、二隻、別の船を加えたあと、英国が二千人のフランス人捕虜を押さえているバルバドスを解放し、セントルシアを取り戻すことが目的だという。ロドニーはこの事態を、大々的な、おそらくは決定的な打撃を与えられる好機と見た。彼は当時流行(はやり)だったこれ見よがしの戦術や儀式ばった決闘では決して満足せず、『戦闘教本』の教えの奴隷でもなかったので、相手に深刻な結果をもたらす戦いをやるべきだと考えていた。マハンが正しく指摘している通り「終始一貫して彼の目がしかと見すえていた目標は、フランス艦隊」、つまり海上にあった敵の組織された軍隊だった。つまり、これが最も重要な点だった。同盟国としてフランス海軍がアメリカに近づき、反乱者たちに兵員と武器、とくに金を提供することができるなら、反乱者は敗北しないだろう。フランスがアメリカと同盟を結んだときから、英国の戦略はアメリカからフランスを締め出すことをその第一目的とするべきだった。かつてこの点を明示した内閣の決議も、出航する指揮官たちにこれを第一に心がけるべしとの命令がくだされたこともなかった。ついに、セントユースティシャスの私的略奪品と、リーワード諸島総司令官としてロドニーが責任を感じているとても大事な西インド諸島の保護という公的任務とが、彼の眼をくもらせる時期が訪れた。ロドニーの眼が確かにゆらいだのであって、判断を誤った重要なこの瞬間、戦略的目的が二の次にされたのだった。

一七八〇年の西インド諸島におけるロドニーの戦闘計画は、エジンバラの港でジョン・クラークが構想した案の通り、相手の縦列を破るものだった。これは、艦船が戦列に沿って区画ごとに襲撃する代わりに全部が同時に襲いかかって、前衛が交戦する前に仏軍の中央と後衛を破壊するという型破りな戦法だった。この計画はあらかじめ艦長たちには説明してあったが、『戦闘教本』に反していたので理解してもらえなかったのは明らかだ。あるいはロドニーがのちに非難したように、陰険な政治的理由から故意に命令に服さなかったのかもしれない。

またもや百年間も変えられていない罪の深い信号旗制度が、決定的な海戦上の勝利となりうる好機をつぶしてしまうことになった。艦員に理解させるためには信号旗の種類はできるだけ数少なく単純でなければならないということを原則としている点で、この制度は原始的だった。規則では、信号旗は一時に一枚しか掲げてはならなかった。その結果、多様な意味を表わすには長旗を加えるとか、マストの上の旗の位置、またはどのマストに掲げられているかによって指示しなければならなかった。こういう制約があったので、信号旗はふつう『戦闘教本』の中に出てくる番号で呼ばれていた。したがって、規律がゆるい場合、あらかじめ非常に注意深く計画を説明しておくのでなければ、ロドニーは正確ですばやい反応を当てにすることはできなかったはずだ。だが、事前の説明などは彼の流儀に合わなかった。

一七八〇年四月十七日、英仏両艦隊はマルティニク海岸の沖合で互いの姿を認め合った。朝、フランス艦隊は散開しているのに対し彼の艦隊は密集した隊形で風上に出ていたので、ロドニーは圧倒的な勝利は間近いと信じて奇襲作戦を実行する覚悟を決めた。彼が考えていた壮大な計画を実行しようとしたときに、英国の信号旗制度は事実上、確実に艦長たちをまごつかせる役に立っただけだった。ロドニーは自分の意図を知らせるために『続戦闘教本』の信号旗21を掲げねばならなかった。規則的な戦術の変種である信号旗21は、各船がそれぞれ対応する戦列中の敵船に舵を向けて襲いかかれ、という意味だった。それは、中央のトガンマストから信号旗をはためかせ、同時に大砲を撃つことで知らされたが、激闘のさなかには、最も正確なメッセージとは言いがたい。疲れた艦長たちは型破りの戦術に戸惑い、算を乱して散っていった。ある者は通常の場合にならって前衛に襲いかかり、他の者は何をすればいいのかよくわからず、見よう見まねでフランスの戦列の場違いな部分を攻撃し、提督の援護をすることを忘れて、彼の計画をめちゃくちゃにしてしまった。ロドニーは一時間孤軍奮闘したが、ついに旗艦があまりにも傷つき——船体は八十カ所も被弾し、そのうち三弾は吃水線の下に命中していた。またメーンマストやミズンマストは折れ、帆には大きな穴があき、メーンスパー（主檣の上部マストやヤード）は折れた四肢のように垂れさがって役に立たなくなった——次の二十四時間、かろうじて水に浮かんでいることができるだけの有様となったので、彼は後衛の別の船に移らねばならなかった。彼の艦隊の他の船は、この混戦で大変な損害を受けたので、そのうち二隻はのち、入り江のなかで沈んでしまった。英仏いずれの艦隊も目的を果たさず、別れていった。ロドニーは失望からくる怒りのあまり、私信のなかで配下の者を、彼の信用を落としたばかりでなく、彼を通して政府の信用を失墜させて政府の役職者を追い落とそうと企みて、「厚かましくも命令と信号旗に従わなかった」と非難した。現在の時点から眺めてみると、不服従が生じたのは政策のためもあろうが、縦列を組めという神聖な規則とはまったく逆の、異例の手順についての誤解から生じたこともありうるように思われる。

海軍本部に対する公式の報告書のなかではもっと自制して、ロドニーは「憤激と混じり合った表現しがたい懸念があって」英国旗が「正当な扱いを受けなかった」のだ、とお歴々に通知せざるをえなかった。こういう表現さえ海軍本部には行きすぎのように思われた。それで海軍本部は、彼の報告を「ガゼット」紙に発表するときこの一節を削除した。しかし公然たる不服従だと言ったロドニーの個人的非難はすぐに知れ渡り、ケッペルの分裂以来、また多くの軍事裁判が開かれそうなありがたくない見通しが生まれてきた。サンドウィッチは「フランス海軍の相当部分を破壊する栄誉をきみから奪った」連中を「恥じ入らせ、罰してやる」と約束した。ロドニーは公的審問をするように迫ってこれ以上海軍を損うのがいやだったので、どんな高位の者も信号に服従しなかった人間を自分の怒りからかばうことはできないと警告し、必要とあらば、命令への服従を確実にするためフリゲート艦を伝令に使うと将官たちに伝えるほうを選んだ。

「おそらく、敵の海軍力に致命的な損害を与えただろう」と彼が思いこんだ機会を奪われたくやしさのあまり、ロドニーは今度こそフランス軍を逃がすまいと決心した。敵方のギシェンはグアドループの基地に引っこんでいたが、きっと早いうちにフォール・ロワイヤルの隠れ家に帰ろうとするにちがいないと彼は考えた。そこで、味方の艦船は損害を受けていたにもかかわらず、フォール・ロワイヤルを油断なく見張って、再度相手をむりやり闘わせようと考えていた。しかしギシェンは優勢な地歩を捨てず、有利な場所からおびき出される手には乗らなかった。グアドループとセントルシアの間の海峡の、マルティニク島からおよそ十五マイルの沖合で再度姿を見られたときも、もしその気があれば戦闘を始めることもできたのに、あえて回避するのがフランス式のやり方だった。戦術的危険をおかさないで戦略上の成果を求めようとするフランス流の原則に従い艦船の温存に熱心で、フランス軍は逃げの一手に徹していた。また、ロドニーの戦いぶりには、避けるに如くはないような異例の戦闘的行動も辞さない敵手を認めていたので、なおさらだった。

変わりやすい風にもてあそばれながら、それぞれの提督は懸命に相手の裏をかこうとした。ギシェンはみごとな操船術を見せ、なんとかフォール・ロワイヤルに入ることもセントルシアを攻撃することもできる位置に身をおいた。一方ロドニーは、ギシェンがそのどちらもできないうちに戦闘へ誘いこむために、先手を打って相手を出し抜こうと努力した。艦長たちに対し前より締めつけの厳しい命令をくだすとおどした手前、それを実践するため、ロドニーは自分の旗をフリゲート艦へ移した。艦長たちはこの決断により「雷に打たれたように驚いたはずだ」と彼は考えた。

「わたしの眼は、敵の大砲以上に恐れられた……それがどんなに彼らを畏怖させたかは、信じられないほどだ」とロドニーは、のちにサンドウィッチに語った。彼は自分の努力を評価するさい、決して謙遜はしなかった。そして、戦闘の状況が気に入らず、艦長たちに命令の本質についてより率直に語った。「考えるというつらい仕事はわたしがする」と彼は言った。「きみたちはただ黙って、疑問は出さず、命令に従えばいいのだ」。

十四日間昼も夜も、大砲には弾丸をこめ、導火線には火をつけて、敵・味方の両者とも有利な地歩を占めようと策略を競い合った。お互いにあまりにも近いところにいたので、「将官と水兵のどちらも眠ったとは言えません……大きな目標を抱いていたので、体力ではほとんど支えきれなかったものを精神が支えることができたのです」と、ロドニーはサンドウィッチにあてて書いた。彼は、十四日間昼も夜もベッドには入らなかった。「艦隊が完全な秩序を保っている場合だけ、わたしはときどき船室の床の上で一時間ほど眠りました」。ロドニーは自分の行動をドラマチックに描くのが好きだった。事実、戦闘に備えて船を裸にするとき、彼の家具は船倉にしまわれ、彼の船室は砲列甲板の延長に模様替えされるのだった。

次の六週間、仏軍を戦争に誘いこもうとするさらなる努力は実を結ばなかった。トップマストは折れ、船体は水漏れするといった艦船の損傷状態を無視してロドニーは追跡を続けた。そして、航行している間に、ギシェンが商船団をヨーロッパに連れ帰れという命令を受け、艦隊を西インド諸島から引き揚げて家路につかせたことを知った。もう一度「パンパン」を行なった後、西インド諸島の一七八〇年の戦いは、秋のはじめのハリケーンの季節にはまだ間があるのに終わってしまった。ロドニーの艦隊の存在とそこから生じる差し迫った脅威とが仏軍を抑えて諸島に対する攻撃をさせないでいる点を除けば、どちらの側も大きな利点は得ていなかった。

相手が引き揚げたため、ロドニーは自分の指揮下にあるリーワード諸島の運命についての心配からは解放されたが、へまをやった戦闘についての憤りからは解放されなかった。この戦闘は、「これらの地域における海軍の抗争を終わらせるすばらしい機会で、おそらくは二度と訪れない機会」をつぶしたからだ。彼は決定的な戦闘をする新たな機会を切望した。ちょうどこのとき、軍隊輸送船を護衛中の七隻の戦列艦からなる仏小艦隊が、反乱者援助のためアメリカへ送り出されたことを拿捕されたアメリカの船によって、知った。これは、ロシャンボーの軍隊を運ぶド・トルネの小艦隊だった。敵が増強されるとニューヨークの英軍を数で上回ることになり、アメリカ海域の主導権を握られることになると判断して、ロドニーはこの窮境を救うためニューヨークへ行かねばならないと決心した。彼はパリで無為の日々を送ることしかできなかった間、アメリカでの戦略を勉強して知力をきたえていた。アメリカでの戦争は、不器用な闘い方をしていると考えていたからだ。彼はフランスが参戦した直後の一七七八年、サンドウィッチあての手紙のなかで自分の考えを述べている。現在その手紙は残っていないが、彼自身やその他の人々の言葉から推測すると、ロドニーはまず第一に、英国の戦争を全体として、つまり全軍隊に対する統一計画と、特定の目的を持つ単一の戦争とを分けて見る必要があると考えていたことがわかる。反乱植民地に対するフランスの援助がいまでは決定的な要素になるという認識をもとにして、彼は、次のように忠告した。つまり、イギリスとしては西インド諸島に仏軍を引きつけておかなければならない、そうすればフランスはアメリカに介入するための船も人員も割くことができないだろう、それから、カリブ海の作戦が停止状態になるハリケーンの期間、彼の艦隊をアメリカ海岸まで移動させ、手に入るかぎりの軍事力を一つにして反乱をつぶさなければならないと言った。サンドウィッチはそれを認めて承認するか、あるいは承認する趣旨の手紙をロドニーに書いた。ところが実は、フランス軍を多忙にしておこうとしても、西インド諸島の戦闘に割けるだけの艦船がイギリスにはなかったのだ。

ロドニーがアメリカへ発つ前、クリーヴランド・ロウの彼の屋敷で多くの時間をいっしょに過ごしていた友人のラクソールは、ロドニーがこの作戦計画を練っている間、「生来の快活さと自信を見せて」、たえず自分についての話をしすぎる傾向があるのに気がついた。

英国の戦争担当大臣たちが行なった唯一の新たな手立ては、アメリカに駐留する英国軍の新しい総司令官を任命したことだけだった。戦う気がなかったサー・ウィリアム・ハウに代わって、サー・ヘンリー・クリントンが任命されたが、これは事態の改善にはならなかった。クリントン――政治上の官職任命制の総帥ニューカースル公爵のいとこ――の任命は、彼がしかるべき「コネ」を持っていたことと無関係ではない。これは、第一線の戦争の指揮を神経症的気質の持ち主に委ねる結果になった。彼はたえずためらっていて、決断を必要とする事態に対して判断をくだすのが遅すぎた。

一七七八年五月に任命されてから三カ月経たないうちに、クリントンが現状のさまざまな要素を検討した結果――植民地の地理的膨大さと、カーライル使節団がちょうど認識しはじめていたように、独立以外の条件は受けつけまいとする反乱者たちの確固とした決意、そして英国が当てにしていた大々的で熱心な忠誠派の集団による積極的な支持の欠如――この新しい総司令官はほとんど熱意を失って、勝利への幻想は抱かなくなった。彼が戦後に語っているところによると、最初に起こした彼の行動は、この戦争の「実行不可能性」を理由に辞職させてくれるよう国王に請願したことだったという。しかし、この願いは却下されて、クリントンは、ノース卿がいやいやながら首相の職にとどまったように、みじめな気持ちで現職にとどまったのだった。だが、ノースの場合のように自分はこの役職に向いていないという自覚からというよりは、前職のピットの場合のように、これは勝つ見込みのない戦争だという認識からだった。この任務を遂行するために可能な手段はあまりにも限られていた。彼は約束された増援の遅れについて不平を言った。その遅延の結果、軍勢は不十分で、「何らかの有益な目的を果たすには金も物資も船も兵員もみんな不足して」いるのに、故国の戦争担当大臣で、クリントンがきらっていた上、信用もしていなかった上司の大臣、ジャーマン卿から、ここでも、あそこでも、つまりあらゆるところで、もっと積極的に戦えとたえずつつかれる始末となった。

「お願いですから」と彼は、あるとき怒りを爆発させた手紙を書いた。「何かをやってもらいたいのなら、わたしにまかせて、時々刻々変わっていく情勢にわたしの努力が適応できるようにしてください」。一七八〇年九月になる直前、彼はジャーマンにあててきっぱりと「軍隊の増援がなければ戦争を遂行するのは絶対に不可能だ」という意見を書き送った。だが、これは手のとどかぬ月を欲しがるような行為だった。大英帝国は拡大された領土に見合うだけの人員も、より多くの傭兵に使える資金も持っていなかった。とにかく、これ以上傭兵を雇い入れると、野党側の恨みのこもった怒りを招きかねなかった。だから、軍隊の増強は、おいそれとは実現しなかった。これは、資力を上回る無謀な野心から起こした戦争の古くて――つねに新しい――問題だった。

ニューヨークの野戦軍は数が少なすぎると考え(これは神経の問題だけでなく、ワシントンの軍隊は物資不足と反乱で苦しみ、攻撃がかけられないことを彼はよく知っていたからだ)、「あらゆる方面に姿を現わしかけている……不穏な雲」におびやかされて、クリントンは「この上ない不安」の餌食になった。そして、ノース卿のように、総司令官の職を解いてもらって南部で戦争を行なっているコーンウォリス卿に指揮を譲りたいという願いを繰り返し国王に浴びせかけた。そして不安のあまり彼は、単に願ったばかりでなく、国王に最高司令官の職を解いてほしいと「嘆願」し、三度目には願いは解任への「祈り」となった。彼は明らかに国王が望んでいた大胆な攻撃にふさわしい将軍ではなかったにもかかわらず、留任させられた。正義の征服を行なっていると情熱的に確信し、大胆な戦闘に信をおいていた国王ジョージは、一人は政治的分野の、もう一人は軍事的分野の主な補佐役として、二人の気の進まない御者に頼ることしかできなかった。どちらの御者も手綱を離して、御者席から降りることしか願っていなかった。これでは戦争に勝てるはずがない。

この時期、アメリカでの最も活発な戦闘は南部諸州で行なわれていた。英国が南部で戦闘を行なっていたのは、最も多くの忠誠派がいるこの地域を取り戻し、彼らの支持を動員したいという意図からだった。ここで、最大の望みがかけられていた最も活動的な英国陸軍の指導者コーンウォリス卿は、ヴァージニアの仲間の士官にあてて残念そうに次のように書いている。「さて親愛なる友よ、われわれの計画とはいったい何だ。計画なしでは、成功はおぼつかない」。彼は、クリントンには何の計画もないので、「本当のところ、わたしは冒険を求めてこの国中を行軍して歩くのに、まったくうんざりしている」と友人に語った。彼はヴァージニアを抜けて北進する予定だったが、ワシントンの最も頼もしい将軍、ナサニエル・グリーンが負けているにもかかわらず戦場に踏みとどまったことで、彼を攻略するために展開している英軍を消耗させていた。そこで、戦闘は膠着状態にあった。グリーンは、ウルフの副官でケベック総督だった敵のミューレイ将軍が予想したようにピュロスの戦術（ピュロスの勝利とは大きな犠牲を払って得た引き合わない勝利のことで、ここでは相手の犠牲を大きくしようとする戦術）を行なっていたのだった。ミューレイ将軍は、かりに事態が兵士の数で決まるのだとすれば、敵（アメリカ）の計画は「敵を全滅させるまで毎週戦闘に負け続ける」という中国の方式通りになるだろうと予言したのだった。

アメリカでの陸戦がどっちつかずによろよろと進んでいた間、ロドニーは何らかの目的を持って突き進むためには個人の裁量で動かねばならないと感じていた。そして、独断でアメリカにおける使命を果たそうとした。リーワード諸島とその近海の総司令官としての任務は、事実上西半球に関する自由裁量権を彼に与えていた。「わたしは、フランスの野心的な計画をくじき、惑わされて反抗するアメリカ人のすべての希望を断つために、国民的熱情の翼をつけて飛んだのです」と彼は、友人にあてて書いた。もし惑いがどこかにあるとしたら、それはロドニーも明らかに分かち持っていた英国人の信念、つまり、アメリカ人はどういうわけか私欲で動く煽動家に惑わされて反抗していると考える信念のなかにあった。独立を求める動きの基本的な精神を認識しなかったので、彼らは革命をまじめに考えることができなかったのだ。

一七八〇年九月、ロドニーはアメリカに着くやいなや、南北両カロライナ海岸を掃討してニューヨークへやって来た。ところがニューヨークでは、独立を阻止するという統一目標と英軍のいきいきした精神をよみがえらせたいという彼の望みは、クリントンの無気力と、年配の駐米海軍司令官で癇癪（かんしゃく）持ちのアーバスノット提督の憤激によって妨害された。彼は、ロドニーが上司として自分の上に立っていることに憤慨したのだ。七十歳のアーバスノットは樽の底から引っ張り出されたもう一人の化石的人物で、ある評言では「海軍の戦術の初歩的な知識さえもない」とのことだった。すでにクリントンとは仲が悪く、彼はロドニーが出すすべての命令に苦情を申し立てた。ロドニーは「あの海岸（カロライナ）からサンディ・フックまでたった一隻のフリゲート艦さえ見えず」、南部の海岸全体が無防備であるのに、他方、岸辺にはアメリカの私掠船がうようよしているのに気がついた。それで、あらゆる地域の沖合に艦船を配置するよう命令を出した。「この手段により、十三隻の反乱者の私掠船がすでに拿捕され、陛下の臣下の通商が効果的に保護された」という。奔流のような命令とその取り消し命令が二人の提督の間に行きかった。他方、美辞麗句の裏でお互いについて憤慨して苦情を述べ合った海軍長官あての手紙は、統一の大望のためには全然役に立たなかった。

一七八〇年、反乱者側はチャールストンを失い、アーノルドには裏切られ、軍隊を戦場にとどめておく資金は不足していたので、英国にはアメリカが降伏して、ついに厄介な戦争が終わると信じるだけの理由がそろっていた。クリントンは、ロドニーのアメリカ到着は反乱者側にとってはあらたに付け加わった災難だろうと考えた。ロドニーがやって来たおかげで、「フランス艦隊の第二波が来て軍隊が増強される」というワシントンの言葉が「繰り返し述べた故意の根拠のないうそ」であることがわかり、「（彼らは）周章狼狽した」。その結果、ワシントンは新兵の募集ができなくなった。「というのは、援軍が来るというデマのおかげで」ワシントンはこれまで多数の新兵を募集することができたからだ、とクリントンは述べている。ワシントンは、ニューヨークを攻撃するためフランスの艦船と地上軍の第二次分遣隊の来援を切望していた。「幸運にもあなたがこの海岸に到着してくれたので、そのような計画は完全につぶれました」とクリントンはロドニーに手紙を書いている。「……反乱者たちによるワシントンの軍隊の増強は、手ぬるくなりました。それどころか、離脱により大いに数が減りました。したがって、事態の防衛的見地からすると、この海岸にあなたが来られたことは、最も重要な結果を生んだと言えましょう」。クリントンは、ロードアイランドの敵の陣地に対する攻撃を勧められないのが残念だ、と言った。いまでは砦が強固になりすぎていたからだ。その代わり、チェサピーク湾に遠征するほうがいい、と彼は考えた。「その必要性と重要性については、われわれ二人とも同意している」と彼は言ったが、この時期に戦争の方向を変えたかもしれない提案をしていることは興味深い。

戦況の変化はほとんど起こりそうもなかった。火中の栗は拾わないクリントンは、活動しないことの責任をアーバスノット提督の年齢による無能さのせいにした。有能な提督がいれば、と彼はイギリスの友人に書いている。「この戦争からあらゆる成果を期待できただろうが、この年老いた紳士からは何一つ期待できない。彼は時々刻々と物を忘れ——声に出して物を考え——わたしの手紙のどれにも返事を書こうとしない」。

彼の心情はまともかもしれないが、「頭のほうがイカレてしまっている」。英国海軍はこの重要なときに、政治上の争いにかまけて高級士官を老齢者ばかりにして、こういう状態にまで堕落していたのだった。

あまりにもしばしば争いの種になった捕獲賞金が、ここでもまた分裂の要素になっているように思われる。というのは、アメリカ駐在海軍司令部の上官としてのロドニーの出現は、捕獲賞金の分配の折り、アーバスノットが主な分け前をもらえなくなるということを意味したからだ。「わたしはアーバスノット氏の不満の本当の原因と思われるもの、それのよって来るところを述べるのは恥ずかしいのですが」とロドニーはやや殊勝らしく海軍本部に報告している。「証拠はあまりにも明白です。つまり、捕獲賞金がその原因なのです」。そう述べて、彼はそれを証明する書類を送った。この一件が国王に提出されたとき、国王陛下はこの提督同士の諍いをロドニーの肩を持って裁可した。彼の行ないは「いつもながら賞讃に値するように思われる……〔そして〕捕獲賞金が」その原因だという「仄めかしは根拠があるように見える」と国王は言った。クリントンとロドニーは二人とも、アーバスノットが更迭されなければ辞職するとおどかしたが、海軍本部は明らかにもう一人の敵を作るのに気が進まず、何の動きもしなかった。アーバスノット自身が、おそらくは同僚の敵意もこたえたのだろうが、年齢を理由に辞職したいと申し出たときになってようやく彼は解任され、一七八一年、ノース卿のいとこがアメリカ駐在海軍本部の彼のあとを継いだ。

この期に及んでも、情勢は憂慮すべき有様で老水夫の抜け殻以上のものが必要だということが認識できず、海軍本部は限られた選択肢のなかで、年取った海軍軍人のコレクションをひっかき回してサー・トーマス・グレイヴズを選び出してくるのがせいぜいだった。グレイヴズは当時の基準では老齢だと考えられていた六十七歳で、壮年期をはるかに過ぎており、その上戦う海軍軍人としての盛時も過ぎていた。グレイヴズの主な特徴は高度に発達した用心深さであって、その経歴はかつて、ビング提督が有罪の判決を受けたのと同じ軍事裁判による「怠慢」の裁決を髪の毛一本の差でかわしたことがあったが、グレイヴズの場合、それは「判断の誤り」ということで法的には解決されていた。判断の誤りも致命的になることがある。かりに否定的な性質が決定的な要素になると言えるなら、グレイヴズがまさにそれだ。

ロドニーの意見によると、アメリカでの最悪の過ちはロードアイランドからの撤退という「致命的な施策」だった。一七七九年十月、クリントンは自分の軍隊を南の戦闘に集中させるため——または、彼がのちに主張したところでは、アーバスノット提督の「強制的な」忠告により——ロードアイランドを放棄した。アーバスノットは、ロードアイランドなんか「海軍には全然役に立たないから、その防衛のために一隻の船さえ割くわけにはいかん」と言ったという。英国の撤退はニューポートをフランスの手に渡し、ナラガンセットの喪失という重大な結果を招いた。ロドニーはナラガンセットを「英国の全海軍さえ収容できる、アメリカ全土を通じて最良の最も雄大な港」と呼んだ。また、壮大な夢を描いて、そこからなら海軍は「アメリカの三つの首都、すなわちボストンとニューヨークとフィラデルフィアを四十八時間以内に封鎖できる」と付け加えた。

ロドニーが最大の挫折感を抱いたのは、ロードアイランド奪回のための攻撃をかけようと

「最も精力的な努力」を重ねた末、同僚のクリントンとアーバスノットの説得に失敗したことだった。アーバスノットは海軍をそのような危険にさらそうとしなかったし、彼とクリントンとの間の強い憎しみがどんな合意の行動もできない状態にしていた。「わが艦隊は決してロードアイランドを見ることはないだろう」とある海軍士官は保証した。「なぜって、将軍が提督を憎んでいるからさ」。クリントンは、再度占領した仏軍がそこを堅固な要塞にしてしまったので、いまでは遅すぎると言った。それに、以前は六千の兵力で占領できたかもしれないが、いまでは一万五千の兵力が要るし、忠誠派のスパイが途中で押さえたワシントンあての手紙から判断すると、ワシントンの軍隊がニューヨークを攻撃しようとしている模様なので、それだけの兵力は割けないと言った。同盟軍の最終戦闘計画に関連して、途中で押さえた手紙についても同種の話が語られている。何年もの間、これらの手紙はクリントンを金縛りにしておくためワシントンが故意に仕かけた罠だったという説がまかり通っていたが、その後の調査で、総司令官がやったとされたこの瞞着行為は事実ではないことが証明されている。

ロドニーはロードアイランドから仏軍を追い払うための妙案を思いついたが、これは独創的で、無法で、命令にはおかまいなく独立した行動をやろうという彼の気構えを如実に表わしている。以下の話はクリントンの記録によるが、彼との討議のなかでロドニーは次の提案をしたという。みんなが信じているように、フランスの別の小艦隊がニューポートの仏海軍司令官ド・トルネに合流するため途上にあるとみなして、ド・トルネが出てくるのに都合のよい追い風のときに、フランス国旗を掲げた数隻の英国船をブロックアイランド沖に出現させ、アーバスノットの船とにせの海戦をやらせる。すると、ド・トルネは偽装仏国人を援助しようと確実に港から出てくるだろう。そこでひとたび戦闘に誘いこんだら、ロドニーとニューヨーク艦隊との合同兵力によって効果的に叩きつぶすことができる、という案だった。確かにこれは、セントユースティシャスを攻撃するさいフランス国旗を利用するのをためわなかった男の案だった。だがこの計画は、無難な考え方をするクリントンとアーバスノットにとっては行きすぎだと受け取られたことは間違いない。なぜなら、この話は二度と出なかったし、ロドニーの大勝する夢のなかの「雄大な湾」はフランスの支配のもとにとどまっていたからだ。

アメリカを離れると、ロドニーはサンドウィッチにあて、戦争は「あらゆる部門にわたって考えられないほどの手ぬるさ」で行なわれている旨の報告書を書き、とくにクリントンの無気力に注意を促した。途中で押さえられたワシントンの手紙は、本物かにせ物かは別にして、強すぎる眠り薬のようにクリントンに作用し、次の危機的な何カ月かの間、彼をものぐさ病にかからせたのだった。このとき彼が急いで援軍を送れば、やがて来るヨークタウンの致命的な敗北は阻止できたかもしれない。しかしその当時、英国は心配などしてはいなかった。アメリカ側の運はどん底まで落ちていて、すぐにも屈服しそうに見えたからだ。

アメリカ人を悲しく失望させたデスタンの海軍の介入の失敗と、チャールストンの喪失がつづき、大陸会議はみじめな援助しかできず精力的な国民の支持も得られないため悪化したフォージ渓谷やモリスタウンの冬の恐ろしい欠乏状態に続く一七七九年から一七八〇年の期間は、この戦争中最悪の年で、革命はどん底まで落ちこんだ。

絶望に近い失意のなかで、ワシントンは一七七九年十二月、次のように書いた。「われわれの前途は、この戦争のどの時期よりもはなはだしく見通しが悪いと思う。即刻何らかの措置を取らなければ、生活の資がないため軍隊の崩壊は避けがたい。軍隊の一部はまたもや数日間パンがないという有様だ」。南北両カロライナとジョージアの戦いでは、地域的な勝利はあったものの、それが裏目に出て、いまでは南部と北部植民地とは致命的に分断されようとしていた。一七八〇年五月、不幸はさらに増大した。その月のチャールストンの陥落では、五千人のアメリカ人兵士と四隻の艦船が捕虜になり、この戦争中最も大きな敗北の記録となったからだ。

一七八〇年九月、ワシントンは自国の将軍、ベネディクト・アーノルドの背信行為によりさらに痛烈な個人的打撃を蒙った。ハドソン峡谷への要(かなめ)の位置にあるウエスト・ポイントを英軍に売り渡そうとしたアーノルドの計画は、砦の鍵と図面が手渡されるわずか数時間前に、アーノルドと英軍との仲介者をつとめたクリントンの副官、アンドレ少佐が偶然逮捕されたことによって阻止された。

ニュージャージーのモリスタウンの一七七九年から一七八〇年の冬の陣営は、前年のフォージ渓谷より厳しかった。すでに飢えて雪のなかで震えている兵士たちに対して、割り当て食糧はふだんの量の八分の一まで減らされた。一七八一年一月、十分な食糧と遅れている給料を要求してペンシルヴェニア連隊が反乱を起こし、ニュージャージーとコネティカットの部隊がいっしょになって部隊を離脱した。謀反を起こしたコネティカット連隊の二人の指導者は、蜂起を鎮めるため縛り首にされた。暴動が鎮圧されたときには兵員の数は半分に減っていた。前線では、忠誠派の人々によって手引きをされて森から出てきたアメリカ先住民たちが、農場や家屋を焼き、市民たちを虐殺していた。戦場に軍隊をとどめておくことさえ問題だった。民兵たちは自分たちの作物を取り入れるため休暇を与えて家に帰らせなければならなかったし、休暇を与えなければ離脱するからだった。このような状況で戦争をしなければならないのなら、「カエサルやハンニバルもその名声を失ったことだろう」と、プロイセン人の陸軍訓練教官のフォン・シュトイベン将軍は言った。

ワシントンの机には、軍隊に必要なすべてのもの――食物、武器、野戦用装備、馬、定期的輸送制度に必要な荷車――の不足を訴える戦場の将軍たちからの手紙があふれていた。こうしたものすべては地方の住民たちから軍事的徴発で集めなければならず、愛国軍に対する敵意をかき立てる結果になった。「戦闘を始めるためにすべてが用意されているどころか」とワシントンは、一七八一年五月一日の日記に書いている。「われわれには何もない。これから輝かしい攻撃戦をやるという見込みの代わりに、ここにあるのは混乱して陰気な防衛戦だけだ――われわれが気前のよい同盟国から船と陸上軍と金の強力な援助を受け取るのでなければ。そして、現在のところ、これは計画をたてる基礎にするには不確かすぎる」。

このような失意にもかかわらず立ち上がって戦い抜くには、将軍史上まれに見るワシントンの精神的強さと一種の高潔さが必要だった。これはウィレム沈黙公の性格に通じるものであり、この性格があったればこそ彼は全員が認めるかけがえのない総司令官になることができたのだった。この性質はアメリカのもう一人の天才、ベンジャミン・フランクリンと、ラファイエットの人間的温かさによって外国へ伝えられ、旧体制の干からびた茎に残った最後の一葉だったルイ十六世を説き伏せて、玉座のルイを支える支柱そのものだった権威と王威にさからわせ、君主の信念と運命を辺境森林地の反乱者の戦いに賭けさせたのだった。ラファイエット――その魅力のせいで、ワシントンは父親であるかのように彼を愛し、大陸会議は彼を少将に任命した。また、アメリカの新兵たちは、ふつう外国人の下で勤務するのをいやがったが、喜んで彼の指揮のもとで戦った――のあとに続いて、若いフランスの貴族たちが群れをなしてアメリカで戦おうと志願してきた。宮廷では心をかき立てる唯一の事件ときたら、髪粉をふったかつらをつけ飽食した国王からうなずいてもらうとか、もの憂い手の一振りで更衣室での朝の儀式に招待してもらうとかの恩義を競うことにすぎなかったので、こうした宮廷生活の退屈さや空虚さにあきたらない若い貴族は、軍隊勤務――昔から報奨へ通じていた道――に男らしい生き方を求め、魔法の女神たる自由へ勇気を捧げる機会を切望したのだった。この女神は、疲れて喧嘩腰の旧世界に住む人々の心を開こうとしていたからだ。アメリカの独立宣言が約束する魔法の言葉、「被治者の同意による統治」が、何世代もの間、君主や貴族たちの独裁制に統治されてきた臣下の者の頭と心を戦かせたのだ。そして、アメリカで人間の生得権のために戦っている若い新生国家がこの約束を象徴しているように思われた。世界の中にこの国が出現したことは、古いヨーロッパにとって代わる自由と、平等と、理性の支配からなる新しい秩序の先駆けだ、と彼らは感じたのだった。自由な精神を持った人々にとって、この事業の実現を助けるため武器と財産を捧げること以上に高尚な務めがありうるだろうか。

カナダを取られた仕返しというもっと世俗的な欲望も、十一世紀にノルマン人ウィリアムが争いの種を見つけて以来、彼らの骨肉に染みこんでいる英国打倒の古い衝動をよみがえらせた。国王と、抜け目のない辣腕の外務大臣、ヴェルジェンヌとは、フランスの対英権力闘争の軍事的手段として植民地の戦争を続けたほうが得策だと考えた。反乱者たちの物資を強化し増大することによって、彼らは英国の刃を鈍化させると同時に北米の利点を手に入れ、さらに英国の海軍力を悩ませ、砂糖島を一つか二つ占領することにより、あの木造の壁（イギリスの本土を守る海軍＝木造戦艦のこと）を打ちこわして英国の炉端に侵入できるかもしれないと考えたのだ。

ヴェルジェンヌが考えていたフランスの目的は、勝利するように植民地を援助することでも、英国に和平を提案させるレヴェルまで植民地を強化することでもなかった。和平になれば、もう一度英国は、帝国の裂かれた布を自由に編みつくろって、再びその軍事力をフランスに集中できるからだった。フランスの目的はむしろ、植民地が戦争を続け、戦争の労苦で英国を手いっぱいにしておける程度にアメリカを強化することにあった。

そういうわけで、最強国としての英国にとって代わろうとする欲望から、ブルボン家のフランスは歴史の進む道に大きな皮肉という名の大石をおいて、反乱の援助のために金、戦士、武器を貸し与えたのだった。やがて、この反乱の思想と原則が民主革命の時代の幕開けとなり、フランスの国家予算の枯渇と相まって旧体制（アンシャン・レジーム）の恐ろしい瓦解を招き、旧世界から近代世界への変化を永遠に印しづけることになる。

反乱者を援助することで自分たちが何をやっているのか、フランス人がその意義を認識していなかったとすれば、英国民全体もまた、アメリカ植民地との争いが歴史のなかでどんな役割を占めているのか、また占めることになるのか考えてはいなかった。英国人はそれを、単に力で鎮圧しなければならない恩知らずの植民者たちの蜂起としか考えていなかった。もっと広い世界観を持った人々にとっては、フランスに対する帝国主義的権力闘争だった。

イデオロギー的に言えば、左と右の永遠の闘争のなかで反乱は社会秩序を転覆させるもので、アメリカ人は「平等論者」として見られており、アメリカの例がもし成功すれば、アイルランドやその他の地域の革命運動にも火をつけるだろう、と思われていた。英国政府とその支持者たちは、ホイッグ党員や急進主義者たちとは違って、自分たちを権利と特権の擁護者だと考えて、その存続のための戦いなのだから、ヨーロッパからの敵意ではなく支持を受けて当然だと考えていた。フランスとスペインは敵になり、オランダはまもなく新たな敵になろうとしていて、中立連盟は海の覇権を競おうとする見通しなので、英国の援助をしてくれないどころか積極的にアメリカを援助している有様のヨーロッパは、自分ののどを掻き切ろうとしているように思われた。もしアメリカ人が勝てば、ヨーロッパ自身が過激派から踏みつけにされ、国中に「自由を！」の叫び声を聞くことになるはずだから。すべての人々のなかで、自分はこの立場に不適任だから辞任させてくれといつも国王に嘆願していた居眠り屋の首相、ノース卿だけが、彼の国とその植民地が交戦しているこの抗争の歴史的意味と、アメリカが勝利した場合の歴史的結果を悟っていた。「もしアメリカが別個の帝国になったら、世界の政治体制に革命を起こすにちがいない。そして、ヨーロッパがいま英国を支持しなければ、いつの日か民主主義的狂信を吹きこまれたアメリカによって支配されるだろう」と彼は予言した。

ミスター・ワシントン（英国人は彼に「将軍（ジェネラル）」の敬称をつける気になれなかった）の軍隊の反乱と窮乏状態は、物資や資金のみならず新兵も不足していたことから想像できるように、アメリカ革命は低迷しているというかすかな希望の光を英国に与えてくれた。勇気づけられたクリントンは、心地よさそうに独語した。「わたしにはすべての希望があり、ワシントンには危惧だけがある」。理論的には彼の言う通りだった。しかし、客観的な観察者なら勢いづくだけの結論は引き出さなかっただろう。というのはクリントンにとって「希望」とは、行動しないための理由が増すことであり、ワシントンにとっての「危惧」とは、克服しなければならない要素という意味だったからだ。

英国の戦争担当責任者たちは、英国の力の優位を信じきっていたので、反乱者たちは屈服して講和をしなければならなくなると確信していた。国王の側近、ジャーマン卿が述べているように、「現在あらゆる地域で反乱軍は非常に情ない有様であり……われわれの優位は動かないので、彼らの側のどんな抵抗も反乱の迅速な鎮圧を阻止することはできない」と考えていた。根深い自己満足は、それ以外の考え方を許さなかった。反乱者たちが早々と崩壊することへの期待は、切実な必要性があっただけに、なおさら強くなった——というのは、自己満足にもかかわらず、英国の資源はひどく窮乏していたからだ。新兵の募集状況は思わしくなく、食糧の供給は不十分、財政は障害だらけの難局に直面していた。

英国人は、戦争を続けることができさえすれば、アメリカ人は降伏せざるをえないという信念にしがみついていた。大陸会議の権威は薄れて、世論は本国のほうへ向くだろう。彼らの考えのなかでいちばん説得力があったのは、アメリカ人がはやばやと財政的に破綻してしまうという信念だった。ミューレイ将軍はミノルカから「敵は、この戦費の負担をわれわれと同じほど耐えがたく思っている、とわたしは判断している」と書いてきた。民間人で懐疑的だったのは、ホレス・ウォルポールの文通者ホレス・マンだった。「アメリカかヨーロッパのどちらかでフランス艦隊に何らかの決定的な打撃が与えられないかぎり、反乱を起こした植民地の不屈さとフランスの名誉心（ポワン・ドヌール）とが戦争を長びかせ、わたしたちを疲れ果てさせるだろう」と彼は友人にあてて書いている。ジョージ三世自身は、そのような結果について考えてみることはできなかった。ただ頑固に、勝利は目前にあり、真に忠誠な人々が立ち上がるはずで、一度か二度痛烈な打撃をアメリカに加えれば反乱は瓦解すると信じていた。

英国と植民地双方の期待を齟齬（そご）させたのは、フランスの介入だった。一七八〇年にアメリカの大義がどん底に落ちこんだため、革命を活かし、戦わせるためのフランス・アメリカ合同計画案が持ち上がった。ワシントンはフランスに金と部隊をくれるよう頼み、デスタンの戦闘の屈辱的な結果にもかかわらず、とくに海軍の援助がほしいと頼んでいた。彼は、海岸地帯の支配権と海上の自由がなければアメリカは勝つことができない、そして、この手段によってのみ英国を敗北させることができる、と絶対的に確信していた。アメリカにおける英国の占領地は、ニューヨークと、チェサピーク湾が大西洋に向かって長い海岸線に囲まれた口を開いているヴァージニアとの間にアーチ形に走っていた。ニューヨークとヴァージニアとの通信は、アメリカがその中間のペンシルヴェニアとニュージャージーを押さえていた間は、水路によってのみ可能だった。また、英国の軍隊は、住民の敵意のため、進軍しながら食物を手に入れて暮らしていくこともできなかった。英軍の糧食の補給とアメリカ内部での展開は、水路による輸送と港や河口の支配にかかっていた。もしこれが封鎖されたり、奪われたりしたら、英軍は飢え死にしたことだろう。事実、クリントンがのちに記しているように、海軍の覇権をデスタン提督に奪われるのではないかと心配していた時期に、「軍隊は三度も飢え死にの危機に瀕した」のだった。クリントンがこの言葉を現実の報告というより、むしろ不安な思いから書いたとしたら、戦後に書いた彼の弁明の書を貫くすべてに対する絶望感をここでも反映していると言えよう。

逆に、アメリカ側にとっては水上輸送が自由に行なわれさえすれば、軍隊を動かして攻撃に転じることができた。ワシントンが海軍の優位を強く主張したのは、こういう考えが基礎になっていたからだった。ワシントンが大陸会議の元議長の息子で、外交使節としてフランスに行く途上のローレンス大佐に説明したように、「われわれが海を支配して、ヨーロッパからの定期的な物資の送付を阻止すれば」、英国は「この国で大軍を維持していくことはできない……これらの海岸で海軍をつねに優位に保っておけたら、即刻敵を困難な防衛戦にまで追いつめることができる」、「金の援助つきの」海軍の優位が得られたら、「われわれはこの戦争を精力的な攻撃に転じることができる」のだった。ワシントンが望んでいたのは、アメリカにおける英国の軍事基地の要石（かなめいし）であるニューヨークの攻撃だった。英軍からロングアイランドとマンハッタンを奪回すれば決定的な打撃になるかもしれない、と彼は考えた。しかし、同盟軍のロシャンボーは反対に、チェサピーク地域の戦闘のほうがずっと実際的で効果があがると考えていた。ニューヨークの入口のサンディ・フックには、すでにデスタンの行く手を阻んだ浅瀬という障害があるし、チェサピーク湾のほうが入りやすく、戦闘のための余地も広いからだ。おまけに、この戦争を通じてコーンウォリス指揮下の英軍が最も活発で脅威的な勢力となっているのは、ここだった。

ワシントンや陸軍の他の将軍たちは心底から、アメリカの大義はアメリカの国民の手によって戦いとりたいと願っていたが、目に見える形をとった民衆の支持を証拠として考えるかぎり、全体としてのアメリカの愛国心は弱腰にしか見えないことが、最もつらく張り合いのないところだった。フォージ渓谷でワシントンは、補給品が来ないということは彼の部隊に「毛布の影さえない」兵士が何人もいることであり、「足から流れる血でホワイト・マーシュからフォージ渓谷まで跡を尾けられるかもしれない」という怖れがあるのを、心を痛めながら認識した。一七八〇年の夏、召集が実施されたときには、期限を六週間も過ぎても三十人にも満たない新兵たちがだらだらと本部に入ってきただけだった。志願してきた市民たちは一般に、自分たちの窮乏状態よりひどい窮乏をいっしょに耐えようとはせず、逃げ出したがった。また、やつれて、ぼろをまとった大陸軍といっしょにはなりたがらなかった。補給品を運ぶのに必要な荷車や馬を農夫から供出してもらうことは、もう望めない有様だった。デスタンの大失敗のあと、軍隊は、給料不払いに対して大陸会議への不満を募らせ、階級や先任制度をめぐって仲間うちで口論し、ぶつぶつ言ったり辞職するとおどかしたりして堕落しはじめた。いまは主計総監をつとめている全軍中最も堅実なグリーン将軍でさえ、大陸会議は「鯨の腹のなかの小魚」のように必要には全然見合わない金しかくれないと厳しい苦情を言った。また、サヴァナ奪回のための攻撃計画をたてようとしたとき、大陸会議の怠慢にあまりにも憤慨して、彼でさえ辞職を仄めかしたほどだった。

一七八一年の元旦、フォージ渓谷で厳しい冬を過ごしたあと、飢えて寒さに震える二度目の冬を迎えてモリスタウンで宿営していたペンシルヴェニア部隊は、市民は居心地よく小ぎれいに楽をしていられるのに引きかえ、物資はなく、給料は払ってもらえず、みじめな状態に打ち棄てられていることに激昂した。衣服、靴用の皮革、輸送用の馬と荷車、全部隊への肉と粉と弾薬は欠乏し、新兵は入ってこず、自信はなく、アメリカ国民の支持が得られないので軍隊はほとんど立ち上がれない状態になっていた。そんな不足を訴える将軍たちの手紙がワシントンの机の上にあふれていた。糧食が手近にあるときでさえ、輸送手段がないため、それを腹を空かせた部隊に届けられない場合もあった。軍隊は言い分を聞いてもらおうと、自分たちにできる唯一の手段である反乱に訴えた。同じようになおざりにされていたコネティカットとニュージャージーの部隊がペンシルヴェニア隊の行動に加わった。そして、この暴動は、コネティカット隊の二人を見せしめに処刑してようやく収まった。「わたしはもうほとんど希望を持つのはやめている」とワシントンは、一七八〇年、反乱の少し前に告白した。「一般にこの国は、自分たちの利益に対してあまりにも無感覚、無関心なので、事態が好転するなどと心ひそかに信じることはやめた」。

フランスでは事態を好転させる準備が進んでいた。外務大臣のヴェルジェンヌは、アメリカ人から説教されるのをあまりありがたくは思わなかったが、アメリカの戦争を決定できるのは海軍力だけであり、イギリスを敗北させられる場所はアメリカなので、フランスが西インド諸島の砂糖島を占領するのに軍隊を使ったり、ジブラルタルを包囲したり、英国侵入のために攻撃軍を集めたりするのは益がない、というジョン・アダムズの主張に大きな感銘を受けた。同じ趣旨の大陸会議の訴えも功を奏しはじめていた。ジョージ・ワシントン自身からも、合衆国へのフランス使節、ラ・ルゼルヌにあてて、海軍力の優位を強調し、フランス艦隊をアメリカに送ってほしいと頼む手紙が来た。

援軍の先駆けとして、デスタンの後継者ド・トルネ提督指揮下の七隻の戦列艦が、一七八〇年七月、最後の戦闘でなくては叶わぬ仲間となる一人の男と小規模の陸上軍を率いてニューポートに入港した。この男は五十五歳のジャン・バティスト・ロシャンボー将軍で、クロード゠アン・ド・サン゠シモン侯爵指揮下の三連隊を引き連れていた。サン゠シモン侯爵の年下のいとこアンリ・ド・サン゠シモン伯爵はフランス社会主義の未来の創始者となる人物だ。二人とも、ルイ十六世の宮廷の記録者となったあの高名なド・サン゠シモン公爵と縁続きだった。若い伯爵も、ロシャンボーのもとで軍務につくため、志願して所属する部隊といっしょにアメリカにやって来たのだった。彼の連隊は当時スペインに貸し出されて、西インド諸島のサントドミンゴに駐屯していた。

この嬉しい援軍は、ニューポートの外側を英国が封鎖したため一年近く不幸な無活動状態におかれた。陸路の輸送手段がないので、ワシントンは彼らを使えなかった。移動の手段がなくては、ワシントンは攻撃することができなかった。そして、防御の戦いばかりしていては決して勝利に到達できないことも知っていた。ロシャンボーの軍隊は食物を買う金は持っていたので、ニューポートにとどまって、食べたり、女とふざけたりして、軍事的には空白の有様だった。当面はそうだったが、いつまでも、そうではなかった。

愛想のいい気質と手がたい軍事の実績を持った小柄でがっしりした人物、ロシャンボーは、理想的な同盟者かつ強力な支持者であり忠実なパートナーであることがわかった。また、卑屈になったり、単なる年下の副官になったりもせず、喜んで総司令官の次に身をおいた。彼には彼なりの考えがあり、それを主張する用意も能力もあった。ときには上官たちとはげしい口論をすることもあったが、部下からは尊敬され、部下には確固とした規律を敷いていた。

知らない言葉と習慣を持つアメリカ人と親しくせざるをえない環境におかれて、予想される共同戦線の苦難と欠乏にもかかわらず、この協力関係には重大な摩擦は全然生じなかった。いよいよ出撃の時期が来たとき、フランスの兵士たちは、かつてイギリス兵もアメリカ兵も見せたことがないほど立派な秩序と規律を示してアメリカの地を進軍した。

ロシャンボーの軍隊には、ロドニーのパリの恩人の甥で、金遣いの荒い、ド・ローザン公爵がいた。彼はまもなくヨークタウンの戦いで、勇み肌の勇士であることが判明する。ニューポートでは「人好きのする態度でアメリカ人に対し非常に気持ちよく振る舞った」というが、これが気前よく金を使う彼の習慣を指していることは容易に理解できる。回想録のなかでド・ローザン公爵は、ブレストからフランス軍が出発したとき、約束された輸送手段の半分しか手近になかったので、「やむなく歩兵隊の一旅団、砲兵隊の三分の一、わたし自身の連隊の三分の一をあとに残してこなければならなかった」と語っている。前年のめちゃめちゃになった英国侵入計画以後も、フランス海軍の管理体制が改善されていなかったことは明らかだ。

ド・ローザンの回想録のなかで、革命による新国家の誕生に立ち合うため新世界に遠征したくだりで最も興味深いのは、彼が参加しているこの歴史的事件、あるいは国、民族、または戦争の政治学についての思想や洞察やどんな種類であれ批評というものが、まったく欠如していることだ。ローザンはフランス宮廷のお飾りのような若者の原型だと考えられているので、これは彼の階級とその流儀、やがて彼らを消滅させる原因となった特質を反映しているのかもしれない。あるいは、周囲の状況などあまり評価せず、単に個人的な優先事項だけをしっかりと把握していたのかもしれない。個人的な優先事項というのは彼の恋愛事件であって、フランスでの彼の生涯を描いた回想録の前半を占めている。この時代は、革命以前の貴族社会の最後の日々に当たる。百四十ページにわたって述べられているのは、彼の愛人たちの秘密を記した目録と、最初の出会いのとき、それから親しさが増すにつれての彼女たちの「わたしに対するいちじるしい偏愛」の度合いである。ここには彼女たちの地位、家族または夫についてもまったく斟酌せず、すべての名前が記されている。この本は王政復古時代に発表されたが、元貴族の亡命者たちが自分たちの生活の道徳性や清廉さを世に示したがっていたときだけに大変な醜聞を巻き起こし、二人の有力な批評家、タレーランとサント゠ブーヴとの間に真贋をめぐる憤激した論争を惹き起こした。この本の唯一の興味は、ここに描かれている婦人たちを知っていたか、その好意を分かち合ったかもしれない同時代の人々だけに通じるものなので、後世の者にとっては、からっぽの貝殻が生まれ故郷のきらめく海のかすかなつぶやきを響かせているのと同じようなものだ。

八月二十五日、ワシントンはロシャンボーから、南部のラファイエットとグリーンを援助するため当てにしていた約束のフランス第二次分遣隊はブレストで封鎖されたので、早くても十月にしか到着しない、というフランスのフリゲート艦が持ってきたニュースを知らされた。このときには、さすがに失意を耐え抜いてきた彼の鉄の意志も弟サミュエルにあてた手紙のなかではひび割れを見せている。十月になれば、軍隊はその地域が供給しうるすべての糧食を食いつくしているはずだったからだ。「遠くにいる人間は誰であろうと、わたしの困惑などわかってはくれないし、われわれのような状況のもとではどうやって軍隊をまとめていけるのか考えることさえできはしない」。数日経たないうちに、サウスカロライナのカムデンでの敗北のニュースが入ってきた。この結果、ヴァージニアは南部からの侵略に対して無防備になった。ワシントンはメリーランドからグリーンのもとへ一連隊を送って穴をふさぎ、ハートフォードで開かれる戦闘計画会議でフランス人同盟者と会うための自信をかろうじて奮い起こすことができた。

ニューポートに着いてから、ド・トルネとロシャンボーはロードアイランドからコネティカットを抜けて進み（百マイル）、九月二十日から二十二日の間に開かれたハートフォードの会議に出席した。ワシントンは、頼もしいヘンリー・ノックス老将軍を同行していた。ノックスは昔ボストンの本屋だったが、砲兵隊の士官になり、一七七六年ボストンから英軍を追い払うため、奪取した大砲をタイコンデローガから溝や丘の上を曳いて運んだ勇士だった。よい知らせを持ってきた者は一人もいなかった。ラファイエットは南部の戦場から直行してきた。アメリカ軍は南部では一七八〇年八月、チャールストンが陥落してからわずか三カ月後に、カムデンで壊滅的な敗北を喫していた。ここでは喧嘩好きな英軍のコーンウォリス将軍が、南部全域制覇の戦闘を遂行中だった。カムデンでは、サラトガの英雄で、のちにコンウェイの陰謀の策士となるゲイツ将軍を打ち負かした。コンウェイの陰謀とは、ワシントンを怒らせて辞職へ追いこむために、侮辱の言葉をささやく戦術で彼の信用を落とし、ワシントンにとって代わろうとしたものだった。ワシントンはゲイツが必要不可欠であることに気づいていたので、周囲に引きずられることは拒んだが、大陸会議の不満分子たちがゲイツを南部の指揮官にするよう任命について画策するのは阻止できなかった。

将軍としてのゲイツの不器用な指揮により、アメリカ軍はカムデンで八百人の戦死者と千人の捕虜を出し、なおその上に自分たちの将軍の電光石火の逃亡には当惑させられた。ゲイツの退却の距離と速度は非常なものだったので、戦闘の日の夕方には七十マイルを踏破してシャーロットへ着き、さらに山のなかのヒルズボロに着くまでは休まらなかったことになる。アレグザンダー・ハミルトンの陳述によると、ゲイツはこの卑劣な逃避行のさい、三日半で百八十マイルを踏破したという。次々に新しい馬を乗りついでさえ、この日数では行けそうもない距離だ。もちろん、退却のため継ぎ馬を用意しておくことは、明らかに不可能だった。事実がどうであろうと、この恥ずべき退却はゲイツの面目を失わせ、停職処分を受けるに十分な行ないだった。公的捜査の命令が出されたが、結局、実施されなかった。

勝利者はサウスカロライナを英軍の占領下におき、いまではノースカロライナを抜け、旧領土（オールド・ドミニオン）と呼ばれる南部で最も富裕な州、ヴァージニアへ向けて北進中だった。チェサピーク湾が作ったへこみで腰のところがくびれた形をしたヴァージニアは、コーンウォリスの意見では南部のゆたかな資源を北部から切り離し、戦争を終わらせるための決定的な打撃を与えられる場所だった。「ここで叩いておけばアメリカはこっちのものさ」というのが、彼の口癖だった。その唯一の決定的な戦闘のかすかな気配が、終わろうとしない悲惨な戦争を終わらせる希望をちらつかせて、両方の側のすべての司令官をおびき寄せた。

戦争を終わらせるのは、困難で微妙な仕事だ。聡明な統治者ですら――そういう統治者が存在しているとして――自分たちが望んでも戦争を終結させられない場合がしばしばあることに気づくはずだ。双方が同時に、同じ確信を持って、戦争目的は達せられないか、または戦果が戦費や国土に対する被害に見合わないことを納得しなければならない。この確信の度合いは等しくなければならない。なぜなら、一方の側がわずかな利点、または不利な点を認めたら、相手に受け入れられる休戦条件を出そうとはしないからだ。

十四世紀を通じてフランスとイギリスをだらだらと引きずった百年戦争の場合、両者とも戦争をやめたいとは願っていたが、権力と地位の喪失を恐れてそれができなかった。戦争が生み出した憎しみと不信が話し合いを妨げていたからだ。ぞっとするほどの死傷者数を出しながら無益な戦いを続けた一九一四～一八年の場合、双方にとって勝利以外のどんな終結方法も交渉の対象にはならなかった。どちらの側も、多大の戦費を正当化するために領土か海港か産業資源かの形でそれを補償する利益を国民に持ち帰らねばならないと感じたからだ。から手で帰国すれば、祖国の統治者に対する反乱――または少なくとも、一九一八年ドイツ皇帝(カイゼル)とホーエンツォレルン家が追放されたように、社会における自分たちの地位と居場所との喪失――を起こしかねない。ふつうの兵士たちは統治者ではないし、王座や役職の喪失について悩む必要はない。それなら、なぜ彼らは飢え、ぼろをまといながら戦争を続けるのか。答は、多くの要素が複雑にからみ合ったものとなろう。そのわけは、目的意識が血肉となってしまったからであり、離脱や反乱で戦争をやめれば究極的には罰を受けるからであり、戦友意識のためであり、また軍隊を捨てれば他に行くところも家に帰る手段もないからだった。

統治者が宣言した戦争目的を果たさないうちに戦争をやめ、こうして自分の無能ばかりか自分の党や国の無能を認めるのは、ラクダが針の穴を通るのと同じほどおぼつかない。完全な敗北を喫さないで、アメリカの大義の指導者たちは自由と独立のための戦いをやめただろうか。あるいは、英国王と大臣たちは帝国主義的支配を捨てただろうか。「全能の神よ、とんでもない！」というのが、その答だったろう。そういうわけで、双方が戦勝のかすかなきらめきと「決定的な打撃」を追い求めてアメリカで戦い続けた。

クリントンは彼らしくない楽観的態度を見せて、チャールストンの占領のあと、政府にあてて次のように書いた。「しかるべく軍隊を補強してもう二、三回戦えば、ここととハドソン川との間の全域が手に入るでしょう」。ロンドンではジャーマンがこのきらめきをとらえて、「もう一度戦闘をやれば、南部全域を屈服させられるだろう」と述べた。戦争の運がいかに動揺しようと、彼は、反乱の鎮圧は容易だと信じ続けていた。アメリカ人についての知識が完全に欠落した、英国の戦略家たちのおめでたい思いこみだった。彼らには、兵士としての訓練を受けていない農夫や森の住人たち――トレントンでヘッセン人の士官が評した言葉によれば、「あの田舎者の道化ども」――が、十分に訓練を受けた英国やドイツの職業軍人に向かって立ち上がるとは、思いもよらないことだった。彼らは、大義のために戦っている人々が持つもう一つの武器のことを忘れていた。ふつう訓練は軍事力の基準となるのだが、この場合は違っていた。

撃つにも撃たれるにもがっちりした列を作って前進する、いやに凝った派手な軍服姿のヨーロッパの軍隊とはまったく対照的に、くすんだ色のホームスパンか縁飾りのついたアメリカ原住民風の上衣を着て、壁や木々の後ろから隠れて撃つアメリカ人の射撃方法は、反乱者に対する英国人の抜きがたい過小評価の主な原因になっていた。レキシントンで戦端が開かれたとき、英国兵はボストンへ帰る路上、ミニットマンの弾丸で殺されたのだが、ミニットマンと呼ばれるこの民兵たちは、四万人の軍勢が丘を登って降りてくると童謡で歌われているフランス国王の兵士たち（またはヨーク公の兵士と言いかえてもよい）の鍛え抜かれて美しい秩序だった戦闘の代わりに、石壁の後ろを忍び歩いて撃った。まさにこの最初の戦闘が、野蛮人とは言わないまでも――ヨーロッパの歩兵隊の基準に合わない農夫のイメージを固定化してしまったのだ。レキシントンの戦いのずっとあと、英軍はバンカー（ブリーズ）・ヒルを登り、やがて数を減らされて再び降りてきたが、このときも評価を変えねばならないことを学ばなかった。

しかし、アメリカ式戦闘方法の利点にもかかわらず、ハートフォード会議では見通しは厳しく、ロシャンボーは悲観的で、ラファイエットはさらに悲観的だった。チャールストンの陥落以来のアメリカの信用の大変な下落、カムデンについての「非常に不利な」ニュース、それに大陸会議の財政不如意のため、ラファイエットは「この戦闘」はどん底に陥っていると断言した。「われわれはいままで以上に衣服や、部隊用のテントや荷車が不足していま す」と彼はワシントンに報告した。軍隊へ糧食を送ってもらうことが肝要だった。「交通手段を見つけることが可能なら。しかし、これは絶望的なので、できうるかぎり多くを航行可能な川を通って北へ送っています」。彼の報告は誰をも勇気づけるものではなかったが、目前に目的があることは失望するよりましだった。

ハートフォード会議は主に二人の司令官、ワシントンとロシャンボーが、お互いの力量を測り、二人がどのような僚友関係を発展させることができるか――またはできないか――を見定めて、合同作戦の場所をどこにするべきかを討議するのに費やされた。知力にすぐれたロシャンボーと、そこにいるだけで崇拝に似た感じを抱かせるワシントンとの間には、相互間の敬意がたやすく生まれてきたが、戦闘計画についての合意に達するのはそれほど容易ではなかった。彼らは、ワシントンが最も執着している目標のニューヨーク攻撃は、付近の海域に対するフランスの支配権の確立がなければ実現できないことに同意した。だが、ド・トルネの小艦隊だけでは、この支配権の確立はできない。その上、ロシャンボーは確実な戦闘計画の提案ができなかった。彼はフランスの艦隊と陸軍はいっしょに行動するよう指示を受けており、追加のフランス海軍が到着するまでは、ニューポートに残ってド・トルネの軍隊を支持しなければならないと考えていたからだ。

戦勝に導くための海陸両方からの大胆な包囲作戦が立案されたのは、一年後フランス地上軍の第二次分遣隊が亡くなったド・トルネの後継者ド・バラス提督の指揮のもとに到着し、ド・バラスと共に待望の仏艦隊がやって来て、アメリカ人が切望していた海軍力を提供してくれるめどが立ってからだった。

しかし、アメリカの将軍の気持ちはまだニューヨークに執着していた。ワシントンは、南部からの英軍の脅威を断ち切るためにチェサピーク地域で戦うというロシャンボーの代案が気に入らなかった。というのは、フランスの兵士たちはヴァージニアの夏の暑熱のなかでは病気になると信じていたし、彼自身が率いるニューイングランド出身の兵士たちは、暑さや蛇や蚊のせいで南部を軽蔑しており、南部の気候を有害で熱病（フィーバー）が充満しているとは言わないまでも、健康に悪いという根強い疑惑を抱いていたからだ。熱病は、細菌や感染による原因がまだわかっていなかったので病名で区別するところまでいっておらず、マラリア、肺炎、黄熱病、腸チフス、発疹チフス、下痢まで含むことがあった。からだの不調はいつも気候のせいにされがちだが、ヴァージニアに熱病が多かったのは、気候のためというよりはむしろ、軍隊で暮らす男たちの不衛生な状況といっしょになった沼地や蚊のせいだった。十八世紀の死者十人のうち八人の死因は「熱病」だとされていた。

軍隊をヴァージニアに連れてくるということは五百マイルの旅をする、それも徒歩で行かねばならぬという意味だった。唯一の海上輸送の手段は、ド・バラス提督指揮下のニューポートにいる八隻の小艦隊だけだったからだ。ルイ・ド・バラス伯爵は当時、ニューポートのフランス海軍司令官だった。ド・バラスは、ニューヨーク沖の力でまさる英国艦隊に対抗して、兵士を満載した輸送船を海岸沿いにヴァージニアまで輸送することはできないと言った。

陸路の行進は、ワシントンにはあまりに危険が大きすぎ、高くつき、病気や離脱のため軍隊の三分の一を失いそうに思われた。その上、英国艦隊がヴァージニア海岸の沖の海域を支配しているかぎり、この戦いには大した益がありそうにも思えなかった。彼は、クリントンに南部の部隊を呼び集めさせる牽制としてのニューヨーク攻撃のほうが、ラファイエットのための直接行動より彼を救うには役に立つと信じていた。最も強かったのは、ニューヨークに対する彼の情緒的固着だった。早い時期のロングアイランドの戦闘で革命側が最初の重要な敗北を喫したのがそこだったからだ。これらが相まって、ニューヨーク奪回のやむにやまれぬ気持ちになっていたのだった。

同盟関係から言えば、ワシントンが総司令官で、ロシャンボーは彼の命令下にあり、最終的な決定権はワシントンに委ねることになっていた。しかし愛想もよいが老練なロシャンボーは、自陣の側面を固めるわざを心得ていた。まもなく、彼の説得に応えて、フランス使節、ラ・ルゼルヌ、ド・バラス、それに彼から入れ知恵された他の人々が、祖国にあてた手紙のなかでチェサピークの戦闘の利点を主張するようになった。

チェサピーク湾とは、いったいどんなところで、どうしてこれほどの注目を集めたのか。大チェサピーク湾はヴァージニアの海岸線を形作り、大西洋沿岸からメリーランド、ニュージャージー方面へ二百マイルにわたって伸びている。ヨーロッパに向いた多くの門戸、内陸に向いて奥地に入る道を開く多くの港や河口があって、この湾はアメリカ南部へ通じる最も大きな開口部だった。湾の上流は、二十マイル足らずでフィラデルフィアに近いデラウェア

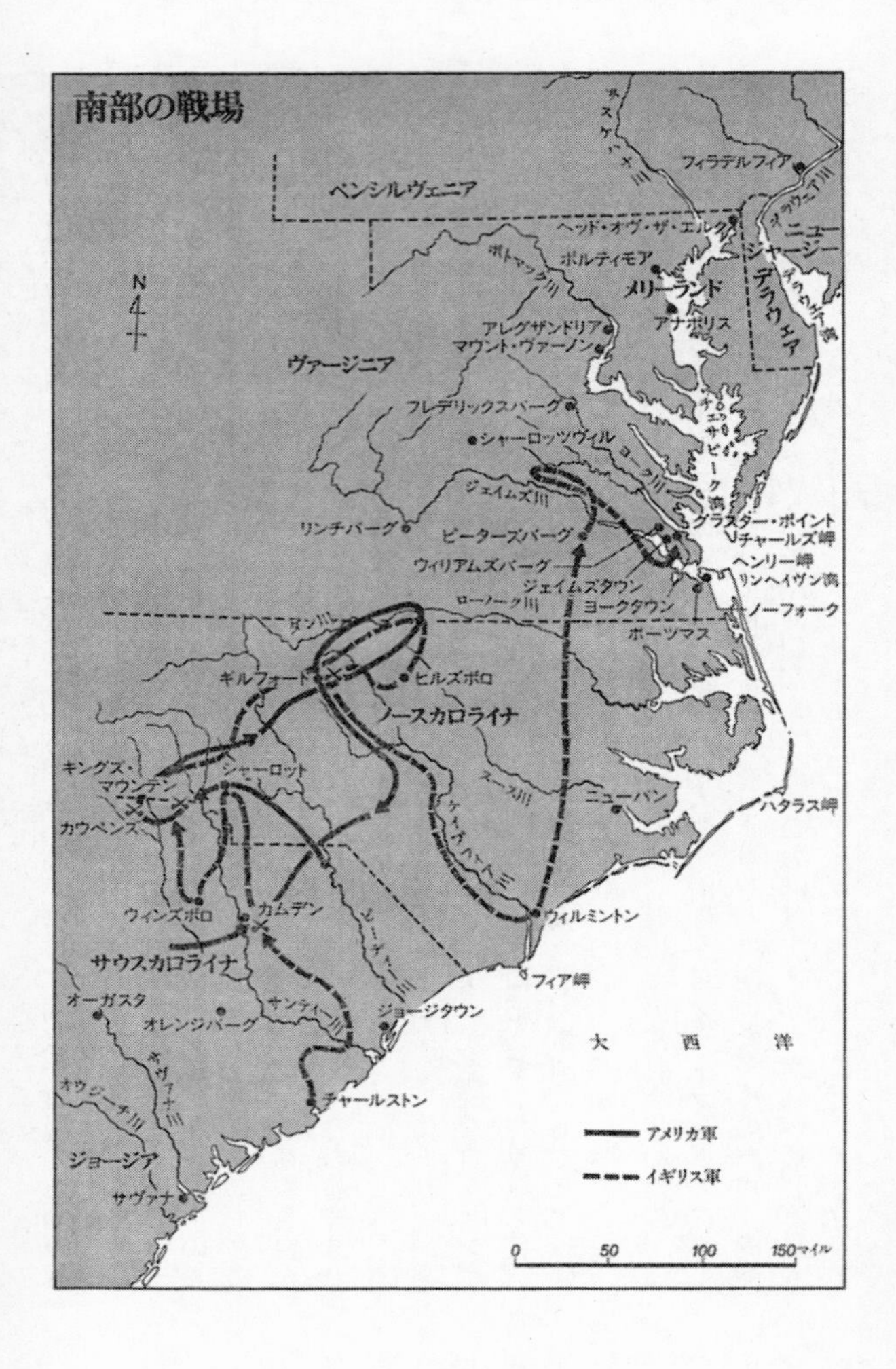
南部の戦場
ペンシルヴェニア
フィラデルフィア
ヘッド・オヴ・ザ・エルク
ニュージャージー
ボルティモア
メリーランド
デラウェア
アナポリス
アレグザンドリア
マウント・ヴァーノン
ヴァージニア
フレデリックスバーグ
シャーロッツヴィル
ジェイムズ川
リンチバーグ
ピーターズバーグ
グラスター・ポイント
チャールズ岬
ウィリアムズバーグ
ヘンリー岬
リンヘイヴン湾
ジェイムズタウン
ヨークタウン
ノーフォーク
ポーツマス
ロアノーク川
ギルフォード
ヒルズボロ
ノースカロライナ
キングズ・マウンテン
シャーロット
カウペンズ
ニューバン
ハタラス岬
ウィンズボロ
カムデン
ウィルミントン
サウスカロライナ
フィア岬
オーガスタ
オレンジバーグ
ジョージタウン
大　西　洋
チャールストン
アメリカ軍
イギリス軍
ジョージア
サヴァナ
0
50
100
150マイル
N

川に達するところまで入りこんでおり、このようにして南部を中部大西洋沿岸州と結びつけ、コーンウォリスが断ち切らねばならないと考えた戦略的ネックを作る自然の水路を形成していた。

チャールストンの占領がきっかけになって、英国はいままで以上に南部へ金や兵力をつぎこんでいたので、戦争の中心地としての南部の重要性が増していた。また、ここの住民の忠誠度が、全体としてのアメリカ人の忠誠心を英国が取り戻せるかどうかを決める指標になると考えられていた。だが、南部の感情がその目安になるとしたら、長い間待たねばならなかっただろう。占領下のチャールストンの責任者として残されたバルフォア大佐は、サウスカロライナの「変節は日常茶飯事になりすぎているので、ここを維持するには全住民を抹殺する以外に方法はない」と報告している。バルフォアの徹底的な解決法は、忠誠派の態度を反映していた。忠誠派の人々は愛国派との葛藤で内戦の苛酷さを実感しており、互いに憎み合うことで反乱者側の敵意をいっそうあおっているのだった。

戦略的に言えば、南部を掌握するための英軍の戦闘の目的は、この地域の資源と、大西洋岸の港を経由するヨーロッパ貿易を反乱者側から奪うことだった。最も熾烈な長期戦がそこで行なわれていた。忠誠派は、住民や田舎の物資を対象にした破壊的な襲撃に加わった。英軍はアメリカの将軍、ナサニエル・グリーンや、「沼地の狐（スワンプ・フォックス）」と呼ばれたフランシス・マリオン、「老荷車曳き」――二十五年前、彼は十九歳で、フレンチ・アンド・インディアン戦争中、ブラドックの不運な戦いのさい物資補給の荷車を曳いたので、こう呼ばれていた―

——の異名を持つ「不敗の」ダニエル・モーガンのような男たちに相対峙していた。南部での敵の戦い方は、決して領土の占領という形は取らなかった。目的は、領土を占領してそこを支配するというよりはむしろ、主に反乱者の軍隊と戦闘能力を破壊する点にあったからだ。人的資源の破壊と領土の占領は、すべての攻撃戦と対をなす目的だろう。前者に関して言えば、歴史の始まり――戦争の始まりと言ったほうがよいかもしれないが、これは同じことかもしれない――以来、相手側の兵士を殺戮できない場合ふつうに用いられている方法は、相手側を支えている資源、すなわち、食物、隠れ家、輸送手段、労働力、ならびにこれらのものを購入するための現金収入、の破壊だ。バルフォア大佐がぼんやりと気づいていたように、略奪や焼き討ちや全面的な破壊をしてしまうと、占領が不可能と言ってもいいほど困難になる。おまけに、忠誠心を取り戻そうとする英国の全体的な目的には全然役に立たない。それでいて、英国はいまだに最終的勝利の機会は南部にあると考えていた。というのは、英国への忠誠心を捨てない人々が、いつか近いうちに国王のために蹶起すると確信していたからだ。

英国の最も攻撃的な将軍、第二代コーンウォリス伯爵チャールズは、ニューヨークを本拠地にしている正反対の気質を持った総司令官、用心深く優柔不断のサー・ヘンリー・クリントンの下にあって、南部戦線の指揮を執っていた。この二人の間には、陸軍と海軍の指揮に溝を作ったもう一つの敵対感情が存在していた。アメリカ戦争遂行の過程ではいつも誰かが誰かを憎んでいたが、この場合、反感は個人的嫌悪と同様、政策や目的の点からも当事者を分裂させていた。

クリントンは持てるもの――つまり、ニューヨークとチャールストンの基地で、とくにニューヨーク。ここの防衛は彼の妄執になっていた――にしがみつこうと心を決めた現状維持論者であり、他方コーンウォリスは打って出る辣腕家で、サウスカロライナの奥地全部が安全に固められなければチャールストンは保持できない、そしてヴァージニア――忠誠派の新聞の描写によれば「ゆたかで繁栄するヴァージニア」――を取らなければ、南部全体は征服できないと信じていた。また貴族として、クリントンに自分は不利な立場にあると感じさせるほどの社会的優位を楽しんでいた。職業上の昇進については頑固で野心的で、軍隊のなかでは勇敢な兵士、「恐怖を持たず一点の非のうちどころもない騎士（サン・プール・エ・サン・ルプロシュ）」、バヤール（シャルル八世、ルイ十二世、フランソワ一世の三代に仕えたフランスの軍人で、単身二百人の敵を撃退したという）に近い勇者として賞讃され、部下の兵からは自分たちの安寧を気にかけてくれる父親のような指揮官として慕われていた。クリントンのほうは彼を、支配しきれない反抗的な士官だと考えていた。自分の社会的地位が彼より低いため一目おかざるをえない上、自分の地位を乗っ取る陰謀を企んでいると疑っていたからだ。クリントンはいつも、コーンウォリスにいまの地位を譲って引退したいと言っており、事実コーンウォリスは彼の後継者としての暗黙の任務を担っていた（総司令官の身に何かが起こったら、ジャーマンの息がかかった将軍がその地位につく可能性を避ける意図があったため）ので、後継者の問題は全然秘密ではなかったものの、これはクリントンを困った立場においた。彼は、自分の後を継ぐ司令官のために計画をたててやる必要がなかったからだ。

クリントンは、二人の間柄のはじめからコーンウォリスが自分勝手な命令をくだす傾向があると疑っており、日記に「あんな男とは決して誠意のあるつき合いはできない」と書いている。また、コーンウォリスはジャーマンのお気に入りであって、それに比べると自分（クリントン）は軽視されていると感じた。「わたしは無視され、冷遇されています」と彼はジャーマンに苦情を言った。「わたしの意見を除いたすべての意見が採択され、わたしの計画以外のすべての計画が採用されて……わたしは強制的に他の人々が立案した作戦をやらされるのです」。コーンウォリスはコーンウォリスで、クリントンの決定のあいまいさや、計画の変更や延期に腹を立て、辞任して国へ帰る許可を国王に願い出た。こうして彼は役職を捨てたいと願ったジョージ三世のもう一人の補佐官となった。しかしこの願いは拒否された。二人の間の不信感は、同じ作戦管区内の司令官たちにとってありがたいことではなかった。

歴史の構想を見ると、経済や気候といったより大きな非人間的な力が事件の方向を支配するように、個人が事件の成り行きに重大な影響を及ぼす余地が残されていることがある。コーンウォリス卿はそのような人物の一人だった。彼の議席はサフォークのアイ選挙区のもので、家族は十四世紀以来議会でこれを代表することもあった。生まれはジョージ三世と同じ一七三八年。イートン中学を卒業したあと、彼は軍事的才能を示し、近衛歩兵第一連隊の連隊旗手としての辞令を手に入れた。十八歳になってプロイセンの陸軍士官だった家庭教師といっしょにヨーロッパ旅行をしたとき、トリノの陸軍士官学校に入った。

ここは当時、ヨーロッパで最上の士官学校だと考えられていた。イタリアのくつろいだ雰囲気に囲まれて、カリキュラムは魅力的なだけで、当面の課題とはあまり関係のないものが多かった。学生たちは午前七時から八時まで、おそらくは目がさめるとすぐ、舞踏会用のダンスのレッスンを受け、八時から九時までは気分を変えてドイツ語の授業が続き、息ぬきをするため九時から十一時までの二時間が朝食の時間になっていた。軍事教育は十一時から十二時までの一時間で、それに数学のための二時間、午後三時から五時までの砦の築き方二時間が加わっている。五時には再びダンスのレッスンがあり、夕食までは人を訪問したり、オペラを見にいったりして過ごす。週に二日、学生たちはサルディニア王の宮廷に伺候する義務があった。トリノは、以前はスペインの所有地で、その後フランス領になったが、サルディニア王の居城の所在地で、その君主の称号はサヴォイ侯爵家に伝えられ、一八六〇年のイタリア統一のとき公爵家からイタリアの王室に移された。

この教育は、トリノの学生たちに科学や戦争の技術について深い知識を与えなかったとしても、職業軍人への紳士的手ほどきにはなった。まもなく戦争が始まり、コーンウォリスは、七年戦争のヨーロッパ大陸内の流れのなかで、ブルンスヴィクのフェルディナント王子の同盟者として近衛歩兵第一連隊といっしょに軍務についた。一七六二年、彼は父が死んだため、父の称号を継いだ。その年、貴族院の議席につくためイギリスに帰ってきて、反抗的なアメリカ人に対する国王と政府の強圧的な政策に精力的に反対していた野党のホイッグ党を支持するという驚くべき態度をとった。戦争には似つかわしくないトリノでの学業が彼のこの選択に何らかの役割を果たしたのかどうか、心のおもむくままに従ったのか、あるいは、ホイッグ党の指導者で親友のシェルバーン卿に影響されたのかどうかは、明らかではない。表面的には正統的な近衛歩兵第一連隊の士官だったが、彼は見かけよりはずっと複雑な性格だったらしい。ホイッグ党支持にもかかわらず、彼は連隊の大佐になり、国王の副官になるほど人々の尊敬を集めた。貴族院の討議に参画したという記録はない。

一七六六年三月、コーンウォリスは立ち上がって演説をするよりはずっと力強く、宣言法案反対のカムデン卿の動議を支持する勇敢な少数派の四人の貴族と共に立ち上がった。宣言法案は、植民地に対する議会の課税権を確認する政府の施策で、印紙条例の撤回によりアメリカ人宥和政策と見られるものを中和しようという意図で立案された法案だった。報告されたかぎりでは、この法案についての討議のなかでコーンウォリスは口を開かなかったという。

しかし、彼がその立場に賛成投票をしたカムデン卿の貴族院での発言は立場を明らかにしていた。宣言法案は「完全に違法であり」、それ自身「永遠で不変の自然法にもとづくわが国制の基本法に反する」とカムデンは言った。なぜなら「課税権と代表権とは分かちがたく結びついているからであって……この立場は自然法にもとづいている。そのわけは、一人の人間の所有物は完全に彼自身のものであって、それを同意なく彼から奪う権利を持っている人間はいないからだ。それをやろうとする人は誰でも違法行為を行なおうとしているのであり、それをやる人は誰でも強奪行為を行なっているのであって、彼は自由と隷属との区別を破壊しているのだ」。

これらの言葉は、ジョン・アダムズではなくとも、トム・ペインかパトリック・ヘンリーが語ってもおかしくはなかっただろう。ただし、ジョン・アダムズなら、これほどロマンチックな「自然法」の見方は決してしなかったはずだ。だが、おそらくコーンウォリス卿はこれらの言葉を是認したのだろう。なぜなら発言者に賛成投票をしたのだから。それでいて彼は、ジェフリー・アマースト卿や、ブルンスヴィクの戦闘の英雄で軍隊中傑出した勇士だったラルフ・アバクロンビー大佐、それに、アメリカに対する強圧策を非難するその他の人々のように、戦争で指揮を執ることを拒みはしなかった。反対に、アメリカ人が武装蜂起をして、アメリカの英軍が増強を必要としたとき、コーンウォリスはアメリカ行きを志願したのだった。彼は強い義務感に支配されていて、国王から任命された兵士として反乱鎮圧の援助をするのが自分の義務だと考えていた。しかし、義務感がすぐには働かなかったのか、さもなければ気持ちの揺れがすでに作用していたのか、のどちらかだったかもしれないが、彼が反乱鎮圧の指揮を受け入れる決心をしたのは、レキシントンでアメリカ人が発砲してから七カ月経ったあとだった。この時間のずれは、一部には妻の懇願によるものだった。妻には深い愛情を抱いていたからだという。しかしついに、一七七六年二月、彼は七連隊を指揮してアメリカへ出発し、この連隊を率いてハリファックスへ行った。そこのハウ将軍はボストンを明け渡したのち、すでに退役していた。コーンウォリスはロングアイランドとホワイトプレインズの戦闘で実戦を経験し、ハドソン川のジャージー側河畔にあったフォート・リーを占領し、その後ニュージャージーを横断してトレントンまでワシントンを追跡した。ここで、ブランディワイン川の戦闘を行なってワシントンの進出を阻み、フィラデルフィア占領のため前進を続けた。

コーンウォリスは、彼をアメリカに連れてきた義務感にさほど強くとらえられていたようには見えない。ぼろをまとった植民地軍との戦いは、近衛士官としての名声を大して高めてくれそうには思えなかったからだ。その結果、彼は一七七七年、休暇を取り本国への長い航海をした。その後中将に昇進し、一七七八年、カーライル和平使節団と同じ船でアメリカでの軍務に戻った。船中では自分の随行員が和平使節の委員たちに必要な空間を占有してはいまいかと心配しつつも、二人の伯爵との友好的なホイストのゲームを楽しみたい気持ちのほうが強かった。アメリカでは、自分がサー・ヘンリー・クリントンに次ぐ指揮官の地位にあることがわかった。クリントンは不面目なウィリアム・ハウに代わって総司令官に任命されていたが、まもなく前任者よりさらに攻撃意欲を欠いた態度を示すようになっていた。コーンウォリスは南部戦線の指揮をまかされたとき、クリントンの無気力に絶望し、ロドニーのようにイギリスは戦争の仕方を誤っていると確信して、辞職を願い出たが許されなかった。

いまではアメリカの同盟国フランスが介入しているので、コーンウォリスは、仏軍が反乱者のための兵員や金や武器をたずさえて入ってくることのできる入口、とくにチェサピーク湾の入口を閉鎖しなければならないと確信した。チェサピークの諸港は、武器や弾薬の購入資金を作る目的で煙草や棉花や輸出品をヨーロッパの貿易業者あてに出荷するため、アメリカ人が定期的に利用していた。コーンウォリスは南部を屈服させ、そこの反乱を終わらせるための大々的な攻撃を計画していたが、クリントンはこの計画に明らかに気乗りのしない態度を見せていた。クリントンが望んでいたのは、コーンウォリスが満足して常設基地に身を落ちつけ、ペンシルヴェニアの作戦とかニューヨーク防衛などのために彼の軍隊を貸し出してくれることだった。コーンウォリスのほうはこういう案は無意味だと考え、同僚のフィリプス将軍にあてて、「われわれはアメリカで攻撃戦をやるつもりなら、ニューヨークを放棄しなければならない」という衝撃的な提案を書き送った。ニューヨークの代わりに、われわれは「全軍をヴァージニアに持ってこなければならない」。そこには、「戦いに賭けるだけのものがあり」、彼の決まり文句「ここで叩いておけばアメリカはこっちのものさ」を実現できるところだったからだ。

だが、この文句を裏打ちするだけの成果はあがっていなかった。当時英軍側は、人々から憎まれ恐れられていた二人の人物、——コーンウォリスから彼の軍隊の先鋒として高く評価されていた——バナスター・タールトン騎兵大佐と、裏切り者のベネディクト・アーノルドによって戦闘は指揮されていた。アーノルドは、彼の思惑によると一万ポンドと付加給付で英軍に身売りをしたので、売っただけの価値があることを武力によって証明しなければならないと考えていた（ところが実際には、彼は一万ポンドを要求したが、ウエスト・ポイントの守備隊一人につき二ギニーという計算にもとづき六千ポンドしかもらえなかった）。タールトンの重騎兵たちはとうもろこしやライ麦畑を踏みにじり、その間彼とアーノルド配下の襲撃隊は、納屋のなかの取り入れのすんだ煙草や穀物を略奪、破壊して、いたるところを荒らし回った。また、タールトンは、家畜や豚や家禽を納屋に追いこんでから火をかけた、と非難されている。また、ワクスホーの虐殺のさい、捕虜処遇の規則を破ったので「情無用のタールトン」として知られていた。彼は、ワクスホーで、五十ヤードのところで発砲しようとして発砲を控えすぎ、襲いかかる騎兵隊を止めそこなった一団のアメリカ人部隊の兵士を捕虜にした。ところが彼らは、降伏したあとで斬り殺された。そのときタールトンの部下は、鋭い刃のついた騎兵刀を自由に振り回すことを許され、合計百十三人を殺し、百五十人に傷を負わせた。負傷者のうち半数が、傷がもとで死んだ。ワクスホーの話が南北両カロライナに広まると、人々の間にはげしい怒りが燃え上がり、憎しみと敵意の火をあおりたて、忠誠派と愛国派の抗争を激化させた。

妻の病いが重くなったためコーンウォリスは急遽二度目の帰国をしたが、イギリスに着いてまもなく彼女の死という悲惨な目にあった。深く気落ちして彼は弟にあて、妻の死は「この世の幸せを求める私の望みをすべて無残に打ち砕いてしまった」と書いた。彼には軍隊のほか生きる望みが何もなくなった。個人的な悲劇が彼を孤独で無為な人間にしたものの、やがて一七七九年七月、彼はもう一度戦場に帰ってきた。

一七八〇年八月、コーンウォリスはカムデンの戦いでゲイツを敗北させた。イギリス人はカムデンを決定的な勝利だと考えたが、アメリカの反乱の力は衰えず、アメリカ軍や民兵隊は解散もしなければ戦場を勝利者に明け渡しもしなかった。「われわれは戦い、敗北し、また戦うために立ち上がる」とグリーンはルゼルヌにあてて書いた。この言葉は真実すぎるほど真実だったので、英軍が戦場で勝利しても戦争自体の勝利には全然近づいていないように見えた。グリーンの大らかな定義が、軍隊の核と反乱の火を南部に生かし続けた。他方、カムデンの敗北は結果的には役に立ったようだった。それはゲイツの更迭を招き、ワシントンは南部の軍隊を改革し指揮するためグリーンとシュトイベンを任命したからだ。数日間またば数週間戦闘に加わったアメリカの民兵たちは、その後自分たちの作物や畑の世話をするために大部分が帰っていった。帰らなかった残りの民兵と、沼地の狐（スワンプ・フォックス）ことフランシス・マリオンやアンドリュー・ピケンズやトーマス・サムターのような、戦闘を熱く保ち、英国への抵抗を存続させる、手強い愛国派やゲリラの指導者たちが数人わずかに残されているだけだった。

騎兵隊の機動力を存分に活かしたタールトンの部下たちの、前にもまして破壊的な襲撃や、ワクスホーの大虐殺によってかき立てられたアメリカ人の憤激が復讐心を呼びおこし、忠誠派と愛国派との不和をいやが上にもあおり立てた。南北両カロライナでは、何よりも彼らの抗争が反乱の火を熱く燃やし続けた。サウスカロライナでは、スワンプ・フォックスが「一部は恐怖と罰で、一部は分捕り品を分け与える約束で、人々を籠絡してしまったので、（この地域には）われわれに対して武器を取らない住民はほとんどいない」ことをコーンウォリスは認めないわけにはいかなかった。住民の敵対感情についてのこの診断は、住居を略奪し、製粉工場を焼き払い、市民を捕虜として死にいたる牢獄船へ引きずっていったタールトンやベネディクト・アーノルドの襲撃を無視しており、これは故意に事実を見ようとしない侵略者の身勝手さを示している。彼らは、住民が敵意を見せるのは、自分たちの悪行のせいではなく誰か他の連中がやったことのためだと思って安心するからだ。

コーンウォリスは、カムデンで蒙ったような壊滅的な敗北のあとでは、北からの援助が来なければアメリカ人が南部の革命を維持していけるはずはない、と確信していた。彼にとって、これは一つのこと——つまり、ノースカロライナの反乱勢力を一掃して、この地域を支配しなければならないということ——を意味していた。勝利のための一つの必要条件——敵の軍隊の破壊——は、彼の手には負えないことがわかった。ある地域が平穏になったと思ったとたん、またすぐ持ち上がってくる愛国派の戦闘に手を焼いて、コーンウォリスの地区司令官、パトリック・ファーガスン少佐は恐怖のおどしに訴えた。ファーガスンは一七八〇年九月、愛国派の士官たちに対して、もし彼らが英国軍隊に抵抗を続けるのなら、わが軍は山岳地帯に分け入り、指導者を絞首刑に処し、火と剣でこの国を荒廃させるつもりだという宣言書を発表した。

ファーガスンは暴君ではなく、ふだんは人道的で穏健な人間だった。軍隊に入ったのは十四歳のときだ。このとき、彼の家族が英国竜騎兵第二連隊の騎兵旗手の職を買ってくれた。舞踏会用のダンスやオペラよりずっと技術的な軍事科学の勉強をしたあとで、彼は二百ヤード離れた標的を撃ち抜き、一分間に四発撃てる後装式の早撃ちライフル銃を発明した。英国陸軍が持っていたどの武器よりも有能だったが、これは採用されず、二百挺が製造されただけだ。ファーガスンは何時間もいっしょにすわって、さまざまな状況や反乱の破壊的な影響について話し合うなど、忠誠派のアメリカ人を平等に扱う数少ないイギリス人将校の一人だった。彼は南部の田舎の人々の間では地元の英雄だったので、愛国派の火を消す戦いを指揮するためにわざわざ選ばれたのだ。

こうした事情にもかかわらず、ファーガスンの誤った宣言は、このような戦術に付きものの当然の結果を生んだ。愛国派の指導者から、圧制者の鉄のかかとをはねのけ、自分たちの家庭と国土を守ろうという「山岳地帯」の開拓者たちへの呼びかけに利用されて、この宣言は、逆にライフル銃を持ち、馬に乗った射撃のうまい志願者を千人以上呼び集めることになった。鹿革の服を着た山岳民たちは、テネシーのシカモア・ショールズに集まった。ファーガスンは危険な雰囲気を感じとり、コーンウォリスに援軍を求める使いを出した。コーンウォリスはわずか三十五マイルしか離れていないノースカロライナのシャーロットに宿営中だった。

緊急事態を知らせる伝言は「何かしなければならない」という風に受け取られたが、援軍は来なかった。王の山(キングズ・マウンテン)と呼ばれる高い尾根を通るシャーロット行きの道をとったファーガスンは、アメリカ人は敗北するだろうといういつもの仮説を信じて、行く気があれば二時間程度でコーンウォリスの陣営に着けたものを、峠の上で追跡者に対峙しようと決心した。そして、斜面が頂上からふもとまで背の高い松で厚くおおわれている尾根の天辺の木のない楕円形の空地に立ち、彼の考えでは難攻不落と思われる位置に陣取った。開拓者たちはスパイからファーガソンの居場所を教えられ、ライフル銃を濡れないように包みこみ、伏兵の気配はないかと耳をそばだてながら、しのつく雨のなかを進んで行った。やがて雨があがり、開拓者たちは午後三時にキングズ・マウンテンに着く。彼らはそこで馬を降り、丘の基地を取り囲む。指揮をする人間がいなかったので、ウィリアム・キャンベル大佐を指揮官に選び、それから、ときの声をあげ、ライフルを吠えさせ、木の幹の後ろにかくれながら、丘を攻めのぼる。攻め手をひるませる障害と見えたそそり立つ崖は、かえって利点となった。尾根からの英軍の射撃は「馬上の人間以外はほとんど誰にも当たらず、完全にわれわれを撃ち越えて」しまったからだ。ファーガスンの忠誠派の兵たちは、銃剣のさやを払って丘を攻め降りたが、開拓者たちの執念深いライフルの砲火にあって列をなして撃ち倒された。イギリス兵はためらい、後ずさりした。攻撃軍を鼓舞しようとファーガスンは、白馬に乗って進み出て、恐怖に襲われた兵士たちがすでに掲げていた二枚の白旗を剣でめちゃめちゃに斬り裂いた。そのとたん五十挺のライフルの標的になり、蜂の巣のように弾丸を撃ちこまれ、動かぬ肉塊となって鞍から地上に叩き落とされた。そして尾根は占領された。キングズ・マウンテンの戦闘は三十分で終わった。主の血に染まった乗り手のない白馬は、ファーガスンが死んで横たわっている戦闘中の斜面を猛烈な勢いで駆けくだっていった。

キングズ・マウンテンの敗北のニュースはその地域一帯に広がり、忠誠派の信奉者を雲か霞のように霧散させた。コーンウォリスの言葉によると忠誠派は「卑怯で小胆なことに」、キングズ・マウンテンのあとでは英軍への支援を拒否した。他方、反乱者たちは「怨みが募って」ますます「執念深く」なっていった。ファーガスンといっしょに戦った七百人の忠誠派の軍隊は捕虜になった。そのうち二十四人は、戦地軍法会議で反乱者たちにより背信行為のかどで裁かれ、九人が有罪となって絞首刑に処せられた。こうして忠誠派対愛国派の不和はさらに高まった。

こうした状況のもとで、コーンウォリスはノースカロライナの戦闘を放棄し、サウスカロライナに後退して冬を過ごさねばならない、と説得された。その結果彼は、キングズ・マウンテンのほぼ五十マイル南、彼の運勢が極度に上向いていたあのカムデンからは三十マイルのところにあるウィンズボロに向けて出発した。この退却は、距離は短かったが、恐ろしい試練であることがわかり、ウィンズボロの冬は彼のフォージ渓谷となった。たえまない雨のなかを兵士たちはテントもなく行進し、食物は非常に乏しかったので畑からかき集めた蕪（かぶ）とトウモロコシだけで食いつながねばならなかった。そのトウモロコシも、兵二人につき一日に五本しかなかった。ラム酒も牛肉もなく、彼らは負傷者をでこぼこの畑の上を揺れながら進む荷車に載せて曳いていった。いちばんつらいのは川越えだった。餓死しかけていた馬は、氷のように冷たい奔流に苦しめられ、かろうじて向こう岸にたどりつくという有様だったからだ。最後の不運は、頑丈な丸太で作った丘の上の小要塞を失ったことだった。これは忠誠派の民兵のルージリー大佐が、ふもとには土を積み上げ杭を周囲にめぐらせて防備を固め、大砲以外では奪えるものかと豪語するほど堅固な丘の上に建っていた。そこで、アメリカの騎兵将校のウィリアム・ワシントン大佐は木の幹で大砲のにせものを作り、見破られないように丘の上のあまり近すぎないところに引き上げ、小要塞に投降するよう呼びかけた。ルージリー大佐は一発も撃たずに敵の軍門にくだった。

愛国派にとっては、キングズ・マウンテンのささやかな勝利を喜んだのも束の間、モリスタウンやフォージ渓谷の苦しみをなめないように冬の準備をする苦労で相殺された。ペンシルヴェニアには五千頭の牛が飼われていたが、牛肉にするにはやせすぎていた。いずれにしても、牛の屠殺はできなかった。肉を保存するための塩を買う金貨・銀貨が全然なく、商人は手形では掛け値をしてさえ何一つ売ろうとはしなかったからだ。あらゆるものの不足――何にもまして現金の欠乏、それから衣服、靴、毛布、弾薬、それに物資ではないがもっと重要な国民の支持の不足――が続く。繁栄するヴァージニアの無気力はいちじるしいものがあった。グリーンは、「国民の大部分の支持や願いはわれわれの側にある」と信じてはいたが、「影響力ある数人を除けば、彼らは持てる手段を自分たちの安全のために用いるだけの精神力も方向性もない、生命力と活力の欠けた大衆にすぎません」と、当時のヴァージニア州知事、ジェファースンにあてて書いた。

　ワシントンは、自分の軍隊の貧窮ぶりと「低調な募兵状況」をフランス軍に見られるのがつらかった。「われわれには戦場にいる一握りの兵しかいない」ことをフランス軍が知ったら、「尻に帆かけて逃げてしまう」かもしれないと恐れたからだ。ワシントンは同胞たちの弱さを発見して、悲しんでいた。「公共心がこれほどすたれ、わずかな金銭を手に入れるためにこの偉大な大陸を逃れようのない荒廃状態に陥れる一群の恥ずべき強欲のやからによって、この上なく美しい将来の展望が暗くくもらされてしまうのを見るのは、憂鬱なことだ」と彼は書いた。「……諸州の指導者が奮起しないかぎり、われわれの戦いは取り返しがつかないほど敗北してしまうだろう」。それでいて彼は、戦争に負けるとは、ただの一瞬も信じてはいなかった。終始彼は、「以前さまざまな難局からわれわれを救い出してくれた同じ恵み深い神が、究極的にはいまの窮境から抜け出させてくれ、われわれの戦いを成功で飾ってくれることを信じて疑わなかった」。たび重なる挫折や失意――反乱、信用の失墜、疑いを持つ将校、落伍していく軍隊――に直面しながら、ワシントンはなお、ド・グラースが艦隊の一部を率いてアメリカへ向かっているとローレンスから知らされたとき、彼独特の自信のこもった落ちついた態度で大陸会議の一員に次のように述べることができた。「いまでも勝敗の鍵はわれわれの手中にある……われわれの上を雲が通りすぎ、個人は破滅させられ、全体としての国、または特定の州が一時的な苦難をなめさせられることがあるかもしれないが、この戦争を幸せな終結に導く力はわれわれの掌中にあることをわたしは確信している」。これほど確固とした目的を抱き、揺るぎない信念を持つ人間を生み出したのが時代の要請であるとしたら、その時代の要請はまだ彼の存在に匹敵するだけの国を生み出してはいなかった。

コーンウォリスは、最近の運の後退にもかかわらず、南部の反乱の起動力となっているグリーンの軍隊の撃滅を、相変わらず自分の最優先の目標にしていた。一七八一年、つまり多くの決定がなされた年の元旦、コーンウォリス軍の前衛にいたタールトンは、「ダニエル・モーガン〔グリーンの軍隊に所属〕を力の及ぶかぎり撃退せよ。時間を無駄にするな」という将軍からの命令を受けた。タールトンが率いていたのは、鍛え抜かれた竜騎兵、軽歩兵の部隊と、英国の正規兵の五歩兵大隊、小砲兵部隊、合わせるとほぼ千百人の兵士だった。モーガン将軍は千六百人の大陸軍の歩兵隊と、メリーランド、ヴァージニア、その他の諸州の民兵、二百人のヴァージニアのライフル銃兵、それに百六十人の騎兵からなる自分の騎兵部隊を指揮していた。

地元の愛国派の人々からタールトンの進軍について警告を受け、モーガンはサウスカロライナの北の国境に近いブロード川の曲がりにあった樹木のまばらな野営地に陣取った。英雄的な響きを持つアラモでもアルゴンヌでもなく、その場所には平凡で家庭的なカウペンズ（牝牛小屋の意）という名がついていた。家畜が市場行きのための移送を待つ間、いつもそこの囲いに入れられていたからだ。モーガンは関節炎の激痛でほとんど動けない有様だったが、両側を奇襲を阻む森にはさまれた丘のふもとに陣を張った。訓練を受けていない部下の民兵たちは恐れられた騎兵隊の突撃にひとたまりもなく逃げ出すだろうと思ったが、背後に渡渉不可能な川があるため遠くへは逃げられないことが彼にはわかっていたので、足を引きずりながら野営地のたき火のまわりを回っては、翌朝は一斉射撃を三回やる間だけはしっかり持ちこたえろと兵たちを激励して歩いた。「きみたち、頭をしっかりあげて、三発撃て。そのあとは自由だ」。そして、家に帰ったら、どんなに女の子たちがキスしてくれて、なつかしい家族の者が祝福してくれるかを語った。

最初の英国歩兵の列が重々しい足音を響かせ、凶暴な雄たけびをあげて前進してきたとき、モーガンは叫んだ。「やつらは英国式のかけ声をかけておる。こちらは原住民式のかけ声をかけてやれ、そーら！」。すると、味方の列から荒々しい喊声と叫び声がそれに応えた。彼は部下に対して将校の肩章を狙えと叫びながら、馬に乗り、味方の馬が繋がれているところへ急いだ。民兵の一部隊がそちらへ向かって逃げていくのが見えたからだ。逃亡者たちが馬置き場に着いたとき、将軍のほうが先にそこに着いていて、剣を振り回して道をふさぎ、大声で叫んだ。「隊伍を立て直せ。やつらにもう一発見舞え。そうすれば、勝利はわれわれのものだ！」。戦列の後ろから、ヴァージニアの狙撃兵がタールトン隊の馬上の乗り手を鞍から撃ち落としていた。

突如としてタールトン隊の竜騎兵は、ウィリアム・ワシントン大佐に指揮されて、英軍に劣らぬたけだけしさでサーベルを振りかざして突進するアメリカ軍騎兵隊の襲撃を受けた。アメリカ軍に一マイル近く追跡され、英軍の戦列はまとまりがなくなった。「やつらに一発くらわせろ」とワシントン大佐が命令した。「そのあとは、おれが攻撃してやる」。丘の下では、ライフル銃兵と大陸軍（コンティネンタルズ）が英国歩兵隊に砲火を浴びせていた。そして「銃剣で突け！」の命令一下、なだれのように襲いかかった。歩兵たちが列を乱して逃げるのを目にしたタールトンの騎兵たちは、司令官の怒り狂った命令にもかかわらず、もう一度攻撃するのを拒んで、背を向け、戦場から早駆けで逃げ出した。まもなく、彼らの司令官もそのあとに続いた。復讐心に燃える反乱軍に囲まれて、タールトンの騎兵隊、竜騎兵隊、軽歩兵隊、正規軍の歩兵たちは降伏した――数人の頑固な砲手を除く全員が。これらの砲手たちは降伏を拒んで殺されるか、または大砲を守ったものの捕らえられた。

カウペンズで英軍は死者百十名、捕虜七百名を出し、八百挺のマスケット銃、百頭の馬、弾薬を積んだ三十五台の荷車からなるタールトンの貨車隊全部を失った。逃げた三百人を除くと、事実上タールトンの軍隊の大部分が殺されたり捕虜になったりした――これは、コーンウォリス軍のかなりの部分を占める。「この間の戦闘は、胸が張り裂ける思いだった」とコーンウォリスはのちに言った。グリーン将軍のほうは、前にもまして満足できた。「このあとは、難しそうなものは何もないな」と彼は言った。

コーンウォリスは反乱軍からカウペンズでの勝利を大喜びする機会を奪うため、敵に追いつき、これを撃滅し、英軍の苦境で高まった相手の士気をくじこうと心に決め、それに情熱を燃やした。コーンウォリスの司令官代理、オハラ将軍が北部担当省の玉璽尚書だったグラフトン公爵に書いた手紙によると、この軍隊の意図は正気の沙汰とは思えなかったという。「将校も兵士も共に、熱情と銃剣だけを持ち、他のいかなる必要品も糧食も荷物も持たず、北米中最も不毛で荒れ果てた、不健康な土地で、この上なく野蛮で執念深く二心があって残酷な敵であるグリーンの軍隊を相手にして世界の果てまで追っていこうと決心して」いたからだ。コーンウォリスは、一般の住民たちに対する影響のためばかりでなく、南部の支配権を確立するためにも、この戦闘での勝利を必要としていた。グリーンが南北両カロライナにとどまって抵抗しているかぎり、反乱は撲滅することができなかった。モーガンも同じように熱心に、戦利品や捕虜もろとも自分の部隊を追跡者の手の届かない安全なところへ連れ出したがっていた。グリーンを追放して南部を取り戻そうと心を決めていたコーンウォリスは、まもなくクリントンから送られたレスリー将軍指揮下の千五百人の増援軍を迎えた。クリントンは、ニューヨークから送り出した彼らのあとを補充するため、すでにアイルランドの新兵たちの援軍を受け取っていた。レスリー将軍の援軍を迎え、コーンウォリスはいよいよノースカロライナに攻めこむことになった。

降ったばかりの大雨が川を増水させ、道を泥水のプールに変えていた。その泥が行進する軍隊の長靴に吸いついて進行を遅らせた。モーガンは関節炎の痛みのため、馬にまたがることも馬を早駆けさせることもほとんどできない有様だった。グリーンはモーガンの状態に気がついて、何とか無事に彼を連れ出したいとやきもきしていた。例によって用心深い彼は、軍隊の渡河用に急ごしらえした鉄舟を載せて引っ張るための台車の準備を命じていた。この先見の明のおかげで彼はモーガンを楽に早く逃亡させることができたばかりか、自分の軍隊をもいまでは深くなりすぎて歩いては渡れない増水した川を無事に渡すことができた。コーンウォリスの大軍隊は、モーガン軍が通ってこねくり返された泥のなかを一歩一歩苦労して進まねばならなかったため速度が落ち、一つの川を渡るのにさえ手間取ったが、それでも進み続けた。雪がまじる小やみない雨のなかで、彼らは一日に六マイルしか進めなかった。

コーンウォリスは、この速度では獲物に追いつかないことを悟り、速度を速めるため荷車の荷を軽くしようと決断した。真冬の一月二十五日、ノースカロライナで最も近い再補給地のウィルミントンから二百五十マイルの地点で、彼は、ローマ人が邪魔物(インペディメンタ)と呼んだもの、つまり、最低限の糧食と弾薬を除くすべてを捨てろと命令した。そして、あらゆる「生活上の慰め」——すなわち、テント、毛布、個人用荷物、それから部隊中がぞっとしたことには、数個のラム酒の大樽——全部が、あたかもサラトガ以来最大の英国の屈辱を燃やしつくそうとしているかのように、何もかも焼きつくす大火によって燃えてしまった。誰よりも先にコーンウォリスは、自分の荷物を炎のなかに投げこんだ。

人里をはるか離れた荒野のなかでの極端に走ったこの行動は、ほとんど自殺的な行為に見える。まるで何かの終末の予兆が、冷たい雲の影にも似て大地を暗くした。彼の前途のあらゆるものを真っ黒に変えてしまうかのように。最初、重い荷車から解放されて、行列は速度を増したかに見えたが、あふれるダン川が行く手をさえぎるまでのことにすぎなかった。アメリカ軍が河岸にあったすべてのボートを曳き去っていたので、川は裸の土手をさらしていた。邪魔な荷物を思い切って捨てたのにその甲斐はなく、いまのコーンウォリスには、田舎の忠誠派の支持をかき集め、再補給地へたどりつくことに希望をかけて、後退するより他に選択の余地はなくなった。途中の地方で食物をあさって歩き、食肉にするため荷車用の雄牛まで殺し、彼はようやく飢えて疲れきった軍隊といっしょに、当時のノースカロライナの州都で、忠誠派の中心地とされていたヒルズボロに帰りついた。それから、王旗を掲げると、軍隊とともに武器をとれ、と市民へ向かって檄を飛ばした。そのあと、ある事柄がなされたと宣言してしまえば、実際にやったのと同じ効果を生むという原則にもとづき、ノースカロライナは国王のために回復された旨の宣言を付け加えた。だが、これは人を納得させはしなかった。この武装蹶起への檄に応じた人の数があまりにも少なかったので、オハラ将軍は英国政府の期待がいかに空頼みにすぎないかに驚嘆した。「致命的なのぼせ上がりだ！　政府はいつになったら正しい情報によって、これらの人々の真の情況を知るようになるんだろう。

わたしは決してだまされないぞ」。

ときはすでに一七八一年二月になっていたが、英軍は南部の確実な足がかりを得ることもなく、「アメリカがこっちのものになる」はずの戦闘を進めることもできなかった。コーンウォリスはなおもグリーンと戦い、南部の抵抗の支柱をなす彼を排除して進軍を達成しようと固く心に決めてはいたのだが。グリーンのたえずよみがえってくるかに思われる軍隊は、コーンウォリスにとってガリアとカサエルとの関係に似ていた。グリーンの軍隊は征服しなければならなかったが、単に敗北の仕返しをするばかりでなく、アメリカにおける英国国王の統治回復の基礎としての南部の統治回復へ向けられた作戦でなければ、意味がないからだ。そのことだけが、キングズ・マウンテンやカウペンズで失われた生命を正当化し、そこで死んだ人々の亡霊を犬死にではなかったと納得させ、慰めることができるのだった。

援軍で損失を埋めてもらったので、コーンウォリスは再び戦闘に耐えるだけの力がついたと感じた。

コーンウォリスは愛国派の反乱者やマリオンの手下に悩まされ、お粗末な情報に踊らされたとはいうものの、追撃をするときはつねに最も活力に満ちた状態にあった。地元の忠誠派からは何一つ得ることはできなかった。タールトンにあてて書いた彼の言葉によると、「ここらあたりのわれわれの友人は、あまりにも臆病で愚かなので」一役には立たなかった。チャールストン経由でニューヨークから届くはずの補給品は、愛国派が道路を破壊したため届かないことがしばしばだった。冷たい雨のなかを一日行軍したあとでラム酒がないのは最悪の欠乏状態であって、マラリアで弱っている多くの男たちは阿片でかろうじて生きていた。十分な食糧をもらっていない馬たちは弱りすぎていて大砲を曳くことができず、熱病で弱り、悪寒で震えているにもかかわらず兵士たちが馬の代わりをつとめねばならないこともあった。そして、彼らの将軍は軍隊を進める一方で組織的に補給線の保護を行ない、遮二無二押し進んでグリーンに遭遇しなければならなかった。

冬の雨のなかで、水のあふれた川を歩いて渡らねばならなかった。ふくれ上がった川の岸辺に行きつくたびに二日か三日遅れてしまうので、コーンウォリスはかんかんに怒りながら水が退くのを待っていた。川幅が広く、深く、流れが速く、「巨大な岩」がたくさんあるカトーバ川のところで、コーンウォリスはある情報にだまされて、浅いほうの馬の渡し場ではなく、「水量の多い」荷車の渡し場に連れてこられた。最強の人も馬も、急流により下流に流されてしまった。前衛の先頭に立っていたコーンウォリスは、元気のよい馬に乗って流れに飛びこんだ。ところが川の中央で彼の馬は、渡し場の木の後ろに貼りついていたノースカロライナの民兵に撃たれた。将軍の勇気を受け継いでいた馬は、どうにか土手を登り終えてから倒れた。オハラ将軍の馬は岩にぶっつかって倒れ、横転して、乗り手を四十ヤード先の奔流のなかに投げ出した。忠誠派のそれを見ていた者の報告によると、川は、「叫び、鼻を鳴らし、溺れ、鼻を鳴らし、叫び、溺れ」かけてもがいている英国兵たちを呑んで修羅場と化した。弾薬と弾丸で重いリュックサックを背負い、マスケット銃を肩にかついだ英国兵はとても撃つことはできなかったが、川の上にたちこめた深い霧のため、ノースカロライナの民兵もまた正確な射程距離を取ることができず、大殺戮を行えなかった。

グリーンは、コーンウォリスがカウペンズの復讐を果たして捕虜を取り戻すまでは攻撃をやめないことを確信していたので、追跡者と同じほど懸命に突き進んだ。彼の戦術は、コーンウォリスをひたすら移動させ続け、兵站貨物隊が届かぬままに疲労困憊して孤立するまで、その追跡を補給基地から遠い北へ北へと誘導することだった。彼自身はシュトイベンから援軍をもらい、ほぼ四千人の軍隊を擁していたが、その三分の一は民兵だった。彼は回れ右をして正々堂々とした戦い方で敵と対峙したかったが、敵の増大した兵力を考えると、敵の思い通りの時期と場所で捕まりたくはなかった。訓練の点でまさる部隊に直面するためには、自分に有利な地点で自分の選んだときに散開するのが彼のとりうる最上の戦術だった。部下の兵士たちはわずかな干し肉とトウモロコシと塩を袋に入れて持つだけだった上、沼地や森を抜ける間道に通じた愛国者に案内されて行軍していたので、彼は終始コーンウォリスにかなり先んじていた。

こうして三月のはじめ、ノースカロライナの中心にあるギルフォードにやって来た。ここは以前彼が偵察したことのある場所で、南北に走る幹線道路沿いに位置しており、木々におおわれた尾根伝いに東西に走る道路とも直角に交叉する地点だった。道路の交叉点脇にギルフォードの郡庁舎があったが、そこは傾斜のゆるい斜面のふもとになっていて、道路はその斜面の上を走って尾根の頂上に達していた。斜面を半分登ったところに、左右がまばらな森になっている広い空地があった。ちょうどライフル射撃に適した視界が開けている広さだった。この場所はカウペンズに似ていた。グリーンはここで戦うことに決めた。グリーンは敷きわらにのせたモーガンをヴァージニアの家へ送り返していたので、彼の不在をひどく寂しく思ったが、カウペンズのあと、彼が詳しく書いてくれた注意深い報告書によってその面影をしっかり胸に抱いていた。コーンウォリスは天下分け目の戦いを仕かけてくるとわかっていたので、モーガンはグリーンに、ノースカロライナのあまり信用できない民兵たちを、剛毅さで鳴る選抜隊を散らばらせた戦列の中央におき、「最初に逃げる男を撃つ」ためベテランの大陸軍の戦列をその背後に配置するよう忠告していた。第一列目の両側には、ヴァージニアのライフル銃兵とそれぞれ六十人の騎兵からなる騎兵小部隊をおき、斜面の彼らのところに、幹線道路から近づく敵を迎え撃つため、グリーンの四門の大砲のうち二門をおくことにした。

偵察隊の情報により、コーンウォリスは待望のときが来たことを知った。そのあとに続いた両軍の衝突は、派手な制服を着た歩兵が密集隊形を作って敵の小火器の銃口に向かって進んでいくという、見たところ無分別に見える十八世紀の戦術の教科書のお手本のようなものだった。この戦術から予想される通りの結果が双方に表われた。情け容赦なく前進してくる、狙いを定めた銃剣のきらめく刃先は、防衛軍の心に恐怖を起こさせ、彼らは先を争って逃げまどった。他方、英国軍が形作った直射用の標的は、ヴァージニア・ライフル銃兵たちの致命的な射撃をまともに浴び、みごとに訓練された近衛兵や擲弾兵が小隊を作ったまま、ほとんど隊列も崩さず、ばたばたと倒れていった。各部隊が砲火の下で前進したり後退したり、立ち直ったり反撃したりを繰り返した二時間半の間、疲れきった軍隊は懸命に戦った。ついに、双方の指揮官はそれぞれの戦列が崩壊寸前であるのを認め、ほとんど同時に退却の命令をくだした。

ギルフォード郡庁舎の戦闘は終わった。コーンウォリスは戦場を手中に収め、技術的には勝ったものの、彼が認めた戦死者と戦傷者数五百三十二名は配下の軍隊のおよそ二十五パーセントに当たり、グリーンの二百六十一名の二倍だった。この勝利は、コーンウォリスが認めたように「無益なものになってしまった」。糧食がなかったので、彼は地歩を固守できなかったからだ。のちにチャールズ・フォックスは、民間人であったため血や弾丸からは居心地よく離れたところから苛酷な査定をして、こう言った。「もう一度あのような勝利を収めたら、英国陸軍は壊滅するだろう」。

ピュロスの勝利であろうとなかろうと、ギルフォード郡庁舎の戦闘の経緯は、攻撃戦に対するコーンウォリスの本能を鎮めもしなければ、ヴァージニア行きの衝動を止めもしなかった。彼がクリントンにあてて書いたように、「たとえニューヨークを捨て去ることになろうと、ヴァージニアの攻略だけが唯一の可能な案だ。というのは、ヴァージニアがある程度抑えられなければ、南北両カロライナに対するわれわれの支配は、あやふやとは言わないまでも難しいものになるにちがいないから」だった。忠誠派の支持に希望はかけられなかったが、彼は熱病で死にかけているフィリプス将軍に与えられた使命、すなわち、チャールストンよりアメリカの中心に近い場所に海軍基地を築く任務を果たすよう、努力するつもりだった。

英軍側の戦闘がそれを必要としていたからだ。

ハートフォード会議に続く一七八〇、八一年の冬、英軍には反乱者側がどれだけ低調になっているか十分にはわかっていなかったが、アメリカ軍の情勢は全然好転しなかった。陸軍内の反乱と大陸会議の財政的信用のがた落ちが、将来の展望をさらに暗くしていた。通貨は、ロシャンボーが予期したように、まもなく「まったくの無価値」の状態にまで落ちそうなあらゆる兆候がそろっていた。ヴァージニアでは、双方から最高の能力を持った将軍として認められていたベネディクト・アーノルドが、敵側の二千人の兵士(大部分が南部の忠誠派)の先頭に立ち、「雷鳴のようにすさまじい破壊の遠征」を指揮していた。防衛力は弱りかけていた。

積み重なる不運の死装束の下で、大陸会議はフランス宮廷に「この上なくはっきりとこの国の苦難の有様」を知らせるため、ジョン・ローレンス大佐を特使として派遣する決心をした。革命の沈みゆく大義を救うには、フランスからの新しい援助が必要不可欠だった。大陸会議の代表委員としてベンジャミン・フランクリンがすでにフランスにいたが、年取った哲学者の手腕の補足をするために新しい声が要る、と考えられたのだった。若いローレンスは、戦場での経験から窮乏状態のひどさを知っていたし、父のために英国と戦わねばならないという特別の個人的な理由もあった。父は罪作りなオランダ条約のため海上で捕えられて、いまだに囚人としてロンドン塔に繋がれていた。そのため、彼の息子は強力な弁護人として頼りにできると考えられたのだった。ジョン・ローレンスはブランディワインやマンマスやその後の戦闘でもワシントンといっしょに戦い、ワシントンからたびたび秘密の使者として起用されていた。大陸会議から大佐に任命されたあと、彼は厄介種のチャールズ・リーと、ワシントンに対する侮辱だと考えた行為のため決闘したことがあった。一七七八年のニュージャージーのマンマスの戦闘で、リーが退却命令を出したことがワシントンを烈火の如く怒らせた。その後リーは、ワシントンにとって代わろうという意図から、一貫して総司令官の信用を落とそうと画策し続けていたのだった。決闘以来ローレンスはワシントンの秘書として働き、彼から「向こう見ずと隣り合わせの大胆さ」を持つ性格の男として篤く信用されていた。この性格が、フランスの外務大臣、ヴェルジェンヌとの関係でフランクリンが作り上げた外交的優雅さの伝統を突き破るのに役立つと考えられたのだ。使者としてのフランクリンは女性の魅力とパリのすばらしさに夢中になり、実質的な援助より名声のほうを多く獲得していたからだ。

ローレンスが出発する前、ワシントンは彼に向かって率直に暗い情勢の評価をして見せた。ワシントンは、いま重大な危機に直面していると考えていた。一般国民は自信を失い、補給品の徴発を「厄介で圧制的だ」と考えている。現体制は「深刻な不満」と「警戒すべき反対の兆候」を生じさせた。軍隊は「不幸な苦難」を経験し、彼らの忍耐は「ほとんど尽きかけて」いる。金があれば、同盟国はアメリカの自由と独立を確保するための「決定的な対策」をとることができるが、そのような援助がなければ、「われわれは弱々しくはかない努力ができる」だけであって、それもおそらく最後の努力となるだろう。四月九日付のパリのローレンスあての手紙で、ワシントンはできうるかぎりはっきりこの状況を説明した。「われわれは万策尽きている。われわれに対する救いはいま来なければ、今後絶対に来ないだろう」。フランクリンは、自分がまだ現職にあるのにこうした役目の特使が派遣されることに屈辱感を抱き、ローレンスが彼なりのもっと強大な交渉の仕方をするのに負けられないと思って、にわかに元気を出した。ヴェルジェンヌあての手紙と会見のなかで、彼はワシントンの「いま来なければ、今後絶対に」の言葉を援用して、外務大臣に、アメリカは「わが同盟国の最も力強い援助、とくに金という品目の援助」がなければ降伏して講和を求めねばならなくなるかもしれない、その結果、英国は「アメリカ大陸を取り戻し、ヨーロッパの脅威となる」という恐ろしい事実にあなたは直面しなければならないと述べた。また、あけすけに、大陸会議にはフランスの援助として何を期待できると言えばよいかとヴェルジェンヌに尋ねた。するとヴェルジェンヌは、約束した第二次分遣隊の埋め合わせをするため、国王は即刻六百万リーヴルの贈りものをする用意があると答えた。

ローレンスは到着するとただちに、弾丸のように単刀直入の戦闘を開始した。彼は早速ヴェルジェンヌに現金二千五百万リーヴルの借款(約六百万ドル)と、それに加えて、武器、弾薬、衣服、装備、テントの供給をしてくれるよう頼んだ。ヴェルジェンヌは、王国をくれても国王はそれだけの借款は与えられないが、友情のあかしとして即金で六百万リーヴルの寄付をするだろうと答えた。これはすでにフランクリンに約束された額であることを知っていたので、ローレンスはぶっきらぼうに、物資の供給がなければこれは十分ではない、また、彼の要求全部が容れられなければ、アメリカのために行なった過去のすべてのフランスの努力が水泡に帰す危機に瀕しているのだと言った。

この会見は、ローレンスの秘書でフランス語が話せるウィリアム・ジャクソンが記録しているところによると、フランクリンにはぞっとする思いをさせたという。フランクリンはその場に立ち会っていて、ローレンスがフランス側の人々を「ぞんざいに扱った」と本国に報告している。ローレンスはぞんざいな扱いに加えて、衝撃的な行為もやった。彼はヴェルジェンヌに、「わたしが自分の国の防衛のみならずフランスの防衛のためにも下げているこの剣は」、近いうちに援助が来なければ「英国の臣民とみなしてフランスに対して抜かねばならなくなるでしょう」と言った。この雷鳴のような振る舞いにも満足できず、彼は翌日、国王の接見に出かけていき、国王の部屋まで入って、要望を認めた巻き物を手渡した。この宮廷の儀礼を無視したローレンスの実務の押しつけぶりについて国王は何も言わず、ただ、近くに控えていた陸軍大臣のド・セギュール伯爵にその巻き物を渡しただけだった。翌朝ローレンスは、忌避されると思っていたところ、財政総監のムッシユウ・ネッケルとの会見に招かれた。ネッケルはかなりの量の物資の供給と、現金の大部分を即刻届けると約束した。財政総監の言葉にもとづき、ローレンスは二百万リーヴル相当の軍需品と、現金二百万リーヴルを集め、それをアメリカに持ち帰るための輸送船を四隻手配することができ、結果的にはフランスが保証した一千万リーヴルの借款をオランダから引き出す交渉をすることができた。

ローレンス使節と時を同じくして、ロシャンボーは注意深い策略により、息子のロシャンボー大佐を乗せたフリゲート艦を英軍の防衛線を突破してフランスに送りこむことができた。息子はハートフォード会議の討議についての報告と、必要な部隊と艦船数、金額についての完璧な説明をたずさえていたが、捕虜になったときのことを考えて書類を持たず、すべてを完全に記憶した。ド・グラース提督への手紙で、ロシャンボーは勇気づけるような見通しは与えられなかったが、フランスの提督も彼の同胞もこのため思いとどまるような気配は見せなかった。

植民地がイギリスに対する戦いから脱落するかもしれないというローレンスとフランクリンの見通しは、フランスをおびえさせた。そのときまでフランスは、砂糖諸島の占領やイギリスの貿易の妨害などによりイギリスの敗北を周辺地域で実現できると信じていたのだった。だがいまは、アメリカの独立を助け、英国にアメリカ大陸を失わせれば、もっと効果的な損害を与えられると確信するようになった。したがって、ローレンスの訪問中、一歩前進して、アメリカ戦争を解決する重要な決戦にフランスの海軍力を投入する決定がくだされたのだ。イギリス侵攻に失敗したあと、フランスはアメリカとアンティル諸島の両方で攻撃戦を行なう用意ができていた。アンティル諸島でのフランスの意図は、バルバドス島に捕えられている二千人のフランス人捕虜を釈放し、イギリスからセントルシアを奪回することだった。

ルイ十六世は、やがて歴史的大事件の立役者となる人物としてフランソワ・ド・グラースを選び、強力な補給艦隊を率いてリーワード諸島に行き、ブルボン家の盟約の条件によりスペインが要求する援助を与えたのち、アメリカへ進み、革命派の将軍たちと協力して彼らが計画した軍事活動をすべて行なえと命令した。これは、彼が治世中に行なった最も積極的な行動だった。

この作戦の重要性が強調されて、ド・グラースは少将に昇進し、それといっしょに陸軍中将の称号も合わせ持つことになった。同じとき、将来のフランス社会主義創始者のいとこで、ルイ十六世の宮廷の記録者だった高名なド・サン＝シモン公爵の親戚に当たる若いサン＝シモン侯爵、クロード＝アンはロシャンボーに、サントドミンゴから三連隊を率いて、彼に合流するつもりだと通知した。ド・グラースもロシャンボーに、アメリカでの使命を果たすように国王から命令を受けており、いちばん早くて来る一七八一年の夏、つまり七月十五日までに金や兵員と共に、アメリカの海岸に着く予定だという通知を出した。それから、スペインに対する援助の約束があるため、アメリカには六週間しか滞在しないようにという命令を受けていると付け加えた。

ずばぬけた精力を発揮してド・グラースは、毎朝五時にブレストの造兵廠にあった彼の宿舎に姿を現わして、艦船の修理や糧食の積みこみを監督し、そのあとたっぷり一日中全員を跳び上がらせるほど緊張させて働かせた。生まれは一七二二年――ワシントンより十歳年上で、ロドニーより三歳若い――で、十六世紀に貴族に叙せられた一門の出身だった。彼は十一歳のときに、海軍士官候補生となった。これは、ツーロンの海軍兵学校で候補生を教育する制度で、若い貴族の子弟はそこで海軍士官になる訓練を受け、この海岸の地で水辺のさまざまな活動に親しむのだった。彼らは学校の窓から林立するマストや、無数の艤装とはためく旗が空を背景にさまざまなパターンを作っているさまや、船腹の穴から鼻面を突き出している大砲の砲身の黒い輻の列などを眺めた。

ド・グラースは、兵学校で一年過ごしたのち、ロドニーが最初に海に出たときとほぼ同じ年頃の十二歳のとき、マルタ島の団長の小姓としてロドニーと似たような最初の任命を受けた。団員のなかに多くの海軍士官を含んでいたマルタ騎士団は、チュニスやアルジェやモロッコのとば口を基地にして出没する海賊から商船を守るため、地中海で活発な護衛活動を行なっていた艦隊の管理をしていたのだ。若いド・グラースは海軍生活のはじめから、護衛の任務中に交戦や戦闘を経験した。その頂点をなすものはフィニステーレの戦いにおけるグロワール号での英雄的な抵抗だった。本書が描く歴史中多くの事件の運命を決した一七八一年、彼は西インド諸島のフランス海軍総司令官に任命された。これは、ロドニーがリーワード諸島における英軍司令部の司令官に任命された二年のちだった。身体的には細身のロドニーとは対照的に、ド・グラースは背の高い、がっしりした体格の男で、彼を讃美する下級士官の言葉によると、身長は六フィート二インチだが、交戦中の甲板の上では六フィート六インチになったという。スウェーデン人の副官、カール・グスタフ・トーンクイストによると、怒ったとき彼の外見は「いかめしく」なり、態度は「粗暴」になったとのことだが、彼は「当代の最も美貌の男の一人」だと考えられていた。トーンクイストはこうした重要な時期に彼の船で勤務し、その経験の回想記を書いたのだ。

ハートフォードと、大西洋を往復する手紙のなかで米仏合同作戦が進行中だった頃、ロドニーは一七八〇年の九月はニューヨークにいた。しかし、ニューヨーク防衛軍からはいかなる軍隊も割かないというクリントンの拒絶と、二人のうちどちらが上位の指揮官かをめぐるアーバスノット提督との口論により、彼の攻撃作戦は頓挫した。ロドニーは、これらの障害があるのでは自分にできることはたかが知れているし、フランス軍が自分の留守を利用して攻撃を仕かけてくるといけないので島の防衛のため艦隊を率いてリーワード諸島に帰るほうが重要だと結論をくだした。それで、出発の準備をした。クリントンは気骨のある同僚を失うのが残念で、別れの言葉を告げると共に再会の希望を期し、次のように切々と結んだ手紙を書いて彼を見送った。「きみが西インド諸島ならびにここの総司令官に任命されたら、と思う。これには神も同意したもうはずだ」。

だが、このとき神は英軍の味方をするほうを選ばなかった。西の偉大な大陸が英国の手からすべり落ちようとしていたとき、また英国はその気になれば、ロドニーほどの精力と才覚を持った男に代えることができたのに、よぼよぼで狭量なアーバスノットをアメリカの領海の司令官にとどめておいたということは、英国によるアメリカ戦争の遂行の仕方にも感染していた明らかに愚かな決断とまではいかなくても一連の誤った施策のもう一つの例だった。互いに軽蔑し合っていて合同作戦ができないクリントンとアーバスノットは、そのまま現職に残された。他方、より優れたロドニーの剛胆さと技術は西インド諸島にとどめおかれた。

依然として西インド諸島のほうがアメリカより重要な所有物だと考えられていたからだ。

ロドニーは一七八〇年十一月、十五隻の戦列艦の艦隊を率いてニューヨークを発った。彼が南を指して航海していた間、はげしい疾風が四十八時間吹き荒れ、艦船を散らばらせたが、島で彼を迎えるはずの恐ろしい破壊についても、オランダとの争いや、反乱者と友好通商条約の交渉をするというアムステルダムの背信行為をめぐって本国政府が巻き起こしたものすごい騒ぎについても、何一つ知らせは届かなかった。彼は十二月六日にバルバドスに着き、まるで破滅させることに情熱を傾けた復讐隊が駆け抜けたあとのように、リーワード諸島の端から端まで広がっている廃墟と見まがうほどの破壊された光景を見出した。

だが今回にかぎって、破壊者は敵という人間ではなく、記憶にあるかぎりの最も恐ろしい十月のハリケーンだった。十月九日に吹きはじめた猛烈な風が大津波を惹き起こし、ジャマイカを水浸しにした。その後、翌日の一昼夜にわたって、凶暴な力で吹き荒れた風は、セントルシアの家々の屋根を引き剝ぎ、錨を下ろしていた船を浜に打ち上げて破壊した。容赦ないしのつく雨と雷と稲光(いなびかり)を伴った嵐は翌朝の八時まで一晩中吠えたけり、家々の壁や窓を打ちこわし、家畜や人間のからだを空中に巻き上げて屋根の上に放り上げ、家々をつぶして瓦礫の山にした。一方、廃墟のなかに閉じこめられた無力な人々の叫び声は、暴風雨の破壊の音や壁のこわれる音のなかで他の人々の耳には届かなかった。木々は根こそぎ引き抜かれ、木の皮ははげしい風で幹から剝ぎ取られた。ニューヨークの外海で嵐のためにはぐれたロドニーの艦隊の一部は、「ひどい損傷を受けて」戻ってきた。他方、バルバドスにいた彼の十二隻の戦艦のうち八隻は完全にだめになってしまい、乗組員のうち救われたのはわずか十名にすぎなかった。バルバドスの住民のうち四百人が死んだ。こうした島々では、一度も豊富になったことはない水と食物が危険なほど乏しくなった。家を失った人々の世話と保護、道路や井戸や家屋やあらゆる設備の修復は、市町村のみならず艦隊の艦船の上にも抵抗しがたい重荷としてのしかかってきた。破壊の力は砦や海岸の砲台をも例外なく襲ったにちがいないと考えて、英国はハリケーンのあと二カ月しか経っていないこの時期を選んで、オランダに対して宣戦の布告をした。それに伴い、ロドニーにはセントユースティシャスおよび抵抗できそうもないと思われる他の島々を占領せよという命令をくだした。

ロドニーは一七八一年一月二十七日、バルバドス沖の海上でこの命令を受け、ただちにセントユースティシャス攻撃に備えて艦船の準備をし、ヴォーン将軍との共同作戦を練った。彼は三日で出航の準備を整え、二月三日にオレンジ砦の下に姿を現わした。そこは、ちょうど四年あまり前、アンドリュー・ドーリア号が大陸会議の旗に対する砦からの答砲を受けたところだった。そのあと、ヴォーンの兵隊たちが行なった没収と追い立てなどロドニーの大暴れが続き、これがバークやフォックスの非難を招き、トーリー党側には満足感を与えた。ロドニーが来襲する前、ユースティシャスの倉庫には三万六千ポンド相当の六千九百ホッグズヘッドの煙草が貯えてあった旨の報告を記録しながら、フレデリック・マッケンジー大尉——クリントンの幕僚で、最も観察眼の鋭い行動的な日記作者——は、満足げに次のように述べている。「その半分を失っただけで、アメリカの反乱派の商人全員を破産させるのに十分なほどだった」。

ロドニーがこの島の占領に成功したことは、そんなことでもなければしまりがなくなっていた海軍部隊のなかでの彼の評価を確立した。彼の力を抑えるためか強化するためかはわからないが、海軍本部は威勢のいい副司令官、サー・サミュエル・フッド提督を送ってきた。フッドはかつてロドニーの駆け出し時代、地中海での護衛任務の間、海軍士官候補生としてロドニーの下で勤務したことがあり、ルアーヴルで侵入船を焼き討ちにしたときも艦長として再度彼と行動を共にしていた。二つの戦闘をいっしょに戦い、四十年にわたって知己であったことから、二人はお互いをよく知っていた――おそらくは知りすぎていたためか、幾分尊敬の念を欠いた親しさが生じていたと言われている。二人はいま、ド・グラースがアメリカ軍を強化するため大西洋を横断するのを阻止せよ、という重要な任務をいっしょに背負わされているのだった。相互の信頼は有益だが、親しすぎる関係は、よくても功罪半ばするものだ。

昔の上司の下のポストを提供されて、フッドは最初断らせてもらいたい旨の手紙を海軍本部あてに書いた。それから二日後にもう一度、翻意しても遅すぎなければよいが、という手紙を書いた。ロドニーのほうは、「旧友のサー・サミュエル・フッド以上に好ましい候補者はまったく誰も知りません」と書いている。これは、明快な文面であるように思われる。しかし、彼の幕僚の一人の報告によると、彼は内々で「年取ったリンゴ売りの女を送ってもらったほうがましだ」と不平をもらしたという。またしてもここには、うまく行かなかった戦争から生じたかに見える指揮官同士の心にしみついた敵対感情があった。ネルソンがのちに述べたやや鼻につくほどの讃辞を考えると、ロドニーの嘲笑は驚くべきものに思われる。ネルソンは、ナポレオン戦争のときのフッドを評して、「わたしがこれまで知ったうちで最も偉大な海軍士官であり、一提督がおかれる可能性のあるあらゆる状況を通じて偉大だ」と言っているからだ。フッドはやがて来る事件のなかで重大な役割を演じることになるので、二人の人間が同じように指揮官として直接彼を知った上で判断をくだした結果の、このいちじるしい評価の違いは、興味深い問題だ。ネルソンは習慣として部下の士官に対しては親切すぎるぐらいだったし、この場合にはフッドを値打ち以上に評価している。彼の讃辞は、アメリカの状況には当てはまらない。アメリカでは多くの場合、フッドは偉大でなかったばかりでなく、適任とは言えない有様だったからだ。

「きみの下で勤務するのにふさわしい海軍将官を見つけるのは難しかった」とサンドウィッチはやや無分別に、ロドニーに知らせている。もっともこの難しさは人格的な問題ではなく、ある士官は政治的に不適任（サンドウィッチはこれを「党派的な繋がりのため」と述べている）であり、他の士官は「からだが弱かったり、力量不足だったりしたため」であって、「その結果われわれはこの件を正しく行なうため、とうとう昇進させざるをえなくなった」と彼は述べている。ロドニーは、わたしたちが見てきたように、サー・サミュエル・フッドの選択には大変喜んでいると公言した。だが、やがて緊張の高まりが旧い友情をこわし、重要な瞬間に、艦隊から指揮官同士の温かい協力関係を奪うことになった。

フッドは、スリナムとキュラソーの二つのオランダ植民地を占領するための遠征軍の指揮をまかされるだろうと期待して到着した。そこからゆたかな分捕り品を予期していたためだが、フランスの大艦隊が西インド諸島に来る途中だという誤った諜報報告を根拠に、ロドニーは、全軍を諸島防衛のために待機させておかねばならないと感じて、スリナム、キュラソー遠征を取り消した。これが、フッドの不満の最初のものだった。それから彼らは、海軍の二つの地位への昇進をめぐって仲違いした。その地位の一つは、フッドの信じているところでは、以前ロドニーがフッドの部下の少尉のために約束したものであるのに、いまロドニーは、「王国随一の名門の一家」に属する貴族の息子にした約束を最初に果たさねばならない、と言うのだった。フッドは海軍本部にあてて、ロドニーの「不安定性」と、捕獲した収益を安全に守るためセントユースティシャスに滞在し続けたいという彼の根本的な欲求について、何通か非常に意地の悪い手紙を書いた。この二人のイギリスの同僚士官はいま、民族の異なる仏軍とアメリカ軍の間にかつて起こったどんな不和よりも大きな衝突をしてしまったのだ。

本当の問題は、セントユースティシャスで没収した財産の処理の監督、それを三十隻の輸送船に積みこむ手配、今度はそれを安全にイギリスに護衛するためにふさわしい艦船の選定などといった重荷を背負わされたロドニーが、痛風のためひどく具合が悪く、いまはその苦しみに尿道狭窄が加わっている、という事実だった。からだの不調のとき彼が考える唯一の望みは、休暇をもらって家に帰ってのんびりすることだった。彼はすでに数回、サンドウィッチにあてて休暇願いを書いていたが、功を奏さなかった。三月七日、彼は次のように書いている。

「過去一年の間経験してきた心理的身体的なたえざる疲れによってわたしはひどく蝕まれていますので、雨季の間この気候の地を離れることが許されなければ、その結果わたしは、国王陛下と国家に対して、そうしたいと願い、これまでつねに実行し続けてきた積極的な姿勢の任務遂行ができなくなるだろうと確信しております」。

ロドニーはサンドウィッチに「この戦闘の終わりに健康が悪化して、回復するには北の気候の土地へ行かねばならなくなった場合、雨季の三カ月間わたしが英国に帰る許可」を国王に願い出てくれるようにと頼んだ。「公務から一瞬でも休ませてほしいと頼む」のは苦痛だが、「あまりに多くの活動と努力を重ねたため、わたしは病気になっていて、医者はこの熱帯を出ることが絶対に必要だと言っているのです……」と彼は書いた。夏の暑くて湿度の高い気候は、確かに病気の温床だった。何百人もの兵士や水兵が動けないほど重い病気にかかっていたし、彼は尿道狭窄の治療をしないまま放っておくと生命にかかわるという警告を受けていた。彼が緊急にイギリスに帰りたがったのは、無理もないことだった。

サンドウィッチは五月に、ロドニーの願いを「公式書簡」にして、確かに国王から彼の休暇を許可してもらった旨の返事を書いた。しかし、「国事に関する目下の重要な状況のもとで、きみが司令官の持ち場を離れるというこの許可を利用しない」ことを希望する、「政府全員、そして一般の国民も、きみが指揮を執っている間は満足しているのだから」と付け加えた。サンドウィッチは、戦場や敵の情勢については何も知らず、知ろうとする努力をしたこともない大臣の暗愚な自信をこめて、戦争は「あまり長く続くはずはない」と保証している。フランスの介入についてはのんびりと無頓着にかまえ、「そちらの海域にいるフランス艦隊はハリケーンの季節に北米に行く可能性が強い……」という意見を述べた。

これは、お粗末なタイミングの計り方の見本だ。というのは、ハリケーンの季節はまだ五カ月先であって、フランス軍はアメリカ側の緊急な要請を聞き、それまで待つ必要性を認めず——待ちもしなかったからだ。「フランス艦隊追跡の適否をきみ以上に正しく判断できる者はいない」とサンドウィッチは結び、ロドニーが「きみ自身の考え」に従って行動するよう、あとはまかせている。

ロドニーの考えは、三月十八日の妻あての手紙で告白したように、単純だった。「わたしは遅くとも六月にはこの国を出なければならない」。彼は、重い痛風に加え「痛みのはげしい病気」（前立腺の不調）がその理由だと述べている。彼がセントユースティシャスの裏切り者の商人に対して荒々しい感情を爆発させたのは、この時期だった。「わたしはこの島で味わった疲労をどういう風に表わせばいいのかわからない。わたしがここにとどまっていなかったら、ありったけの悪事が自称イギリス人だという人々によって行なわれたことだろう」。彼がこの島を「単なる砂漠」にしてやると怒りにまかせたおどしをかけたのは、このとき、つまり、いらいらさせられる病苦の最中だった。それから、彼は、やがて不成功に終わってしまう悲しい希望を付け加えた。「この捕獲品を積んだ大輸送船団が無事にイギリスに着いたら、すべての借金の支払いを別にしても、愛する子供たちに何ほどか残してやれるので嬉しい」。
三月二十一日、サンドウィッチはロドニーにあてて、行く先はわからないが二十五隻の仏艦隊がブレストを出るところだという情報を送った。そして、おそらく行く先は西インド諸島で、そのあと北米に行くか、あるいは「きみの征服を阻止するため」カディスのスペイン軍に合流するのだろう、と示唆した。彼の示唆は機敏とは言えなかったにしても、正しかった。これは、すでに人々の知るところとなっていたアメリカ行きの航海の最初の一行程をめざして出発するド・グラースの艦隊だったからだ。フランスの首都のあらゆるゴシップを書き送るウォルポールの忠実な文通者だったマダム・デュ・ドファンは、すでにサン=シモン指揮下の艦隊について彼に知らせている。「これはアメリカに行く艦隊の一つです。ですが、みんなが知っていることです」。みんなが知っていたこととはいえ、ロドニーが知る必要のあった敵の接近についての報告が着いたのは、ド・グラースがすでにリーワード諸島に着いてフッドと一戦を交えてから一週間のちだった。

海軍本部の急送公文書は、カッターのつばめ号によって送られた。明らかにその名前からくる速さの印象があったためだろう。一本マストの船舶であるカッターは、船体の大きさから言えば速かったが、フリゲート艦に比べると波の影響が大きい。そして、推進力となる風をとらえるための帆の面積が少なかった。それとは対照的に、アメリカ軍は、ロシャンボーとド・グラースの緊急通信のためにはフランスのフリゲート艦コンコルド号を使った。この船はボストンとリーワード諸島との間を、十六日ないし十八日の速い速度で元気よく往復していた。航行時間の差は単に船の問題ではなく、英国人は海洋に関することはすべて自分たちがいちばんよく知っていると確信してメキシコ湾流にさからって航海する方式に固執していたためだった。この湾流は北のほうで円を描く奇妙な流れ方をするので、ヨーロッパからカリブ海への航行は遅らせるが、その半面、大西洋内での速い流れがヨーロッパからアメリカへの郵便の所要時間を短縮した。

この流れのコースと速度は、最初鯨の進路を追うナンタケットの捕鯨者たちが発見し、やがてベンジャミン・フランクリンが郵政局長をつとめていたとき、大西洋を横断する郵便船の船長の役に立てるため、いとこに当たるナンタケットのティモシー・フォルジャー船長が彼に教えていたものだった。フォルジャーは、どうしてアメリカの商船の船長はロンドンからニューヨークへ行くイギリスの郵便船の船長より早く、ロンドンからロードアイランドに行き着けるかを説明した。それは、アメリカの船長たちはメキシコ湾流にさからって何日も航海する代わりに、鯨の教えをもとに湾流の位置を理解してそれを横断するからだった。戦争前の一七七〇年、フランクリンは、一定の時間の間隔をおいて温度計を海中に入れ、水面の泡の速度をはかり、水の色の変化に注意して、湾流の進路をたどる方法を船長向けに説いた指示文と、フォルジャーの海図をもとにした情報を、英国郵政局長官アンソニー・トッドに提供した。しかし、英国の船長たちは、アメリカの植民地人や漁師から忠告を受けるつもりはなかったので、それを無視した。フランクリン自身は一七七六年、朝の七時から夜の十一時まで、一日に二回から四回温度計を海中に落としてこのテストを行なった。メキシコ湾流に関する彼の報告書は、もはや英軍にとって用をなさなくなった戦後まで押さえておかれたが、メキシコ湾流についての最初の海図となったフォルジャーの海図は、公然たる敵対活動と革命が勃発する前の一七六八年に出版されている。

西インド諸島を第一の関心事にしていたサンドウィッチは、再びロドニーに手紙を書いて、ド・グラースがマルティニク島に到着する前に阻止できなければ、フランス軍は優勢な数の艦船を有することになり、その結果、イギリスは増援軍を送る可能性はないので、「われわれの総司令官の技術と指揮、彼の下で戦う将兵の勇敢さ」に頼らねばならなくなる、と言ってよこした。フランス軍がいつ現われるかもしれないので、ロドニーはマルティニクの風上を巡航して敵軍を見張れという命令と共に、三隻の戦列艦をフッドのもとへ分遣した。その後まもなく、フォール・ロワイヤルを徹底的に見張るため、フッドは沿海に移動させられた。それはド・グラースが到着したとき、そこに駐屯している四隻の戦列艦が港を出てド・グラース艦隊に合流するのを阻止するためと、ロドニーの命名によると「最も雄大で最良の港」にド・グラースが入ってそこを占領するのを妨害するためだった。フッドは沿海の持ち場が気に入らず、以前の場所に戻してくれと何度もロドニーに頼んだが、ロドニーは拒絶した。敵を見張ってそれを阻止するのに適した持ち場をめぐる激しい意見の対立が、彼らの間の争いに付け加わった。

セントユースティシャスで、ロドニーは没収した財産と文書の処理を監督する委員たちを任命していた。そして、背信的な英国商人の事業の運営方法について知れば知るほど、怒りが高まった。没収した財産全部を「わたしは国王と国家のために押収したのであって、それは国庫に入ることと思います。わたしは自分が六ペンス銀貨一枚であろうとそれを取る資格があるとも思いませんし、それがほしいとも思っておりません。わたしの幸せは、この一群の悪党どもに当然の罰をくだす国家の道具となって働くことでした。やつらは鞭打ちの刑を受けるにふさわしい、きっとそうしてやります」。個人的な収益に対する関心が完全に欠如しているこの文章を額面通りに受け取るべきか否かはさておき、悪党どもを裁きの場へ引きずり出し、鞭を振るって鞭打ちの刑に処したいというロドニーの欲求が、三月と四月のはじめを通じて彼をセントユースティシャスに引きとめていたのは明らかだった。その間、彼の敵は大西洋を渡って刻々と彼のほうに近づきつつあったのだ。

二十隻の戦列艦、三隻のフリゲート艦からなる強力な艦隊と、西インド諸島に補給品と兵員を届ける百五十隻の輸送船というふくれ上がった護送船団を率いて、ド・グラースは三月二十二日、巨大な旗艦ヴィル・ド・パリ号に乗って、ブレストを出航した。これはフランス艦隊の王者であり、水に浮かぶ最大の城であって、百十門の大砲を備えた三層甲板艦だった。彼は西インド諸島でフッドかロドニーと一戦交えることを予期していた。窮乏している島に補給品を届けたあとは、キューバとサントドミンゴでスペイン軍が必要としている援助を与え、それから、冬が近づく頃アメリカへ移動する予定だった。途中遅鈍な船員たちが乗り組んだ四十隻の商船からなる東インド小船隊と合流し、軍艦がそれらの船を曳いてやらねばならなかったものの、一七八一年四月の終わりにはマルティニクの沖合に到着した。

アメリカでは、ド・グラースが次の予定地をアメリカに定めて、すでに西インド諸島を指して航行中だという知らせが、五月八日、失意のカーテンを貫く矢のようにニューポートに届いた。ワシントンが「われわれは万策尽きた」と告白してからわずか一カ月目に届いたこのニュースは、アメリカ人の戦いに生命の復活と新しい希望を与えてくれそうに思われた。前年の夏、ロシャンボーと五千七百人の彼の歩兵隊が、ニューポートに到着して以来、アメリカ軍は動きがとれず、湾の外側からはアーバスノットに封鎖されたため、そこに閉じ込められたままになっていたが、このもどかしい挫折の十カ月は終わった。その間にフランスの海軍司令官、ド・トルネは熱病で死に、ルイ・ド・バラス伯爵が指揮権を引き継いだ。彼はボストン経由で到着し、ド・グラースが途上にあるという報告をワシントンにもたらしたのだった。

ワシントンとロシャンボーとド・バラス（彼は来ることができなかった）との間の戦争会議がただちに招集され、三月二十一日、ハートフォードに隣接した町ウェザーズフィールドで開かれた。討議の過程で、ワシントンのニューヨーク攻略計画は表面的には受け入れられたが、ド・グラースがアメリカ軍との合同攻撃に彼の地上軍を割り当てて協力する場合にかぎるというフランス側の留保つきだった。デスタンのもとでフランス海軍とアメリカの地上軍との合同作戦の努力は二度失敗しているにもかかわらず、会議の出席者はもう一度その努力をすることに同意した。ワシントンは全然戦略家ではないという二十世紀の多くの歴史家の意見（これは将たる器というもっと重要な性質を評価しそこなっている）に明らかに同調したロシャンボーは、五月三十一日、攻撃はチェサピーク湾で行なうべきだと主張する彼自身の勧告をド・グラースに書き送って、早速ウェザーズフィールド計画に矛盾する行動をとった。彼はウェザーズフィールド協定の写しを同封し、ド・グラースはサンディ・フックの浅瀬の問題について自分の判断をくださねばならないと言い、来る途中チェサピーク湾を視察して、そこが戦闘に適さない場所だと考えるのなら、ニューヨークまで来るようにと提案した。それから、到着する予定のサン＝シモン麾下の連隊を三カ月貸してほしいと頼んだ。

彼は六月六日と十一日の両日、アメリカの事態は「重大な危機」にあると率直に報告する手紙をもう二通書いた。金も信用もなく、これらの人々は「万策尽きている……わたしは次の事実をあなたに隠しておくべきではないと思うのだが、ワシントンは自分の配下にあると考えている軍隊の半分も持っていないし、彼はこの件については沈黙しているものの、現在六千の兵は持っていないと思う。それに、ムッシュウ・ド・ラファイエットにはヴァージニアを守るのに千人の正規兵と民兵、それから彼のもとへ馳せ参じようと行進中のほぼ同数の兵しかない……したがって、あなたがヴァージニアでわれわれを援助してくれるか、あるいは、あとでブルックリンを包囲するためサンディ・フックを占領して援助してくれるかに関係なく、できうるかぎり多くの部隊を船に乗せることが最も重要だ。四千か五千でも多すぎるとは言えないだろう……あなたはいろいろ違う可能性を思い描いておられるかもしれないが、これがこの国の情勢の悲しい実情だ。いずれにせよ、あなたが優勢な海軍力をわれわれにもたらしてくれる、とわたしは確信しています」。

報告を結ぶに当たって彼はもう一度、部隊と、部隊に払う金を持ってくる必要性を強調している。これは、同盟者に自分の運命を負け戦に賭ける気を起こさせるよう計算された報告とは言いがたいが、望み通りの効果をあげたのは明らかだ。ド・グラースが何を考え、何を感じていたのか、わたしたちにはわからない。ただ、その後、彼が彼自身のものでもないよろめきがちの大義のために自分自身とその財産を捧げたことから、それを推測できるだけだ。同盟国や隣人たちの関係では、フランス人はしばしばきわめて理解しがたく不快な振る舞いさえすることがあるが、一七八一年の運命をはらんだ空気のなかには、彼らにこの上なくあっぱれな行動をさせるものがあったらしい。彼らは、もし救う手だてがあるのなら、独立のためのアメリカの戦いを、燃えつきた自由の煙と仇敵が新しく獲得する覇権のなかで霧散させる気はなかったのだ。

ド・グラースへの手紙に書いたロシャンボーのチェサピーク決戦案は、アメリカへ派遣された他のフランス人使者からも支援された。彼らはニューヨークの攻撃はあまりにも危険で費用がかかりすぎ、ド・グラースが立ち去ったあとニューヨークを維持するワシントンの能力には不安があると考えていた。フランスの宮廷は、ロシャンボーの息子がド・バラスといっしょに帰ってきて報告したところによると、長期間のニューヨーク包囲に要る金や兵力を投資する用意はできていなかった。フランスは一七八一年中に戦争に決まりをつけるつもりで、アメリカでのド・グラースの作戦には六週間しか予定していなかった。その後、彼は西インド諸島に帰り、その領域で英軍と交戦することになっていた。

ロシャンボーとの計画については、アメリカ沿岸の到着場所と攻撃戦の予定地は、ド・グラース自身が決定できるよう未定にしてあった。ド・グラースの人となりを知っているロシャンボーの忠告を容れたのかもしれない内々の措置だった。それでいて、この選択にいかに多くが賭けられていたかを考えると、それは、これまでのところアメリカには向いていなかった幸運を大々的に信じた政策だったことがわかる。また、風や天候や敵の活動に影響される大洋横断通信の危険を計算に入れないでも、民族を異にする指揮権のもとで海軍と地上軍を協同させる計画は、すでにデスタンの場合には失敗しており、偶発事故に大きく左右される余地を残していた。そのような計画は、ハウとバーゴインが共同作戦を張ることができずサラトガで好機をみすみす水泡に帰せしめたように、その種の約束の不履行をほとんど確実に招くのだという点については、どちらの側もまじめに心配していた様子はない。結果として、幸運の歯車は——ワシントンが自分でも援助の手を伸ばしながら、固く信じていた神が——アメリカの側で上向きになったのだった。すべての分岐点での申し分のないタイミングと幸運とが、軍事作戦のなかでも最もまれな成功——すべてがみごとに整合し、途中の百の機会のうち一つとして誤った曲がり方をしなかった戦闘——をなし遂げたのだった。

ブレストからカリブ海へ行く途中で、ド・グラースは選択をした。彼はロシャンボーに、自分は国王の命令によって当地へ赴く途中であることを知らせる手紙を書き、その前触れとして、七百人の兵士を乗せた三十隻の小艦隊をニューポートのロシャンボーに合流するよう分遣した。ワシントンの願いとは反対に、彼は海の男の本能から戦闘の場としてチェサピーク湾を選んだ。すなわち、西インド諸島からの航行距離が短く、水深が深く、水先案内が容易であり、ド・バラスから受け取った忠告がチェサピークを勧めていたからだった。ウェザーズフィールド計画の手紙を持ってきた同じフリゲート艦が、そのまま回れ右をして、アメリカの司令官ができうるかぎり早く回答を知ることができるように、返書を運んでいった。アメリカの案内をしてくれるよう彼がアメリカの水先案内を頼んだという事実は、彼の意図がいかに真剣だったかを証明している。

同じ頃、ワシントンは、ニューヨークから気をそらして、ロシャンボーのチェサピーク湾計画に同調しかけていた。力点を船から部隊に移して、彼はいま軍隊を徒歩で南下させる案を考えていた。いまではコーンウォリスが入りこんでいるヴァージニアからの報告は、「急を告げる」ものだった。その上彼は、ベネディクト・アーノルドの襲撃が故郷にもたらした荒廃に深く心を痛めていた。もっと積極的な理由としては、いまコーンウォリスを袋のねずみにする可能性が出てきたので、ヴァージニアの戦闘は南北カロライナのたえまないどっちつかずの作戦よりずっと決定的なものになる可能性があることを、ワシントンは確信するようになった。もしコーンウォリスとその軍隊が、一斉にヴァージニアを侵略するとすれば、彼らはまもなくポトマック川の北までやって来るだろう、と彼は大陸会議に警告した。大陸会議は自分たち自身の安全があやうくなっては困るので、今回だけはすばやく反応するほど心を動かされ、ペンシルヴェニア、デラウェア、メリーランドの民兵をグリーンを増援するため送り出すことに同意した。

ワシントンはラ・ルゼルヌに手紙を書き、「一つの決定的な大打撃により、アメリカ大陸から敵を追い払い、アメリカの独立を確立できるように」西インド諸島から軍隊を送ってくれ、とフランスに催促した。これは、「重大な危機」と減っていく軍隊について述べたロシャンボーの陰気な報告より、ずっと積極的な前途の展望を示すものだった。こういう措置をとったことは、総司令官がコーンウォリスに対するチェサピーク湾での戦闘という観点から事態を考えはじめ、ヴァージニアまで徒歩による大移動を行なってヨークタウンへ侵攻することを考えている証拠だった。保証されたド・グラースの来援と、提督が艦隊を率いてきた目的はアメリカ海域における海軍の支配権の確立だという事実を確認するロシャンボーの息子の報告が、ワシントンの決意をチェサピーク湾のほうへ向けさせたのだった。クリントンのニューヨーク防衛の現状に探りを入れてみたところ、それが恐ろしく強固であることがわかって、右の決意は再確認された。

アメリカの戦略計画は、英国のそれの裏返しだった。アメリカ軍も南部が敵を撃滅する場所だと考えていた。彼らがチェサピーク湾の戦闘で達成しようと望んでいたのは、コーンウォリス卿と最後の重要な駐米英国軍を連合軍とフランス艦隊ではさみ討ちにすることだった。フランス艦隊がコーンウォリスを海から封鎖し、こうしてニューヨークからの援軍と海外からの補給を断ち切り、一方、南部の連合指揮官、すなわちラファイエットとグリーンが、地上からの彼の退路を断つ仕事を引き受ける。要するに、コーンウォリスの軍隊は圧搾機を使ったように包囲されるので、降伏するか、抵抗して死ぬか以外に道がなくなるのだった。もちろんこの計画には、海の出口をふさぐフランス艦隊が必要だった。ウェザーズフィールドで連合軍が予定された標的としてコーンウォリスについて論議していたとき、彼はまだチェサピーク湾の基地に到着してはいなかった。そのときはちょうど基地への途上にあった。連合軍の目的にとっては、彼がそこへとどまっていることが肝要だった。そうでなければ、連合軍が到着したとき、罠のなかには何もかかっていないことになるからだ。

英軍側からすると、勝利に到達するには、チャールストンよりもっとアメリカの中心に近い海軍基地が明らかに必要だった。ニューポートを撤退したあと、彼らに残されていたのは、ニューヨークとノヴァスコシアのハリファックスだけだった。ニューヨークはサンディ・フックの砂洲があるため、よい港ではなかった。そこで彼らの選択は、チェサピーク湾の南端にあるヴァージニアのポーツマスに落ちついた。しかし、コーンウォリスは野戦の指揮官としてその町の印象が気に入らなかった。暑くて、不健康で、戦列艦が錨を下ろすのに適した保護物がなかったからだ。

あたり一帯を調べて回ったところ、彼にはヨークタウンのほうが好ましく思われた。この町は、百マイルほど北に行ったところの、川幅が一マイルもあるヨーク川の「美しく青い河口」に建っているもっと魅力的な町で、ヨーク川はそこのチャールズ岬の先でチェサピーク湾に注いでいた。当時は単にヨークと呼ばれ、ヴァージニアの州都ウィリアムズバーグからわずか十二マイルのところにあった。ウィリアムズバーグは、ブランシャールの描写によると、「二、三のかなり大きい公共の建物のある、非常に幅の広い、美しい」一本の通りが中心をなしている町だった。ヨークタウンは十八世紀のはじめに植民され、美しいジョージ王朝風の煉瓦建ての家々が並ぶかつては重要な商業の中心地だったが、その後すっかり衰頽して、人口わずか三千人、家屋三百軒の町になっていた。煙草栽培が新しい土地へ移ったためと、英軍の襲撃のため、商人や農民が余儀なく立ち去らねばならなかったからだ。家屋三百軒の町ヨークは、峡谷に縁どられた高原に位していた。沼地と五百エーカーの農地がその先に伸びている。ウィリアムズバーグの道路がそばを走っていた。ヨーク川とほぼ平行に走っているジェイムズ川を越えると、アメリカで最初にイギリス人が建てた町で、トーンクイストによると「世界一良質の煙草」の生産地ジェイムズタウンがある。同じ側のヨークの真向かいには、グラスター・ポイントと呼ばれる岬があり、防衛基地の一部としてコーンウォリスがすでに占領していた。ヨークから湾への入口は、いまでも大船が入る唯一の水深の深い港になっており、大西洋岸を北上してニューヨークへ通じていた。敵が容易に近づけるため、アーバスノット提督はチェサピーク湾を攻撃に対して弱いと考えたが、疲れきった老提督のあら探しの一つにすぎないとして、彼の警告はほとんど注目されなかった。

一七八一年五月、つまりウェザーズフィールドでロシャンボーがチェサピーク湾の攻撃を強く主張していた月、コーンウォリスは海軍の顧問たちの承認を得て、ポーツマスの代わりにヨークに基地を作る決定をくだした。彼がヨークを選んだのは、付近一帯の他の港は浅すぎるし、ヨークの位置がその界隈の労働力の供給の中心を占めており、砦を築く仕事のためには労働力が必要となるからだった。町の周囲に防御を固めた土塁を円形状にめぐらせた基地の建設には三カ月かかったが、この時間の経過は、彼らは知らなかったものの、大西洋を横断する米仏合同攻撃の計画には有益だった。コーンウォリスは八月二日に、ヨークタウンへの引っ越しを完了した。ド・グラースがヴァージニアの海岸をめざして、西インド諸島から出航する三日前だった。

のちの運命の展開のため、ヨークタウンの選択は多くの論議の的になっている。クリントンは確かに、コーンウォリスがニューヨーク防衛のための援軍として彼の軍隊の一部を分遣してくれることを条件として、その選択を許可した。だが、コーンウォリスが現在の全軍勢より少ない兵力ではヨークは防衛できないと主張したとき、この点をめぐって争いが起こった。全軍を維持するためには糧食の問題がさらに難しくなったことだろうが、右の主張をしたコーンウォリスは正しかったのかもしれない。非難と反駁が続いて、それが責任の問題をあいまいにしてしまった。クリントンは、自分の言い分を何度も出したり引っこめたりするいつものくせを出した手紙で、七月にはコーンウォリスに、基地の防衛に必要なだけ多くの軍隊を保持してよいし、「いま全軍をチェサピークへとどめておくのもまったく自由であり――この非常に寛大な譲歩は、わたしがチェサピークの海軍基地を非常に高く評価している証拠である、と貴殿は納得されることとわたしは確信しています」と保証した。この決定の責任は明らかに二人にあり、コーンウォリスがいかめしくヨークタウンに移ってきて、フランス艦隊が到着して扉を閉ざしてしまう一カ月前にそこへ身を落ちつけたのも、二人の責任だった。

XI 重大な瞬間

提督ド・グラース伯爵は、海軍の援軍を率いてアメリカへ行くという任務のおかげで、いまやアメリカ戦争における要（かなめ）の人物となった。一七八一年三月、彼が大艦隊と共に西インド諸島に向けてフランスを出港したとき、この大艦隊のブレスト出発は、海洋社会での大ニュースになった。この西インド諸島行きは、ワシントンに会って最後の一撃となるきわめて重要な合同作戦を行なうための航海の、最初の一区切りとなるものだった。まもなく、敵の重要な援軍が途上にあるという知らせが英軍のもとに届いた。この挑戦は地理的に言えば西インド諸島経由で来るので、超大艦隊がアメリカに到着して戦争の流れを変える前にそれを阻止する大任が、ロドニーの肩にかかってきた。ロドニーとド・グラースの二人の提督の対決が、両人の行く手に大きく立ちはだかった。両軍の見張りは、揺れる檣頭見張り台にしがみつきながら、水平線上にマストと思われるしるしを認めるや敵艦との遭遇を警告しようと、ちらちらと光る水の上に熱心に目を凝らしていた。

四月二十八日、ド・グラースはマルティニクに着き、フッドが十七隻の戦艦と五隻のフリゲート艦という劣った軍勢を率いて島の風下を巡航しているのを発見した。フッドは、フランス艦隊を途上で阻止し、四隻のフランスの戦艦が港を出てド・グラース軍に合流するのを防ぎ、ド・グラースが、この界隈きっての「最も雄大で最良の港」――ロドニーの呼び方によれば――に入ってそこを掌握するのを抑止せよ、との指示に従っていた。このまま行けばド・グラースは要(かなめ)の港を手に入れた上、攻撃的なマルティニクの総督、ド・ブイエ侯爵に合流して彼の地上軍と力を合わせ、英国が押さえている島のいくつかを攻撃することができるからだった。

フッドの艦船が檣頭から発見したとき、フランス艦隊は風下にいて、明らかに北進中だった。フッドは夜の間は彼らが何をするのか確信がなかったので、朝までじっと停止していることにした。ところが、彼の艦船は風にもてあそばれ、夜が明ける前に風下のほうに吹きやられ、あまりに遠く流されて動けなくなってしまうという不幸な結果を招いた。フッドが艦船を集めている間に、敵船が再び姿を現わした。商船隊は岸辺に近く密集して、軍艦が海側に並んでいた。両方の艦隊が戦列を形作っている間に、フランスの商船隊はフォール・ロワイヤルにすべりこんだ。軍艦は長い射程で砲撃を開始した。ド・グラースは、商船隊が無事に港に入ってしまうまで敵を引き離しておこうとして、距離を保っていた。彼の舷側砲は、敵に多くの損害を与え死傷者を出した。フッドの艦船のうち二隻は吃水線の下に穴を開けられ、二十四時間ぶっ通しでポンプで水を汲み出しても、もはや持ち場についていることができなくなった。他の艦船もマストを折られて、戦闘不能になった。暗くなる前、イントレピッド号のメーンマストの中央が音立てて折れ、ラッセル号はポンプの上まで浸水して危険な状態に陥ったため、セントユースティシャスに帰れと命じられた。こうして、この船は戦死者三十七人、戦傷者百二十五人という犠牲を出した戦闘の結果を、セントユースティシャスに持ち帰った。二日目の夜がめぐってきたとき、両艦隊はフォール・ロワイヤルから七十マイルも離れてしまっていたので、フッドは戦闘をやめることに決めた。翌日の夕方になると、両艦隊とも相手の姿を見失っていたが、仏艦隊はフォール・ロワイヤルの港内に入っていた。このときにはすでに英軍の習慣になっていた事後の非難の応酬のなかで、フッドとその仲間は、最初フッドに風上を巡航させなかったのでこういう結果になったとロドニーにその罪を着せた。しかし、ド・グラースが戦略においても戦い方においてもフッドを凌いでいたのは明らかな事実だった。

ロドニーはますます病いが重り苛立ちをつのらせていたが、どうしても必要な水と壊血病を防ぐ新鮮な野菜をとり続けるため艦隊をバルバドスにとどめておいた。バルバドスは、それ自体はさほど重要な島ではないが、ウインドワードの鎖の東端にあってヨーロッパに最も近く、英国がいちばん長く領有していた島であり、肥沃でよく耕作されていて、最も上等なラム酒の生産地として有名だった。糧食を調達している最中に、フランス人部隊が二百マイル南のトバゴを侵略中という警告がロドニーのもとにもたらされた。志願者で編制した一連隊の援軍が送られたが、彼らが到着したときにはトバゴは降伏したあとだった。その日の午後、全フランス艦隊が北に向かっているのが認められた。彼の決断にすべてがかかっていたこの重大な瞬間に、ロドニーは追跡したいという誘惑をしりぞけた。風下の不利な立場に追いやられて万一バルバドスが攻撃を受けた場合、無防備なこの島の救援に行けなくなっては困ると考えたからだった。翌日ド・グラースを戦闘に誘いこむつもりで、彼は夜中灯りをともしていたが、フランス人の提督には別の計画があった。ロドニーが追跡をしなかった結果、ド・グラースは停止させられず、計画通りアメリカに到着することができた。

ロドニーはアメリカにおけるフランス艦隊の介入の重大性を強く認識していたので、彼がド・グラースの阻止を優先的に考えなかったのは、一部には家に帰って病気の手当てを受ける必要があったため、また一部にはフッドが同じようにうまくやってくれると思いこんでいたためだろう。とりわけこれは、海軍本部自体が、この度は政府の側の一貫した戦術のなさを反映して、アメリカを優先的に考えなかった結果だった。

これらの作戦が行なわれたのは一七八一年の五月と六月のはじめだった。トバゴを占領したあと、ド・グラースは艦隊をマルティニクのすばらしい港、フォール・ロワイヤルに帰した。そこで彼は、周囲の島々から船を集め、アメリカでの戦闘に備えて、水、木材、家畜、その他の糧食を積みこむことができた。そして七月には、その優美さのために「諸島中のパリ」と呼ばれたハイチ＝サントドミンゴの港、フランス岬に移った。四百隻を停泊させることができるという広々とした停泊地には、ド・グラースがチェサピーク湾を案内してくれるよう頼んでおいた三十人のアメリカ人の水先案内が待っていた。また、アメリカの情勢の「重大な危機」について率直に述べ、チェサピーク湾で「大打撃」を与えたいという意見を主張するウェザーズフィールドからのロシャンボーの手紙も彼を待っていた。同じ便で届いたニューポートのド・バラスからの手紙は、「ここで最も必要なものは金だ」と述べていた。これらの手紙も、数人のフランスの使者からの他の手紙もすべて、南部の危険な軍事的情勢について述べ、できうるかぎり早急に援助が必要だと強調していた。だが、ド・グラースは勇気を失わず、ただちに、小艦隊の艦長シャリットといっしょに遠征費用としてフランス国王が借り入れる三十万ピアストル（スペインドルと等価）の借金の保証として、債権者の住民に対しサントドミンゴの自分たちの個人財産と大農園を担保に差し出す提案をした。担保になった財産の価値は申しこまれた借金の価値を「はるかに超えていた」にもかかわらず、ド・グラースが憤慨したことには政府はこの申し出を拒絶した。彼はふくれっ面をすることはせず、その代わりに糧食を運ぶ十五隻の商船の費用を自分の金で払った。彼の肩入れの仕方は全面的だった。

このフランス岬で、ド・グラースはアメリカ革命の軍事的成果に重大な影響を及ぼす二つの決断をした——第一は、分けずに全艦隊を率いていくこと、第二は、艦隊をチェサピークへ連れていくことだった。彼は敢闘精神にあふれた交渉の才を発揮して、スペインは目下のところ西インド諸島での戦闘の計画はしていないので、フランスの援助がなくともアンティル諸島を維持していける、したがって全艦船をアメリカに率いていってもよい、という同意をスペインから取りつけた。先の読めない人々——この種の人々はいつも多数を占めている——にとっては、西インド諸島に比べると、二義的価値しかないアメリカでの任務のために全艦隊を投入するということは、非常に大胆で危険な決断だった。それは、当座のフランスの通商品をヨーロッパへ持ち帰る護衛の任務を放棄することになり、商人たちの既得権益無視という非難を招く行為だった。またそれは、自由を得るための冒険に恋したのか、またはアメリカの将来について大部分のヨーロッパ人よりはるかに先見の明があったのか、そのいずれかによる男の行動だった。歴史はド・グラースに、アメリカ人が英国と完全に袂を分かつ仕事を進展させる任務を与えた。彼はそれを知って、その任命を受けたかのように感じ、外国人でありながら、生命と財産と神聖な名誉を大義に賭けた独立宣言の呼びかけに耳を傾けていたように思われる。急を要する重大な義務が、精神にすばらしい衝撃を与えるのだ。それはサントドミンゴのスペイン人総督の心をも動かした。彼は、スペイン政府のために借りていた二千五百人のサン＝シモンの三連隊を解放して、ド・グラースの軍隊に加える案に同意したからだ。スペインは自由の大義を嫌っていたかもしれないが、それ以上に英国人が嫌いだったのだ。

七月二十八日、ド・グラースはロシャンボーとワシントンが八月十四日に受け取った最終的な手紙を書き、自分が二十五隻ないし二十六隻の艦隊と共に三連隊を率いて応援に行こうとしていること、八月三日にチェサピーク湾に向かって出航することを二人に知らせた。この手紙はコンコルド号によって直接急送されたので、外交ルートを通らず、イギリスから報酬をもらっていたスパイが読んで書き写すようなことはなかった。二十世紀のはじめ、アメリカの戦争担当の国務長官ヘンリー・L・スティムソンは、「紳士はお互いの郵便を読まないものだ」という理由で暗号作業局（ブラック・チェインバー）の設立に反対した。しかし十八世紀には、こうした行為は慣習化していた。外務省は、長い間の習練で暗号の解読に熟練した正規の事務員を雇い、外国高官の手紙を読んで書き写させていた。イギリス人はまもなくフランスの艦隊が植民地の救援に行く途中だということに気づいたが、どのくらいの兵力で、どこに向かっているのかはわからなかった。

ロドニーは、損害を受けたラッセル号が這いこむようにセントユースティシャスに帰ってきたとき、フッドとド・グラースとの交戦のことを知った。ロドニーの略奪品は法的に言えばまだ煉獄（死人が罪の大きさによりそれぞれの地獄に落ちる前には煉獄にいるように、処理が未決定の状態を指す）にあるようなもので、イギリス人の裏切者もまだ裁きの場に引き出せない有様だったが、ロドニーはすぐさまアンティグアでフッドに合流するため出航した。アンティグアは、マルティニクの北にあたる鎖の中の英領の島で海軍基地だった。そこからだと彼は、フランス軍の攻撃が予期されるバルバドスを守ることができるのだった。北米海岸で進行中の戦争の三人の主役がいま、リーワード諸島に集まっていた――目標の達成に心を傾けているド・グラース、彼を阻止せよとの命を受けたロドニーとフッド。フッドの旗艦と彼の小艦隊の他の数隻は戦争をしていないのに対して、ド・グラースのほうにはフォール・ロワイヤルからの船が加わっているので、いまフランス側は英国の十八隻*に対して二十四隻の軍艦を擁していた。この数の差は、ふつうなら挑戦を見合わせてしかるべきものだった。このときフランス軍は風上にいて、英軍は風下でつかまれば無防備のバルバドス島の救助には来られない状態だったので、なおさらだった。このとき、バルバドスは攻撃しさえすれば落ちたかもしれない。リーワード諸島の司令官としてロドニーは、自分の島は言うまでもなく英国の名誉と利害にかけてこれ以上の島を失うことは防がねばならないと考えた。さらに、この島には二千人のフランス人捕虜がいたので、彼らを救出しようとする試みも予想することができた。ロドニーはバルバドスへ着いたとき、英国旗がまだひるがえっているのがわかった。ド・グラースがマルティニクからの地上軍といっしょに次に攻撃したセントルシアは、沿岸の砲台の助けをかりて侵略軍を撃退するのに成功していた。防衛軍は驚くべき才覚を発揮して、船から取りはずしてきた性能のよい大砲で沿岸の砲台を強化していたからだった。

トバゴの降伏で屈辱を感じていたロドニーは、急送公文書のなかに書いたように、「まともな機会さえ与えてくれれば、フランスの高慢な鼻をへし折って」やろうという意欲に燃えていた。ところが、フランスはこの望みを叶えてくれなかった。ロドニーは六月五日の夕暮れにフランス艦隊を見かけて、数が数えられるほど近くへ寄ったところ、彼の艦隊の二十隻に対して、相手は二十九隻――二十四隻の戦列艦と五隻のフリゲート艦――を擁していた。彼は自分の艦隊を、島々を防衛し、英国やアイルランドから入港する輸送船団を守りうる状態にしておかねばならぬ必要から、交戦しないことに決めた。すべてのイギリスの船乗りと同じように、風がなければ戦争はするなという原則で育てられているので、彼はフリゲート

＊艦隊の数は、フリゲート艦を数えるか否か、主要集団に加わったり離れたりする戦列艦をどう扱うかによって、不正確な場合がしばしばある。

艦を見張りの部署につかせるだけにした。七月のはじめ、マルティニク島の沖を巡回していたフリゲート艦のうちの一隻が、フォール・ロワイヤルから出てきたフランス輸送船団のフリゲート艦を拿捕することができ、その船長からこの船はド・グラース伯爵が指揮する艦隊に所属していること、艦隊は二十五隻の戦列艦とそれぞれ別のフランス領の島々から集めてきたほぼ二百隻の商船からなっていること、艦隊はサントドミンゴに行くという噂があることを聞き出した。ロドニーは当時駐米英国海軍司令官になっていたニューヨークのグレイヴズ提督に警告を送り、二十八隻*の戦列艦からなるフランスの艦隊がマルティニクに姿を現わし、その艦隊の「一部」は北米に行くという噂である、と告げた。彼は、その艦隊が途中サントドミンゴのフランス岬に立ち寄るかどうかは聞き出すことができなかったが、「まもなく」出航すると考えていた。

「できうるかぎり綿密に彼らの動きを見張り、その結果に応じてわたし自身は行動することにします」と彼は書いた。それから、十四隻の戦列艦と五隻のフリゲート艦を率いたフッド提督に、フランス艦隊を追ってヴァージニアの海岸へ行き、そのあと海岸沿いにデラウェア岬まで進み、そこからサンディ・フックへ行ってグレイヴズの指揮下に入るよう命じるつもりだと付け加えた。また、グレイヴズはデラウェア岬にフリゲート艦を配置してフッドが来るのを見張らなければならない、と言った。「そうすれば、彼らは両軍の力を合わせて西インド諸島からやって来るフランス軍を阻止できるでしょう」。さらに、「敵がそちらのほうへ軍勢を向けた場合」は、グレイヴズの小艦隊に援軍を送るので、当てにしてよいと付け加えた。ロドニーは、ロンドンのジャーマンに対しては「大山猫のように敵を見張る」と約束し、ニューヨークのアーバスノットに対しては「自分の力の及ぶかぎりの援軍を送る」と約束した。

ロドニーがこのときとくに別の手紙でカーライル伯爵に事情を説明しているところによれば、彼の期待と計画は、敵〔ド・グラース〕に「アメリカ海岸での数の優勢」を有利に運ばせないというよりはむしろ、フッドに「フランス岬を出たフランス艦隊より前にアメリカ海岸に着いてもらい」、すでに待機しているイギリス軍〔すなわち、グレイヴズ〕と合同作戦をやって、「敵とその計画をすべて敗北させよう」というものだった。同時にロドニーは、ジャマイカへの交易品に付き添うため五隻の戦列艦と五隻のフリゲート艦からなる護衛船団を、そこの司令官、サー・ピーター・パーカーあての命令といっしょに送り出した。その命令とは、ただちに北米へ艦船を派遣し、そこでフッドの艦隊に合流して、アメリカの英国軍に明らかな海軍の優勢をもたらし、グレイヴズに約束した援軍を提供するように、というものだった。ロドニーは他のみんなと同じように、ド・グラースは艦隊を分けると想定したのだ。サー・ピーター・パーカーはどんな理由があったのかはわからないが、彼の命令には従

*ド・グラースの艦隊の艦船数は、報告の時期や観察者により異なっているが、できうるかぎり決定数に近いものとしては、二十六〜二十八の戦列艦に、何隻かのフリゲート艦と武装商船を加えたものだと考えることができる。

わなかった。

ロドニーはフランスの介入を他の人々よりずっと深刻に考え、フッドにもしフランスの艦船を見かけたら、「可能なかぎりの至急便を仕立てて、それをわたしに教えてほしい……これはきわめて重要なことだ」と言った。彼はド・グラースの介入がいかに決定的な結果を生むか、あらかじめわかっていた唯一の人間であるように思われる。そして、やはり自分で追跡しなければならないと考え、八月一日に出発する前、妻にあててこう書いた。「敵は、この海を出たら、アメリカに行くだろう。彼らがどこへ行こうと、わたしはその動きを見張り、ちゃんとした機会を与えてくれさえすれば確実に攻撃をかけてやる。イギリスの運命はこの事件にかかっているのかもしれない」。

グレイヴズに対する警告、それから同じ日に出した他の急送公文書を読むと、ロドニーが全体の構図をつかみ、場所と問題と適切な戦闘計画を的確に押さえていたことがわかる。自分より理解するのが遅い連中を相手にしているので、ロドニーはグレイヴズに正確な指示を与えて何一つ任せきりにはしなかった。七月三十一日付の補足的な急送公文書のなかで、彼は予期される事態を的確に指摘した。ド・グラースがアメリカに向けて航海しているという情報を繰り返したあと、彼はフッドをヴァージニアの岬に向けて送った、「そこにフランス軍は大攻撃をかけようとしている、とわたしは確信しているからだ」（傍点は著者）と付け加えている。これはひとりよがりの妄想ではない。ロドニーはフランス岬でド・グラースに合流した水先案内のことを知り、ド・グラースがチェサピーク湾の水先案内を頼んだのであれば、彼の行き先がそこであるのは疑問の余地がないという当然の推論(かならずしもみんながみんな、こういう推論を行なう能力を持っているわけではない)をしたのだった。

英軍にとって不幸なことに、グレイヴズに対するロドニーの警告は届かなかった。一世紀のちクラウゼヴィッツ(ドイツの軍人、主著『戦争論』)に、すべての戦争計画は予想外の事件を予期して立てるべきだという基本原則を樹立させるきっかけになった例の戦争の気まぐれの一つだった。グレイヴズに対する警告はイギリスのつばめ号によって送られた。これはフリゲート艦より速度が遅く、ロングアイランド海峡での三隻のアメリカの私掠船の拿捕を免れるほど機敏ではなかった。その結果、グレイヴズはド・グラースの接近について何の警告も受けなかった。名前も知れないこの私掠船は、歴史書のどこかに記載されるべきだろう。フッドも警告の手紙を送ったが、これも海上で捕獲された。その結果、グレイヴズはイギリスの援軍のことも途上にあるフランスの脅威についても知らないままだった。

八月二十八日、フッドはニューヨーク海岸に到着すると、グレイヴズ提督と協議するため、その日のうちに自分の船からボートに乗り換え、ロングアイランドまで漕いでいったが、よい結果は得られなかった。彼らは、ロドニーが計画したように、ド・グラースの先を越すため、兵力を合わせてチェサピーク湾へ急行することはしなかった。彼らはこの会議で、湾に向け合同艦隊を出航させることには同意したが、三日間何もしないでそこにとどまっていただけだった。敏速に動いていたとしても、ド・グラースが八月三十日に着く前に英国船で湾を埋めつくすには間に合わなかっただろう。ニューヨーク港の内側に錨を下ろしていたグレイヴズは、サンディ・フックの砂洲を横切って出てくるのに、いつものように三日はかかったはずだから。事実は、八月三十一日まで彼らは全然動かず、そこにとどまって事件が起こるのを待っていたのだ。

フッド＝グレイヴズ合同艦隊か、サー・ピーター・パーカーの艦隊かのいずれかによってヴァージニア海岸に海上支配権を確立したいというロドニーの計画は、崩壊した。扱い手に欠陥がある場合、みごとに樹てられた計画でもよく崩壊するように。グレイヴズはあとでわかる通り決して急がなかったし、フッドのほうは、後年の彼をネルソンがいかに賞めようと、アメリカでは大胆なところが全然なかった。

ここには、思わぬ事故が予想され、正しい防止策が指示されたにもかかわらず、それが実行されなかったという状況がある。イギリス人が自分たちの好機を見ようとしないという問題は、しつこく繰り返されている。彼らはどういう風にすれば勝てるのかわからない戦争にはまりこんだので、何もできない麻痺状態に陥っていたのだろうか。悲観主義は受動性の主要な原因だ。

アメリカにおける積極的なフランスの介入の脅威を深刻に受け取り、長い間真剣に考えてきたただ一人のイギリス人として、なぜロドニーは、フランス軍がすでにアメリカに着いたあと他人に阻止してもらう代わりに、自分の管轄区域のリーワード諸島にいる間にフッドと協力してこれを阻止しようとしなかったのだろうか。この謎はぽっかりあいた穴だ。ロドニーが追跡しなかったのは、彼を攻撃する人々が当時もいまも非難しているように、できうるかぎり多くの分捕り品を自分のものにするためにセントユースティシャスにとどまりたいと思ったのではない。というのも彼に処理することができたかぎりの、すべての処理ずみの分捕り品はすでに三月、ハサムの輸送船団に託して、セントユースティシャスからイギリスへ向けて送り出してあったからだ。ではなぜ彼は、ド・グラースがフォール・ロワイヤルを出たあとどこへ行ったのか、何隻の船を率いていったのか、「まもなく」と言う代わりに、どうしてもっと正確な出航の日付を、綿密に確かめるためにフリゲート艦を偵察に出さなかったのか。そういう情報があれば、ロドニーとフッドの合同艦隊はド・グラースが大西洋を横断する前にこれを大破するか阻止することはできたはずだ。

ロドニーがその試みをしなかったのは、彼の主要な義務は島々を守るため艦船を手元におくことだと考えたからだった。またフッドの損傷した船の修理に要する時間のせいで、彼の現有勢力が数の上で劣勢だったためであり、何よりも彼の身体的に苦しい状況が、ふつうなら付近の海でフランス軍を探し出し、これを破壊しようとかり立てたはずの進取の精神を枯渇させていたからだった。消極的な任務には、積極的な任務に内在する推進的な衝動が欠けている。

彼は探索をせず、その結果、戦闘も行なわれなかった。それでいて、北へ行く航海中、海の大気に当たれば病気も快く(よ)なるのではないかという未練がましい希望を抱いて、フッドと力を合わせド・グラースを追跡しなければならないと心を決めた。ド・グラースを探して航行せよというフッドに対する彼の命令は、七月二十五日に出されている。そのあと修理と糧食の積みこみに十六日かかって、ようやくフッドは出航の準備がととのった。その間ロドニーは、身体の苦痛がはなはだしく、ついに本国へ帰って尿道狭窄（このとき「前立腺」という言葉は病状の説明には用いられていない）の治療を受けるため、約束された休暇を取るときが来たと考えた。七月二十五日にド・グラースを追跡せよとのフッドへの命令書に署名したあと、ロドニーは八月一日、艦隊付きの医師ブレイン博士を伴ってあとを追った。熱帯を出さえすれば、活動的な提督の地位を取り戻し、アメリカまで航海を続けられるほど快くなる、と期待したからだった。そして戦闘に備え、二隻の大型戦列艦ジブラルタル号とトライアンフ号、それにフリゲート艦ペガサス号を同行した。大型戦列艦は両方とも修理が必要な状態だったが、彼は健康が許せば、ペガサスが自分をアメリカへ運んでくれると希望していた。

しかし、航海中病状は望んだようには回復せず、バーミューダ諸島の緯度を越えても全然楽になりそうな気配も見せないので、彼はイギリスに帰らねばならないと思った。その結果、彼が同行した二隻の軍艦は、やがて英国海軍がアメリカの海域でフランス艦隊と海上の支配権を争わねばならなくなったとき、それを増援することはできなかった。カーライルにあて、ロドニーは自分の苦境を次のように描いている。陛下の敵を「抑えるか敗北させるのに十分な兵力を率いて」アメリカへの遠征の緒についたとき、「その任務を負わされた艦隊の指揮を執ることができないほどわたしは重い病気のため衰弱しており、その栄誉を奪われたのであります」。彼は九月十九日にイギリスへ帰った。

家族に再会したことを別にすると、彼の帰郷はまったく喜ばしいこととは言えなかった。というのは、セントユースティシャスとセントキッツの商人たちから彼に対して六十四の訴訟が起こされており、野党の政治家連中はバークとフォックスの尻馬に乗って、非難のコーラスをやりながら議会で彼を攻撃しようと待ちかまえていたからだった。やがて貴族に叙せられるかもしれないという兆候は不人気の雲の下で立ち消えになってしまい、*その上彼が帰国してすぐウインザー城に出向いて、自分の事情を説明するためジョージ三世に謁見を願い出たところ、他の日に延期されてしまった。さらに悪いことには、セントユースティシャスの産物の大半を載せたハサムの輸送船団がフランス軍に捕獲されたというニュースが入り、帰還する財宝を守るのに十分な艦船を提供しなかったとして、罵詈雑言の的になっていたサンドウィッチに、またまた嵐のような罵詈が降り注ぐ結果になった。

一般の庶民にとってロドニーは、ジブラルタルの救出や月光の戦闘などでまだ栄誉の光を放つ存在だった。プリマスでは造兵廠の労働者たちが歓呼して彼を迎えたし、ロンドンの彼の家の戸口には花輪がかけられていた。彼は急いでバースへ行き、彼の病状回復に必要だった十八世紀の手荒な外科手術を受けた。その手術を受けて徐々に回復していた次の一カ月間(九~十月)、彼は完全に任務からは離れていた。その間アメリカでは、最後の危機が頂点に

*のち一七八二年になって、セインツ(ドミニカ沖)の海戦で勝利を収めたあと、彼は貴族の最下位の単なる男爵の位を授けられた。

達しかけていた。

ロドニーの伝記作者によると、外科医のサー・シーザー・ホーキンスは、予後は良好で「患者を治癒させた」と考えていたらしい。ロドニー自身は十一月四日、海軍本部のジャクソンにあてて「からだの具合はまだ悪く、治ってはいません」と書いているのだが。しかし彼の精神は「外科手術の苦痛」にもかかわらず、軒昂としていた。政府は、かつてはあれほど無視しておきながら、いまでは熱心に彼を軍務につけたがっていた。十一月に彼は、九十門の大砲を備えた三層甲板艦のフォーミダブル号を旗艦にするとの約束つきで、英国中将のポストを提供された。友人たちは、彼がやせて病気であるのに「もう一度軍務につきたいと決意している」ことを知って心配していたが、彼はただちに承諾した。サンドウィッチは、「きみの援助がなければ、われわれの損失は多大になろう」と主張して、事実上彼に復帰を嘆願しているような手紙を書いた。

これは一つの問題を提起している。もし彼がそれほど貴重だったのなら、どうして海軍本部は三月二日、ロドニーが最初に休暇願いを出したとき、「非常に重症で苦痛がはげしいので、即刻イギリスに帰ることが必要な……ひどい狭窄」の治療のため、本国に帰る休暇を与えなかったのだろうか。そのときに治療を受けていたら、来るべき重要なチェサピーク湾の戦闘で負けたグレイヴズの代わりに、対アメリカ戦に彼を起用できたかもしれない。フッドはのちロドニーに言及して、寛大にも、もし「あの提督が西インド諸島からこの海岸へ陛下の艦隊を率いてきたとしたら、九月五日（湾での海戦の日）は英国にとって栄えある日になったろうと思う」と認めている。

一年後のセインツの戦いでロドニーがド・グラースに対して華々しい勝利を収めたことから考えると、おそらくフッドの言う通りなのかもしれない。ロドニーなら確かに、チェサピーク湾の海戦でおめおめと湾の支配権をフランス軍に奪われるようなへまはしなかっただろう。もし英軍が湾を押さえていたら、コーンウォリスを救おうとしただろうし、救うことができたかもしれない。その場合には、ワシントンの最後の機会は失われただろう。エカテリーナ二世の調停だけが唯一の頼みの綱になったかもしれないし、反対側の隅に英国をおいたロシア帝国の影響のもとでは、アメリカの独立も憲法も実現しなかっただろう。湾の海戦に対するロドニー自身の判断は、明快だった。「管見によれば」と彼は十月十九日、ジャクソンにあてて書いている。「フランスは重大な勝利を収めたわけで、英国がアメリカを救える手段は全然ないでしょう」。彼の言うことは両方の点で正しかった。彼がこの手紙を書いた日は、ヨークタウンでコーンウォリスが降伏した日だった。それがロンドンに伝えられたのは、一カ月あとのことだったが。

ド・グラースは西インド諸島で七月中に戦闘の準備は完了していたが、最も必要な金がそろわなかった。サントドミンゴの住民から集めるつもりだった借款は拒否されたので、彼は地元の別のスペイン系の資金源、つまりキューバの住民に訴えた。それから、百二十万リーヴルに相当する金額が必要だと説明する手紙を、快速のフリゲート艦でハバナの総督に送った。国家としてのスペインは自国の植民地に対する影響を恐れて、アメリカの反乱者たちの成功を熱心に望んではいなかったが、ハバナの住民たちは二十年足らず前、英軍から町を襲撃された事件を覚えていて、仕返しができる機会を喜んだ。ダイヤモンドを供出したキューバの婦人たちの援助もあり、住民からの申しこみを募る形をとったド・グラースのための金は四十八時間以内に集まり、ただちに彼の旗艦に届けられたと言われている。これほどロマンチックではないが、トーンクイストは「キューバ」が七十万ピアストルの現金為替を出し、それが五時間ののち現金で届けられたのだと述べている。

一七八一年八月五日、ド・グラースは予定の出発日より二日だけ遅れて、金と、サン＝シモンの三連隊と、彼の艦隊の二十八隻全部を率いて、フランス岬からアメリカのチェサピーク湾を指して出航した。

英軍の注目を避けるため、ド・グラースはキューバとバハマ諸島との間のバハマ海峡を抜ける困難であまり使われていないルートをとった。多くの障害があるコースで、それが航行の速度を遅らせた。アメリカが早く早くとせきたてていたにもかかわらず、彼がバハマ海峡を選んだのは賢明——または幸運——だった。フッド提督はド・グラースにわずか五日遅れて、八月十日にアンティグアを出発したが、広い大洋で彼を見つけることができず、アメリカの海岸へ行くいちばん直線的なルートをとったので、彼より五日早くアメリカに着いた。チェサピーク湾をのぞいたときには、外国船の影も形も見えなかった。ド・グラースはまだ苦労してバハマ諸島から北上中だったからだ。ド・グラースの出現についての心配を除いて英軍を安堵させ、かりにも彼が来るのならニューヨークをめざすはずという思いこみを確かなものにしたことにより、この時点でフッドがド・グラースを見出せなかった不幸は、物理的な衝突以上に重大だった。

フッドは忠実に航海を続けて、八月二十八日、グレイヴズならびにクリントンとの会議にのぞんだ。双方ともド・グラースの来襲に注意の焦点を合わせてはいなかった。フランスの艦隊が西インド諸島からアメリカへ来るという噂はおそらく「たくましい想像力」のしわざだろう、とグレイヴズはクリントンに請け合った。さもなければ、途中で押さえたフランス人の手紙にもそれについての記述があったので、それはフランス人の「大ぼら」だろう、と。「大ぼら」というのは、おどしだろうと約束だろうと、フランス人の言説を評するイギリス人のお気に入りの言葉だった。しかし、フッドは確実に、この話がそれ以上のものであることは知っていたはずだ。ごく最近、西インド諸島でド・グラースとの戦闘を自分の眼で確かめているからだ。彼はフランス艦隊の規模を知っていたし、多少とも戦略的な感覚があれば、ロドニーのように行く先も判断できたはずであり、階級ではグレイヴズの下とはいえ、フランス軍がチェサピーク湾を占領する前にそこの支配権を握るため、いっしょに出航しようと強力に主張することはできただろう。彼らがそうしていれば、戦争の成り行きを変えただろうが、フッドは明らかに最初に偵察したとき湾に敵の姿を見出さなかったという不運のため、右の案の実施に向けて相手を説得しようとはしなかった。その後コーンウォリスの救出をめぐる危機の展開の間、彼が何もしなかった点から判断すると、フッドはアメリカに着いた瞬間から麻痺の病に感染していたように思われる。

クリントンはジャーマン卿から、優勢な艦隊を擁するロドニーが注意深く見張っているので、ド・グラースを恐れる理由は何もないと保証されていたため、グレイヴズやフッドと同じように安心していた。老アーバスノット提督は退任する前、グレイヴズに向かって、「ロドニーがどんなに一生懸命寝ずの番をしたところで」、「フランス軍より先にここに着く」ようにアメリカに援軍を早く送ることはまったく不可能であり、ド・グラースがもし来るとすれば、アメリカの領海で支配権を握り、チェサピーク湾の攻撃されやすい陣地にいるコーンウォリスを危地に陥れるだろう、と仄めかした。老いて疲れた眼が思い描いた見通しはやがて文字通り現実となって現われたが、ついに老人は去ってしまい、ニューヨークの首脳部は南部の戦場について何も思いわずらう必要を感じなかった。彼らにとって南部の戦場は二義的な重要性しかなかったからだ。彼らの心配は自分たちの持ち場に関するものだった。フランス艦隊はもし来るとすれば、ニューヨークに来るだろうと誰もが確信していたからだ。グレイヴズとクリントンが恐れていたのは、ニューポートからド・バラスの仏小艦隊が南下してド・グラースと合流し、アメリカにおける英国海軍力の優位に立つことだった。どうしてグレイヴズは、受動的にニューヨーク攻撃を待っている代わりに、ニューポートを攻撃してド・バラスの戦闘能力を奪ってしまおうとは一度もしなかったのだろうか。

「戦争のはじめから終わりまで」とド・ローザンは、戦争についての批評的思考らしいものにいちばん近づいたときに書いている。「イギリスは目が見えなくなってしまったように思われる。……彼らは最も明白で、最も輝かしい好機をとらえようとはしなかった」。彼はこのあと訪れた機会を例に引いている。ロシャンボーの軍隊が、決定的な戦闘に備えてワシントンに合流するためニューポートを出たとき、「英軍はロードアイランド沖でフランス艦隊を攻撃しさえすれば、これを破壊できたはずだ。しかし、この考えは一度も彼らの頭には浮かばなかった」。実は、浮かびはしたが、グレイヴズが数で負けることを恐れて、絶対にこの企てに同意しようとしなかったのだ。

フッドが実りのないド・グラースの追跡を終えてニューヨークへやって来た日、行き先は不明だが、ド・バラスが実際に出航したという知らせがニューポートから届いた。ガーディナース島の五十マイル先で維持されていた英軍のニューポート封鎖は、実際に試してみると、驚くには当たらないが堅固どころではないことがわかった。ニューヨーク人のすべての恐怖がよみがえった。彼らが思い描いていた戦闘の場面と、ド・バラスが計画していた場面とは同じではなかったのだが。イギリス人は自分たちの地位にとらわれていて、ド・バラスがニューヨークを攻撃する何らかの戦闘に参加するために来るのだと思いこんだ。実は、彼はヴァージニアをめざす米仏合同軍の進軍を支えるための輸送船と攻城砲列を運んでいたのだが、それについてはクリントンもグレイヴズもまったく何も知らなかった。

ワシントンの連合軍も進軍中だった。彼とフランス艦隊との計画通りの合流が、最後の好機になりそうだった。サラトガで生まれた胸の躍るような前途の希望以来、アメリカの成功がもたらす英国の屈辱に大きな期待をかけていたフランスは、アメリカの軍事力の弱さに失望していた。フランスが結びつけられていたのは攻撃的な同盟国ではなくて、強力な政府を樹立することもできず、戦争を続けるために兵士や金の注入を要求する依存的な顧客だった。この戦争は、すべての戦争と同じように、ブルボン家にとって当初の計画よりずっと高価なものについた。同盟の締結以来フランスは、借款や供給品や贈り物の形で一億リーヴル、すなわちほぼ二千五百万ドル以上をアメリカに前貸ししており、フランスの費用は、ある見積もりによると、アメリカ戦争が終わるまでに十五億リーヴルに達しそうだった。これは、フランスの国家予算を破産させ、一七八九年の三部会の招集を要求することになるほど歴史に残る金額だ。この三部会の招集が国王の逮捕と一連の怒りの爆発を招き、フランス革命へと発展したのだった。

アメリカは、大陸会議が「同盟国の友情に期待する権利がある」金額以上のものをすでに使っていることを、フランス政府から通告されていた。外務大臣のヴェルジェンヌは、一七八一年以後、もうこれ以上の部隊や船や金をつぎこむような援助はしないことを、はっきりさせていた。したがって今回、連合軍の増援をぜひとも効果あるものにしなければならないことを、ワシントンは承知していた。しかし、主要な役割を果たせるだけのアメリカの大規模な軍隊をヴァージニアでフランス軍に合流させるため進軍させることは、机上の計画をそのまま実施できるような戦術ではなかった。この戦術は養い、着せ、野砲で守らねばならない仕事だった。

アメリカの欠乏の荒野に最初に姿を現わして攻撃能力をよみがえらせてくれた天使は、戦争から暴利をむさぼった商人の中で最も金持ちで、一七八一年に大陸会議から財務長官のポストに選ばれたロバート・モリスだった。大陸会議は、オランダ人がそうしたように、権利の集中に対する永続的な恐れから、五年間一人の長官に財政を委ねることを避けてきた。一七八一年、国家が信用の崩壊に向かってすべり落ちそうになったときになってようやく、大陸会議は財務長官の必要性を認めるようになった。モリスは「人間に対する経験から」人類についての自分の意見はますます悪化の一途をたどり、公の役職は、正直な人間を羨望と嫉妬と「中傷にかかわるありとあらゆる汚い悪党どもの悪意の攻撃」にさらすものだと信じていたが、それにもかかわらずその任命を受け、彼が作り出した資金の力が、この時期、他の誰よりも独立のための戦争の継続に貢献した。金持ちには金持ちなりの用い方がある。彼らは悪者だと思われているが、他のすべての人たちと同じように国家の柱になることができるのだ。徳と愛国心は貧者の特権ではない。モリスは自分の個人的信用の影響力を用いて、さまざまな州から寄付を集め、政府の支出を減らし、国立銀行の基礎を築き、かなりの額の現金の融資をするようにフィラデルフィアの銀行家のグループを説得した。全体として、彼はロシャンボーとフィラデルフィアの実業家たちから合計四万ドルを借りたのであって、この金はぼろをまとって飢えかけていたアメリカ軍の兵士たちに入隊以来はじめて現金の手ざわりを味わわせ、離脱を食いとめ、新兵の入隊さえもたらした。それ以上にこの金は、ワシントンが攻撃地まで移動するのに役立った。

八月十四日、ワシントンは夜空に炸裂する花火のようなド・グラースからの手紙を受け取った。これはロシャンボーにあてて西インド諸島で書かれたもので、二十八隻の艦船と三千人の兵士を率いてチェサピーク湾に向かっていると告げるものだった。ワシントンは戦争を終わらせるためニューヨークを奪回するという失われた夢についてはそれ以上何も言わず、ただちに、コーンウォリスにとどめを刺すためのチェサピークの戦闘の準備に取りかかった。

彼は、難しい決断をくだすさい、時間をかけてああでもないこうでもないと思慮分別を働かせることに時間を浪費することはしなかった。もし彼が、予定の九月十三日にフランス艦隊が到着して、ド・グラースが要求している「即座の共同作戦」に応えようとすれば、準備のための時間は一カ月しかなかったからだ。その間に彼は、戦闘のための部隊を選んで準備し、地方の道を通るとほぼ五百マイルに達する距離を歩く軍隊に糧食を供給し、渡河地点では輸送用ボートを集めて待機させておく手配をし、軍隊が目的地に着いたときには生命を維持するための食糧を現地で調達する準備をしなければならなかった。

ロシャンボーの軍隊は、六月の最初の週にホワイトプレインズで彼と合流するため、すでにニューポートから二百マイル行軍していたが、この軍隊への準備もしなければならなかった。これは一か八かの大冒険で、とてつもない作戦だった。反目と喧嘩の機会をはらんだフランス人とヤンキーとの混成部隊で、いつ癇癪が爆発するかわからない気質の兵たちを率い、その上クリントンの軍隊から側面を攻撃される可能性にも気を配りながら、暑熱のなかを気の進まない目的地へ向かって長い旅を続けるということは、勝ち目のない賭けにすべてを託すことだった。「決定的な打撃」を有効なものにするには、一カ月間の行軍をしてきた陸軍が、大洋を横断してきた艦隊と、艦隊が到着したちょうどその時間に出会わねばならなかった。それも、どちらかがタイミングを狂わせ、計画をだめにするかもしれない危険と不安でいっぱいの障害の多いコースをたどって来たあげくのことだ。彼らが分散した兵力で敵に出会わないようにするため、また到着する時間がずれて敵に逃げるきっかけを与えないようにするためには、タイミングを合わせることが必要だった。最もリスクが大きい点は、コーンウォリスの英軍が、罠をかける場所にじっととどまってくれるかどうかだった。そうしてくれなければ、大変な苦労が水の泡になる。ワシントンの心をひどく悩ませたのは、このことだった。彼はラファイエットに手紙を書いて、コーンウォリスがノースカロライナに戻らないよう確実に手を打ち、敵の動静については逐一知らせるように、と頼んだ。

それでもまだ、連合軍がヨークタウンで塹壕を掘って包囲戦に入ったとき、いかにして彼らを養うかという問題が残っていた。もともとはロシャンボーが持ちこんだ千五百樽の塩漬けの牛肉がニューポートにしまいこまれていて、これがその必要を満たせそうだったが、ド・バラスは牛肉まで輸送するのを断った。彼はふくれっ面をしていた。というのは、彼の頭越しにド・グラースが任命されたため、ちょうどスリナムとキュラソーへのフッドの遠征が流産に終わって捕獲賞金を奪われたときのように、彼は期待していた独立指揮権が振るえなくなり、ニューファウンドランド沖の冒険も有望な捕獲賞金もふいになったからだ。しかしやがて、ワシントンとロシャンボーが執拗に懇願して思い直すようド・バラスを説得することができ、彼はド・グラースが航路を開いてくれればすぐ、陸上の輸送には重すぎる攻撃砲といっしょに、塩漬けの牛肉を海岸沿いに運ぶことに同意した。

チェサピーク湾で戦うには、背水の陣を敷いている自覚、これが最後の頼みの綱だという認識にもとづいた堅固で大胆な決意が要る。ワシントンはためらいがちな毒気に身を屈するような男ではなかった。彼はド・グラースの手紙を受け取った日に決意を固め、その日の日記にこう書いている。「この海岸へド・グラース伯爵が滞在できる約束された期間の短さと、〔フランスの〕海軍士官たちがニューヨーク港奪回をいやがっている様子、それに」新兵募集に対する要請に祖国アメリカが「積極的に応じてくれず、将来もいま以上に努力してくれる見通しはほとんどないことから、わたしはニューヨークを攻撃する考えはすべて放棄せざるをえなくなった。その代わりに、フランス人部隊とアメリカ陸軍の分遣隊をヴァージニアに移動させねばならない」。七月にド・ローザン公爵の指揮下で行なわれたクリントンの防衛状況についての軍事調査の結果、それが非常に強固で、勝利のためにはワシントンが実施できる以上に大がかりな攻撃が必要であることがわかったので、彼はなおさらニューヨークを進んであきらめる気になったのだった。

大陸会議の代表たちが馬車を乗り回し、みごとに整えられた食卓で正餐をとっているというのに、あまりに長い間みんなから見放された戦争を押しつけられ、くしゃくしゃの服を着、食べ物も不十分で、給料ももらえずにいたアメリカの部隊は、給料なしでは行軍しようとしなかった。ここにきて、モリスとフランスの資金が潤滑油となって障害を克服した。からっぽのポケットには現金が入れられ、補給係の将校たちは、仕事に復帰した。食物は、以前ほど深刻な問題にはなりそうもなかった。毎日転々と場所を変えていく移動する軍隊は、長い冬を通じて一カ所に宿営して、最後の一オンスの豚肉や穀物まで消費しつくし、その地方を窮乏状態に陥れ、住民を背かせてしまうイギリス駐屯軍のような貪欲な夢魔にはならなかったからだ。ワシントンはいま、行軍の道筋に肉、粉、ラム酒の補給品を貯えておくことができた。フランスの銀貨とフィラデルフィアの銀行家たちの信用が軍隊を動かしていたが、アメリカ革命を立ち直らせ、攻撃のために必要な力を供給するためには、ド・グラースが何者にも邪魔されず大西洋を横断して、計画通りアメリカ軍と合流することが必要だった。アメリカ陸軍は、それ自体ではあまりに小規模すぎ、いろいろな欠乏で穴だらけになりすぎていて、一七八一年には独力で戦場を守ることはできなくなっていた。また大陸会議は予備軍を持っていない。ただし、この段階では英軍にも攻撃に成功するだけの能力はなかった。もしもフランスの艦隊がやって来て危機を早めなかったら、英国と植民地はじたばたしながら何らかのみじめな妥協をしたことだろう。双方の国民の個人的な感情は、調停を受け入れる準備ができていたからだ。一七八一年三月、ロシアの皇帝と皇后が調停の申し出をして、全政党がそれを受け入れ、ウォルポールがマンに書き送っているところによると、サー・ジョーゼフ・ヨークが、「講和条約を締結するため風の翼に乗ってウィーンへ」出発する予定だというニュースが広がったとき、イギリスでは早くも株が二日間に六パーセントも値上がりした。この噂が根拠のないものであって、サー・ジョーゼフ・ヨークは家にとどまっているということがわかったとき、株式市場はまたもや悲しげに落ちこんだ。ロシアの調停についてのこの噂は、アメリカでも希望を生じさせた。というのも戦争に倦み疲れた気分が行きわたっていたからだ。九月に、オランダと単独講和を結んで少なくとも一つの戦争を減らす交渉をするため国王が再びヨークを起用したという噂に、英国人は大喜びした。ホイッグ党は講和には賛成だったものの、ウォルポールによれば、「むりやり戦争を始めておいて、今度は卑劣にも内密で和平を求めるとは、宮廷の軽蔑すべき行為だ」と不平を鳴らすなどして、予想される交渉の開始についてあら探しをやっていた。しかしこの噂も事実無根であることがわかった。このように講和の噂がちらちらするなかで、一般国民は戦争を終わらせたいと望み、調停による妥協をしてもよいと考えていることが明らかになった。だが、戦場の将軍たちは「勝ち戦」と「決定的な打撃を与えること」の栄光を追って、いつものように、積極的に打って出たのだった。たぶん運がよかったのだろう。というのは、妥協をすればアメリカ合衆国は生まれなかっただろうし、民主主義時代の発展への推進力も生じなかったはずだからだ。一七八一年六月五日の夜、ロドニーがド・グラースの追跡よりバルバドスの防衛のほうを選んだとき、西インド諸島でくだされたこの決断が歴史の流れを決定することになったのだ。

XII 最後の機会――ヨークタウンの戦い

「奇跡的」というのが、ヨークタウンの戦いにしばしば用いられる言葉だ。ワシントンは、みずから選んだヨークタウンの攻撃しやすい位置にいるコーンウォリスを包囲するため、アメリカの陸上軍とフランスの海軍を合流させるときこそ、敵を破り、長い抗争を最高点に持ってくる唯一の好機であることを認識していた。その任務を果たす場所まで自分の軍隊を率いていくことはきわめて困難な仕事で、重大な失敗の危険――彼自身の名声と、軍隊と、独立の大義の危険――をはらんでいた。それには、象でアルプスを越えたハンニバルと同じほど大胆な決意が要った。ワシントンは、外面的には全然ためらいは見せずにその仕事を引き受けた。俗にイギリスのハンニバルと呼ばれたコーンウォリスではなく、彼こそ十八世紀のハンニバルだった。最初の必要事は、特定の時間と場所において、ヴァージニア海岸でのフランス海軍とアメリカ地上軍との出合いの手配をすることだった。このヴァージニアでの合流は、電報、電話、無線の仲介なしに、大洋によって隔てられた二人の国籍の違う司令官が調整して実現しなければならなかった。このことがただ一つの過失もなく、なし遂げられたことは、奇跡という言葉によってのみ説明できることのように思われる。

ニューポートからのロシャンボーの軍隊は、一七八一年七月の最初の週にハドソン川でワシントンに合流するため、ロードアイランドから行軍を開始していた。彼らの合同野営地はホワイトプレインズ地域に散らばってはいたものの、そこから四マイル離れたヨンカーズのフィリプスバーグ（フィリプス・マナー）に中心をおいていた。そこからさらに二十マイルも行かないところに——ニューヨークを占領中の英軍が、ウォール街地区のトリニティ教会に近いキングズ・カレッジの構内にあったもとアメリカ軍の兵舎に——宿営していた。ド・グラースと合流して米仏連合軍が行なう攻撃は、ニュージャージー、ペンシルヴェニア、デラウェア、メリーランドを通ってヴァージニアに達する地方道路で測定すると、ハドソン川からほぼ五百マイルにわたる行軍を必要とした。この軍隊は、異なる言語を話す、新しく知り合ったばかりの二つの同盟国の混成部隊であって、食べもの、飲みものの補給や川越えの手段については道々手配をしなければならなかった。夜は食糧の徴発をしたり露営をしたりしながら、何でも手に入るものに頼らねばならない。行軍につきまとう障害や危険にもかかわらず、ワシントンはひとたび決断をくだすと、その決断は固く、それ以後生じる新たな疑問に左右されることはなかった。

ワシントンは、挫折しそうな気持ちと物資の不足と、彼を追い落とそうとする妬み深い将軍たちの策謀と嘲笑の最中にあって、ニューヨーク奪回の望みをあきらめなければならないことにがっかりしながら、それでもなお新しい希望に応え、新しい戦闘のために精力を奮い起こすことができた。十月十五日、つまり、チェサピーク湾を選んだと述べたド・グラースの手紙を受け取った翌日、彼は、大陸軍(コンティネンタルズ)に行軍の準備をせよという通知を出した。この日彼はさらに、大陸軍全員を対象にした命令も出した。「陸軍の将兵は、通知がありしだい即刻、移動の開始ができるよう用意万端整えておくこと」。彼はこのあと、トレントンまでの行軍の第一段階のルートを詳しく記した手紙をロシャンボーに書き、ド・グラースに対しては湾をくだる部隊を護送するために必要なフリゲート艦、輸送船、その他の船舶を送ってくれと頼む手紙を書いた。

この行軍のために選び出された軍隊は、昔から名声の高い連隊――サントンジュ、ソワソネ、ドゥ＝ポン、ブルボネ、かつてのオーヴェルニュ――からなるロシャンボーの軍隊の四、五千名のフランス兵と、それに艦隊の武装海兵隊、ならびにニューヨーク、ニュージャージー、ロードアイランド隊からなるほぼ二千名の大陸軍――それぞれ違う植民地出身の部隊に国家としての一体感を与えるため、こう呼ばれていた――を加えたものだった。フランス兵のグループのなかには、鞍用の虎の皮にまたがり、真紅のズボンに淡青色の上衣、それに毛織物の帽子をかぶったド・ローザン公爵の騎兵隊もまじっていた。四千人の民兵からなる守備隊と、それ以外のアメリカ陸軍は、ハドソン河畔の砦を守り、主要部隊が川を渡るのを擁護するために残った。長い行軍の予定プログラムを準備しなければならなかった。ニュージャージーのあちこちに用意しなければならない食糧や馬糧徴発のための兵站部の手配は、フランスの金で可能になった。メリーランドとヴァージニアの総督にあてて、食糧の補給と、米仏連合軍をデラウェア川をくだって湾のフランス艦隊との邂逅場所まで輸送するための船舶を供給してもらうよう、援助を依頼する手紙が出された。大砲と牛肉と余分の海軍の兵を積んだド・バラスがやって来てド・グラースと合流できるのかどうかもまだわからず、どちらの艦隊からも知らせが来ないので、ワシントンはグリーンにあてて次のように書いた。「現在(いま)は、わたしがかつて経験したことがないほど興味深く、また心配な時間であることは、容易に想像がつくでしょう」。

ド・バラスが来るのに同意したというニューポートからの知らせと、ド・グラースから、吃水の浅い六隻か七隻の軍艦、そのあとからフリゲート艦と、通常川をのぼるのに適したあらゆる船を、艦船からはずした攻城砲、千八百人の軍隊、百二十万フランの資金といっしょに「ワシントンを迎えにいくという不可能事をやる」つもりだと知らせてきた手紙は、大包囲作戦が現実に向かって動きはじめていることを確約していた。

ニューヨークの野営地では、目的地は連合軍部隊からも極秘にされていた。クリントンがコーンウォリス包囲作戦の計画を知って、ヨークタウンに援軍を送る気になっては困るからだ。フランス連隊の指揮官の一人、ドゥ＝ポン伯爵ですら何も知らされていなかった。われわれは「ニューヨークを攻撃するのか、コーンウォリス卿を攻めにヴァージニアへ行くのか、かいもくわからない」と彼は記している。野営地では、ニューヨークとヴァージニアのどちらへ行くのかで、賭けが行なわれていた。

アメリカ大陸の端の連合軍が位置していたところから行軍をするのに、最初で最大の障害はハドソン川の渡河だった。歩いて渡るには深すぎ、橋をかけるには広すぎるこの大いなるノース川――サウス川と呼ばれていたデラウェア川に対して、こう呼ばれていた――は、渡し舟（フェリー）でしか渡れなかった。敵が攻撃可能な距離のところにいるとき、装備をつけた六、七千人の兵を、糧食を積んだ荷車や、荷車を曳く動物や、大砲といっしょに渡すのは、一日では終わらない危険で無防備な作業であり、上陸のさい軍隊を攻撃にさらすことにもなる。米仏両軍が渡し舟による渡河の準備をしているときの緊張は、大きかった。ニューヨークの南のほうから英軍が姿を現わして、川岸から渡し舟を撃つのではないか――あるいは、もっと悪いことには船に乗りこもうとしている重い荷を背負った兵士たちを撃つのではなかろうか。

　現在ではタッパン・ジー橋と呼ばれているドブズの渡し（フェリー）は、二つの渡河地点のうちの一つだった。もう一つはより安全だと考えられていたキングの渡しで、川をもっとさかのぼったところにあった。川の流れはウエスト・ポイントの対岸でいちばん狭くなっている。ここには一七七八年、英国の軍艦の通航を妨げるため、川の端から端まで鎖が張られていた。

　この堂々たる川を横切る輸送に使われる渡し舟は、吃水が浅く船幅の広い、ハドソン川の有名なスループ船で、一本マストに縦帆を持っていた。この船は一世紀以上の間、北や南に、または川を横断して川荷を運んでいた。平均して百トンばかりのスループ船はオランダ製で、六十五～七十フィートの長さがあり、船尾は丸く、甲板は広く、大きなメーンスルと小さなジブを持っていた。川岸から川岸への流れを横切る渡河には、イギリス人より熟練度の高いオランダ人船長たちの長い経験が重用されている。彼らは長くて重い舵柄の上に上体をかがめ、船の進行を速めることのできる風や潮の変化や、川の曲がりの一つ一つの流れのねじれを利用した。そして、月による潮の満ち干や夜風をふつう利用するため、暗くなってから船を出した。

一七八一年八月十九日、ワシントンとロシャンボーの軍隊はしのつく雨のなかを、渡河地点まで行軍するため野営を解いた。まず一連隊がドブズの渡しで川幅一マイルの渡河を敢行した。他方、アメリカ軍の残りと、馬や装備でずっと荷物が重いフランス軍は、キングの渡しで渡河することになっていた。ここでは、川幅はわずか四分の一マイルしかなかったが、渡し舟のルートは東岸のヴェアプランク・ポイントから西側の終点ストーニー・ポイントまで斜行するずっと長いコースをたどっている。ストーニー・ポイントでは、三つの船着き場の一つが南にくだる主要道路に連絡していた。

民兵隊による援護射撃を別にすると、唯一助けとなるものは、なかなか行動を起こさないクリントンの有名な腰の重さだけだった。それだけで十分だろうか。ワシントンはニューヨーク市攻撃の基地としてスタテン島を使う計画だという印象を敵に与えるため、スタテン島を指すいくつかのにせの手がかりを撒いておいた。この島は、ハドソン川がニューヨーク湾に注ぐ河口にある。彼はハドソン川の下流とニューヨーク湾の湾岸に繋いであるすべてのボートを、あたかもニューヨーク攻撃の準備であるかのように集めておけと命令し、地元の愛国者たちには居酒屋での会話や隣人たちとの話のなかでスタテン島に注目が集まるように頼んでおいた。

クリントンはこれらの情報を信じこんだ。忠誠派のスパイによって熱心に集められたこれらの情報がクリントンに伝えられて、ニューヨークと、総司令官としての彼自身とが付近に集まっている反乱軍が狙っている標的なのだという陰気な唯我論を彼に確信させた。彼はいまかいまかと攻撃を待ちかまえて何日かを過ごし、この不安な待機を続けている間、明らかに攻略の意図をもって集まっている敵を攻撃するために、防衛軍の兵一人、砲一門たりとも持ち場から動かそうとはしなかった。新しい心配が彼の麻痺状態を強めていたからだった。フランスの艦隊が西インド諸島からアメリカに向かっているという噂が流布しており、海上の支配権を奪われるのではないかという思いが彼の安眠を妨害した。ヴァージニアの同僚に迫っているかもしれない脅威について心を悩ませることはしなかった。というのは、五月三十日に彼がロンドンにあてて書いたように、「コーンウォリスは、ずっと優勢な艦隊が出現しないかぎり安泰です。そういう艦隊がもし現われたとしたら、このみじめな国がまた平和になるのを見ることはまず絶望的でしょう」という状況だったからだ。彼が恐れていた「ずっと優勢な艦隊」とは、彼がこの手紙を書いたときには、アメリカへ向かう途上、すでに西インド諸島に到着していたのだ。

「平和」という言葉でクリントンが意味したのは、もちろん反乱の鎮圧のことであって、彼は、もし海上の支配権を敵に握られた場合、食物や他の補給品の点で英国人に及ぼす危険性については海軍の他の同僚よりずっと強く意識していた。アメリカの植民地における英国の立場は、海上の支配権と忠誠派の人々による積極的な支持にかかっていた。その一つはすでに欠けはじめており、もう一つを失えば、英国の軍隊と行政当局はかすみを食って生きねばならなかった。

こうした要素についてのクリントンの認識はとくに鋭敏だった。彼の食物や酒の注文書等のなかで今日まで残っている勘定書から判断すると、クリントンは非常に贅沢な暮らしをしていたからだ。彼はブランディを十ガロンずつ注文している。食糧品の注文の仕方も同じように気前がよく、これには牛肉、仔牛肉、羊肉、牛の舌、牛の尻肉、魚、かに、牛の胃、仔牛の膵臓、卵が含まれている。八月二十四日、反乱軍がちょうどハドソン川を渡っていた最中に、クリントンは四十三ポンドの牛肉と、三十八ポンドの仔牛肉や、数字は判読しがたいが「小鳥」と、かにと、七面鳥と、二つの仔牛の頭（おそらく彼はパーティを開いたのだろう）を注文した。またロンドンに長靴を注文し、ロンドンで靴底を貼った馬丁用の靴、定期的に配達される地元のラヴェンダー水、「ヘミット社の歯みがき」と香料入り髪粉と、八月二十七日には櫛を注文している。いったいどれほど大勢の本部職員が彼の食卓で正餐をとったのかはわからないが、その人数が何人であるにせよ（ある記述では将官百四十八人と言っている）、彼らが心ゆくまで食べたり飲んだりしたのは確実だ。ガロン単位で注文したあのブランディの総量が、英国司令部の鈍重な仕事ぶりを説明する助けになるということがあるだろうか。彼らはアルコールのせいで鈍くなっていたのだろうか。

軍隊は下町の宿舎で寝起きしていたが、クリントンの住居は現在の五十二丁目とイースト川が交叉するところのビークマン・ハウスにあった。危害を加える暗殺者をあざむくためだろうが、クリントン自身は実に四軒のそれぞれ別の家を占領していた。ある政治ジャーナリストによると、「サー・ヘンリー・クリントンはニューヨーク市内やその付近に四軒もの家を持っている。彼は相当な独占家だ。ときどき、姿が見えるときには、それぞれ違う住居の一方から他方へ全速力で馬を走らせている。この点では君主をまねる猿だ」。この複数の不動産の所有と、数人の子供まで儲けた長期にわたる愛人、ミセス・バッドリの存在が、ニューヨークを固守したいという妄執のような彼の欲望に関係があったことは疑う余地がない。

ワシントンの軍隊は、クリントンに邪魔されず、フィリプスバーグの野営地を出た翌日に渡し場に着いた。

突堤に通じる玉石の斜面を、連合軍の行列が降りてくる。糧食用の荷車が渡し舟の上に引き揚げられ、そのあと歩兵隊の下士官兵がどっと舷門に群がって乗りこむ。その間、偵察隊の士官たちが、近づいてくる英国兵はいないかと神経を張りつめて見張っていた。どんな砲声も、サーベルをきらめかせた騎兵隊の突然の突撃も、彼らの整然とした進行に割りこんではこなかった。渡し舟は兵士でいっぱいになり、ロープが解かれ、舟ばたから待ちかまえている甲板員に投げられた。帆が上がり、舟は水の上にすべり出た。

この日のワシントンのためにフランス軍はハヴァストロー湾、つまり五マイル幅に広がった川のふくらみを見渡す台地の上に展望台を作ってくれていたが、彼はこの上から渡し舟が兵士たちを乗せて川の上を運んでいるのを眺めた。彼らは、独立のための長い戦いの最後で最上の勝利の希望へ向かって旅をしているのだった。アメリカ軍は八月二十日に渡河を開始して、翌日の朝には全員が渡り終えた。八月二十五日（彼の日記に記された日付）、総司令

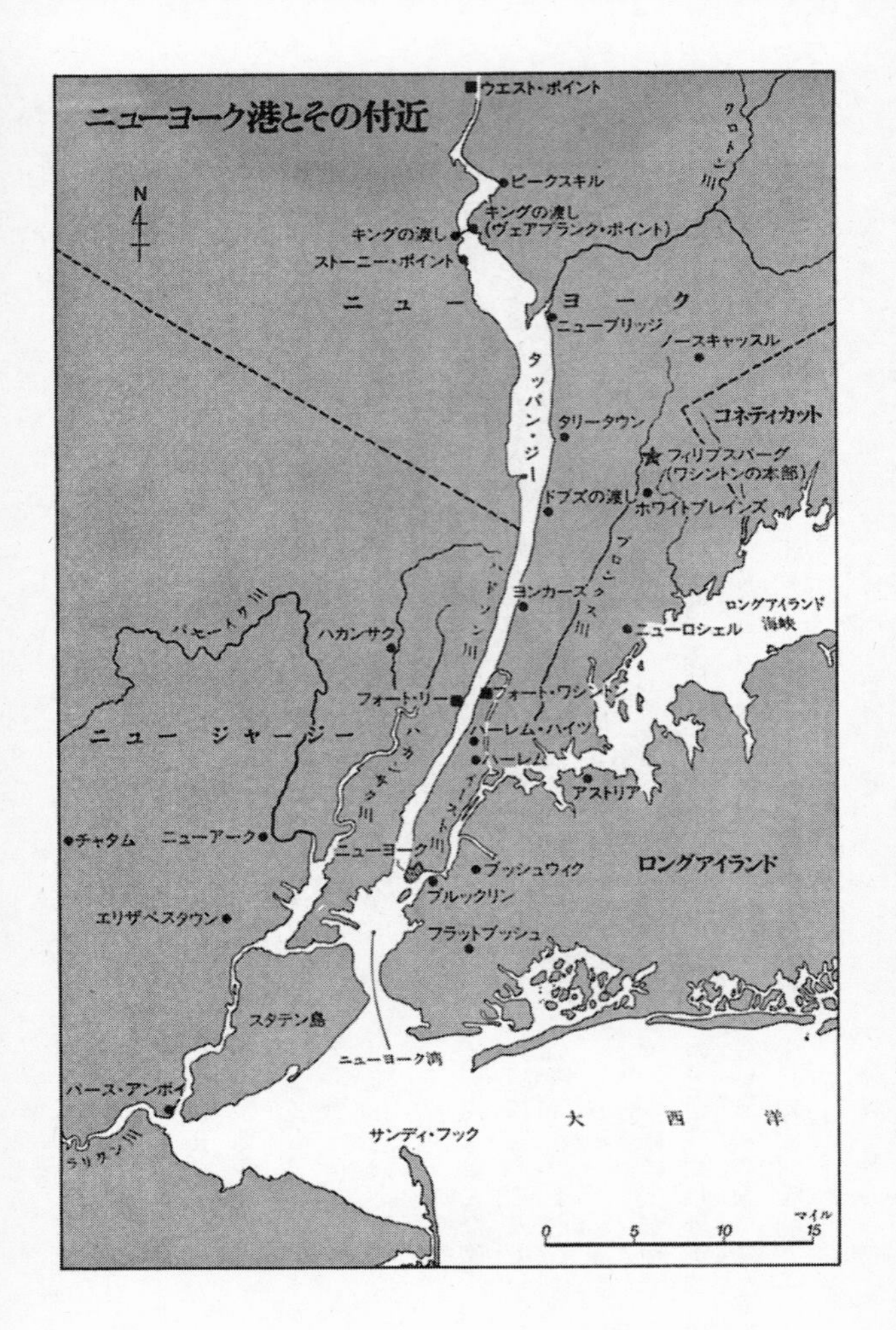
ニューヨーク港とその付近
N
ウエスト・ポイント
クロトン川
ピークスキル
キングの渡し
(ヴェアプランク・ポイント)
キングの渡し
ストーニー・ポイント
ニ ュ ー ヨ ー ク
ニューブリッジ
ノースキャッスル
タッパン・ジー
タリータウン
コネティカット
フィリプスバーグ
(ワシントンの本部)
ドブズの渡し
ホワイトプレインズ
ハドソン川
ブロンクス川
ヨンカーズ
ロングアイランド
海峡
パセーイク川
ハカンサク
ニューロシェル
フォート・リー
フォート・ワシントン
ニ ュ ー ジ ャ ー ジ ー
ハーレム・ハイツ
ハカンサク川
ハーレム
アストリア
チャタム
ニューアーク
ニューヨーク
ブッシュウィク
ロングアイランド
ブルックリン
エリザベスタウン
フラットブッシュ
スタテン島
ニューヨーク湾
パース・アンボイ
大 西 洋
サンディ・フック
ラリタン川
マイル
0 5 10 15

官の隣りに立っていたフランスの兵站部将校、すなわち主計総監のクロード・ブランシャールは、ワシントンが渡河を眺めているとき、冷静な外見の内側で熱い感動が心を揺り動かしているのを感じとることができたという。彼は、ワシントンが「朝日にきらめく」幅広い流れを横切ってこの壮麗な行列が動いていくのを眺めながら、「疲れはて、資源も尽きた戦争のこの状況のなかで、勇気と希望をよみがえらせる何らかの大きな成功が必要だと痛感していたちょうどそのとき、幸運が向いてくるのを感じているように」見えたという。「彼は二時にわれわれと別れるとき、愛情をこめてわたしの手を握りしめ、それから自分の部隊に合流するため川を渡って行った」。「昨日わたしの部隊は渡し場に着き、朝の十時に渡河を始め、本日の日の出までに全員が完全にこちらの岸に渡ったということを、貴台にお知らせできるのを嬉しく思います」と、ワシントンはロンシャンボーにあてて、キングの渡しの対岸から八月二十一日付の手紙に書いているが、彼の手紙の渡河の日付は、ブランシャールのそれとは一致しない。ワシントンはたぶん最初の渡河のあと引き返して、二度目にはフランス軍といっしょに渡ったからだろう。彼の部隊の最後尾は、食事のあとキャッツキル山地のふもとの西側の海岸の暗闇のなかで上陸した。その山地では、山猫の哭き声が人の住んでいない山々から流れて来、雷鳴に似たごろごろいう音がするのは、ヘンリー・ハドソン号の乗組員の幽霊が九柱戯をしているからだという。

フランス軍は、渡し場までの行軍の距離が長かったためと、ずっと重い装備を曳いてきたため遅くなり、数日後に乗船したが、彼らもまた無事故で無事に渡り終えた。ハドソン川渡河の静けさが破られたのはただ一度、ロシャンボーが余分の重荷は下ろしてピークスキルに保管しておけと命令したときだけだった。ロシャンボーの副官、ルドウィヒ・フォン・クローゼンが報告しているところによると、この命令に「下士官兵たちが大声で苦情を述べた」という。

クローゼンはもっと幸せなニュースも日記に記している。これは、戦闘の成果に決定的な重要性を与えるメッセージで、アメリカ軍の渡河の日、ニューポートから帰ってきた士官がもたらした。彼はフランスの海軍司令官のド・バラスが、軍隊、肉、攻城砲を積んだ輸送船を率いてくることにいまでは同意していると言い、この知らせはロシャンボーの気持ちを「大いに安堵させた」という。

八月二十五日には、全フランス軍が渡河を完了した。英軍の妨害がなかったことは連合軍を戸惑わせた。「胆力があり戦術に長けている敵なら誰でも、われわれのノース川渡河のような、彼らにとってはまったく好都合でわれわれにとっては最悪の機会には飛びつくだろう」とドゥ＝ポン伯爵は日記に書いている。「わたしは、クリントン将軍がわれわれの動きに対してどうしてあれほど無関心だったのか、理解できない。これは、解しがたい謎だ」。クリントンの情報将校のウィリアム・スミスですら、この無気力ぶりに気づいていた。「進取の精神などは全然ない」と彼は九月三日、渡河の直後に書いている。「全般的な気のゆるみが、たまたま誰かの心に生じた火花まで消してしまう……ハドソン川からのワシントン軍の現在の行軍は、この宿舎にいる英国の司令官に対する最も厳しい叱責だ」。

これはあるいは、ちょうど渡河の時期に、クリントンがロングアイランドで、グレイヴズとの会議に出席していて、留守にしていたという事実によるのかもしれない。この会議は、ニューヨークを支配しているのと同じ無気力な空気の中で終わった。フッド提督が、ちょうど西インド諸島からド・グラースのむなしい追跡をやったあと、八月二十八日にサンディ・フックへ入ってきたところだった。彼はロングアイランドまでボートを漕いでいって、グレイヴズ、クリントンと会談し、一同は、グレイヴズが十九隻の英合同艦隊を率いてチェサピーク湾へ行くべきだということに合意した。八隻の艦船を率いてニューポートを出たド・バラスがその兵力をド・グラースの兵力に合流させる前に、いるはずのこの小艦隊を探し出して撃破するためだ。

おそらくクリントンは、彼がつねに予期していた緊急の場合には命令をくだすことのできる代わりの指揮官をニューヨークに残してきたはずだ。ハドソン川渡河の準備がその地方の誰からも気づかれなかったとは考えられないし、また、クリントンの本部には諜報員が全然存在せず、渡河地点から十五マイル内外の範囲内を通りかかってそれを報告した人が一人もいなかったとは考えがたい。事実、スパイは始終本部にやって来ては、反乱軍の前進の動き一つ一つについて詳しい情報を提供していた。野営地のなかまで入りこんで、ワシントンの宿舎の位置を突きとめたという女性の報告まであった。ただ、本部は敵がニューヨークから去っていくのを見てすっかり胸をなで下ろしたので、敵の進行の邪魔をしようという気が全然なかったのか、またはあまりにも無気力に沈みこみ、きっかけを失って、もはや戦争のなりゆきを気にかけなくなったのだろう、と推測することができるだけだ。

本国の権力者が本気で戦争に興味を持ってはいないという意識は、戦場の攻撃精神を減退させる。そして、ちょうどそのような疑いが英国の総司令官の心に巣くっていた。彼のこの心情は、恩顧者(パトロン)ニューカースル公爵への手紙のなかで驚くほどよく表わされている。クリントンの手紙は、「ここ以外のあらゆる場所の増強」について不平を述べ、辛辣に次のように尋ねている。「これは、アメリカが重要な目的ではなくなったためですか。もしそうなら、あなた方が恥をかかされないうちに撤兵したらいいでしょう!」。これは、ほとんどの人があえて言おうとしない厳しい忠告で、大部分の不快な忠告と同様、聞いてはもらえなかった。もしクリントンの「重要な目的」が戦争に関する英国人の態度の指標になるのだとしたら、これは別の謎を提起している。つまり、これは、アメリカの喪失は大英帝国の衰亡と崩壊を招くという、本国に住む災厄の予言者たちの予言とは一致しないからだ。人間というものは、自分たち自身の衰亡についての報告をまじめに受け取ることはめったにない。そして、英国の戦争指導者たちもふつうの人間と変わらなかった。アメリカの植民地の喪失に続く衰亡と崩壊についての悲惨な予言は、彼らの思考のなかには入ってこなかったし、また、もっと効果的な戦い方をする気も起こさせなかった。

クリントンの受動性は主に、防衛軍のどこかを持ち場から動かして、敵が入ってくる穴ができては困るという恐れの結果だった。のちに彼は、戦後の弁明のなかで、川を渡り終えた連合軍を攻撃しなかったのは、ここで途方もない計算をしているのだが、敵の軍勢のほうが自分の軍隊よりはるかに数の点でまさっていたからだと主張している。実は、渡河より一週間以上前の八月十一日に彼の配下に入った二千四百人のヘッセン兵が到着してからは、事実はその逆になっていた。したがって、彼はニューヨーク攻撃が迫っているという考えで金縛りになっていたので動かなかった、と考えるほうが当たっているだろう。このときこそ敵の先手を打って先に攻撃をかける瞬間だったのだろうが、それにはすばやい、断固とした決意が要る。クリントンはそのような決意をする人間ではなかった。彼はワシントンが希望した通り、何の妨害もせず連合軍を去るにまかせた。ある参謀将校がハドソン川の対岸を行軍中の反乱軍を追跡したらどうかと提案したところ、「自分がいない間に敵がニューヨークを焼き討ちしては困るから」と、異議を唱えたという。スパイたちはクリントンに、ワシントンがニュージャージー中に食糧の山を隠していると報告し、他の情報提供者は、行軍がニューヨークよりはむしろ南を指していることを示す証拠をあげていた。秘密情報の受け取り手は、そうした情報が自分の予想や計画と一致しないとき、情報の信憑性を信じるのはひどく難しいことだ。彼は自分が信じたいことを信じ、すでに知っていることや知っていると考えていることを確認してくれないものは拒否するのだ。

その間、フッドとグレイヴズはまだチェサピーク湾に向かって出航してはいなかった。二人とも敵の戦略の具体的な形を把握するロドニーの直観は持っていなかった。反乱軍が軍隊をハドソン川の対岸に移動させるという大変な努力をしたのは、重要な戦略的目的があってはじめてできることであり、イギリス軍にとってその目的を打ち破るのが重要であることは、明らかだった。この計画が、ヴァージニアで反乱軍とド・グラースとが共同してなし遂げるコーンウォリス包囲作戦であるということは、二人の提督の頭には浮かんでこなかったように思われる。彼らは船乗りだったので地上の動きには関心がなく、また、チェサピーク湾でフランス軍が支配権を握るのを阻止しなければならないという海軍の重大な必要性を把握さえしていなかった。二人は二つの固定観念に縛られていた。すなわち、ド・グラースはチェサピーク湾ではなくニューヨークへ来るのであって、英軍より少ない数の船——おそらくは十二隻——以上は率いてこないだろう、という考えだった。その上、大胆で自信満々の西インド諸島のロドニーがカリブ海のド・グラースは引き受けてくれるだろう、あるいは最悪の場合でも仏軍と同時に到着して海軍力の差をなくしてくれるだろう、と誰もが思いこんでいた。先入主の固定観念は、大砲より大きな損害を与えることがある。

ド・グラースについての想定は蓋然性であって確実なものではなく、ロドニーが背後にいようといまいと、フランス艦隊が来るとしたらそれを迎撃するのに最もふさわしい場所に英軍がいなかった弁解にはならない。フッドは、ロドニーを無力にしてしまった病気の重さを知っていたし、彼自身ロドニーに代わってド・グラースの追跡をまかされたのだから、同僚たちの思いこみの迷いをさますことはできたのに、それをしなかった。この時期の度重なる彼の怠惰な行動は説明しがたい。

三人の英国の司令官、フッドとグレイヴズとクリントンが、ヴァージニア海岸での反乱者側の陸軍とフランス艦隊との合同作戦によるコーンウォリス包囲を思い描けなかったのは、単なる鈍感さのためだった。ワシントンの行軍の目的地が、脱走者や、噂によるとロシャンボーの息子の愛人だったアメリカ娘によって――不注意に、だと思うが――暴露されていたのでなおさら理解しがたい。秘密情報の場合よくあることだが、クリントンと彼の幕僚はそれを信じなかった。そして、いつものように相手を過小評価していた。彼らは、ワシントンがヴァージニアへの行軍という途方もない大仕事に着手するとは、また、ハドソン川の砦から主力軍隊を抜き去ってしまうとは信じることができなかった。かりにド・グラースとの合流があるとすれば、それはニューヨーク攻撃のためスタテン島で予定されていることは、クリントンにとって明らかであるように思われた。

実は、フランス艦隊がこの舞台に登場してきたとき、アメリカの英軍司令部は一カ月の麻痺状態にとらわれていた。まるで三人――総司令官クリントン、海軍司令官のグレイヴズ、現地の陸軍司令官コーンウォリス――の各々が鎮静剤を盛られたかのように。危機は、九月二日に、ロドニーからの急送公文書がクリントンのもとに届いたときから始まった。この文書は、彼がド・グラースに会いにフランス岬に来た水先案内から聞いたこととして、ド・グラースの目的地はチェサピーク湾だと知らせてきた。このニュースは直接彼自身にとってではなくコーンウォリスに対する脅威だったが、クリントンは宿命的な瞬間が迫っているのを悟った。「事態は急速に危機に発展しそうな形勢です」と彼は、ジャーマンに書いている。「したがって、もはや敵との軍勢の比較をしているときではなく、われわれは可能なかぎり最上の方法で敵に当たる努力をしなければなりません。不十分ですが、持てるだけの兵力をもって、コーンウォリス卿を救うよう最善の努力をいたします」。

要するに、彼はこの時点で、コーンウォリスを「救わねば」ならないことを認識したのだった。またこの日に彼は、スタテン島へ向かっているとばかり思いこんでいた行軍中の軍隊がフィラデルフィアに着いて熱狂的な群衆の歓呼に迎えられたこと、ワシントンとロシャンボーの地上軍はチェサピーク湾でド・グラースと合流するため行軍していることを、フィラデルフィアからの通知で知った。

クリントンはいま、敵の計画の輪郭全体をはっきりつかむことができた。そして、三人の指揮官のうちで生来最もためらいがちな性格ではあったが、ただちに行動して、グレイヴズにコーンウォリスを救援するため五千人の援軍を乗船させ、「道が開けしだい」という条件つきで——まるでド・グラースが、もし実際に来るとしたら、うやうやしく道をあけてくれるのを期待しているかのように——十月五日に出発するよう、命令をくだした。ところが、ド・グラースはすでに到着していた。ロドニーやフッドの妨害もなく大西洋を横断し、バハマ海峡を通るという策略でフッドの注目を逃れたあと、八月三十日にチェサピーク湾に入った。

一方、グレイヴズとフッドは相変わらず、ニューヨークでこの件の検討を続けていた。グレイヴズは港の砂洲の内側に、フッドはその外側に錨を下ろしていた。こうして、彼らは三日間、その場にとどまっていた。彼らがチェサピーク湾へ向かって帆を揚げたのはようやく八月三十一日になってからだが、緊急の念に駆られてはいなかった。ド・バラスがその兵力をフランス艦隊に加えるのを阻止できさえしたら、いかなる場合にも数の上の優勢を保つことができると考えていたからだ。しかし、ド・バラスはすでにニューポートを出て、八月二十五日には湾への途上にあった。フッドとグレイヴズがニューヨークを出るかなり前のことだった。

ワシントンは、チェサピーク湾でのド・グラースとの邂逅場所に時間通り着きたいと躍起になって、連合軍に、ジャージー側の岸辺に上陸しだい、三日分の食糧を持ち、朝の四時に移動を開始する準備をしておくよう命令をくだしていた。先頭はニューヨーク第一連隊、そのあとは砲兵隊、ロードアイランド連隊、フランス第一師団と続く予定だった。こうしてヴァージニアへの進軍が始まったのだ。ロシャンボーの副官、フォン・クローゼン男爵の日記はこの行軍についての貴重な記録だ。

フォン・クローゼンはパラティネート・プファルツ（神聖ローマ帝国内のライン川沿いの公国）、つまりフランスとドイツとの間のラインラント地方の生まれだった。彼はフランスを自分の国として選び、十四歳のとき「感じがよく、勤勉で、きわめて聡明で、とくに博識な」若い士官として軍務についた。とんとん拍子に昇進して、一七八〇年にロシャンボーといっしょにアメリカへ来たロイヤル・ドゥ＝ポン連隊に同行するよう命令を受けた。ドゥ＝ポン隊は、レモン色の襟と襟章のついた空色の軍服を着ていた。クローゼンは、ド・ローザンとは違い、アメリカ生活の風景や人物たちを興味深く観察し、観察した内容を念入りに日記に記録した外国人遠征日記作者の一人だった。この日記は、二百年経ったいま、しばしば予想外の見方や評論の仕方によって、彼らが通りすぎたアメリカがどういう風に見えたのか、わたしたちにその片鱗を伝えてくれる。

当時の道路が昔のままで道幅も狭いためと、田舎での徴発をやりやすくし、かつ目標について クリントンに悟られないようにするため、連合軍は二手に分かれて、二本の平行線をたどる別々のルートをとった。最初の日、歩兵は十五マイル歩いたが、これは次の二週間あまりの間の毎日の平均的な行軍距離になった。士官は馬に乗ったが、なかには自分の馬を連れてきたフランス兵もいる。ワシントンの部隊は三列縦隊になって行進し、それぞれ違う時間に計画された目的地に到着した。途中ワシントンは、スタテン島作戦をさらに複雑にするため、ニュージャージーのチャタムに軍隊用の堅パン焼き場を作るよう命令して、恒久的に野営地を設定するようなふりをした。その上、三十隻の平底舟を荷車つきで集めさせたのは、南にくだる川で使うためと、スタテン島への渡河を仄めかすための両方の目的からだった。

フォン・クローゼンのルートは、植民の歴史の長いニュージャージーのよく耕された土地を通っていた。そこでは、何物にも動じない雌牛がこぶだらけのリンゴの古木の下で、ものうげに頭を上げて騎兵たちを眺めていた。クローゼンは、牧場の柵がフランスの垣根の横木のように「一本の上に他の一本を重ねるようにして、五本ある」のを見た。また、チャタムとエリザベスタウンとの間の「川ぞいの道」に沿った「非常に美しい小さな谷」を描写して、ここは「乳と蜂蜜と、猟鳥類と魚と野菜と家禽の国」だと考えた。そこでは、住民たち――彼はオランダ系だと考えている――が、「額の上にみじめさを描いたかのような」ニューヨークの住民たち――いまでは意味がわからなくなったフォン・クローゼンの奇妙な感想の一つ――とは対照的に、「周囲を小ぎれいに保っていた」。騎兵たちは、数軒の大きな住居とみごとな家畜のそばを通って、ポンプトンへ「美しいルート」をたどり続けている。ホイッパニの「壮大な館」では「豪奢な正餐」をとったが、これは一夜の夢に終わった。翌日は、バスキング・リッジのブリアンズ・タヴァーンで「やや粗末な夕食」をとったからだが、この失望は、フォン・クローゼンにとっては、ワシントンの副官のスミス大佐といっしょに寝なければならないとはいえ、ベッドに寝られるとわかった幸福感で相殺されている。

彼らは次にプリンストンにやって来た。この町はブランシャールの「日記」のなかでは「きれいな村で、宿屋は立派でとても清潔だ。非常に美しい大学もあり、五十人の学者がいて、二百人の学生を容れる余地があるそうだ」と記されている。プリンストンはこのくらいにしておこう。「とてもおいしいアメリカ式朝食」をとったあと、彼らはその日四十五マイルを踏破してトレントンまで進んだ。また、ワシントンといっしょに食事をして、過去の戦闘についての彼の説明を聞いている。デラウェア川から半マイル離れたところにあるトレントンは、「ヘッセン兵が行なった破壊の跡にもかかわらず(彼らは住民たちから憎まれた)、魅力的なところ」だった。この地域にはまだ大きな村がたくさんあり、ゆたかで、おいしいラインワインはなかったが、フォン・クローゼンには生まれ故郷のパラティネート・プファルツを思い起こさせた。ラインワインの代わりに、そこの人々は美味な「ペリー」、つまり梨ワインを飲んでいた。

ニュージャージーを通っての行軍中、八月二十九日に急使が大きな心配を巻き起こす知らせをもたらした。サンディ・フックのある目撃者――ニュージャージー民兵隊の将官で、信頼できる人間だった――が、旗から英国籍とわかる十八隻の艦隊の出現を報告してきたのだった。のちに、この数は十四隻と修正されたが、どちらにしても、西インド諸島からやって来たロドニーの艦船と考えられるこの新しい艦隊をグレイヴズの艦隊と合わせると、敵は最も恐ろしい武器、すなわち、ド・グラースが率いてくるどんな数に対しても優位な海軍力を持つことにはなりはせぬか、と一同は懸念した。この艦船はもちろんロドニーのものではなく、いまではグレイヴズの艦隊の一部となったフッドのものだったが、提督から大きな攻撃意欲を注ぎこまれてはいなかった。

行軍する者たちは九月一日にデラウェア川を渡り、百三十三マイルを踏破して、翌日フィラデルフィアに到着した。フィラデルフィアでは、軍隊の進軍より三日早く市内に入った将軍たちは、シティ・タヴァーンに立ち寄ったとき、見物人の歓呼と大喝采に迎えられた。フランス軍が派手な白い軍服と白い羽根飾りをつけて分列行進をすると、目もさめるようなその光景を狂喜した拍手が迎えた。色とりどりの折り襟や、それぞれの連隊を表すピンク、緑、紫、青の襟をつけたフランス兵は、ヨーロッパ中で最も美しい服装の兵士たちだった。当番兵たちの金糸銀糸の刺繡をほどこした襟章や帽子、手にした金の頭のついたステッキが、彼らをみんな将軍のように見せていた。砲兵隊は、赤いヴェルヴェットの折り襟つきの灰色の軍服を着ていた。

この贅沢な衣裳の誇示には目的があった。敵側に富と力を印象づけ、着る人には誇りを与えるからだ。われわれの神経質な人類平等主義の時代には見失われてしまった効用だった。一日ないし二日ほこりっぽい泥道を行軍したあとで、どうすれば白い軍服をもとのように清潔にしておくことができたのかは、謎だ。洗濯をする女たちは手近にいなかった。というのは、ワシントンがはっきりと行軍について歩く非戦闘従軍者を禁止し、荷車は彼らのために余地を残してはならず、食糧の割り当てをしてもならないと命じていたからだ。衣服の洗濯というよりはせいぜいのところ、かつらを白くするために用いられたあれこれのタルカム・パウダーや白い粉で汚れを隠す程度だった。ニューヨーク戦争について日記をつけていたロイヤル・ドゥ＝ポン連隊の参謀将校、ガスパール・ガラタン少佐は、フィラデルフィアに着いたとき、フランス陸軍の場合は「武器をみがき、白い軍服のほこりを払うため」、他のいくつかの部隊の場合には正装用軍服に着替えるため「小休止をとり」、「最大限に威容を整えて街へ入った」と語っている。

それとは対照的に、給料を払ってもらえないので陰鬱な顔をしたアメリカ軍は、愛想のよい雰囲気にはほど遠く、反乱の瀬戸際にいるのではないかと見えた人もいたほどで、彼らが行進を続けていけるかどうか、多少の疑問が残った。それでも彼らは縦隊を作って国旗の前と、それから州会議事堂のバルコニーに集まったワシントン、ロシャンボー、ルゼルヌ、そして大陸会議のメンバーの前を通るときは、まともに敬礼した。兵士たちが前を通りすぎるとき、議員たちはそれに応えて彼らの十三の帽子を脱いだ。フランス連隊に同行した吹奏楽団が、群衆の熱狂をこれ以上ないほど高めた。群衆は横笛と太鼓の音色にしか慣れていなかったからだ。音楽に歩調を合わせた完璧な行進と、色とりどりの連隊旗が見物人の喜びを増した。彼らは「フランスの軍隊がこれほどハンサムであろうとは、想像も及ばなかったからだ」と、フォン・クローゼンは誇らしげに考えた。フランス使節、ルゼルヌの住居から閲兵を眺めていた婦人たちは、「これほどハンサムな男たちを見、これほどすばらしい音楽を聞いて、うっとりしていた」。ロシャンボーと彼の幕僚は、「王侯のような」扱いを受けてルゼルヌの家に泊めてもらった。彼らはワシントンや彼の将軍たちといっしょに、ロバート・モリスの家で「ありとあらゆる外国のワインつきのすばらしい食事」を楽しみ、そのワインで際限もなくアメリカ合衆国のため、フランスとスペインの国王、連合軍、ド・グラース伯爵のために乾杯した。そのあと町はワシントンに敬意を表して、あかあかと照明をつけた。

連合軍は翌日この「巨大」な都市の観光をして過ごした。そこは、大きな港と、川をのぼってくる船に荷物を積みこんだり下ろしたりするのに便利な埠頭があり、商品でいっぱいの商店があって、「ボストンと同じほど商業のさかんな」都市だった。この町の商人たちは、この機会に「大いに利益を得た」とフォン・クローゼンは記している。すべての人が、あれこれ「仕入れた」からだ。この都市には七十二のまっすぐで、道幅が広く、立派な建物が並んだ通りと歩道があった。大陸会議の会議場からは「想像できるかぎりの美しい景色」が見え、「総合大学の名称を持った非常に有名な大学」（現在のペンシルヴェニア大学）もあった。「ペンシルヴェニア州（ママ）の知事」ジョーゼフ・リードの家では、客たちは儀式ばった正餐でもてなされたが、その主な呼びものは九十ポンドもある巨大な海亀で、スープはその甲に入れて供された。

乾杯と大喝采と払われた敬意だけでは、フィラデルフィアで期待されていた輸送船の不足を補うことはできなかった。モリスは船より金を集めるほうに慣れていて、船は数隻しか供給できなかった。これらの船は重い野砲を運ぶには十分だったが、軍隊の兵員の水上輸送の希望は捨てざるをえなかった。

フィラデルフィアから軍隊は、チェサピーク湾のいちばん北にある入り江の端の目的地、ヘッド・オヴ・ザ・エルクに行く途中、ペンシルヴェニアのチェスターへ向かって行軍を続けた。いま肉体的な苦痛のようにワシントンを苦しめている心痛は、九月二日に彼がラファイエットに書いた手紙から読み取ることができる。「わたしは、ド・グラース伯爵がどうなったかを知りたいと思い、また、イギリス艦隊がチェサピーク湾を占領して……この地域でのわれわれのすべての有望な前途をくじいてしまうのではないか、と言い表わせないほど悩んでいます」。彼はまた、大砲と軍隊のための牛肉を積んでチェサピーク湾までくだって来ていると思われるド・バラスについても心配している、と付け加えた。もしラファイエットが「どちらの方面からでも何か新しい知らせ」を聞いたら、それを「即座に」送ってほしい、「わたしはどうにも耐えきれないほど心配しているからです」と彼は書いている。長い間人並みの心配事に対してはあれほど岩のように不動だったワシントンが書いたこれらの言葉は、ヴァージニアへの行軍についての彼の苦悩がいかに大きかったかを示している。すべての計画と同盟の約定と希望とが、無に帰すのだろうか。彼は自分の軍隊の行動を結局のところ徒労へと導いているのだろうか。

九月五日、彼がチェスターへ馬を乗り入れると、心臓が止まりそうな一瞬ののち、苦悩は消えた。ド・グラースからの急使が馬で駆けつけ、彼に、提督が二十八隻もの艦船と三千人の軍隊を率いてすでに湾に到着していること、そして彼らはラファイエットと連絡をとってこのとき下船中であることを告げたからだ。コーンウォリスへの罠は仕かけられた！　この驚くべき知らせを自分の部隊に知らせたあと、ワシントンは、艀(はしけ)でくだってくる途中のロシャンボーへも知らせようと馬首を北へ向けた。ロシャンボーの艀が波止場に近づくにつれて、彼とその幕僚は、背の高い男がまるで気が狂ったかのような振る舞いをしている驚くべき光景を見た。彼は一方の手に帽子を、もう一方の手に白いハンカチを持ち、ぴょんぴょん跳びはねながら、両手をぐるぐる振り回していた。岸辺に近づくと、その奇妙な男がまさしく、いつもは非常にまじめで自制心のあるワシントン将軍であることがわかった。ロシャンボーが艀から飛び下りると、彼に抱きしめられてすばらしい知らせを聞かされた。ワシントン将軍がこれほど自制心をなくして、喜び、幸せのあまりまるで子供のように振る舞うのを、これまで誰も見たことがなかった。心配が一つだけが残っていた。ド・バラスはどうなったのだろう。彼は湾で阻止され、ひょっとして彼が運んでいた食物と大砲は、最終的な邂逅(かいこう)の間際になって連合軍の手から奪われてしまったのではないだろうか。

ワシントンがド・グラースについての知らせを聞いた日、同じニュースがフィラデルフィアにも届けられた。フランス使節ルゼルヌがブランシャール代表と八十人の客をもてなしていた大広間に、急使が入ってきたのだった。使者の文書がルゼルヌのところへ持ってこられると、客全員が静まり返った。ルゼルヌは急いでさっと目を通すと、ワシントンとほとんど同じほど興奮して、ド・グラース提督が噂では三十六隻（この数字は誇張されている）を率いて湾に到着し、三千人の部隊は下船してラファイエットに合流するところだという知らせを大声で読み上げた。一同は嬉しさで恍惚とし、それから使者の周囲にどっと殺到したので、彼は圧倒されてしまった。町ではルゼルヌがそのニュースを公表すると、民衆は「ルイ十六世万歳！」の叫び声をあげ、コーンウォリスに対する弔辞とトーリー党への挽歌を述べるために絞首台や演壇を作った。

あたかもチェスターの歓喜と安堵をゆっくりと喜んでいる時間は与えないというかのように、ワシントンとロシャンボーは、南に馬を駆っている途中、湾からの遠い砲声のとどろきを聞いた。それは陰鬱なメッセージを伝えていた。つまり、ド・グラースの艦隊と英国艦隊とが出合って、戦端を開いたということだ。不安にさいなまれて、二人の将軍は顔を見合わせ、あえて疑問を口にすることさえできなかった。どちらの艦隊が勝ったのだろうか。

その結果はまさに、この戦争の転回点となった。いや、十八世紀の転回点と言えるかもしれない。それは、ヨークタウンでの反乱軍の戦闘を有利に導く要因であったことがわかったからだ。

両艦隊とも岬の先から湾内に入りこんだ。ド・グラースは八月三十日に着いて、彼の主力艦隊はヘンリー岬の沖のリンヘイヴン湾に錨を下ろしていた。グレイヴズは九月五日に到着して、チャールズ岬のふもとから湾に入った。そこは、ヨーク川の河口と、ヨークタウンを通って流れるジェイムズ川が湾に向かって開いているところだ。

チェサピーク湾に入ったグレイヴズは、ド・グラースが率いてくると予想していた十二隻から十四隻の艦船の代わりに、二十八隻の戦列艦プラス何隻かのフリゲート艦と砲艦からなる威風堂々としたド・グラース艦隊の勢ぞろいを見て肝をつぶした。しかし、この優勢な敵に対して、グレイヴズは有利な位置を占めていた。彼が追い風を受け正規の戦列を組んで航行していたのに対し、ド・グラースはラファイエットに合流させるための軍隊を上陸させるという難しい仕事をやり終えたあと、艦船をなんとか港から戦列を組む余地のある公海へ出そうとしていたからだ。ここで戦闘をするという彼の目的は、湾を英軍に渡さず、コーンウォリスの援助をするか救い出すかする軍隊の入湾を阻止することだった。グレイヴズの目的は、もちろんその反対で、海上交通路をコーンウォリスに開いておくことだった。軍事評論家の意見によると、彼はフランス軍を打破できる理想的な好機を握っていた。英国側は立派に隊形を整えて風に乗って走っていたのに対し、敵はだらしなく広がった陣形を作ってヘンリー岬の難しい水路を苦労して公海へ抜けようと努力していたからだ。もし彼がばらばらになった仏軍の前衛を一隻ずつ狙い撃ちしたら、敵を破滅させることができただろう。しかし、それは『戦闘教本』に書いてある戦術上の公式ではなかった。そして、グレイヴズはその公式の遵奉者であり、英国海軍がみずから招いた最大の傷、つまりビング提督の処刑とマシューズ提督の軍事裁判が残したイニシャティヴの喪失というものの産物だった。彼は『戦闘教本』に則った自分の義務は、敵の戦列に並行した縦列の戦列を作ることであるのを知っていた。ところが、敵は戦列を作っていなかったので、グレイヴズは途方にくれた。

午後の一時から三時半まで、最初は仏軍に有利に、ついで英軍のほうに有利にと急速に向きが変わる風のなかで、グレイヴズは苦労して定石通りに戦おうとした。しかし、交戦の信号を掲げたときには、有利な地歩を失っていた。すべての艦長は敵のほうを向き、それぞれ最も近い敵を攻撃しなければならないという信号の「かかれ」を表わす青と白の格子の旗を掲げている間も、彼は「縦列を組め」の信号をまだミズンマストにひるがえらせていた。この旗は他のすべてに優先する。「かかれ」には戦列がなくなることも意味するが、優位の信号は「戦列を崩すな」と言っていた。艦長たちは当惑しつつも、優位の信号に従った。彼らは縦列を組んでいたので、平行して立ち向かう代わりにフランス軍と直角に対峙することになり、その結果、先頭の艦船——全体ではなく、グレイヴズの兵力の一部——だけが交戦できる形になった。大砲がうなり、フランス軍の砲弾が命中した。グレイヴズの艦船中四隻はひどい損害を受けたので、翌朝再開した戦いでは使いものにならなかった。次の二日間、すなわち九月の六日と七日、大工と艤装を整える者が海上での応急措置を施している間、両方の艦隊は交戦しないでにらみ合ったままだった。その翌日、両軍ははっきりと勝負がつかないまま接触を断ったが、この湾での戦闘が歴史上の代表的な海戦の一つとするだけの重要性を持ったものだった。グレイヴズの艦隊は損傷を受けて散らばった。そしてド・グラースの艦隊が湾の支配権を握った。いつも罪を着せられる、「誤解された」信号——この言葉は、その後の国会での説明のときグレイヴズが用いたものだ——が、またしてもう一つの海戦をだめにしたのだった。実は、信号はわかりすぎるくらいよくわかっていたのだが。

九月九日、ド・グラースは湾を完全に自分の支配下におくため、艦隊を湾に連れ戻すことで問題の解決を早めた。同時に、この戦いでの決定的な援軍となるド・バラスが、攻城砲と牛肉と八隻の元気のよい船を率いて、ニューポートからすべりこんだ。

上級海軍士官としてのグレイヴズは途方にくれて、参謀会議を開いた。会議では、彼の破損した艦船と敵の増大した数の援軍という状況のもとでは、ヨークタウンの守備隊に「効果的な援助」は与えられないという意見が提出された。グレイヴズの下位にあったフッド提督は無謀にも、グレイヴズがみずから湾に再び入っていって、フランスの支配を打破すべきだと忠告した。だが、彼の説得は功を奏するほど雄弁でもなく力強くもなかった。

難しい立場にある司令官がしばしば出合う問題、つまり、慎重さは蛮勇にまさるのではないかという意見に直面して、グレイヴズはまさるという結論をくだし、自分のとるべき正しい道は艦隊をニューヨークに連れ帰り、再度ヨークタウンで戦えるよう修理を施すことだと決心した。彼はこれを実行し、フランス軍が陸海両面からコーンウォリスの援軍の入口と、脱出のための出口を閉ざすままにしておいた。

門口から敵に上陸されたコーンウォリスの反応は、ハドソン川渡河に対するクリントンの反応と同じように静かだった。ほとんど怠惰と同様な闘争的反応の欠如が、この両者の場合の特徴になっている。ド・グラースが湾に着いたとき、グレイヴズとの海戦に先立ち彼が最初にとった行動は、三千人の地上軍を船で川をさかのぼって運び、上陸させて、ヨークタウンから川を隔てたグラスター・ポイントに英軍と対峙する形で駐屯中のラファイエット軍に合流させて、これを強化することだった。コーンウォリスは、自分を攻めるために送られた湾のなかの艦隊を見て、三十隻から四十隻だと過大評価した。仏艦隊が部隊を上陸させるため一隻ずつ離して川をさかのぼり、上陸するときの混乱に巻き込まれ自衛するのが難しくなったときも、コーンウォリスは無気力のためか愚かな自信過剰のためかはわからないが、とにかく攻撃しなかった。

「われわれの部隊が上陸するさい、コーンウォリスがそれを全然阻止する行動をとらなかったのは、嬉しい驚きだった」と、ド・グラースのもとで勤務したスウェーデン人の海軍大尉、カール・グスタフ・トーンクイストは、回想録のなかで思い出を語っている。「なぜなら、事実として、たった一門の大砲でもあの狭くて曲がりくねった川では大きな損害を与えることができたはずだから。それどころか彼は、自分の道をふさぐものは無防備な女子供さえ容赦せずすべて破壊しながら、ヨークに近づくことで満足した人間だったのだ」。

新しく到着した援軍がラファイエットの五千人の軍勢に合流したときさえ、コーンウォリスの七千八百人の兵力はほぼそれに等しかった。この時点で彼が静観していたのは、クリントンの手紙によってそれを保証されていたニューヨークからの援軍を期待していたためだった。最も困難な立場にあり、攻撃の絶好の機会にあった敵を彼が攻撃しなかったのは、奇妙なほど退嬰的な態度に見えるけれど。

あらかじめ打ち合わせた信号で状況を知らせる見張りを岬の上に配置しておかなかったために、岬の戦闘（湾の海戦はこう呼ばれることがある）の結果は、ワシントンとロシャンボーには四日間知られないままだった。音沙汰のない四日間が過ぎたときになって、ようやくフランス艦隊はまだ湾に浮かんでおり、イギリス艦隊は姿を消して水平線上には見えないと、斥候が報告してきた。そのときでさえ、将軍たちは英国艦隊が舞い戻ってくる可能性を心から追い払うことはできなかった。いま地上から攻めていけば、コーンウォリスの降伏は現実的になる可能性があり、同盟国のすべての利益がからんだアメリカの勝利が実現するという希望が高まっていたが、英国艦隊が戻ってくれば、それがふいになるかもしれなかった。

陸軍はまだのろのろとでこぼこ道を行軍しており、先頭がウィリアムズバーグに着いてヨークタウンまでの最後の十マイルを歩き終えるまでにはもう一週間かかりそうだった。

これらの危機をはらんだ日々の間、コーンウォリスもまた、最近彼の同僚たちを悩ませていた不思議な、まったく彼らしくない怠惰な気分に感染していた。湾の戦闘の結果を知ったあと、敵軍がゆっくり近づいてくる間、やがて包囲されようとしている自分の艦隊のために陸の退路を切り開く時間があったはずなのに、それさえやらなかった。対岸のグラスターに駐屯しているラファイエットの小人数の軍隊をちょっと偵察しさえすれば、それが抵抗できないほどの軍勢ではないことはわかったはずだ。

強力な攻撃をかければ、囲みは突破できただろうが、彼はそれをやろうとはしなかった。

ニューヨークのクリントンの情報将校ウィリアム・スミスが認めたように、戦闘への火花が消えてしまっていたのだった。火花を消したものは、アメリカが英国の手からすべり落ちかけていてこれを止めることはどうしてもできないというような感じが徐々にはっきりしてきたからではないか。そうでないとすれば、それをはっきり言い当てるのは難しい。

　コーンウォリスの驚くべき鈍重さは、クリントンが繰り返し彼を助けるため援軍を送ると保証したためかもしれない。なぜなら、待望の援軍が到着して兵力が増すまで、司令官は戦いを始めないのが軍隊の伝統だったからだ。ワシントンの軍隊がフィラデルフィアを通りすぎたことを知ってから、やっとクリントンは、ワシントンがニューヨークを攻撃するためスタテン島に向かっているという最初の間違った想定をあらためた。九月二日にクリントンは再びコーンウォリスに手紙を書いて、敵の軍隊はヨークタウン攻撃を心に期して南へ行軍していることがいまや明らかになった、と告げている。もしヨークタウンが攻撃されたら、「わたしの力の及ぶかぎりあらゆる手段を講じて、貴台の指揮下にある軍隊の増強に努めるか、貴台のためになるよう可能なかぎりの牽制作戦をとるかいたしますので、ご安心下さい」と書いている。もっと具体的な約束をした、九月六日付の速達便が船で到着した。「貴台を救う最上の方法は、ここから割くことのできる全兵力——これはほぼ四千名ですが——を率いて、できるだけ早く貴台に合流することだ、とわたしは考えております」。これらの軍隊は、八月に二千四百人のヘッセン兵の傭兵が船で着いたとき、彼がグレイヴズの艦船に乗せた援軍だった。ヘッセン兵の到着がニューヨーク防衛についての彼の妄執を和らげ、部下四千人を手放すという驚くほど寛大な措置をとらせたのだった。クリントンは「彼らはすでに乗船しています」と、彼らがまだ港内にいることについては言及しないで、書いている。また、煮えきらないクリントン以外の司令官の言葉なら決定的とも受け取れそうな保証を付け加えた。彼らは、「十月五日に大々的な増援軍といっしょに」出航するでしょう……つまり、グレイヴズから「出発してもよかろう」の通知が来しだい即刻、という意味だった。

　この約束には、どんなためらいも「たぶん」の限定もついていなかった。また、コーンウォリスは、クリントンが大胆で危険をものともしない司令官であるとはゆめゆめ考えてはいなかったにせよ、彼には効果的な援軍を即座に期待するもっともな理由があった。したがって、クリントンの優柔不断を知りながら彼の約束を当てにしたのは判断の誤りかもしれないが、ニューヨークから二週間かけてようやく届いたこの保証を受け取る前でさえ、コーンウォリスは、喧嘩っ早さと気力で鳴らした勇士にしては珍しく、ゆっくりと徒歩で近づいてくる敵に対し何の攻撃もかけておらず、その準備もしていない。また、包囲の準備がされている場合を考えて、自分の軍隊の脱出ルートを作るための道を開く努力もしなかった。

　フィラデルフィアから行軍してきた連合軍が九月六日、メリーランドのヘッド・オヴ・ザ・エルクに着いたとき、埠頭はまたもやからっぽになっていた。彼らを待っているはずの船はなかったので、痛む足で何マイルか歩かねばならなかった。ワシントンはあらかじめメリーランドの友人や役人たちにあてて、漁船やその他の手に入る船を全部集めておくよう手紙で頼んでいたのだが、到着したとき、英国のフリゲート艦がチェサピーク湾にあった手ごろな大きさのすべての船を捕獲して破壊してしまったと告げられた。将軍たちはつらい思いで会議を開いて、手元にある数隻の船に二千人の部隊、つまり千二百人のフランス兵と八百人のアメリカ兵を乗せ、残りの軍隊は五十五マイル先のボルティモアまで徒歩で歩かせることに同意した。

船よりも大きな宝は金(かね)だった。現金はロバート・モリスが都合した。これは彼の個人的信用を担保に友人たちやフランス人から借りてきたもので、ボストンとフィラデルフィアから船で運ばれた。兵士たちに見えるように小さな樽からころげ出させた半クラウン銀貨という現金の力で、反乱寸前の軍隊を味方に引き戻した、とフォン・クローゼンは書いている。「その上、軍隊の士気を必要なレヴェルにまで高めた」。ニューヨーク連隊のウィリアム・ポパム少佐という将校によると、「今日という日は、合衆国の軍隊が正貨で一カ月分の給料を受け取った最初の日として年代記のなかでも記憶されるだろう」。兵士たちは一日に二十マイル歩いて、九月十二日にボルティモアに着いた。ここでついに連合軍は海上輸送の手段を見つけることができた――ド・グラースが送った艦船と、アナポリスから来た他の数隻の船のことだ。五隻のフリゲート艦と九隻の輸送船が彼らを乗せて湾をくだり、ヨークの真向かいにあるジェイムズ河畔のジェイムズタウンに上陸させた。

この時点で、最後の数週間の緊張がワシントンに悪影響を及ぼした。コーンウォリスが逃げるか、とうの昔にするべきだったラファイエット攻撃をしては困るので、急ぐ必要を感じていたにもかかわらず、ワシントンは一日休暇をとってマウント・ヴァーノンの妻を訪ねた。

マウント・ヴァーノンはポトマック川を六十マイルさかのぼったところにある彼の大事な家と土地で、彼は六年半この家に帰っておらず妻にも会っていなかった。この引力は抵抗しがたいものだった。もっともその遅れが、罠を閉じることができないうちにコーンウォリスが逃げ出しはしないかという絶えざる恐れをいや増したのだが。これが、ワシントンの最大の心配だった。マウント・ヴァーノンから彼はラファイエットに、次のように書いている。「われわれが到着するまで、コーンウォリス卿を糧食や徴発もなしで無事にそこへとどめておいてくださることを希望しています」。ラファイエットはきちんと包囲網を守ったが、別にコーンウォリスから揺さぶりをかけられたわけではなかった。このときコーンウォリスは、やればできたのに、また事実、そこの基地の指揮をあずかる将軍としてやるべきであったのに、囲みを破って撃って出ようとする動きは全然見せなかった。

ワシントンは自分の美しい屋敷をフランス人に見せ、ニューポートで彼らがアメリカ人を食事に招いてもてなしてくれたお返しをしたいと考えたのだ。誰もが片道六十マイルの急ぎの旅など、遠すぎるし、時間に追われると思っただろうが、疲れを知らぬ精神の持主のワシントンにとっては、実現可能な企てだった。ワシントンはロシャンボーとその幕僚、それに彼個人の従者と副官を伴い、九月八日にヘッド・オヴ・ザ・エルクを出発し、大部分の道のりを早駆けで飛ばした結果、一日でボルティモアに着いた。翌朝は夜明けに起き、将軍と二人の連れは、丘の上の柱廊のある白い家を黄昏がかげらせる頃、目的地に着いた。フランス人は彼らの速度について行けず、あとから続いた。ワシントンが二日間フランス人の仲間をもてなしたあとで、一同はフレデリックスバーグで一晩泊まってから馬で陣地へ戻った。

九月十四日に彼らはウィリアムズバーグに着き、ラファイエットとサン゠シモンの連隊、それに、そこで野営していたアメリカ大陸軍の前衛に会った。ここで、ド・グラースが湾の支配権を握り英艦隊は消えたという嬉しい知らせが確認されたが、例によって例の通りのアメリカ軍の物資不足からくるごたごたに関する知らせもいっしょにきた。軍隊用の食糧と弾薬の両方が底を尽きかけていた。これまでもたびたび繰り返されたことだが、食料不足でアメリカの独立のために戦っている歩兵たちが飢え、弾薬の不足のために英国の守備軍に砲火を浴びせるための銃が沈黙することになりそうだった。

メリーランドとヴァージニアは豊作だったにもかかわらず、補給係の将校が無能で輸送の手配に不手際が生じたため、糧食が欠乏していた。トーンクイストはウィリアムズバーグ地方を通り抜けるとき、そこを「非常に肥沃で、たとえ作物の出来が平年並でも、翌年までその所有者が生活していくには十分だろう」と述べている。「こうした利点がなければ、住民たちは六年間の戦争を持ちこたえることは決してできなかっただろう。というのは、農夫は十五歳になると兵営に送られるので、毎年近隣の一万二千エーカーが人手不足で休閑地にされているにもかかわらず、また、苛酷な敵がこの地方を行軍中ひどく荒らしていったにもかかわらず、現在の厳しい包囲の間、彼らには一万五千人の軍隊と四十五隻の艦隊を養うのに十分な糧食があるのだから」。

トーンクイストが目にした狼藉の跡は、どの戦争のどんな非道さにも負けず劣らず残虐なものだった。「美しい屋敷のなかで、妊娠した女性が銃剣の刺し傷を受けてベッドで殺されているのが見つかった。野蛮人は彼女の二つの乳房を切り裂き、ベッドの天蓋の上に〈汝、反乱者の子を産むなかれ〉と書き残していた。また別の部屋には、まったく同じほど残酷な光景があった。戸棚から落ちて粉々になった石膏細工の小像の代わりに、五つの切り落とされた首が並んでいた。物言わぬ動物たちも、同じように容赦ない扱いを受けている。馬や雄牛や雌牛の死骸だらけの牧場がいたるところにある。何年もかかってヴァージニアやメリーランドやカロライナから集められた一万ホッグズヘッドの最上の煙草が納めてあった倉庫は、灰燼に帰していた。われわれがこの不幸な国に上陸して最初に目にしたのは、そのような光景だった。われわれは、ただ一人の住民の影も見なかった。逃げることができなかった人々は、彼らの敵の神なき行ないの結果として地面に横たわっていたからだ」。

虐殺された母親が受けた非道さは、即座にに付近一帯に広がった。トーンクイストが次のような事実を書く気にならなかったのは明らかだ。別の記事によると、胎児が子宮から引き出されて木に吊るされていたという。トーンクイストは回想録のなかで右の虐殺の記事を、コーンウォリスの軍隊はヨークへの途中で「無防備な女子供さえ容赦せず自分の道をふさぐものはすべて」抹殺したという記述のあとに付け加え、暗に仄めかしてはいるものの殺人者を特定しようとはしていない。

連合軍にとって幸せなことに、ド・グラースがもたらした寛大なキューバ人たちの資金が手元にあったので、地元での輸送手段である農場用荷車への報酬を支払うことができた。同時にワシントンは、すべての船舶の持ち主ならびに「何びとといえども、牛肉、豚肉、ベーコン、または穀物――小麦、とうもろこし、豆、粉、または以上のもので作られた食物を……陸上または水上を経由して輸出すること」を禁じ、違反者には規定の罰を科すという布告を出した。弾薬の不足で銃砲が無用になりはしないかと連合軍の司令部は悩み続けた。

　彼らにつきまとっていたもっと大きな悩みは、敵に「決定的な打撃」を与える前に、ド・グラースの出発の最終期限が来てしまうのではないか、ということだった。ワシントンはフランスの提督との会談を申し入れた。ド・グラースは尊敬する総司令官に会えるのを喜び、やさしい心づかいを示して捕獲した英国船シャーロット女王号を送ってくれた。ワシントンとロシャンボーを、ジェイムズ川をくだって、ヘンリー岬の先に錨を下ろしている会見場所である彼の旗艦ヴィル・ド・パリ号まで連れてくるためだった。九月十八日、二人の将軍はアメリカの砲兵司令官ノックス将軍、ならびにそれぞれの副官といっしょに、提督に会うため巨大な船の梯子を登っていった。提督は、青と真紅の軍服の胸にサン・ルイ勲章の幅広の赤いリボンを斜めにかけて、甲板の上で待っていた。記録によれば、ド・グラースは自分とほとんど同じくらい背が高く堂々としたアメリカ人の客人を、抱擁と、両頬へのキスと、熱烈な「愛するかわいい将軍（モン・シェル・プティ・ジェネラール）」という言葉で歓迎した。ノックスは大笑いを抑えようと努力したため、息が詰まりそうになった。確かに、毅然として威儀を正したアメリカの総司令官に対し、子供の頃母親に呼ばれて以来、これまで「愛するかわいい」云々と呼びかけた人は一人もいなかっただろう。

客人たちがド・グラースから聞き出したことは、半分しか満足できないものだった。何事も整然とやるたちのワシントンは、あらかじめ自分の依頼の項目を書き抜いていた。外国で教育を受け、フランス語の話せる彼の副官、テンチ・ティルマン大佐が、ド・グラースの答を記録した。ワシントンは、自分たちの戦争目的、つまり「重大な事件や、この国の平和と独立や、ヨーロッパの全般的な安定などをいっぱいにはらんだ」所説で雄弁に口を切り、「コーンウォリス卿の陣地の陥落が確実になる」まで、フランス艦隊が河口を封鎖する位置にとどまっていることが絶対に必要なのだと話した。また、提督の受けている命令は特定の時期に出発することを命じているのかどうか、もしそうなら、その日を教えてもらえないか、と訊いた。さらに、一定の時期までにサン＝シモンの連隊を返す必要があるのか、もしそうならば、その護衛として彼の艦隊の一部を分遣し、その間「われわれの作戦に対する十分な援護を行ない、敵が海上から補給品を受け取ったり、英軍がコーンウォリス卿を救出しようと試みたりするのを阻止するため」主力艦隊を湾に残しておくことはできないかと尋ねた。彼はまた、ド・グラースがヨーク川の上流まで船を進めてヨークタウンより奥の地区の川と川岸を支配し、その結果、「敵の陣地への包囲を完全なものにする」ことはできないか、そして最後に「閣下は何門かの重砲とその他の砲を――弾薬も――われわれに貸していただけるかどうか、可能ならば、それぞれの数と量を教えてほしい」と頼んだ。

提督の回答によって、重要な条項のうちの一部は叶えられた。すなわち、ド・グラースは十月の終わりまで滞在を延ばすことに同意し、艦船は十一月一日以前には出発しないので、ワシントンは「ヨークの陥落の時期まで」サン＝シモンの部隊を「当てにしてよい」と言った。大砲と弾薬については、グレイヴズとの戦いでかなりの量を使ったため「少量」しか割くことはできない、また、ヨーク川の上流の地区の支配については、風と波に左右されることであるし、とにかくそれが非常に有益であるとは思えないので、そこまで立ち入ることはできない、と答えた。彼がこの否定的な答を出した本当の理由は、口には出さなかったものの、アメリカの水夫の言うところの「動いている蛇のようにくねくねした」入り江や上流を航行できる小さな船を十分に持っていないからだった。しかし、ド・グラースはとどまると約束した。それが肝心な点で、攻囲が功を奏するまで継続することが確認できたのだった。

帰途二人の将軍には、シャーロット女王号が幸運な船ではないことがわかった。まずこの船は湾で凪にあって動かなくなり、それから疾風で進路をはずれ、やっと川をさかのぼりはじめたときには風と潮流のためあまりにも船脚が遅くなったので、乗員たちは手漕ぎ舟に乗り移り、水兵たちの手を借りて上流まで漕いでもらわねばならなかった。彼らがウィリアムズバーグに上陸したのはようやく九月二十二日になってからで、五日ぶりだった。時は矢のように過ぎていく。彼らが上陸したとき、ボルティモアからの船とフィラデルフィアからの船数隻さえいっしょに入ってきて、骨の折れる行軍をしてきた部隊が司令部と再びいっしょになるのを見ることができたのは、ワシントンとロシャンボーにとって何よりも励まされる思いがした。

フォン・クローゼンの記録によれば、彼の分遣隊は「全大陸中最も心地よく最も恵まれた場所」であるデラウェアの州都、ウィルミントンに到着した。ここで彼らは、一七七七年のブランディワインの戦跡を訪ね、ある士官から、ド・グラースのチェサピーク湾到着を知ったフィラデルフィア市民たちの「想像を絶する」ほどの熱狂ぶりの話を聞いた。ただこのすばらしい希望の瞬間は、「ささいなつまらないこと」により、ヘッド・オヴ・ザ・エルクで、たちまち萎(しな)びてしまった。そこでは、ニュージャージー、ニューヨーク、ペンシルヴェニアからの部隊が、遅配の給料がもらえなければ、これ以上行軍するのはいやだと言い出したからだ。ロシャンボーが残っていた現金総額の三分の一にあたる五万リーヴルをワシントンに贈って、兵士の反乱しようとする気持を追い払ってくれた。その現金が、行軍を再開するだけの士気を部隊に吹きこんでくれたのだ。ワシントンは、できうるかぎり早急に少なくとも一カ月の給料分が要るので、二万ドルでは十分とは言えない旨の緊急の手紙を、モリスあてに書いた。

サスケハナまで行軍してきたフォン・クローゼンの分遣隊は、「非常に大きな石の上をひどい急流が流れている」広い浅瀬で、フォン・クローゼンが言うところの「魔の渡河」をやらねばならなかった。川はわずか一フィート半の深さしかなかったが、馬は一足ごとにつまずいた。だが、何の事故もなく、全員が対岸に渡ることができた。ボルティモアでは川における輸送手段が見つからなかったので、彼らは「われわれの馬の力に頼ろう」と心を決め、船を待たずに別個に前進することにした。それで、ひどい目にあった。案内者なしで進んだため、彼らは森のなかで道に迷い、いばらや野ばらを踏みしだいて進んだが、垣根につまずき、溝に落ちて、切り傷や打ち身を作ってしまった。やがて、闇のなかで西も東もわからなくなり、とある家に着いたところ、そこはウォーカーという人の家だった。家の人々がとても親切で、馬の世話をしてくれ、二人の娘が夕食の準備をして、夜泊まるところを作ってくれた。翌朝彼らはウォーカー氏が馬の燕麦の代金数シリングのほかは全然金を受け取らないのでびっくりした。「アメリカ人はときどき、遠慮会釈なくわれわれからできるだけ金をしぼり取ろうとする」。請求書には、食物や物品の徴発の代金に四クラウンから六クラウン貨幣の「手数料」を加えたりするのがふつうなので、とても珍しかった、とフォン・クローゼンは書いている。

途中旅人たちは立派な宿屋や清潔なベッドは見つけたものの、ウォーカー氏のような心の寛(ひろ)い人には出会わなかった。現にある場所では、二十一ドルもの勘定書が来た。

九月十六日に彼らは、チェサピーク湾の海戦で上首尾の成果をあげたあと、ド・グラースが湾の支配権を握っているという嬉しいニュースを「比類ない喜び」の思いで聞いた。十八日にはウィリアムズバーグに着き、ラファイエットに会って喜びあった。二十二日には、ヴィル・ド・パリ号でのド・グラースとのはじめての会見から戻ってきたワシントンと、ロシャンボーを歓迎した。

敵の大軍が来ることを知らされて、コーンウォリスもまた行動にあたって勇気と慎重さを秤にかけはじめた。彼は、アメリカにおける最後の有能な軍隊、そして英国が集めうる最後の軍隊を指揮していたので、その勢力を保つことを考えなければならなかった。包囲される前にヨークタウンを脱出するのが難問だった。一隻の戦列艦と二隻のフリゲート艦でヨーク川の河口に設けられたド・グラース側の封鎖を突破することができれば、英軍はヨークに繋留してある輸送船を使い、暗い夜のうちに、連合軍に見つからないように敵のそばをすり抜け、湾を横切って遠方のヴァージニア海岸へ行き着けるかもしれなかった。

封鎖を突破するために彼らは、「焼き討ち船」という恐ろしい武器を使った。これは、からっぽの船にタールを塗った薪と小枝をいっぱいに積みこみ、ほとんど溶けそうなほど熱して真っ赤に焼けた砲丸で火をつけてから、風と潮で下流に流されていくよう押し出すのだ。これが動いてたいまつさながらに封鎖をしている船に火をつけ、焼きつくし、フランス艦船に非常な恐怖と混乱を巻き起こすことで、艦長たちが封鎖を解いて逃げ出すよう仕向けたかったのだ。しかしこれがコーンウォリスの狙いだったとしたら、とても無理な戦略のように思われる。

とはいえ、九月二十二日の夜、この試みは実行された。四隻のスクーナー漁船が焼き討ち船となり、一人は忠誠派の私掠船の船長だったが、四人の志願者が指揮をまかされた。一人の船長の日記によると、風の助けを得て「いかにもうまくいきそうな」感じで焼き討ち船が川をくだっていったところ、私掠船の船長が船に火をつけるのが早すぎた。フランス軍はこの動くたいまつを見て、「二十発か三十発撃ってきた」あと、「大急ぎで混乱した有様」で後退した。この火の嵐に加えて、他の焼き討ち船も自船に火を放った。「いまでは川全体があかあかと照りはえ」、力強い炎の舌が空をなめた。帆や旗がめらめらと燃え、一隻の船は吹き飛んだ。そして、燃える船が通りすぎていくとき、仲間の船が感じた熱気はあまりにもすごかったので、水先案内は自分の船を座礁させてしまったほどだ。結局、結果としては英軍が四隻の船を失っただけで、コーンウォリスは全然脱出口に近づけなかった。

九月二十八日、轡(くつわ)の鳴る音や、律動的な馬のひづめの響き、行軍する兵士の軍靴の音がヨークタウンの英軍の陣地内で聞こえ、ウィリアムズバーグから敵の軍隊が近づいていることがわかった。次の夜、コーンウォリスは外側の防衛戦からの撤退を命じて彼の軍隊を驚かせた。緊急な防御をするには、自分の軍隊を一カ所に固めておいたほうがよいと考えたからだった。早期の救援を期待していたので、外郭線での戦いで人命を浪費するのは意味がないと判断したのだ。合理的で憐憫の情に富んではいたものの、この決断は彼がくだせるうちの最も不幸なものだった。放棄された方形堡——これは壁の一部のような形をした土塁で、砲弾の衝撃を吸収し、敵の突撃に対しては障害物の役を果たすように、築かれていた——は、朝、からになっているのを連合軍が発見し、ただちに占領して、大砲の防弾壁に作りかえた。まもなく、これは攻囲戦の主役になった。ニューポートから攻城砲と千五百樽の塩漬けの牛肉とともにフランス軍の分遣隊を運んできたド・バラスが到着するという幸運が訪れたとき、昔の英軍の方形堡は、アメリカ軍の大砲設置にあつらえ向きの土台になった。ジェイムズ川を六マイルさかのぼったところに陸揚げされたド・バラスの砲は、流れの上や泥んこ道を亀のような速度でヨークタウンの陣地まで押したり曳いたりして運んでこなければならなかった。ところが、技師たちの満足がいくように設置されるやいなや、それらの砲は湾中のド・グラースの艦船のように、状況を変える「立役者」となった。コーンウォリスによって与えられたこの新しい前進基地から、連合軍の将軍は地勢や英軍の防衛状況をより綿密に偵察し、自分たち自身の攻城堡塁の建設を始めることができた。

この瞬間、したたかな運命の神は連合軍のために新たな一撃を用意していた。将軍たちがド・グラースを訪ねて留守にしていた間、ディグビー少将指揮下の本国艦隊による英海軍増援隊がグレイヴズ提督の援助に来る予定だという知らせが、口から口へ伝わった。この知らせは、ワシントンだけでなく、ド・グラースまで神経質にした。これは「興奮しやすい海軍の紳士方を驚かせ、不安に陥れた」とフォン・クローゼンは書いている。彼がディグビーの噂をド・グラースに知らせに行ったところ、ド・グラースはまったく極端なほど不安にかられた反応を示した。ド・グラースは艦船を失う恐れのある戦闘は避けるというフランス式原則で訓練されていたので、近づいてくるディグビー提督と交戦するような事態を座して待つ気はなかった。

フォン・クローゼン男爵は、最初耳にしたときには皆がぎょっとするような知らせをたずさえて会見から戻ってきた。ちょうど勝利の要素――フランス艦隊と地上軍――が合流して、「決定的な打撃」を与える計画が成就しかけていたが、実現まであと一歩というときになって、ド・グラースが帆を揚げ、ヨーク川の封鎖を解いて他へ行くつもりだと宣言したのだ。連合軍の期待が極度に高まった瞬間のこの一報は、結婚式の最中に投げこまれた手榴弾のようなものだった。

だが、最初の恐怖に襲われた反応が過ぎ去ると、ド・グラースは本当に出発してしまうつもりでも、封鎖を放棄するつもりでもないことが、はっきりしてきた。ワシントンへの急送公文書のなかで、彼は「敵はわれわれとほとんど同数の軍勢になろうとしている。したがって、わたしが彼らと〔効率よく〕交戦できないような立場に身をおくのはあまりに無分別なことだ」と説明している。また、ヨーク川の河口には二隻（たった二隻だった！）を残し、他の艦船といっしょに出帆して「沖合でがんばるつもりだ。そうすれば、敵の艦隊がやって来て力ずくで〔湾へ〕押し入ろうとした場合、わたしは前ほど不利ではない立場で戦えるからだ。風向きがよくなりしだい、出航しようと考えている」と書いた。「帆を揚げ」という言葉に驚愕したワシントンとロシャンボーは、敵が湾に入ろうとした場合、まだ一定の効果があるように交戦できる「沖合でがんばる」と明言したド・グラースの意図にはほとんど気づかないか、さもなければ、あまり信をおかなかった。彼が提案している移動の戦略は相変わらず戦場放棄のように感じられた。

ワシントンは彼の気質としては珍しく気の転倒した返事を書き、「この上なく費用のかかる準備と、類のない努力や疲労を重ねてきたいまになって」……自分にはド・グラースの計画放棄の意図と思われるものを知らされて以来、わきおこる「苦しい不安」について語り、「もしあなたが同意された位置から海軍力を引き揚げれば、将来どんなに努力しても決定的な打撃を与えるための同じような好機は戻ってこない」ということを考えてほしい、と提督

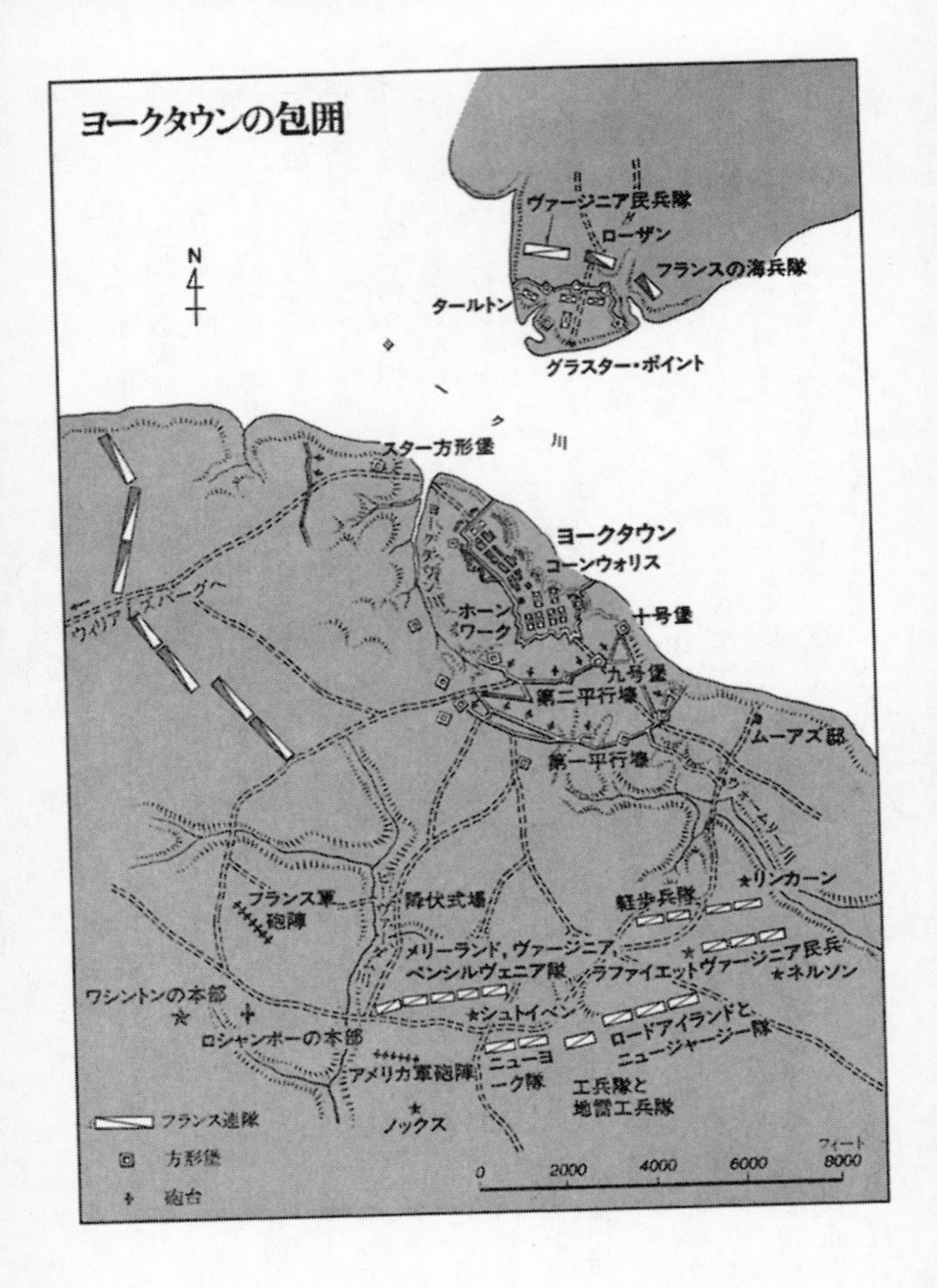

ヨークタウンの包囲
N
ヴァージニア民兵隊
ローザン
フランスの海兵隊
タールトン
グラスター・ポイント
スター方形堡
ヨークタウン
コーンウォリス
ホーンワーク
十号堡
九号堡
第二平行壕
第一平行壕
ムーアズ邸
ワームリー川
リンカーン
軽歩兵隊
フランス軍砲陣
降伏式場
メリーランド，ヴァージニア，ペンシルヴェニア隊
ラファイエット
ヴァージニア民兵
ネルソン
ワシントンの本部
シュトイベン
ロシャンボーの本部
ロードアイランドとニュージャージー隊
ニューヨーク隊
アメリカ軍砲陣
工兵隊と地雷工兵隊
ノックス
フランス連隊
方形堡
砲台
フィート
0
2000
4000
6000
8000

に「懇願」した。また、「力においてまさる艦隊と全面的な戦闘をする」のがディグビーの意図であるとはほとんど考えられない、とも付け加えた。ワシントンとロシャンボーはこの同盟者の計画放棄と見える行動に動転して、ド・グラースに再考するよう説得できる人間はラファイエットしかいないということに意見が一致した。

ラファイエットは、マラリアの発作の悪寒と熱からちょうど回復しかけているところだった。彼はまだ病気のために震えながら、のるかそるかの重大な使命を受けてワシントンの手紙をたずさえ、ヘンリー岬の沖のリンヘイヴン湾までフリゲート艦で送られた。しかし、彼がぞっとしたことには、錨地はからっぽで、マスト一本、帆一枚、目に入らなかった。フリゲート艦の艦長は、提督が出帆してしまったはずはない、そのときには知らせがあるはずだと保証した。湾のなかを十二時間探し回ったあげく、大洋側の湾の入口は英軍が侵入できるほど開いてはいたものの、ヨーク川の河口を封鎖できる位置に錨を下ろしているド・グラースが見つかった。

あとで判明したところによると、ド・グラース自身の旗艦の艦長たちはそこを出るという提案を喜ばず、提督との会議の席上、「われわれが計画していた目的の達成には役に立たないように思われる」と述べて、帆を揚げることを拒否したか、または拒否する意向を示したという。それで、ド・グラース提督はとどまることに同意し、九月二十五日付のワシントンとロシャンボーあての手紙で、自分の心変わりを確認した。つまり、ヘンリー岬の先に錨を下ろして湾の入口を封鎖し、同時にヨーク川の河口も封鎖することに同意する旨を認めた。

この手紙が受領されたのは、九月二十七日のことだった。

九月二十八日にヨークタウンに着いたワシントンは、陣地の偵察をしたあと、最初の夜は野外の、葉を広げた桑の木の下で過ごした。翌朝彼は、包囲のための軍隊の展開を始めた。フランス軍と彼らの砲は、左手の、ヨーク川と町との間の一帯を見渡す位置におかれ、他方アメリカの歩兵隊と砲兵隊は、右側の場所を占めた。それ以外のフランスの砲列は、同じ側の町の丘の上にすえられた。ローザンの軍隊とヴァージニアの民兵隊は、グラスター・ポイントを越えた向こう側の細長い内陸部分を占め、ヨークタウンの反対側のヨーク川の川岸から突き出た突端の先に陣取って、英軍の動きを封じている。コーンウォリスは町の裏側に駐屯しているのに対し、ワシントンとロシャンボーのそれぞれの本部は直接町に面していた。彼らの本部の前に、二本の平行壕、すなわち攻囲軍が入る塹壕が二百ヤード、三百ヤード離して掘られることになった。そのときまでのコーンウォリスの唯一の反応は、完全に防御的だった。連合軍がヴァージニアに近づいていることを聞き、湾の戦闘の結果を知ったあと、彼は方形堡の建設によって精力的に周囲を固めはじめた。

九月の間、技師たちは作業要員——このなかには、自由を得たいと願い、脱走して英軍に投じた数千人の黒人奴隷が含まれていた——を、方形堡を築くたえざる重労働にかり立てた。

九月三十日、連合軍はヨークタウンが「完全に包囲されて」おり、包囲の二つの主な目的——英国側の援軍の到着と防衛軍の逃亡の阻止——は達成されたと感じた。この地方の中心部へ通じる川上からの流れを除くと、どんな抜け道も残されていず、コーンウォリスはその道を通って逃亡を企てるとは思われなかった。それでいて彼が、出口すなわち包囲線の突破口から軍隊を連れ出そうと望んで、この道からの脱出をはかり、メリーランドの農場地帯やペンシルヴェニアを略奪しながらニューヨークの英軍基地へ戻ろうとするかもしれないという潜在的な恐れは残っていた。ワシントンは、この上流の地区について悩み続けた。以前彼は、ここをド・グラースの戦艦でふさいでほしい、と提督を説得しようとして失敗していた。コーンウォリスがそこから逃げ出せば、ワシントンがこの段階まで持ちこんだ戦闘全部が無に帰すという恐れが心をさいなみ、ありったけの火力の弾幕を注ぎかけたくて矢も楯もたまらなくなった。しかし彼は、本当に強力な重砲を使い、そのあと十分に準備した軍隊の攻撃を続けるのでないかぎり、それ以外の手段では失敗することがわかっていたので、この猛々しい願望を抑えつけた。

コーンウォリスの包囲を完全にするためド・グラースがチェサピーク湾に入った日、ニューヨークのクリントンの情報将校、ウィリアム・スミスはこう断言した。「今後の一週間でおそらく、大英帝国が破滅するか救済されるかが決定されるだろう」。その週のうちに、湾での海戦が実際に一つの決定をもたらした——破滅でも救済でもなかったが、世界情勢の動きなかで究極的に英国の地位を奪う覇権国が出てくる余地が生れたのだった。クリントンには、スミスの予言的な頭脳はなかった。「フランス軍については、あまり心配するには及びません」と彼は、九月二日付の手紙でコーンウォリスに保証した。そのときまで情報をいろいろ受け取っていたにもかかわらず、チェサピーク湾の支配権を仏軍に奪われるとは考えられなかったのだ。他のみんなと同じように、ド・グラースがアメリカのためにアンティル諸島を無防備にして、護衛の義務を怠るとは予期できなかったからだった。事実、数日後に、英国の主権下にある海域について英国人は誰一人予想もしなかった恐ろしい言葉をグレイヴズ自身が書いてくるまでは、湾の戦闘は大した不安もかき立てず、彼はその意義を悟りもしなかった。「敵はチェサピーク湾に非常に強力な海軍をおいて、湾内の航行を完全に掌握しています」と、グレイヴズは書いた。ホイッグ党の人々が予言したすべての暗い運命は、この「完全に掌握しています」という言葉に含まれているとも考えられる。たとえその言葉がクリントンの机より外へは出なかったにしても、その言葉の意味を知ることができたら、コーンウォリスを救わねばならないという使命感がなぜ消えてしまったのか、そのわけがわかるかもしれない。

エネルギーの大部分はすでに消えていた。グレイヴズの陰鬱な手紙が届く前日の九月十三日、ニューヨークの将官によるもう一つの戦争会議が招集された。援軍を差し向けられず焦燥感があったので、会議は二、三日ごとに開かれた。ウィリアム・スミスは心のなかで、参謀将校たちは「卑屈で……彼らのなかには一人として仕事をまじめに考える者や進取の精神に富む者はいない」と考えた。九月十三日の会議で、戦争屋というよりはむしろ行政官と考えられていたニューヨークの軍事総督、ジェイムズ・ロバートソン少将から戦闘を支持する強力な提案が出された。彼は、討議しなければならない会議の議題をまじめに考えているという点で、卑屈な将官たちの間では変わり種だった。急ぐ必要があるためと、敵の包囲線を突破して救援隊を送りこむ機会が大きくなるという理由から、彼は遠征隊の出航を提案した。これには輸送船団はつけないが、その代わりに出航可能なニューヨークの唯一の艦船ローバスト号の船上に五千人全員を詰めこむ、という案だった。

クリントンと戦争会議は、このまったく型破りで危険さえ含む作戦案に大いにショックを受け、この提案を拒否した。それでもなおロバートソンは、翌日に備えてそれを文書の形にした。何もしないということはコーンウォリスの敗北にも通じる、アメリカにおける戦争目的というものの価値を下げる可能性がある、と彼は主張した。軍隊の増強が実現すれば、コーンウォリスは全軍をあげて敵を攻撃できるだろう。危険は蓋然性だったが、何もしないことは確実な死に通じていた。

ロバートソンは敗北した。彼の案を採用する代わりにクリントンは、九月十四日にもう一度会議を招集した。その席上グレイヴズからの手紙が読み上げられ、すでに答が明白になっている主要な問題を提起した。すなわち、「現在、われわれの海軍が劣勢な」状態で危険をおかしてまで援軍を送り出すべきか否か、また、敵がチェサピーク湾を支配しているという状況を考え、最近ヨークタウンから帰ってきた将校たちが質問されて答えたことには、コーンウォリスは十月の終わりまでは持ちこたえられるし、その間一万人の軍勢を規定の食糧で養っていける――実際のところ、彼はこの基地を「二万人の攻撃軍」に対しても防御できる、というのが彼らの意見だった、とクリントンは主張した――と断言したことなどを考え合わせると、グレイヴズ提督からの「もっと有望な説明」を受け取るまで、または彼がディグビー提督との合流をなし遂げるまで待ったほうがいいのではないか、という問題だった。戦争会議は、示された事実を手がかりにして、待ったほうがいいと断言した。

コーンウォリス自身の精神は弛緩していた。湾の海戦が終わって、その結果フランス軍が海岸を支配し、彼自身の救いについて希望が持てなくなったことがわかったのだが、その後の十日間、彼はワシントン＝ロシャンボー合同軍が到着して裏木戸を閉じてしまうまで、自分が陥っている袋小路から脱出しようとする準備は全然しなかった。湾の支配権が失われたとわかったのは、まだ彼が、戦って陸路の脱出口を切り開けるかもしれない段階でだったーー一路ニューヨークまでとはいかないにしても、少なくともメリーランドを通ってデラウェア川の河口までは。彼がクリントンの救援の約束を確実なものとして当てにできるのなら話は別だが、タールトンに道を切り開かせ、半ば敵意を抱いている国を行軍する危険は、包囲された場合かならず生じる災難よりは多少ましだった。

ワシントンの軍隊がチェスターとヘッド・オヴ・ザ・エルクを通りすぎた九月六日以降は、情報活動が皆無でないかぎり、コーンウォリスは敵軍が来ることを知っていたにちがいない。彼が何日に敵軍の前進のことを知ったのかはわからないが、湾の海戦の結果を聞いたのとほぼ同時だったことは、疑いをいれない。この海戦が九月九日、仏軍がチェサピーク湾の「航行を完全に掌握して」いるというグレイヴズ提督の陰気な報告を引き出したのだった。コーンウォリスは包囲の可能性を認めて、九月十六、十七日に、総司令官としてのクリントンにあてて次のように書いている。「早急にわたしを援助できないのなら、貴官には最悪のニュースを聞く覚悟をしていただかねばなりません」。「最悪のニュース」の中身はあいまいなまだ。もし「最悪のニュース」が敗北か降伏を意味するのであれば、コーンウォリスは、糧食を確保できなければ戦って陸の退路を切り開くつもりはなかったと推論せざるをえない。九月二十三日にこの手紙がニューヨークに届いたとき、この突然の幕引きとその意味について考えるため、翌日戦争会議が招集された。

あいまいさが第二の天性となっているクリントンは、「最悪のニュース」とは退却の意味だと考えた。そう考えると気が休まるからだった。そうなれば、ヨークに援軍をもたらすため、ド・グラースの障壁を突破する危険をおかさねばならない重荷がなくなるからだった。彼は、戦後の暴露的な弁明書のなかで認めているように、「コーンウォリス卿が、持てるだけのものを持ってカロライナへ逃亡したと聞いても、さほど不快には感じなかっただろう」。どうして総司令官としての彼は、このときコーンウォリスに逃亡の命令をくださなかったのか。これは、のちにコーンウォリスが逃亡しなかった弁明として引き合いに出した彼の失策だった。

グレイヴズも同様に、再びド・グラースに挑戦するためチェサピーク湾に戻っていく熱意を欠いていた。湾の交戦で艦船数隻が戦闘能力を失ってしまったので、彼は修理のため九月二十四日にニューヨークに帰ってきた。これは戦闘後十九日目のことで、途中サンディ・フックの砂洲をどうにかこうにか通りすぎるのに五日間を費やしている。いま、自分の艦隊の調子を整えてド・グラースに対峙するか、あるいは、ヨークのコーンウォリスのための援軍を乗せてなんとかド・グラースのそばをすり抜けるかどうかは、彼しだいになった。それでいて彼は、ニューヨークでは——ここで修理を必要とする船は十隻であることがわかった——自分の艦船一隻一隻が船体から艤装にいたるまで完全に修理され、損傷を受けたマストは全部取りかえ、全部の船が小艦隊に加わって航海できる状態になるまでは動かない、と頑固に言い張った。最初彼は元気いっぱい、闘志満々であるように見え、クリントンに、自分の艦船をできるかぎり早く元通りにするためあらゆる努力をするつもりだし、フランス軍の障壁を突破してヨーク川の河口に軍隊を上陸させる覚悟があると知らせた。また、ある計画の提案をした。それによると、ド・グラースは潮流が強い海域にとどまっているので舷側砲が撃ちにくい不利な状況にあるが、彼自身は潮を利用し、闇に隠れてすべりこみ、ヨーク川に錨を下ろして、そこで軍隊を上陸させることができると言った。この空中楼閣は、幻のままで終わった。

海軍工廠からの報告にもとづき、グレイヴズは十二日後の十月五日に、出航準備が整う、と言った。ところがこれは、めぐって来ては出航せずに過ぎて延び延びになる多くの締め切り日の最初のものだった。三週間というもの、部隊と乗組員は動かぬ船に乗船していた。こうした遅れとあいつぐ延期のせいで、いらいらして当惑した不満の声があがってきた。将軍たちは自分の分遣隊に合流しようとはせず、提督は乗船しようとしなかった。彼らの不在が抜け目のない観察者、軍務局長室のフレデリック・マッケンジー大尉から、アメリカ戦争における行動全体を象徴する言葉を引き出した。「われわれの将軍も提督も、自分たちの仕事に熱心ではないように見える」。

ここには、足元から崩壊して行った帝国の諸問題がそろっている。つまり、誤った手順とその場しのぎで間に合わせようとする問題、誤解された信号、『戦闘教本』の無益な厳密さ、壊血病を生み出す食事、戦闘中の士官たちの間の政治上の争い、疲れきってしなびた海軍司令官の登用、戦略的作戦に対する通商保護の優先、敵の動きと意図についてのたび重なる誤った情報の問題。そして、これらすべてを包含するものとして、敵の本質を知らず、知ろうともしない問題、そして人々の尊敬を集めていた英国士官ロードン卿の言葉を借りると、反乱者はみんな「のぼせあがった卑劣漢」だと片づけられるという前提に立って、重要な反抗を抑えようとする問題があった。

九月二十六日、連合軍のしんがりが長い行軍を終えてウィリアムズバーグに入ってきたとき、コーンウォリスにとって、すべてはクリントンがあれほど固く約束した援軍をどれだけ早く急送してくれるかにかかってきた。ニューヨークの雰囲気は、切迫した緊張で震えてはいなかった。ディグビー提督が率いてくる予定の増援海軍の到着に対する期待については別のことだったが。援軍を率いて出発しなければならない陸軍将校たちは口々に、「ディグビー、ディグビー!」と叫んでいた。フリゲート艦が持ってきた通信文から、ディグビーは計三隻の艦船を率いてくることはわかっていたので、彼が驚異的な戦果をあげてくれるとは期待できなかったが、フッド゠グレイヴズ合同艦隊の総数十九隻へ彼が付け加われば、ド・グラースの艦隊を上回る数にはなるだろうと思われていた。二、三隻の余分の艦隊の幻が、すぐさま、勝利のかすかな光をあらためて輝きわたらせた。「われわれの艦隊が彼らの艦隊を打ち破れば、反乱を終結させる有望な見通しができてくる」と、マッケンジー大尉は書いている。

ディグビーは九月二十四日に三隻の船を率いて、予定通り到着した。その上、国王の息子でウィリアム四世として後の王位継承者となるウィリアム・ヘンリー王子の訪問が情勢を明るくしてくれた。ロシャンボーの陣営で聞いた噂によると、大臣たちの楽観的な幻想では、王子はやがて、「ゆたかで繁栄している」ヴァージニアの総督の地位につくだろうという見通しがあるので、アメリカを訪れたいと望まれたのだという。二十一発の歓迎の礼砲がややうつろにとどろいた。いったいどれだけの人々に、大砲はヨークでなくここでとどろいているということを悲しく意識させたのか、わたしたちは知るよしもない。王子の訪問が示したのは、救援の任務に活気を吹きこむためではないにせよ、少なくとも王族をもてなすだけのエネルギーをニューヨークはまだ持っている、ということだけだった。訪問中の王子のために パーティやレセプションやパレードが立て続けに行なわれて、無気力な気分は消えた。市内観光、ドイツとイギリス連隊の閲兵、著名人との晩餐会、クリントン将軍も出席する軍楽隊のコンサートの夕べなどが、国王に対する忠誠心をみごとに示す一方で、コーンウォリスについての心配から心をそらせてしまった。

ニューヨークで楽隊が音楽を奏している間、コーンウォリスは英艦隊のマストが現われるのではないかと、むなしく水平線を見つめていた。ヨークタウンからの急送公文書は、いかに彼が「毎日、救援英艦隊の出現を待ち望んでいるか、そして艦隊の援軍なしではコーンウォリス攻略のために集まった敵の大軍勢を持ちこたえる希望はあまり持てそうにない」と告げていた。ニューヨークでクリントンが招集した戦争会議は、無益な協議を続け、どうすればよいか決めることはできなかった。

大砲が炸裂している間、コーンウォリスは約束された援軍を待ち続けたが、艦隊は全然姿を見せなかった。ニューヨークで海軍がためらい、会議が揺れている間に、英国の木の壁であり、世界にまたがる帝国の防御者である海軍を危険にさらしたくないという恐れから、救援軍延期という痛ましい問題が持ち上がっていた。湾の戦闘以後、熱意を失ったグレイヴズの手中で、海軍は燃えつきた蠟燭のようにその機能を失っていた。海軍が風と勇気が起こってくるのを待ちながら静観していた空白の六週間の間に、ヨーク川がチェサピーク湾に注ぎこむ青い入り江の下手で、一つの帝国が姿を消した。

会議は、秋の木の葉が落ちるように、次々に開かれてはまた消えていった。これらの会合で、出席者は、危険をおかして救援隊を送り出さねばならないこと、そしておそらくは包囲線を突破できるだろうということに同意はしたが、奇襲できる可能性はないので、どうすれば無事に戻ってこられるか、と尋ねた。はっきりした答は出ないまま、会議は再度、何度も繰り返した通り出航日は十月五日とし、これをコーンウォリスに通知するということに合意した。クリントンがこの趣旨の手紙を書いたので、コーンウォリスは九月二十九日、救援軍を予想して自分の軍隊を固めるため前線から後退する決意をしたのだった。だが、ニューヨークの海軍工廠での修理が完全ではなかったので、グレイヴズが意図した十月五日の出航は実現できなかった。十月八日、十二日の出航日も同じように過ぎ去り、帆を揚げた船は一隻もなかった。

そのころにはすでに、コーンウォリスの立場は風前の灯で、遅延が危険であることを、ニューヨークの首脳陣は十分知っていた。グレイヴズの出航延期に頭を悩ませていたウィリアム・スミスは、この件をニューヨークのトライオン総督に次のように述べている。「コーンウォリス卿にとっては、一時間一時間が貴重なのです」。マッケンジー大尉が記しているところによると、モンタギュー号だけがまだマストを欠いており、もし十月十日までにすべての出航準備が完了すれば、出発してから砂洲を抜けるのに三日かかり、力になる援軍がコーンウォリスのもとへ到着するにはさらに七日かかる予定だった。マッケンジー大尉は日記のなかで、この艦隊には本当に出発する気があるのかどうか疑いはじめており、どこか他の場所で「われわれの損失を埋め合わせる」何か他の戦闘ができたら、と願っている。また、そのような戦闘が「敵側の講和への渇望をわれわれの渇望と同じほど強くして」くれないだろうかという興味深い告白を洩らしている。

そして、今度はグレイヴズが、十月十二日までは出航できないと言い出し、艦長たちはもう十日間は準備ができないと語り合う始末。「彼らが出航できないと言うのなら、十カ月とどまるということも十分考えられる」とマッケンジーは記している。クリントンは、会議の模様をコーンウォリスに報告して、「予期せぬ事故」が起こらないかぎり、「われわれは十月十二日までには砂洲を通りすぎるでしょう」と書いた。しかし、明らかにクリントンにとってヨークタウンは第一義的な関心事ではなかった。というのは、彼はお気に入りの計画をもう一度持ち出して、間に合うように行けない場合は、「貴官のもとからワシントンの軍勢の一部」を引き抜くため、「ただちにフィラデルフィアに戦闘を仕かけます」と書いているからだ。これは、毎日十六インチ臼砲の砲撃を受けている人間にとっては、気休めにもならなかった。十月十三日に嵐が起こり、グレイヴズの艦船のうちの一隻が別の艦船に衝突して、第一斜檣を折ったとき、またもや出航日は延期された。麻痺は計画のすべてに浸みわたっていた。

十月六日のヨークタウンでは、工兵隊が敵に向かい合う最初の連合軍の平行壕を掘りはじめた。アメリカ軍地区からフランス軍地区まで伸びている連合軍の戦線は、それぞれの陣地に二つずつある四つの方形堡と、川をのぼってくる敵船を「砲火でなぎ倒そう」と狙う大砲の砲列によって守られていた。工兵隊に対する守備軍の砲撃は散漫で、わずか二人の死傷者を出しただけだった。

十月九日、ヨークタウンにおける最初のアメリカ軍の大砲が、英国の守備陣地に向けて火を噴いた。それまでの三日間、技師たちは砲兵を指揮して砲台の建設に当たらせ、他方、平行壕を掘るためには工兵隊が夜間に使われた。昼間は、サン＝シモンの軍隊の兵たちが仕事を続け、砲台へ続くジグザグの連絡壕と、それを強化するための鹿砦（ろくさい）を作った。鹿砦というのは、英国側攻撃軍が胸墻の上に登るのを防ぐため、尖端を上にして地中に差しこんだ先の尖った杭で作る矢来のことだ。この仕事の間の死傷者はわずかで、死者一名、負傷者七名だったが、労働が長びくにつれ、工兵隊員と同様に将校の死傷者数もふえてきた。

軍のしきたりによると、包囲のさいの最初の平行壕の開通式は、部隊の兵たちが壕に入り、旗を掲げ、太鼓を叩き横笛を吹いて祝うのだという。この栄誉は、アレグザンダー・ハミルトン大佐が率いる分遣隊に与えられた。ところが、ハミルトンは公衆の注目を惹きたくなり、自分の部隊に、胸墻の上で『武器取扱教本』通りに模範演技をやれという無益で気まぐれな命令をくだした。敵はこの示威行為にあまりにも驚いたので、この背後には何か恐ろしい策略が隠されているのか、または大佐は気が狂ったのか、と考えて――発砲せず、ハミルトンが当然受けるべき罰を免れさせてやった。

いまや、連合軍の戦列から五十門の大砲が砲撃を開始した。大部分はサン゠シモンの砲で、ド・グラースの艦船がボルティモアから運んできたものだった。その他の砲は、ノックス将軍の指揮下にホワイトプレインズから人間が曳いてきた野砲だった。ワシントンはそれを船で送ることができるようになるまで待てととどめられたとき、タイコンデローガから陸地を曳いてきたノックスの大砲がいかにボストンを救ったかを思い出し、大砲といっしょに行軍せよと主張した。わだちの跡のついた道路や橋のない川の流れのなかを大砲を曳いていく難行のために歩く速度が遅れ、その間にもコーンウォリスが逃げ出すのではないか、または大砲の弾丸が届かないように守りを固めるのではないかと思い、心痛が増大した。だが、コーンウォリスが行動を起こさぬうちに大砲はあるべき場所におさまった。

ヨーロッパ人はたび重なる実地の経験から、包囲作戦の科学とその正式な儀式的慣行を発展させてきたが、広々とした大陸の、都市の木造家屋に住むアメリカ人は、そのような事柄については無知だった。だが、彼らはまもなく教練教官で軍事上の教師、フォン・シュトイベン男爵ののどにかかった訛りのある陽気で冒瀆的な言葉で訓練された。シュトイベンの爵位が本物かどうかとは関係なしに、彼は兵士たちの敬愛の情を一身に集めていた。病み上がりの連中や連隊勤務から解放された工兵たちは、一日中堡籃（ギャビヨン）や束柴（ファシン）——土を詰めた籐（とう）のかごや、土塁を厚くするために用いる乾いた棒切れの束——と呼ばれる奇妙な工芸品を作った。砲撃戦に備えて障害物を一掃するため、町中の伐り倒された木々がその材料になった。この頃には、英軍側の大砲の轟きは少なくなっていた。コーンウォリスが、本当に包囲されていることを知って弾薬の節約を命令したからだった。

コーンウォリスは、連合軍の第一平行壕の砲列から幕開けの砲火のつるべ打ちを受けたあと、十月十一日に「まっすぐヨーク川へ出撃して海戦で勝利する以外、わたしを救えるものはありません」とクリントンに知らせている。十月十一日に十六インチ臼砲を使って始まった砲撃は、もう一人の日記作者、英軍のバーソロミュー・ジェイムズ海軍大尉の描写によるとあまりにも「すさまじかった」ので、「まるで天が裂けたかと思われるほどだった」。砲撃の音と怒号は、しだいに「ほとんど耐えがたくなって」いった。ジェイムズ海軍大尉は、「いたるところに、頭や腕や脚を吹き飛ばされて瀕死の重傷を負った男たちが横たわっている」のを見た。また、「負傷者の苦しげな泣き声と、主に家を焼かれた住民たちの悲痛な苦しみ」が、大虐殺をいっそう悲惨なものにしていたという。

包囲網が狭まりかけていたとき、無気力の兆候などみじんも見えない最後の猛烈な襲撃が十月三日、グラスター側で起こり、二人の好戦的な騎兵隊の指揮者、タールトンとド・ローザン公爵との交戦になった。コーンウォリスが使用することができる陸の退路としてのグラスターを封鎖するため、ワシントンはそこに千五百人のヴァージニアの民兵隊と、ローザンの六百人の軍隊に加えて八百人の武装海兵隊を配置していた。民兵隊は、竜騎兵に対峙すると逃げ出すのがふつうだった。グラスター陣営の英軍司令部をあずかっていたタールトンは、自分の騎兵隊を率いて徴発に出かけ、トウモロコシを積んだ荷車を曳いて帰ろうとしていたとき、狭い道で槍をかまえたローザンの軍団に遭遇した。タールトンは、槍に突っつかれて傷ついた馬が自分の馬にぶつかってきたので、投げ出された。ところが、竜騎兵たちが先を争って救援に駆けつけたおかげで、彼は別の馬をつかまえて再度馬上の人となり、味方の歩兵たちの援護のライフル射撃に守られて逃走することができた。敵のほうが数でまさっていたので、タールトンは退けと命令した。一方ローザンの兵たちは、今度はヴァージニア民兵たちの着実な射撃に守られて追撃した。タールトンの竜騎兵たちは、ついにグラスターに逃げこむことができた。その後、グラスターはフランス人司令官、ド・ショワジー侯爵によって包囲された。二人の英雄の激突は、戦況を変えるにはいたらないまま終わってしまったが、ヴァージニア民兵たちの断固とした抵抗の戦闘に対しては、あらためて尊敬が集まった。

十一月十一日から十二日にかけての夜の間に、連合軍はさらに前進して第二の平行壕を作る作業を始めた。これは、英軍の方形堡中最大で防衛の中心をなす砦のホーンワークから三百ヤードしか離れていない。新しい平行壕は、英軍の方形堡中最も邪魔になる二つ、九号堡と十号堡から攻撃できる範囲に入っている。この二つの堡を排除するまでは、その二つからの砲火を受けて平行壕をそれ以上掘り進められないのは明らかだった。したがって、まずこの二つの方形堡に大攻撃をかけることが必要だった。十月十四日に銃剣攻撃をせよ、という命令がくだった。部隊が選ばれ、命令がくだされたとき、白兵戦を予想して猛烈に緊張が高まった。

ワシントンが兵士たちに向かい士気を高揚させるための短い演説を行なったときにも、緊張が高まった。ワシントンはふつう、そんなことはしなかったからだ。彼は、この戦争の成功如何は二つの方形堡を奪えるかどうかにかかっている、と言った。というのは、英軍がどちらかを奪回すれば、彼らはそれに追加の兵力と大砲とを加えて、連合軍の平行壕をこれ以上掘り進めるのを不可能にして包囲戦を遅らせることができるからだ。その上英国海軍の救援が来るまでの時間かせぎをさせてしまうというさらなる危険もある、と彼は言った。

頂点まで熱意をかき立てられて、フランス軍とアメリカ軍はラファイエットの総指揮のもとで戦闘に突入した。九号堡を強襲したフランス軍ロイヤル・ドゥ＝ポン隊の戦いのほうが、ハミルトンとスティーヴン・オルニー大尉の指揮で十号堡を襲ったアメリカ軍ロードアイランド軽騎兵隊の戦いより熾烈だった。九号堡の鹿砦は、十号堡の場合ほど攻城砲により徹底的に破壊されていなかったからだ。攻撃者が必死で逆茂木(さかもぎ)の上を這い登ろうとして阻止されると、そこへ腕を伸ばせば届くほどの至近距離から銃剣の一突きやマスケット銃の一斉射撃が襲いかかって死者や負傷者が続出した。彼らの攻撃はあまりにすさまじかったので、ジェイムズ海軍大尉は敵が「右からも左からも一万七千人の軍勢で襲いかかってきた」と考えた。印象があまりに強すぎると、目撃者の日記の真実性はときどきあやしくなってくる。フランス軍の戦死者十五名、アメリカ軍九名の損失を出して、方形堡は二つとも夜の十時には連合軍の手に落ちた。

頑強な守備を予期していた攻撃軍が驚いたことには、彼らは七十三人もの捕虜を手に入れ、そのなかには九号堡の指揮官、マクファーソン少佐も混じっていた。逮捕した者の報告によると、マクファーソンは砲撃が始まったとき、方形堡を事実上放棄して三十人の兵士と共に持ち場からすでに後退していたところだったという。これはコーンウォリスの軍隊の敗北主義の表われか、または一個人としての彼の悲劇的な弱点だったのかは、どうしてもわからない。方形堡が占領されるやいなや、待機していたペンシルヴェニア隊の兵士たちは、銃をピッケルやシャベルに代え、さらに前進したところに第二の平行壕を掘る作業に戻った。まだやまない英軍の砲撃のもとで、フランス軍の負傷者の数は百三十六名に達した。

連合軍砲兵隊の陣地として九号と十号の方形堡を占領したため、ワシントンは、敵が残された唯一の脱出可能な地、グラスターと往来するのを阻止できる立場になった。コーンウォリスも同じことを考えた。この敗北のあと、彼は心のなかではあきらめてしまったからだ。そして、クリントンにあてて途方もない手紙を書いている。祖国にとって、それから——彼にこの認識があったかどうかはわからないが——、歴史にとっても非常に重要な戦争の危機的な瞬間に、きわめて重要な持ち場を指揮している将軍が書いたものとしては、この手紙は軍事的年代記のなかでもユニークなものかもしれない。正直に、逃げ口上は使わず、あいまいさのなかに逃げこみもせず、彼は次のように書いている。

「いま、わたしの状況は非常に由々しいものになっています。われわれは、これまでの敵の砲列に対して歯が立たなかったのですが、さらに彼らの新しい砲列が明朝砲撃を開始すると思います。経験によると、われわれの新しい土塁は敵の強力な砲撃を持ちこたえられないでしょう。その結果、われわれはまもなく、破壊された砦のなかで、兵員の数は少なくなり、不利な立場で敵の攻撃にさらされることになります。そういうわけでこの場所の安全性はすこぶる不安定なので、艦隊と軍隊がわれわれを救うために非常な危険をおかすべきではないと考えます」。

彼は結末をしかと見定め、誰のせいにもせず、弁解もしていない。

しかし、彼は心底からの軍人だったので、ただ座して死ぬことはできなかった。包囲された側の慣習として、降伏する前に少なくとも包囲突破の努力を一度くらいはする必要があった。それで、九号と十号の方形堡が奪われてから二十四時間経たないうちに、コーンウォリスは三百五十人の選抜隊に連合軍の第二平行壕を攻撃し、銃剣を砲身に詰め火門をふさいで敵の大砲を使えなくせよ、と命令した。こうして、十月十六日の夜明け直前の夜の最も静かな時間に攻撃を開始して、七門の大砲を沈黙させることができた。しかし、その間に、ド・

ノアイユ子爵に率いられたフランス軍擲弾兵と連合軍工兵たちの激しい反撃を招いた。幼獣を守ろうとする親の怒りにかられて、彼らは敵を追い出し、弾丸が頭上をかすめるなかで、銃剣による火門栓を取り除いた。夜が明けたときには、彼らの砲列は再び活動できる状態になっていた。

ヨークタウンが連合軍の砲撃で震え、死傷者の数は増し、兵士は続々と熱病で倒れていくので、コーンウォリスはヨークタウンを脱出する最後の努力をしようと心を決めた。十月十六日の夜、彼はヨーク川を三往復して軍隊をグラスター側に渡す計画をたてた。クリントンが差し向けると約束した海上の救援艦隊に会うか、または、そうする必要があれば、どうにかして陸路を北のほうへ逃れるかするためだった。十六日の夜、この作戦が始まったとき、あたりは彼らの身を隠すかのように真っ暗だった。だが、この作戦をくじいたのは、連合軍の砲撃ではなかった。どんなスパイも脱走者も忠誠派の変節漢も、ワシントンに警告を与えてはくれなかった。脱出を阻んだのは、あれほどしばしば人間の腐敗した事件を無頓着に裁いてきた自然だった。真夜中に大嵐が起こり、はげしい土砂降りの雨となって、逃避行の兵士たちはぐしょ濡れで寒さに震え上がり、彼らの小舟は大混乱に陥って岩だらけの海岸に打ち上げられ、上陸は不可能になった。朝陽がさす前、いまでは警戒態勢をとった連合軍のライフル銃火を浴びながら、大部分が出発点に戻ってきた。嵐のため湾のなかに吹きやられた船もかなりあった。

十月十七日の夜明け、占領した方形堡上の連合軍の砲列が英軍の陣地に対して雷鳴のような砲撃を開始し、まだ砲撃可能だった英軍の大砲を破壊した。脱出の希望を断たれ、コーンウォリスはホーンワークで戦争会議を招集したが、この会議に残されていた唯一の道は、降伏だけだった。

十月十七日の朝十時、連続する砲撃音と重なってほとんど聞こえるか聞こえないかのかすかな太鼓の音は、ホーンワークの胸墻の上に立った小柄な赤い制服の鼓手が叩いているものだとわかった。やがて、ホーンワークから白旗代わりのハンカチを振っている背の高い将校の姿が現われ、まだ狂ったように太鼓を叩き続けている鼓手をそばに従え、アメリカの戦列のほうへ歩いてきた。いまでは音も聞こえるし姿も見えるこの将校の出現に、連合軍の大砲は砲撃を止めた。ずたずたに破壊された町をおおった沈黙は、過去六年半の間に聞かれたどんな音よりも雄弁だった。その意味はほとんど信じがたかった。まだ白いハンカチを掲げながら、英軍の将校はアメリカ地区まで護送され、彼がたずさえて来たコーンウォリスからの短い書簡は、大急ぎでワシントンのテントへ届けられた。手紙には、次のように書かれていた。

閣下。

わたしは二十四時間の敵対行動の中止と、それぞれの側から任命された二人の将校がムーア氏の邸で会見し、ヨークとグラスターの陣地の降伏の条件を話し合うことを、提案いたします。

敬具
コーンウォリス

ワシントンが「降伏」という言葉を読み回答を書いたとき、どんな心持ちだったかを語ってくれる日記はない。何年にもわたる窮乏と失意を経験し、まともな履き物を入手できなかったので、雪のなかに点々と印された兵士たちの血に染まった足跡に心を痛めたあと、いま戦争をこうした勝利の結末へと導き、敵を降伏させたということは、深い感情をかき立てないではおかなかったはずだ。それは深すぎて涙にも言葉にもならず、その感情は誰にも、小姓にさえ打ち明けられなかった。降伏の通告に対する回答として、彼は次のように書いた。「これ以上の流血は避けたいと切望しておりますので、ヨークとグラスターの貴官の陣地と守備隊の降伏について容認できるかぎりの条件に喜んで耳を傾ける用意があります」。彼は、交渉委員との会談に先立ち、コーンウォリスの提案条件を文書の形にしてアメリカ軍の戦列まで送り届けるように、と付け加えた。許された時間内での敵対行動の「中止」という言葉は、ジョン・ローレンスの示唆で、アメリカ側の回答のなかでは「停止」に変えられた。ローレンスは最近フランスから戻ってきて、ロシャンボーとワシントンの顧問として活躍していたのだ。いまだに海からの救援軍が気になり、このままでは救援軍が来るまでの時間かせぎになると心配して、ワシントンは時間の制限を二十四時間の代わりに二時間とすることにした。

コーンウォリスが、軽蔑すべき敵と考えていた反乱者の連中に対して降伏せざる得なかったときの気持ちは、これもまた記録されていない。その日彼がクリントンに書いた興味深い手紙のなかで、最も重要な位置を占めているのは自分の立場を正当化することだった。戦争が終わったので、彼は弁解したり、責任の所在を仄めかしたりしはじめている。当然予想されることだが、コーンウォリスは礼儀正しいとはいえ確固たる口調で、その責任をクリントンに押しつけた。同時に、自分が受動的な態度に終止していたことも説明しておく必要があると感じていたようだ。

閣下。

無念ですがわたしは、ヨークとグラスターの陣地を放棄し、今月の十九日の降伏により、わたしの指揮下にある軍隊を戦争捕虜としてアメリカ・フランス連合軍に差し出さざるをえなくなった、と閣下にお知らせしなければなりません。

彼は言葉を続けて、自分は「この陣地を一度も有利な状況だと考えたことはなく」、そこで強力な軍勢から攻撃をかけられるとわかったとき——「救援の望みがなかったら、決してそこを守ろうという気にはならなかったでしょう。きっと、ワシントン将軍〔敵を「将軍」と呼んだのは、これが最初だった〕の部隊がウィリアムズバーグに着いたとき、即刻グラスター側から急いでニューヨークへ逃げようとしたか、または広々とした野外で彼らを攻撃したはずですから。しかし、〔ここで彼はナイフを突きつけている〕閣下の手紙により、われわれを救援するために海陸両面からあらゆる可能な手段が取られるということを確約されていましたので、わたしは右に述べた決死の試みのいずれをも行う必要がないと考えたのです……」と述べている。どうして、決死の試みをやる必要がなかったのか。最悪の状況が予想されるとき、決死の試みをやるのは将軍の仕事ではないか。コーンウォリスは必要なら自分の手を炎のなかへ突き入れることもできる男だったが、兵站業務を組織し、失敗する可能性のある危険をおかしてまで大々的な戦闘の手配をする人間ではなかった。ゲーンズバラが描いた肖像画の、思索やしかめ面や笑いでできる皺がない——全然ないのだ——なめらかな顔が、十分それを語っている。それは、決死の試みをやる必要のない、快楽と満足の生活によって形作られた顔だ。

わたしたちが知っているように、コーンウォリスはクリントンに対して述べた二つのコースのどちらも選ばなかった。彼は、九月二十六日に連合軍がウィリアムズバーグに着いたとき、その三日後になって最前線から退き、ヨークタウンの内側の守備を固めるよう命じたこと以外、何もしなかった。また、手遅れになるまで、グラスターを通って逃げる努力もしなかったし、「広々した野外で」の攻撃を考えたしるしも全然見せていないのは確かだった。

コーンウォリスの行動を理解する手がかりは、アメリカ人を力で強圧しても成功するはずがないから間違いだ、という彼の信念にあると考えてもよかろう。彼と意見を同じくした陸海軍の他の軍人たちは、間違いのために戦うことを拒否した。だが、コーンウォリスは拒否しなかった。それどころか、反対に志願したのだった。たぶん、これは国王の任命を受けているという義務感のためだろう。戦争についての二つの異なる価値判断が初めから彼の心にひそんでいて、気乗りのしない戦い方の原因になっていたのかもしれない。最後の一カ月間の彼の振る舞いは、容易には理解できない。彼は、ハムレットのように、わたしの心の秘密がやすやすとわかってたまるものか、と言っているのかもしれない。

コーンウォリスは短い休戦を強制的に受け入れさせられたが、決められた二時間以内に彼の提案を届けることができた。彼の条件は、軍事的状況よりも手順や外交儀礼のほうに大きな関心を払ったもので、そのため、双方の当事者が会ったとき、何時間もかかる議論を生むことになった。

交渉委員の面々は、連合軍の代表者としてジョン・ローレンスとラファイエットの義理の兄弟に当たるノアイユ子爵、もう一方の側は、コーンウォリスの代理として二人の副官、トーマス・ダンダス中佐とアレグザンダー・ロス少佐だった。

コーンウォリスの条件は、受け入れがたいものだった。彼は降伏の儀式のさい、彼の守備隊に特典を与えてくれと要求した。この特典のなかには、旗を掲げて儀式に出席する権利と、自分たちが選んだ音楽に合わせて行進する権利が含まれていた。ヨーロッパの風習である権謀術策的（ビザンチン）理由からだろう、降伏者が勝利者側の国民的な歌や国歌を奏したいという要求には、彼らが立派に戦ったことを証したいという意味が含まれていると考えられていた。だが、ワシントンは彼らが立派に戦ったとは考えなかった。彼の判断によると、メリーランドのシム・リー知事への手紙に見られるように、コーンウォリスの行動は「これまでのところ考えられないほど受動的だった」からだ。ワシントンの信条によると、危険は克服するために作り出されるものだった。その上、十八カ月前のチャールストンでのアメリカの降伏のとき、英軍は守備軍に対して降伏のさいの特典を与えず、旗をケースに入れて――つまり巻いて――出席するよう要求した。チャールストンの降伏の儀式に参加していたローレンスは、今回の降伏の儀式では英軍に連隊旗を掲げながら選んだ曲に合わせて行進する栄誉を与えることを、がんとして拒否した。ロス少佐からこれは「苛酷な条項だ」と言われたので、ローレンスは、チャールストンの無蓋壕のなかで六週間勇敢に防衛戦を戦ったあと、そこの英軍が同じ条件を拒否したことを少佐に思い起こさせた。ロスが「コーンウォリス卿はチャールストンの指揮を執ってはいなかった」と答えたところ、ローレンスはすかさず断固として、「ここで考慮の対象になっているのは個人ではない。国家だ。この条項は残す。さもなければ、わたしは交渉委員をやめる」と告げた。次に、英軍はグラスターの守備隊にも特典がほしいと言った。それに対してローレンスは、本来これは他の軍隊と同一のものとして扱うべきだと主張した。最後に妥協案が見つかって、騎兵隊には抜き身を下げ、ラッパを奏しながら馬に乗って入場することを許すが、歩兵隊は旗をケースにおさめたまま入場することになった。

いわゆる名誉の特典という些事をめぐって熾烈な議論をするということは、つい先刻まで重大な戦闘に生命を賭けていた男たちにとって、奇妙ではあっても珍しくはない取り引きの手段だった。これらの人々は、一方は帝国のために戦い、もう一方は国家の独立のために戦ってきた男たちだった。彼らは戦場での勝敗をくつがえそうと考えたのだろうか。次にもっと実質的な問題が起こったのは、英軍側が捕虜になった英国人とドイツ人の部隊は再び戦争に加わらないという誓言をさせて、それぞれの出身国へ帰せという要求を出したときだった。バーゴインの降伏のときにも同じ条件が許可されたが、捕虜が本国の他の軍隊に入り、その軍隊力がアメリカへ送られるという結果になった。それで、今回これは許可されなかった。最も執拗な論議の的になったのは英国のために戦った忠誠派の人々の扱いにかかわるもので、ローレンスは彼らに保護を与える権利は自分にはなく、ワシントンがそれを許さないのは確実だと言った。会議場の外で待っていた軍隊は、会議の進行の遅れに落ちつきを失っていらいらしていたが、議論はだらだらと続き、ついに真夜中になって条件の決着がついた。

それが写し取られてワシントンのもとへ届けられたとき、彼は早朝、修正事項に対する回答を出すと約束し、コーンウォリスの署名は午前十一時になされる予定で、そのあと二時に守備隊が降伏することになった。コーンウォリスが署名するまであと二時間の猶予を与えた。この約束が守られない場合は、再び交戦状態に入るはずだった。署名された文書は、与えられた時間内にきちんと届けられた。一七八一年十月十九日、午後二時きっかりに、その後しばし絵画に描かれることになる新国家の誕生を約束する儀式の第一段階が行なわれた。

ウィリアムズバーグへ通じる道の一方には、白い軍服を着て、金糸で国王の百合の花(フルール・ド・リ)を縫い取りした白い絹の旗を掲げたフランス軍の十連隊が整列していた。もう一方の側にはアメリカ軍、正面には正規の大陸軍が並び、訓練がさほど行き届いていない、みすぼらしい姿の民兵は後ろに並んだ。民兵のなかには、破れた長靴から足の指が突き出ている者もいた。英軍は白いゲートルに、みがき上げた黒い長靴をはき、引き渡し資産のなかに含まれないようにするため兵站部が支給した新しい軍服を着て、二つの列の間を歩いた。旗はきっちりと巻いてケースに入れてあり、はためきながら挨拶を送る旗は一枚もなかった。要求された通り、彼らは自国の音楽——これは、歴史上最も人々の記憶に残るでっちあげの伝説の一つによると、誰もが想像している通り「世界はさかさまになった」と呼ばれるバラッドだったという——に合わせて行進した。実は、そのような名前の歌もメロディーも存在してはいなかった。*

降伏の行進では、しゃちほこばってきちんと振る舞うドイツ兵はしらふの状態で続いたが、英国兵たちは最後のラム酒とブランディの貯えをからにしたため「ひどく酒に酔っているように見え」る、高慢（モルグ）ちきで尊大な態度を示した。フランス軍の補給係将校のクロード・ブランシャールの述べているところによると、彼らは何よりも「アメリカ人に対する軽蔑」の気持ちを表わしていたという。勝者に対する敗者の軽蔑は、一見さかさまの反応のように見えるが、敗北者の感情——自分自身の責任や失敗を認めず、スポーツの場合に、一陣の風が吹いて投げたボールをそらせ相手を勝たせてしまったときのように、何かの意地の悪い不幸により勝利を奪われてしまったと信じる気持ち——をよく表わしている。英国兵は、最近まで自分たちの臣下であった人々を見るのがいやで、フランス軍のほうを注視していた。ついにラファイエットが「ヤンキー・ドゥードル」の演奏を要求し、それが英国兵全員の頭を一斉にアメリカ人のほうに向けさせた。

降伏の儀式は、コーンウォリス卿の軍人らしい英雄主義にとっては耐えられなかったらしく、彼は病気を理由にして出席せず、代理をつとめさせるため、次席司令官のチャールズ・オハラ代将を送った。ド・グラース提督も、勝利の立役者だったにもかかわらず、喘息の発作のために欠席し、ド・バラス提督を代わりに送った。

ワシントンはいつもの淡黄色と青の服を着、馬上で彫刻のように動かず毅然として、アメリカ軍の列の先頭の位置を占めていた。オハラがコーンウォリスの代理人として近づいてきて、明らかに自分の剣をアメリカ人ではなくフランス人に引き渡すつもりで、ロシャンボーのほうに進み出た。ロシャンボーは微笑して頭を振り、道の向こう側のワシントン将軍を指さした。ワシントンは総司令官として英国の次席司令官を相手に儀式を完了させるのは気が進まず、自分の副官のリンカーン将軍を指さした。彼はチャールストンの降伏のときのアメリカ側の指揮官だった。リンカーンがワシントンの代理としてオハラから剣を受け取ったかどうかは、論議の分かれる点だ。しかし彼は確かに、英国兵たちがそれぞれの武器をおかねばならないハト地帯（ピジョン・クオーター）と呼ばれる野原の一点を、オハラに指し示した。酔っていたためかどうかは知らないが、英国兵たちは安全装置がはずれて暴発すればいいと考えたのか、くやしまぎれに勢いよく銃を投げ出した。ついに、それを見ていたオハラがけちくさい復讐はやめろと命令した。

英国の提督が、フランス軍が「航行を完全に掌握している」と宣言した湾の海港で行なわれたこのヨークタウンの降伏は、海軍覇権の顚覆を象徴し、それがこの事件に苦々しさを付け加えた。一年経たないうちに、この顚覆が束の間のものにすぎないことをロドニーが証明するのだが、ヨークタウンでは、それが英国のいっそうの失墜を象徴していた。

十月十七日、コーンウォリスが小柄な鼓手に先導させて降伏の申し入れをした日、ニューヨークの彼の予定された救援者、グレイヴズとクリントンは、軍事史における戦闘の遅れについての最高記録を樹立して、ついに任務を帯びて出発する時間を定めた。この任務は、九月二日にコーンウォリスを「救出」しなければならないとクリントンが認めたとき以来、ずっと引き延ばされ続けていたのだった。七千人の軍隊が乗りこんだグレイヴズの艦隊は、クリントンをも乗せて、ついに帆を揚げ、ゆっくりとハドソン川をくだりはじめた。彼らは十月十九日にサンディ・フックを越えた。これは、ヨークタウンでワシントンとコーンウォリスが降伏の条件に署名して、それを受け入れたのと同じ日だ。五日後の十月二十四日、彼らは恐れていたド・グラースの妨害にも会わずにチャールズ岬の沖に到着した。ド・グラースは、大義はすでに勝利を得ていたので、戦闘の危険をおかす理由を認めなかったからだ。小さな船が情報を求めて湾を走り回っていた間に、ヨーク川から一隻の船が出てきて降伏の経緯を説明した。ときは待ってくれず、扉はすでに閉ざされていた。六年近くつぎこまれた軍隊もすべての費用も、水泡に帰した。勝利も栄光もなく、支配権も回復されなかった。それは、一つの戦争として自己満足に対する歴史の非難ともいうべきものだった。

二人の無気力の大家、提督と将軍は、三十五隻の艦船と七千人の兵を率いながら、回れ右

〝世界はさかさまになった〞

Library of Congress—Music Division

をして、むなしくニューヨークへ引き返した。

公式には、戦争は終わっておらず、アメリカの主権も認められていなかった。それが実現するのは、その後二年間も続くえんえんと引き延ばされた和平条約の交渉が一七八三年に結論を見たあとのことだ。世界中にとどろきわたる降伏を宣言する砲声は聞かれなかった。だが、この降伏自体が、雄弁にその意義を語っている。その意義とは、ほぼ六年前セントユースティシャスの大砲が敬意を表した独立国家としてのアメリカの確認だった。その当時、アメリカの独立は事実ではなく、新しく生まれた宣言にすぎなかった。デ・グラーフの大砲がとどろいたとき、のちに第二代大統領としてジョン・アダムズが述べた通り、「これまでアメリカで討議された問題のうちで最大の問題が決定され」て以来、ほとんど六カ月も経ってはいなかった。アダムズは言葉を続けて、「人類の間で、これ以上大きな問題は一度も決定されたことはなく、これからも決定されはしないだろう」と言った。これらの言葉の意味がヨークタウンの降伏の上には漂い、旧世界に民主主義の時代への変化のときが来たことを知らせていた。

＊「世界はさかさまになった」という言葉（五一二ページ）は、はやり歌「デリー・ダウン」の節で歌われる多くの替え歌の一つに出てくる。替え歌のうちでいちばんよく知られているのは、「王様ふたたび王位を奪回」というバラッドだが、これは愛らしいチャーリー王子へ捧げる古いジャコバイトのセレナードで、この場合にはまったく不適当だ。「年寄り女がいいこと教えた」とか「世界がさかさまになったとき」とかいう題名がついた別の歌には、次のようなまったく平凡な歌詞が入っている。

もしも　きんぽうげが蜜蜂を追いかけ、
ボートが陸に、海に教会があったとしたら、
ポニーが人に乗り、
草が牝牛を食べたとしたら、
二十日ねずみに追いかけられて
猫が穴に這いこんだとしたら、
もしも　母親が赤ちゃんを
半クラウンでジプシーに売ったとしたら、

夏が春になり、その逆になったとしたら、
世界はみんな　さかさまになるだろう。

「世界はさかさまになった」という曲を降伏者が奏したという話の源は、ジョン・ローレンスまでたどられていて、彼が、フランス旅行中の親しい同僚で、降伏の条件についてのコーンウォリスの副官と彼との会談の記録者でもあるウィリアム・ジャクソンにその話をしたと考えられている。のちに戦争担当国務長官の補佐官にもなったジャクソンは、ローレンスが彼に語ったことを、一八二八年にチャールストンで出版された『アメリカ革命逸話集』の著者、アレグザンダー・ガーデンに伝えたと言われている。ローレンスが話したのは、降伏者たちはまるで「世界がさかさまになった」と感じているかのように、のろのろした気力のない様子で行進していたという趣旨の内容だったのに、それをジャクソンが、この歌詞を含むバラッドのことだと思いこんだにちがいないという説もある。このバラッドの出自や制作年月日、これが行進曲か行進曲でないかについてのさまざまな異論――たとえば、「八分の六拍子のリズムは行進には向かない」(フランク・ルーサー著『アメリカ人とその歌』)、次には逆に「この曲はすばらしい行進曲になる」(ケネス・ロバーツ著『北西の道』)――のおかげで、研究者たちは、矛盾する参考文献の記述の迷路に入りこんでしまった。その結果、確実なのは一つだけ、つまり、ヨークタウンで降伏者たちが演奏した曲は、ギリシャ神話のサイレンが歌った歌のように、歴史的にははっきりしないままだ、ということだ。

「デリー・ダウン」の曲は軽快というよりは悲しげなので、行進にはとくにふさわしいとは言えないが、降伏にあたっては、軽快さは不要かもしれない。

エピローグ

この大事件のニュースは、ワシントンの副官、テンチ・ティルマンが北へ運んだ。彼はヨークタウンからフィラデルフィアまで馬を早駆けさせ、立場を逆にしたポール・リヴィア（米国の愛国者で一七七五年四月十八日、徹夜で馬を飛ばして英国軍の進撃を知らせた）のように村や農場に降伏の知らせを触れて歩いた。この旅は四日かかり、フィラデルフィアに着いたのは、十月二十四日早朝の二時半だった。寝静まった通りに、おびえた住民には侵入軍の物音のように聞こえたひづめの音を高らかに響かせながら、彼は大陸会議の議長、トーマス・マッキーンの家に乗りつけ、扉を叩いた。そのため、夜警につかまってしまい、下の騒ぎに起こされて階下へ降りてきたマッキーンが訪問者の保証をしてくれて、ようやく逮捕を免れた。暗闇のなかでティルマンはこのすばらしい知らせを伝え、満足のいく反応を得た。マッキーンはインディペンダンス・ホールの鐘楼の鐘を鳴らせと命じたからだ。強いドイツ語なまりの退役軍人の夜警はカンテラを提げ、早速次のように呼ばわりながら巡回を始めた。「ちょんど三時だぞ（バシュト・ドレー・オグロック）。そいから、ゴーンヴァリス（ウント）は降伏したぞ（イスト・ゲダーケン）！」

窓が次々に引き開けられ、興奮した住民たちはその言葉を聞こうと頭を突き出し、それから通りに走り出てニュースを知らせ合い、お互いに抱き合った。砲台が祝砲を鳴らし、花火が上がり、町中に照明がともり、教会では感謝の礼拝が行なわれた。新聞は号外を発行し、著名な市民たちは演説を行ない、舞踏会を開いた。遠いニューヨークのニューバーグでは、民衆が熱狂的に例の裏切り者の将軍、ベネディクト・アーノルドの人形を焼いた。

インディペンダンス・ホールから鳴り響いた鐘の音は、軍事的勝利以上のものを語っていた。それは新しい世界の誕生のため、暴政や圧制からの救済のため、革命のために戦ったアメリカ人のみならず、志願して戦いに加わったフランス人、オランダの反体制派の人々、イギリスの野党のホイッグ党の人々、どこであろうと啓蒙の時代に育まれ、人間は完全になりうるという楽観性を吹きこまれた精神が抱くアメリカの夢と希望のために鳴った。革命の勝利は、アメリカの独立宣言が提示した自由の保障へ向かう進歩の始まりを告げていた。かがり火が焚かれ、市民たちが抱き合ったのは、このためであり、ワシントンが一七八三年、合衆国への最後の回状のなかで述べたように「すべての人類を向上させる力」のため――アメリカという偉大な希望のため――だった。ラファイエットが墓を作るのに十分な量のアメリカの土を祖国へ持ち帰り、一八三四年に死んだとき、その土のなかに遺体を埋めたのは、このためだった。

ヨークタウンの捕虜を監視つきの営舎と要塞へ入れる措置を講じたあと、ワシントンは赫々たる勝利をウィルミントンとチャールストンへの合同攻撃まで持っていきたかったのだが、フランス艦隊の出発のため、それが不可能になった。ド・グラースは十一月のはじめまでに西インド諸島へ帰れという命令を受けており、ハリケーンのあと防備体制が弱まった英領の島に対してどこでも攻略する任務を帯びて、十一月四日カリブ海へ向けて出発した。ド・グラースの目標は英領の最もゆたかな島、ジャマイカだという一般的な想定にもとづいて、海軍本部はロドニーに頼った。彼は手術を受けたばかりだったが、島の防衛のため断固として戦ってくれると当てにすることができたからだ。海軍の指揮官の候補者で、全面的に信頼のおける人は他にいなかった。候補者の一人、ケンペンフェルト提督は、フランス艦隊を阻止するために送られながら、十九隻の敵に対して当方の戦列艦は十二隻にすぎないという理由で戦闘を回避したことがある。まずセントユースティシャスがフランスの手に落ちた。ロドニーはここを難攻不落にしたと考えたが、策略に対しては防御できなかった。フランス軍が、「赤い上衣と黄色い折り返しつきのイギリス兵そっくり」の英国風の赤い軍服を着たド・ブイエの英語を話す連隊を上陸させたために、守備隊はどうしようもない混乱に陥ったからだ。この連隊は、金のためにフランスに雇われた傭兵で、一部は生粋のイギリス人、一部はアイルランド人だった。黄金の岩（ゴールデン・ロック）は一七八一年十一月に奪回され、ヨークタウンの陥落の直後に、再び英国人の誇りに大きな傷をつけた。一七八四年、フランスがオランダの主権を回復させたので、オランダの旗は人々の記憶に残る有名な岩の上に現在にいたるまでひるがえっている。

　ヨハンネス・デ・グラーフは一七七九年、一市民として、かつて総督をつとめた場所に戻ってきた。セントユースティシャスは、ロドニーが怒りにまかせておどしつけたように、

「砂漠」になるまで破壊しつくされてはいなかったので、忙しくいつもの仕事、つまり富の蓄積にはげんでいた。デ・グラーフも、その財産と影響力のおかげで首尾よく富の蓄積にはげむことができた。彼はその後三十五年生きて、一八一三年に金満家として死んだ。

セントユースティシャスの陥落のあと、リーワード諸島のさほど重要性を持たない二つの島が、続いてフランスの手に落ちた。もう一方では、ド・グラースが、攻撃的なド・ブイエ侯爵の軍隊と組み、進軍を続けてセントキッツを占領し、セントルシアをおびやかすにいたった。その結果、誇りが傷ついたことよりもさらに悪い状態をひき起こした。つまり、イギリスの予算が依存していた砂糖収入の減少を招いたのだ。この打撃を受けて、国民の怒りはサンドウィッチに集中した。「六隻の戦列艦がイギリスの港で休んでいる」のに、ビングのように不十分な軍勢を率いてケンペンフェルトを出航させたから、というわけだった。野党の党首ロッキンガム卿によると、「われわれにはいま十隻の戦列艦があるのに、それに乗せる人間がほとんど一人もいないというのは、公然の秘密」という状況だった。この憂うべき海軍の現状の責任者としてサンドウィッチに対する譴責処分の動議が提出されたが、採決は二十一票以上の多数票をそのまま維持していた政府によって否決された。グレイヴズ提督のさらに憂うべき行為とアメリカ喪失のニュースが届く前のことだった。それでサンドウィッチは居すわった。

「閣下が今後決して、わたしが経験してきた苦痛と責め苦とを耐えしのばれませんように」とロドニーは彼に書き送った。しかし、外科手術後の回復期にあった彼はまだ病人だった。

海軍はいま現在攻撃にさらされているので、ジャマイカを救うためには彼の現役復帰を待ってはいられなくなった。そのため彼は、正規の階級外の名誉職、英国中将という新しい地位について、巨大なフォーミダブル号を旗艦にもらい、手術のおかげでやせ衰えてはいたものの、意気軒昂として勤務につく覚悟を決めた。六十四歳のロドニーは、一七八二年一月、現役の海軍勤務につき、艦隊を引き継ぐためプリマスへ向けて出発した。やがて彼は、艦隊を引き継ぎ、この艦隊でトラファルガーの海戦におけるネルソンの勝利以前では最も重要な海戦、セインツの戦いで、前例のない武勲を立てることになる。「縦列を組め」という『戦闘教本』の暴政に永久に訣別して、敵の戦列を打ち破り、フランス軍に対する歴史的に名高い勝利を収めたのだ。その目に見えるしるしとして、水に浮かぶ世界最大のフランス船、巨大なヴィル・ド・パリ号は英軍に拿捕され、ド・グラースは捕虜になった。

この離れ業が成就したのは、一七八二年四月のことだった。そのときロドニーは、十二隻の戦列艦に加えてアメリカから帰ってきたフッドの小艦隊で増強されており、ちょうどマルティニクのフォール・ロワイヤルを出てジャマイカを指して北へ航行中のド・グラースの艦隊を発見した。ド・グラースはアメリカから帰って、フォール・ロワイヤルを基地にしていたのだった。あとで加わった船も入れてド・グラースは三十三隻の戦列艦、英国合同軍は計三十六隻を擁していた。

両艦隊が、ドミニカとグアドループの間の、名前に「セント」がつく小さな島が複数あるためセインツと呼ばれる水路で、風をとらえようと苦心している間に、三日が過ぎた。その間、両艦隊は直射射程でピストルの弾丸が届きそうなところまで接近したり、ある場合には衝突したりしながら、交戦し、バラバラと砲撃してはまた別れていった。死傷者が出て、双方のマストがぐらついたり、兵が殺されたりした。

仏艦隊が戦列を組もうとしていたとき瞬間的に風が止み、隊伍のなかに割れ目ができた。フォーミダブル号に乗り組んでいた艦隊長のサー・チャールズ・ダグラスは、風上からの強風が英艦フォーミダブル号にその割れ目を通り抜けさせるだろうと見てとった。彼はロドニーを見つけようと急いでやって来て、叫んだ。「サー・ジョージ！　戦列を破るだけでいい。勝利はあなたのものだ。保証しますよ」

前もって打ち合わせた計画もないので、艦長たちが自分のあとに続くかどうか、以前一度あったように戦闘の最中に自分を孤立させるのではないか、それが不確かだったので、ロドニーは舵手に船を上手回しにするよう命令することを拒否した。これは『戦闘教本』の規則に挑戦することであり、彼を軍事裁判の場に引き出すか、あるいはビングのように、発砲隊の前にさえ引き出すかもしれなかった。ダグラスはその責任を負わないだろう。責任は、提督一人のものになるにちがいない。だが、ダグラスが命令するように繰り返し迫ったので、ロドニーは気が変わった。以前に一度失敗したときと同じすばらしい好機が再び訪れたのだ。闘志に満ちた血がたぎっていた。「そうだな、好きにやりたまえ」彼はほとんど無頓着に答えた。そして「縦列を組め」の信号を高く上がったままにしておくようなへまをやることなく、それをたぐり降ろして、「接戦」の信号に代えた。フォーミダブル号のへさきがゆっくりと右舷へ揺れたとき、海軍士官候補生が急いで走っていき、砲手たちに外側から撃てるよう準備をしろと命じた。

ロドニーがはらはらして船尾のほうを見つめていると、彼と並んでいたつづく五隻がフランス側の戦列の割れ目を通ってきれいに彼のあとに従っているのがわかった。フォーミダブル号のメーンマストのトップスルはずたずたに裂け、随行中の軍艦プリンス・ジョージ号はフォアマストを失った。もう一隻は一時間に三フィートずつ浸水し、他の二隻は弾薬を使い果たした。しかし、同じように打ちつぶされ、兵士たちでいっぱいのフランス船の甲板には、死体が累々と重なっていた。水中の朱に染まった大混乱のなかで、鮫が船のまわりを突進しては船外に投げ出される水兵の死体に意地悪く飛びついていた。索具は裂け、マストは折れて、フランス船の多くは水のなかでじっと動かず、戦列にはさらに別の割れ目が現われてきた。

イギリス人の艦長たちは、胸の躍るような提督の狙いを理解して、好機に飛びついた。彼らは船首を風上に向け、帆をはためかせながら、三カ所の裂け目を縫って進んだ。いままでは崩れてしまったフランス軍の戦列は、ぐるりとまわりを取り囲まれ、両側から砲火を浴びることになった。迫ってくる闇のなかでほんのかすかな風をとらえ、フランス艦隊は船首を南に向けて逃げようとし、それを英軍が追跡してはげしい戦闘を展開した。

フランス艦隊は、強大なヴィル・ド・パリ号を見棄てて一隻ずつ降伏しはじめた。ヴィル・ド・パリ号の船上ではド・グラースが、航行不能になった船に引き綱を投げ、なんとか艦船を集めようと懸命になっていた。甲板の上に独りで立っている彼の巨体が見えた。フランスの艦船は英軍からあまりに接近して追跡されたので、修理のための時間がとれず、たちまち追いつかれた。僚艦から見棄てられたヴィル・ド・パリ号は、英艦ラッセル号から引っかけ鉤をかけられ、次にフッドの艦バーフルール号から猛烈な大砲の一撃を舷側に受けた。その間、周囲の英国艦はこの巨大な旗艦に砲火を集中させた。ヴィル・ド・パリ号の甲板は炎に包まれ、帆も索具も舵までも失われた。

ロドニーが自分の船のへさきを戦列のなかへ突き入れた瞬間から九時間半ののち、ド・グラースの旗ははためきながら降りた。同時に、旗竿からフランスの旗も降ろされた。イギリスの士官たちが降伏を受け入れるため、ボートを漕ぎ寄せた。

フォーミダブル号では、後甲板に肘かけ椅子が持ち出され、そこにロドニーが月の光を浴びながらすわって、巨大な捕獲船を眺めたり、ときどき戦列を破るのに成功した自画自讃のつぶやきを洩らしたりしていた。夜が明けると、みずから降伏するために、ド・グラース自身がフォーミダブル号の船上に連れてこられた。

「この瞬間、船尾のわたしの艦長室のなかにすわっています」と、ロドニーは海軍本部と家族あての勝利の報告のなかに書いた。「国王陛下の軍隊が、敵の軍隊に対し戦勝者たることを証明したのだ」と、彼は息子への手紙に書いている。「これでジャマイカは救われるだろう。フランス艦隊は完全な敗北を喫したので、二度とわれわれに戦闘を仕かけないと思う。」また、船があまりにもひどく破壊されてしまったので、その箇所を修理するのは不可能のように思われる」

六カ月前のアメリカの喪失を救うには遅すぎたが、事実は以上のようなものだった。六カ月前の敗北は、フッドがある知人にあててこの事件を知らせる手紙に書いたように、「英国がかつて受け取ったニュースのうちで最も憂鬱なニュース」だった。この事件の衝撃は政治上の騒動を惹き起こし、やがてイギリス政府の崩壊を招く。ロンドンは、降伏後五週間経った十一月二十五日にフランスからヨークタウンのニュースを聞いた。ロシャンボーはこの知らせをフランス国王に届けるため、二人の使者――ド・ローザン公爵とド・ドゥ＝ポン伯爵。後者は、困難な血塗られた方形堡九号占領のときの仏軍の指揮官だった――を別々の二隻のフリゲート艦で送り出していた。

この知らせは、もう一つの喜びのしると同じ日に受け取られた。もう一つの喜びのしるしとは、マリー・アントワネットに王子が誕生したという知らせで、これにより王位継承は確実になったように見えた。しかし、この赤ん坊の男の子は決して王位につくことはなく、王と王妃は十年経たないうちに王位と首の両方を失うことになった。ルイ十六世が英国国王に背いたアメリカの反乱を支持するために費やした十五億リーヴル近い金にもかかわらず、アメリカ革命の成功は彼自身の王冠にとって吉兆とはならなかった。政治的経緯についてのよりよい理解力があったら、それを予期することはできたはずだったのだが。

代理人たちはすみやかに、英仏海峡を渡ってコーンウォリスの悲劇の知らせを、第一にジョージ・ジャーマン卿に伝えた。次にジャーマンが、それをダウニング街のノース卿へ知らせた。第一大臣は「まるで胸にボールを受けたかのように」両腕を広げ、この戦争に関して最もよく引用される言葉「ああ、すべては終わった！」と叫び、部屋のなかを大股で行ったり来たりしながら「狂ったように」この言葉を繰り返したという。この知らせを国王ジョージに知らせたのは、ノースではなくジャーマンだった。ジョージは目的意識に凝り固まっていて動揺することなく、最も効果的な戦争続行の計画をたてよ、とジャーマンに命令した。ジャーマンとサンドウィッチを取り巻く内閣の最も頑固な保守派を別にすると、国会にもまた国内でも戦争を支持する人はほとんどいなかった。大部分の人々は、これまで戦争は効果がなかったことを認め、勝つ望みもなく、ひらすら最後までアメリカの独立に反対して、アメリカ人と有利な交渉をするために、ジャーマンが提案しているような防御的手段で戦争を続けていくのは、無益だと認めていた。これまでの戦費を支払ったあげく、コーンウォリスが失った軍隊の補充をするために新しく兵を徴募するのは、余分のとんでもない出費を意味するにすぎない。世論は、これまでの戦場における無気力に匹敵するほどのはなはだしい陰鬱さをこめて、アメリカの独立を認めることは、ジャーマンの恐ろしい見方通り、帝国の「破滅」だという結論をくだした。

国王は、同じように極端に、アメリカの独立を認めるのは英国を「必然的に破滅させる」ことであって、それに加担するよりはむしろ退位したほうがいいと主張した。彼の狂気じみた抵抗の本当の理由は、もし戦争の推進者としてノースの政府がやめねばならないのなら、大嫌いな野党の連中を呼びこまねばならないことになるのが耐えられないからだった。だが、彼にできるのはただ不機嫌に「わたしを奴隷にする一派の連中を呼びこむくらいなら、王冠を失ったほうがましだ」と、雷のように繰り返すことだけだった。

しかし、避けられない事態が近づいていた。この時期ノースはジャーマンに、アメリカを取り返すのは不可能であって、和平交渉のさい強硬な立場を取るための基盤を作る以外何の目的もない戦争のために、その費用を出し続けるわけにはいかないと通告した。アメリカ人は独立を得ようと固く心に決しているので、戦争状態の維持により圧力をかけ続ける以外、独立の要求を満たさない条件では彼らを和平の場へ連れてくる方法はないように思われた。

ウォルポールはホレス・マンへの手紙のなかで、次のような興味深い一節を残している。「コーンウォリスの不名誉な話は、大きな影響を与えてはいません。議会には全然影響なしです。しかし、縁までいっぱいになった器は、わずか一滴が加わっただけであふれてしまいます。われわれの状況は確かにきびしく、ますます悪化するでしょう」。彼はまた、戦争は終わりに近づきかけているが、その結果は、終結にはほど遠い、と友人に書き送っている。さらに、「いくつかの点では」と、単なるゴシップとは言えない歴史感覚を示して将来を予見してもいる。「彼らは、われわれをはるかに超えた新しい時代を始めているのです」。

議会はすでに器の縁までいっぱいになっていた。ヨークタウンとセントユースティシャスの陥落に続き、これから先には西インド諸島でのフランスの攻撃が予見され、砂糖の島とそこからの収入とが失われる可能性があって、いかにも軍事力が低下したという印象が強くなった。勝利への意志は、一度も国をあげての圧倒的な感情の流露になったことのないままに陰鬱な気分へと落ちこんだ。ロンドンのシティは、長期戦と莫大な出費の見込みに敏感になって、戦争を終わらせてほしいと国王に請願した。多くの州議会にも同じ感情がこだましていた。戦争の終結を促す議会の動議には政府が抵抗したが、戦争賛成の多数派の数はしだいに減っていった。

十二月十二日、議員のサー・ジェイムズ・ラウザーが提出した「反抗した植民地を痛めつけようとするこれ以上の試みはすべて、この王国の真の利益に反するものである」という動議は、四十一票差で否決されたが、この票差は以前の半分以下だった。二月に、元国務大臣のヘンリー・シーモア・コンウェイは、アメリカでの戦争は「武力で住民を圧倒しようという非現実的な目的のためのものであり、これ以上続けてはならない」という動議を提出し、これはたった一票の差で否決された。一週間後、同じ趣旨のコンウェイの第二の動議は今度は通過した。三月四日、コンウェイは執念深く三度目に、「この議会は、北米大陸におけるこれ以上の戦争の続行を勧告する人々はすべて、国王と国家に対する敵と考える」旨国王に通知するという動議を提出した。このやや驚くべき提案は、採決なしで承認された。これで、この件は終わりになった。

国会の勧告を拒否すれば、憲法違反となる。無法な君主ではなかったので、ジョージ三世は、自分が法律の枠内にとどまらねばならないことをよく知っていた。以前と同じ態度を貫けば、議会と正面から衝突することになる。彼は議会の決定に従うか、退位するかしなければならなかった。彼は実際に、退位声明の草案まで書いた。それには、立法府が「効果のあがる戦争をする力も、英国国家の商業ならびに本質的な権利を破壊しない講和を実現する力をも、全面的に余から奪ってしまった。……したがって、余は深い悲しみをこめて、余がもはや祖国に対して有用な働きをすることができないことを悟った。祖国が、玉座を永久に去るというつらい立場に余を追いやったのだ」と述べてあった。その結果「余は英国ならびにそれに属する自治領の王位を退く」とあった。

ところが、実際には退位よりもみじめさの少ないほうを選んで、彼はノースを退陣させて和平交渉をすることに同意した。一七八二年三月二十日、「かつて見たことがないほど……最も緊張した議会の席上満場一致で」、十二年間、議会爆破陰謀事件以来最も不穏な時代を落ちついて統轄してきた第一大臣が、ついに解任された。外の通りも同じように人々が群がっていた。長年望んできて、いまではたぶん叶ってほしくない気持ちと半々になっていたにちがいない願いを叶えてもらい、ノース卿は辞職した。ロッキンガム、シェルバーン、フォックス、小ピットを中心とした野党の内閣が、そのあとを継いだ。四月二十五日、内閣は独立についての拒否権は認めない条件で、和平交渉に入ることに同意した。

その間、セインツの戦いは英国人の気分をあまりにも高揚させたので、ついにサー・ホレス・ウォルポールの眠りをかき乱して、それを犠牲にする結果になった。彼はロドニーに対するホイッグ的な見方を表わして、「あのうぬぼれ屋のばかのロドニーが、自分の勝利を拡大しようと常軌をはずれた行ないをしただけなのに、あいつのための」騒々しいデモがわが家の窓ガラスを割った、と苦情を言っている。

セインツの戦いでフランス海軍の威信は大きな損害を蒙り、フランス軍がこれ以上ワシントンの援助をするためアメリカへ戻らないことが確実になったので、それがロドニーの勝利によって回復された英国の自信といっしょになって、和平会談のさい英国は強気に出た。アメリカ人のほうもオランダの正式の独立の承認によって自信を与えられた。オランダの諸州は用心深く一度に一州ずつ、アダムズの信任状をアメリカ合衆国の公使として受け入れる採決をし、一七八二年、共和国連邦議会がその採決を確認したので、オランダはフランスに次いで合衆国の正式承認を記録にとどめた国となった。

シェルバーンが提案した英国側の代表――リチャード・オズワルドという名の自由主義的なスコットランド商人で、政治的名声を持ってはいない――が選ばれ、大陸会議に派遣された。解決しなければならない問題は、樽詰めの魚のように数が多く、かつ扱いにくかった。カナダや北西地域の境界線、フロリダや南部のスペイン領との境界、また忠誠派の扱いというつまでも解決のつかない問題、アメリカ原住民との関係、通商の権利、土地や財産に及ぼした軍事上の損害についての事後処理の問題などは、際限のない討議を必要とした。一七八二年十一月三十日、仮条約ができたあと、未解決の問題はパリに移され、そこではフランクリンとジョン・ジェイがアメリカを代表して交渉した。彼らの間の意見の違いや論争は、大陸会議のなかのそれぞれの派閥の議員によって繰り返され、会談を長びかせた。この会談はさらに、諸条件をフランスにとって有利になるよう統御しようとするヴェルジェンヌの干渉によって、なおさらややこしくなった。こうした困難な問題が、討議をさらに十カ月延ばした。交戦状態を終焉させ、合衆国の独立を承認する最終的な講和条約は、一七八三年九月になるまで署名されなかった。

そのときでさえ、陣痛と共に新しい国家がすんなり生まれたわけではない。オランダの場合とほとんど同じほど利益も習慣も異にするはっきりと分かれた十三の植民地から、健全な財政的基盤に立ち、唯一の主権のもとに合意された法律を持つひとつの国家的実体を創造するのは、革命自体と同じほど岩だらけの険しい道だった。障害物につまずき、抗争を引きずりつつ、この幼い国家は時折緊張のせいでバラバラになりかけたものの、しぶとく生きながらえて連邦国家になった。そして、この連邦が世界の統治者に伍していこうとしていた。この国家が成長するにつれ、国家としての実体のなかで欠点や不完全性も発達したが、国家自体は非常に大きく、資源に富み、そして何よりも、故国を出て未知の国に賭ける勇気を持った新来者たちのありあまるエネルギーがゆたかだったので、この国が将来強国として傑出するだろうということは確かだった。

平和条約が締結されるずっと前の一七七七年、まだ交戦状態が続いていて、英国がアメリカ海岸沿いの港を閉鎖していたとき、例の最初の挨拶を運んだアンドリュー・ドーリア号は、英国に拿捕されないようにデラウェア川で乗組員によって焼かれた。海軍最初の小艦隊を作って、最初の戦闘を経験した僚艦コロンブス号とプロヴィデンス号も同じ運命をたどり、敵から捕獲されないように乗組員の手で焼かれたり爆破されたりした。フィラデルフィアで大陸会議の旗が最初に甲板にひるがえったカボット号とアルフレッド号は、英国に捕獲された。

草分け時代の最後の生き残りプロヴィデンス号は、一七七九年にメイン州のペノブスコット川で破壊された。一七七五年、大陸会議が海軍創設を決定したとき、最初の小艦隊は「まったく途方もない企て」だと言われたものだった。いま、デラウェア川の堤防に沿って、またナラガンセット湾やチェサピーク湾の岸辺に散らばった焼け焦げた船体の遺物は、人間の営みの下に横たわる悲しみの調べを響かせている。

最後までワシントンにつきまとった私的な悲しみは、彼のあとを継ぐ子供がいないことだった。彼は、自治権を持ったアメリカという国が彼の子供だという事実を認識していなかった。それでいて、前途有望な息子を持った父親と同じようにアメリカの将来について自信と誇りを抱いていた。ワシントンがかりに現在のアメリカを見たとしたら断腸の思いを抱くかもしれないが、一七八三年六月に出された合衆国への最後の回状のなかでは、うっとりとアメリカのヴィジョンを思い描いて、次のように述べている。アメリカは「人間の偉大さと幸せを示すため、とくに神から選ばれたように思われる。天はさまざまな他の恵みの頂点を飾るものとして、他の国家がこれまでかつて恵まれたことのない最も公正な政治的幸福を得る機会を与えたもうた。その結果として、すべての人類を向上させる力を持つ国家ができるにちがいない」。

彼の手本をまねて、進歩の信奉者だった十九世紀の歴史家たちは、アメリカの歴史を革命の勝利に始まる自由の進歩の着実な歩みとして描いてきた。革命の勝利は民衆軍事活動史における顕著な成功と考えられ、一方この革命によって創造された国家は、正義と平等と自治に貫かれた政治上の模範国家を建設するよう神から与えられた使命を持つものだと考えられた。二十世紀の終わりになってわたしたちがその誇らしげな構想のなかに見ているのは、もっと陰鬱な物語だ。自分たちの土地から追い立てられたアメリカ原住民に対する不当な扱い、異なった肌の色を持って生まれ、信仰を異にする人々に対する差別、最上の人々ではなく、不適任で腐敗し、それでいてつねに労働者やよりよい変化を夢見る人々と結ばれている、まやかしの犯罪的な人々の集団による統治の物語。

アンドリュー・ドーリア号の旗に対する答砲（サリュート）から二世紀経ったアメリカの歴史は、多くの勲功で賞讃されていい面もたしかにある。自由になりたいと願う他国の不幸な人々に避難所の門扉を開いた点、一定水準の労働条件を保障する規制を確立した法律、および貧者を保護し、困窮者を支える政策など。しかし、「アメリカが独立国になった結果生まれてくるにちがいない」とワシントンが信じていた「人類の至福」国家の出現は、この二世紀には実現しなかった。人間の攻撃性と貪欲と権力の狂気に彩られた二千年の歳月は、フィラデルフィアの幸せな夜の歓びに汚点をつける記録を明らかにしてみせ、「改善」の速度がいかに遅いか、また、ワシントンやグリーンやモーガンや「毛布一枚ない」ぼろをまとった彼らの兵士たちが、苦しい冬を通じて戦った成果をわたしたちが最大限に利用してきた結果が、いかに凡庸なものにすぎないかを思い起こさせてくれる。

もしクレヴクール（フランス生まれのアメリカの作家、『アメリカ農夫の手紙』の著者）が再び、彼の有名な疑問「この新しい人間、このアメリカ人とは何者だ」を問いかけたとしたら、彼は何を見出すだろうか。彼が思い描いていた新世界の自由で平等な新しい人間の姿は、たまにしか実現しなかった。新しい人間が生まれるための条件は、他の国の社会顚覆の場合に比べるとアメリカの場合のほうがずっと実現の段階に近づいていたのだが。フランスの新しい人間の場合は、自由と平等と友愛を授けられてはいなかった。ロシア人はツァーを倒しても、圧制からは解放されなかった。一九四九年の中国の共産党革命では、自分自身の代わりに「民衆に仕えるため」に作られた新しい人間は創造されなかった。革命は新しい人間ではなく、別種の人間を生み出すのだ。「真実と無限の誤謬との間」の中途半端な存在である人類という種の鋳型は、永久に変わらない。これが、地球が背負っている重荷である。

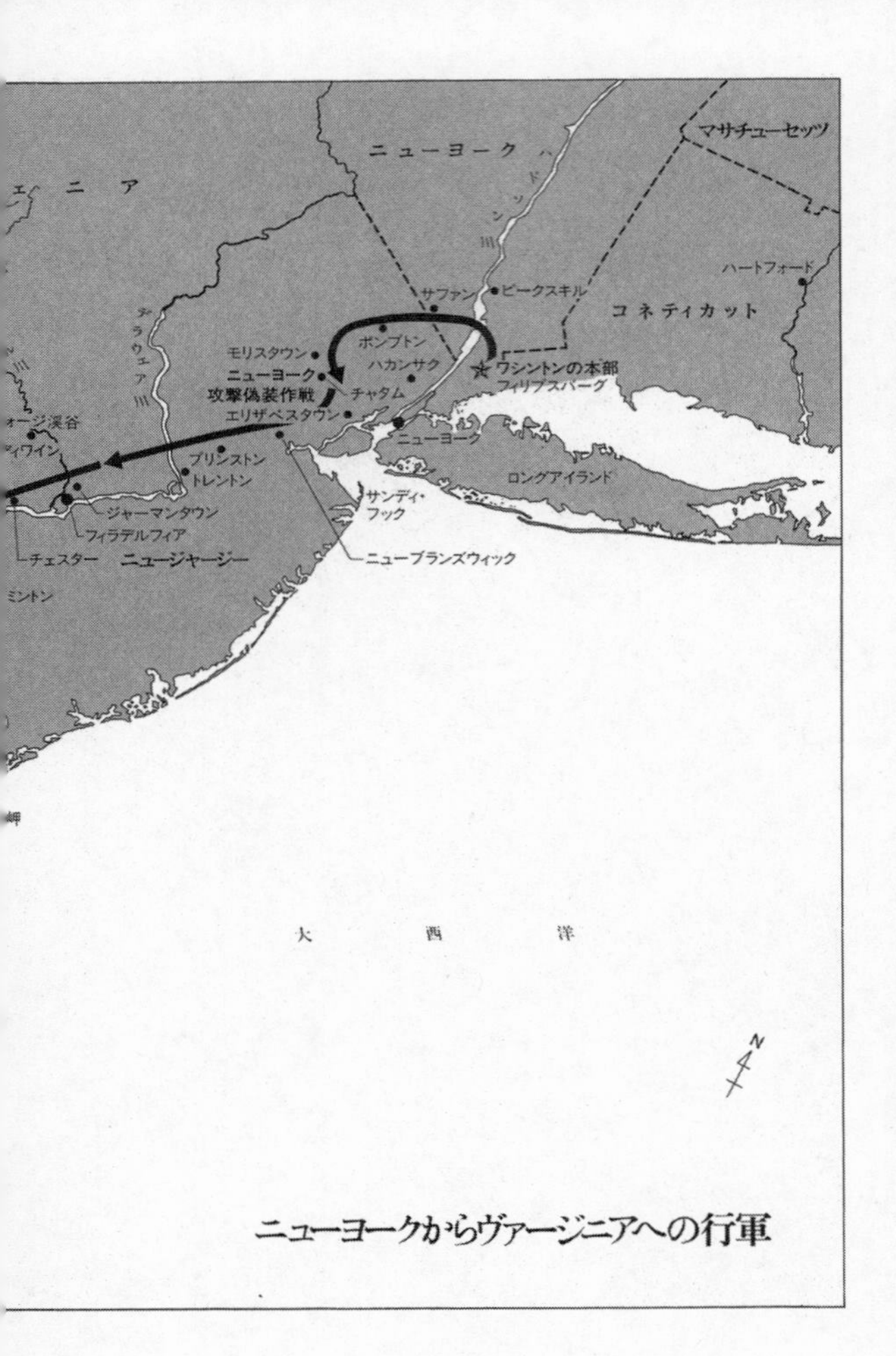

ニューヨークからヴァージニアへの行軍

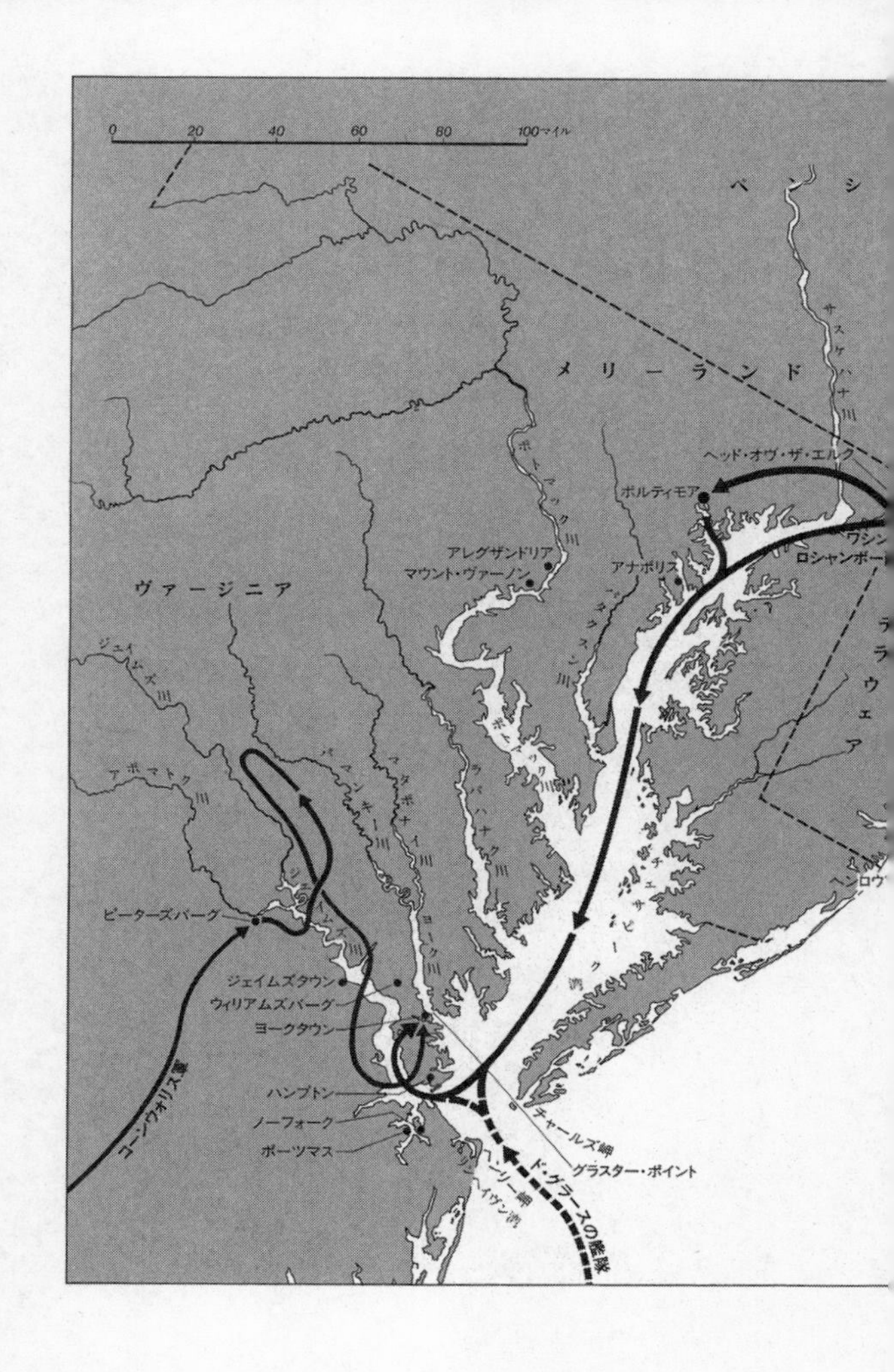
0
20
40
60
80
100マイル
メリーランド
サスケハナ川
ヘッド・オヴ・ザ・エルク
ボルティモア
ポトマック川
アレグザンドリア
マウント・ヴァーノン
アナポリス
パタクスン川
ヴァージニア
デラウェア
ジェイムズ川
アポマトク川
パマンキー川
マタポナイ川
ラパハナク川
ポトマック川
チェサピーク湾
ピーターズバーグ
ジェイムズ川
ジェイムズタウン
ウィリアムズバーグ
ヨークタウン
ヨーク川
ハンプトン
ノーフォーク
ポーツマス
チャールズ岬
グラスター・ポイント
ド・グラースの艦隊
コーンウォリス軍

訳者あとがき

本書の著者バーバラ・W・タックマン女史は、惜しいことに一九八九年二月六日、七十七歳で他界した。新聞の死亡記事によると、脳卒中後の合併症のため、とあった。したがって、一九八八年の秋にアルフレッド・A・クノップ社から出版された本書 *The First Salute* は、彼女の最後の作品になる。

タックマン女史は一九一二年、銀行家モーリス・ワーセイムを父とし、ウィルソン大統領の命によるコンスタンティノープル駐在アメリカ大使の娘アルマを母としてニューヨークに生まれた。ラドクリフ・カレッジを卒業後、「ネーション」や「ニュー・ステーツマン」誌の記者、陸軍情報局報道部の極東問題担当のデスクとして活躍したのち、一九五八年に発表された『ツィンメルマン電報』*The Zimmermann Telegram* で歴史家として認められ、一九六二年刊の『八月の砲声』*The Guns of August* で国際的な名声を博した。なお、この作品は驚異的なベストセラーとなったほか、一九六三年のピュリツァー賞を受賞した（邦訳

『八月の砲声』山室まりや訳、筑摩書房刊）。彼女は一九七二年にもう一度ピュリツァー賞を受けているが、このときの受賞作品は中国問題を扱った『スティルウェルと中国でのアメリカの経験』*Stilwell and the American Experience in China*（1971）だ。以上のほかに、これまで発表された主な著作としては次のようなものがある。

『聖書と剣』*Bible and Sword*（1956）
『誇り高き塔』*The Proud Tower*（1966）（邦訳『世紀末のヨーロッパ』大島かおり訳、筑摩書房刊）
『中国からの手紙』*Notes from China*（1972）
『遠い鏡』*A Distant Mirror*（1978）
『歴史を業として』*Practicing History*（1981）
『愚の行進』*The March of Folly*（1984）（邦訳『愚行の世界史』大社淑子訳、朝日新聞社刊）

彼女は一九四〇年に医学博士レスター・タックマン氏と結婚して、三人の娘がある。しかし、「タイムズ」紙の死亡記事によると、夫君とはその後離婚したとのことだが、タックマン女史は本書について「頼もしい夫の存在と、わたしの弱った眼を支えてくれた夫の援助は、（本書という）家が建つ（土台の）土台の岩である」と述べているが、詳しいことはわからない。また、右にあげた著作の謝辞などから判断すると、夫のほか三人の娘とその夫、さらに孫娘が全面的に協力して、それぞれの本が出来上がっている経緯がわかる。彼女は驚くほど博識な歴史家であると同時に、よき家庭人であったのかもしれない。

右にあげた作品のうち、一九八四年に発表された『愚行の世界史』は、統治という人間の社会生活中最も重要な政治的行為がなぜたびたび愚行、すなわち国益に反する失政をおかすのか、そのメカニズムを探った好著である。「トロイアからヴェトナムまで」という副題からもわかる通り、トロイア戦争のとき木馬を城壁内に引き入れたトロイア人の愚行の分析にはじまり、新教の分離を招いたルネサンス期の法王たちの愚行、アメリカを失う原因を作ったイギリスの政治家たちの不明を描き、最後に五人のアメリカの大統領の治世を通じてえんえんと続いたヴェトナム戦争の愚かさを論じている。いずれもみごとな語り口で明晰に分析しているので、一章一章が完結した世界を作り上げているが、『最初の礼砲』はそのうちアメリカの独立を描いた四章を別の視点から描き直したという意味では、『愚行の世界史』の続篇という面を持つ。しかし、右の章では主として、アメリカを失った愚行をイギリスの政権担当者の側から描いているのに対して、本書ではアメリカを大きく支援したオランダやフランスの側から独立戦争を描いている。また、超ベストセラーと言われた『八月の砲声』はいったん読み始めると本を措くことができないほど興味深い強烈なドラマに仕立て上げられているが、これは第一次世界大戦のはじめの陸戦を描いているのに対して、本書は主に海戦を描いている点で、『八月の砲声』と対をなすと考えることもできよう。

タックマンの作品の魅力は、さまざまな挿話を積み重ねて特定の歴史的事件を浮かび上がらせる語り口のおもしろさ、題材の選択の仕方に見られる斬新性と無駄のない判断力、そして全体を貫く一つの歴史観と、それにもとづく分析の冴えであろうが、こうした特色は本書でも遺憾なく発揮されている。

まずアメリカ革命を眺める一つの視点として選ばれているのは、カリブ海の小さな島で、かつてはオランダの植民地だったセントユースティシャスだ。ここは自由港として、また中立国オランダの管轄下にある島として、惜しみなく武器弾薬の類をアメリカに供給していたのだが、アメリカの新造軍艦アンドリュー・ドーリア号が入港したとき、船が放った礼砲に対して答砲を返したため、アメリカを独立国家として認めた最初の国となった。この点から説き起こして、タックマンは当時のオランダの国民感情と海上貿易に対する熱情を語り、超大国スペインの軛（くびき）を断つ戦いを成功させたオランダ人の不屈の闘志を、アメリカの独立の戦いとパラレルに描く。また、サラトガの勝利にヨーロッパの力の均衡を変えうる可能性を見たブルボン家のフランスが、いかにアメリカの援助に国費を注ぎこみ、旧体制の崩壊とフランス革命を招く要因を作ったか、独立宣言に謳われた自由の理想がいかにフランスの若人たちの心を革命に惹きつけたか、アメリカの独立を成就させる上にフランスの全面的な協力がいかに大きかったかを語り、それとは対照的に駐米英軍総司令官のクリントン将軍をはじめとしてイギリスの首脳部にいかに無気力と麻痺状態が瀰漫していたかを語る。たった一人の気骨あるイギリスの将官ロドニー提督を中心とした海戦のおもしろさもさることながら、やはり本書の圧巻はヨークタウンの戦いだろう。言葉と習慣を異にするアメリカの地上軍とフランスの海軍が無線も電話も電報もない時代に、地上軍は五百マイル以上の道のりを踏破したのち、海軍はフランスから西インド諸島を経てアメリカまで北上する航海を経たあと、定められた時間に定められた場所で、たった一つの齟齬（そご）もなく合流して、コーンウォリス軍を袋のねずみにする経緯は、まさに奇跡としか言いようのないスリルに満ちた壮挙だろう。コーンウォリスの降伏の提案を読むワシントン将軍の姿を、タックマンは次のように描く。

> 　ワシントンが「降伏」という言葉を読み回答を書いたとき、どんな心持ちだったかを語ってくれる日記はない。何年にもわたる窮乏と失意を経験し、まともな履き物を入手できなかったので、雪のなか点々と印された兵士たちの血に染まった足跡に心を痛めたあと、いま戦争をこうした勝利の結末へと導き、敵を降伏させたということは、深い感情をかき立てないではおかなかったはずだ。それは深すぎて涙にも言葉にもならず、その感情は誰にも、小姓にさえ打ち明けられなかった。（五〇二頁）

　こうした苦難の末に新しい世界が生まれ、世界の民主主義の時代が幕を開けるのだが、この果実を受け取ったわたしたちの有様を顧みて語るタックマンの言葉は痛い。

革命は新しい人間ではなく、別種の人間を生み出すのだ。「真実と無限の誤謬との間」の中途半端な存在である人類という種の鋳型は、永久に変わらない。これが、地球が背負っている重荷である。（五三六頁）

しかし、希望はないわけではない。よい意味でも悪い意味でも歴史は繰り返すのだ。十六世紀末のオランダはスペインの圧制をはねのけ、アメリカは独立した。現在の世界が、建国の父たちが予期したほど改善されていないとしても、彼らが持っていた不屈の意志さえあれば、インディペンダンス・ホールの鐘の音は再び響くかもしれない。そう思わねば人間の鋳型は変わらなくとも、人間は生きていけないだろう。

本書を訳出するに当たり、左の方々に大変お世話になった。紙面を借りて厚くお礼申し上げる。オランダ史については東京女子大学の栗原福也氏に、海事史については山形欣哉氏に貴重な御助言を頂いた。語法上の疑問については早稲田大学のエイドリアン・ピニングトン博士をわずらわせた。また朝日新聞社の河津小苗氏の親切な援助がなかったら、この訳書は出来上がらなかったかもしれない。

訳語については、原則として次のような基準によった。オランダに関しては、the Netherlands は「ネーデルラント」、Holland, Dutch は「オランダ、オランダの」とし、United Provinces のような語は「オランダ連邦共和国」とした。また、イギリスについては、

England, English は「イギリス、イギリスの」、Britain, British, Great Britain は「英国、英国の」、British Empire は「大英帝国」とした。

さらに、貴族に Lord が付されている場合は、たとえば「ジョージ・ジャーマン卿」のようにフルで書くべきだろうが、煩雑になるし、原文には名前が付されていない場合が多いので、原文通り姓に「卿」を付して訳したことをお断りしておく。

また、ページの終わりに入っているのは原著者の注であり、文章中割注の形で入っているのが訳者の注である。なお、ところどころ事実の前後関係などで原著者の思い違いと思われるところは、多少手を加えさせて頂いた。

一九九一年六月十七日

大社淑子

文庫版訳者あとがき

私がこの作品を最初に翻訳したのは、一九九〇年から一九九一年にかけてだったから、もう三十年の歳月が経ったことになる。作者のタックマン女史については、一九九一年版の「あとがき」で紹介したので、ここでは省略するが、優れた歴史学者でありながら、波乱に富む歴史上の出来事をこれほどわかりやすく、精細に、かつ活力と魅力にあふれた巧みな描き方をする作家は他に類を見ない。

出版当時、アメリカではタックマンのどの作品もベストセラーになるほど好評で、よく売れたらしいが、日本における受容の仕方には波があるのではないかと思う。何と言っても群を抜いて人気がある傑作は、第一次世界大戦の勃発を描いた『八月の砲声』だろう。この作品はどんなベストセラーの小説よりも面白い。最初にこの本を手に取ったとき、それは朝食のあとだったが、私はたちまち内容の虜になって本を置くことができず、夜中の二時か三時までかかって一気に読み終えた記憶がある。

現在では、タックマンの作品は大半が邦訳されているが、一九九一年の紹介以後に翻訳刊行されたものには、次の二作品がある。彼女が二度目のピュリツァー賞を受賞した *Stilwell and the American Experience in China, 1911-1945*（1970）は、一九九六年に杉辺利英氏の翻訳により『失敗したアメリカの中国政策』という題で、朝日新聞社から出版された。また待望の *A Distant Mirror : The Calamitous 14th Century*（1978）は、『遠い鏡　災厄の十四世紀ヨーロッパ』と題した徳永守儀氏の翻訳が二〇一三年に朝日出版社から刊行された。いずれも内容豊かな興味深い作品ながら、前者は地味な内容であり、後者は一〇二一頁に及ぶ大部の作品だから、とっつきにくいかもしれない。

私事で恐縮だが、一九八四年に刊行した『愚行の世界史』（*The March of Folly*, 1984）は、トロイ戦争からヴェトナム戦争にいたる四つの歴史的大事件に関わった施政者の愚行を分析した活気に満ちた語りだけあって、発刊当時から反響が大きく、私の翻訳にしては珍しく版を重ねた。ところが、同じ朝日新聞社から刊行されたアメリカの独立戦争を描いた本書のほうは、『週刊読書人』に記載された越智道雄氏の懇切丁寧な書評をはじめとして二、三の書評は出たものの、版を重ねるにはいたらなかった。今回、筑摩書房の学芸文庫の一冊として復活することになり、あらためて本書の魅力を味わっていただく機会ができたことを嬉しく思っている。

前の「あとがき」で触れたことと重なるが、本書の醍醐味というか一番の魅力は、何と言っても最後の部分、すなわち、電話も電報もない時代に早駆けの使者が運ぶ書簡だけを頼りに、言語も文化も異なる二つの国の軍隊が計画通りヨークタウンに集結して、英国の名将コーンウォリスを袋のネズミにする場面だろう。また、給与ももらえず食糧も衣服も靴も弾薬も不足しているため、ともすれば反乱や脱走に走りかねない独立軍をまとめて、一か月のうちに五百マイル（ほぼ八百キロ）を踏破させる最高司令官としてのワシントンの統率力と意志の強さ、数多（あまた）の困難に直面しながら毅然とした将軍らしい態度を崩さない彼の心痛と苦悩、人並外れた剛毅な精神などの描写だと言える。

さらに、アメリカの独立とフランスの援助が密接に絡み合っている事実は、もっとよく知られてしかるべきだと思う。原点は世界の覇権争いとはいえ、アメリカの自由と独立に賭けた民族の熱い思いに同調して惜しみなく金と軍備と人的資源をつぎこんだフランス政府の度量の大きさには驚嘆すべきものがある。そして、あの凄惨なフランス革命の発端になったのは、一国の財政規模を傾かせかねないほどの金額、つまり総額十五億リーヴルに近い金をアメリカ革命のために費やしたフランス政府の出費が一因だったという事実に思いをいたすとき、私たちは歴史のめぐり合わせというものにあらためて驚かされる。

また、本書を翻訳する機会を得て、私は様々な歴史上の事実とその教訓を学ぶことができた。風がなければ動くことのできない帆船から成り立っている十八世紀の海軍と、その戦い方、人間の傲慢さや利己的な性格がいかに当事者の目を曇らせてしまうか、人間のうちに潜む物欲と残虐性、リーダーシップのあり方、高潔な心情を持つ人々の勇気と知性や、不可能を可能にする剛胆さ、そして、いつもながら戦争の不毛、悲惨、愚かさを痛いほど思い知らされた。

さまざまな意味で、本書は、これまで母国政府の横暴で利己的な政策に対する植民地の人々のやむにやまれぬ反乱と勝利だと比較的単純な見方しかしてこられなかったアメリカの独立に対して、新しい事実と展望を与えてくれるものだと信じている。これを機会に、タックマンの作品がこれまで以上に読まれ、日本の読者に大きな感銘を与えることを願ってやまない。

最後に、本書を「ちくま学芸文庫」に収録することにご尽力くださった筑摩書房の方々、とりわけお世話になった編集部の渡辺英明氏に、紙面を借りてお礼申し上げる。

二〇二〇年四月二十二日

大社　淑子

ちくま学芸文庫

最初の礼砲
アメリカ独立をめぐる世界戦争

二〇二〇年六月十日　第一刷発行

著者　バーバラ・W・タックマン
訳者　大社淑子（おおこそ・よしこ）
発行者　喜入冬子
発行所　株式会社　筑摩書房
東京都台東区蔵前二―五―三　〒一一一―八七五五
電話番号　〇三―五六八七―二六〇一（代表）
装幀者　安野光雅
印刷所　三松堂印刷株式会社
製本所　三松堂印刷株式会社

ISBN978-4-480-09991-4 C0131

本書は一九九一年一〇月、朝日新聞社より刊行された。

索　引

主要な人名、地名、事項などを収録しています。五十音順により、各音ごとにカタカナ、漢字の順に配列してあります。

ア

イ

ウ

エ

オ

カ

キ

ク

ケ

コ

サ

シ

ス

セ

ソ

タ

チ

ツ

テ

ト

ナ

ニ

ヌ

ネ

ノ

ハ

ヒ

フ

ヘ

ホ

マ

ミ

ム

メ

モ

ヤ

ユ

ヨ

ラ

リ

ル

レ

ロ

ワ

参考文献

本書が扱っている時期は、オランダに関する脱線した記述を別にすると、1776年から1781年までのほぼ6年間である。

この物語の根幹をなすいくつかの主題、すなわちアンドリュー・ドーリア号に対する答砲、オランダ連邦共和国の諸問題、ロドニー提督を中心とするこの時代の海戦、アメリカの南部における地上戦、そして最後に、ヨークタウンの包囲に通じる長い行軍についての既刊、未刊の材料は、わたしが本書を書きはじめたときに理解していたものよりはるかに多く、標準的な参考文献の範囲を超えている。したがって、ここにはわたしが利用した資料についての限られた文献目録に加えて、本書を書くためにはもちろん、さらに読書を深めたいと考える人々にも大変役に立つ精選参考書目のリストを載せることにした。

各々の書名は、「参考文献」中の著者名のあとに記してある。議会の議事録については、「イギリス議会議事録」の該当巻の年月日の項を参照されたい。

精選参考書

アンドリュー・ドーリア号についての最も完全な資料は、J・フランクリン・ジェイムソンの「アメリカ革命におけるセントユースティシャス」であり、アメリカ海軍創設については、ウィリアム・ベル・クラークの『アメリカ革命に関する海軍記録』と、サミュエル・エリオット・モリスンの『ジョン・ポール・ジョーンズ、ある海軍軍人の伝記』が詳しい。

オランダ連邦共和国について言えば、必須文献のジョン・レイスラップ・モトリを別にすると、ネーデルラントの反抗と同国の発展を扱ったずっと近代的ですぐれた書物としては、ペイトルス・ヨハンネス・ブロックの『ネーデルラント国民の歴史』、C・M・デイヴィスの『オランダとオランダ国民の歴史』、

チャールズ・ボクサーの『オランダ海上帝国』がある。

わたしが扱った時代について最も役に立ったのは、ノートホルト・シュルトの『オランダ連邦共和国とアメリカの独立』だった。この本は、あらゆる事項を網羅している。

ロドニー提督については4冊の伝記がある。1830年に出版され、最も多くの書簡を載せている最初の、基礎となる伝記は、ロドニーの義理の息子に当たるジョージ・B・マンディ中将の著作だ。編集者のジョージ・ビリアスによると、マンディ中将は手紙の「語句を勝手に書きかえた」という（1972年版第1巻の序文、ixページ）。マンディのあとに続いて、ロドニーの存命中、海軍専門の作家、デイヴィド・ハネイによる伝記が1871年に出版された。その後2冊の現代版の伝記が出ているが、これは1963年刊のドナルド・マッキンタイア大佐のものと、1969年刊のデイヴィド・スピニーのものである。

一般的な海戦については、アルフレッド・セア・マハンの『歴史に対する海軍力の影響』から始めなければならない。船上生活についての本質的な研究としては、トバイアス・スモーレットの小説『ロデリック・ランドム』がある。他方、帆の扱い方と砲術について最もよく教えてくれるのは、モリソン提督の『ジョン・ポール・ジョーンズ』だ。わたしが扱った時代の海軍の諸事件に関する最も有益な歴史は、W・M・ジェイムズ艦長の『逆境における英国海軍』と、チャールズ・リー・ルイスの『ド・グラース提督とアメリカの独立』だ。A・B・C・ホイップルの『戦う帆船の時代』は、それらのみごとな補足をなす。チェサピーク湾の戦闘を描いたハロルド・A・ララビーの『チェサピーク湾での決断』は、題材は限られているが非常に読みやすい。

当時のアメリカの地上戦についての軍事的入門書としては、アーネスト大佐とトレヴァ・デュピュイの『簡約独立戦争史』がある。当時についての包括的でいきいきした概括を求める一般的な読者に対しては、ジョン・C・ミラーの『自由の勝利、1775〜1783年』と、サミュエル・B・グリフィスの『公的自由の防衛』をお勧めしたい。必要不可欠な土台となるのは、ダグラス・サウソール・フリーマンの7巻本『ジョージ・ワシントン』、ジョン・フィッツパトリック編によるワシントンの『著作集』39巻、ペイジ・スミスによる『ジョン・アダムズの書簡と生涯』3巻、サミュエル・フラッグ・ビーミスの『アメリカ合衆国外交史』のような専門家の研究だ。

ヨークタウンの戦い自体については、2冊のすぐれた著作、トマス・J・フレミングの『最後の太鼓を叩け』と、バーク・デイヴィスの『アメリカを勝た

せた戦闘』があるが、いずれも徹底的な調査にもとづいたもので、巧みに編んだ戦争参加者自身の言葉の引用つきだ。

ハドソン川からヨークタウンへの長い行軍については、とくに興味深い７人の目撃者の日記がある。すなわち、フランス軍の兵站部、または補給係将校のクロード・ブランシャール、ロシャンボー将軍の副官、ルドウィヒ・フォン・クローゼン男爵、フランス参謀幕僚のガスパール・ガラタンによるもの。ロシャンボー自身の回想録。それから、とくに、ド・グラースのもとで勤務したスウェーデン人、カール・グスタフ・トーンクイスト海軍大尉のなくてはかなわぬ日記。『ド・グラース伯爵指揮下のフランス艦隊の作戦』という題の匿名の２人のフランス人士官による書物。

結果を考えれば理解できることだが、サー・ヘンリー・クリントンの悲しい戦後の談話を除くと、アメリカの独立戦争全体についてのイギリス人による直接体験の記録はない。だが、フランクリンならびにメアリ・ウィックワイアによるアメリカでのコーンウォリス卿の戦争を集中的に描いた綿密な仕事と、故ウィリアム・ウィルコックス教授によるサー・ヘンリー・クリントンの心理的肖像画が、この不足の埋め合わせをしている。イギリス人の日記のなかで最も興味深いのは、総司令部から辛辣な筆使いで描く眼光鋭い観察者フレデリック・マッケンジー大尉の日記だ。

戦争と直接の関係はない社交生活についてのイギリス人の日記はありあまるほど多く、貴重だ。これには、サー・N・ウィリアム・ラクソールの『回想録』や、初代マームズベリ伯爵、ジェイムズ・ハリスの日記（ハリスはハーグとサンクトペテルブルグ駐在の英国公使だった）、ジョン・ヘニッジ・ジェシーの回想録、そして何よりもホレス・ウォルポールの『最後の日記』が含まれる。

第一次資料

ADAMS, JOHN, *The Book of Abigail and John.* Butterfield, Lyman, ed. — Harvard, 1963.

——, *Works,* 10 vols. Adams, Charles Francis, ed. New York, 1850–56.

ANONYMOUS, *Operations of the French Fleet Under the Count de Grasse Two Contemporaneous Journals in 1781–82.* New York, 1864.

BIRON, ARMAND LOUIS—LAUZUN を見よ.

BLANCHARD, CLAUDE, *Journal of 1780-83*. Trans. Albany, 1867.

CLARK, WILLIAM BELL, ed., *Naval Documents of the American Revolution,* vol. 7. Washington, 1976.

Clinton Cornwallis Controversy, 6 pamphlets, 2 vols. Stevens, Benjamin F., ed. London, 1888.

CLINTON, SIR HENRY, *The American Rebellion* (Sir Henry Clinton's narrative of his campaign). Willcox, William B., ed. New Haven, 1954.

CLOSEN, BARON LUDWIG VON, *The Revolutionary Journal of 1780-83*. Trans. Chapel Hill, 1958.

Continental Congress, Journals of (Index to papers of), 34 vols. Ford, Chancy, ed. National Archives, U. S. Government Printing Office, Washington, D. C., 1921-26.

CORNWALLIS, CHARLES, FIRST MARQUIS, *Correspondence,* 3 vols. Ross, Charles, ed. London, 1859.

CRÈVECOEUR, J. HECTOR ST. JOHN, *Letters from an American Farmer*. First published 1782; Modern edition, London, 1912.

DEUX-PONTS, COUNT WILLIAM DE, *My Campaigns in America*. Boston, 1868.

FITZPATRICK—WASHINGTON を見よ.

FORTESCUE—GEORGE III を見よ.

GALLATIN, GASPARD (Etat Major of the French army and Colonel of the Deux-Ponts regiment), *Journal of the Siege of Yorktown in 1781 of the Royal Deux-Ponts*. U. S. Government Printing Office, Washington, D. C., 1931.

GEORGE III, *Correspondence* from 1760 to December, 1783, 6 vols. Fortescue, John, ed. London, 1927-28.

GREAT BRITAIN, PARLIAMENT, *The History, Debates and Proceedings of the Houses of Parliament of Great Britain,* 1743-1774.

GREENE, NATHANAEL, *The Papers of General Nathanael Greene,* 4vols. R. I. Historical Society, 1976 et seq.

HARRIS, JAMES—MALMESBURY を見よ.

JAMES, BARTHOLOMEW, REAR ADMIRAL, *Journal of 1752-1828*. Lon-

don, 1896.
JESSE, JOHN HENEAGE, *Memoirs of the Life and Reign of George III*, 3 vols. London, 1867.
LAUZUN, ARMAND LOUIS DE GONTAUT, DUC DE, *Memoirs.* Trans. Scott Moncrieff, C. K. New York, 1928.
MACKENZIE, FREDERICK, *Diary of*, 1775–81, vol. II. Cambridge, Mass., 1930.
MALMESBURY, FIRST EARL OF (James Harris), *Diaries and Correspondence*, 4 vols. Ed. by his grand-son, the third earl. London, 1844.
MARYLAND, ARCHIVES OF, vols. 11 and 12, in *Journal and Correspondence of the Maryland Council of Safety*, August 29, 1775, and July 6, 1776. Browne, William Hand, ed. Maryland Historical Society, Baltimore, 1892.
McDEVITT, ROBERT, *Attacked: A British Viewpoint, Tryon's Raid on Danbury*. Chester, Conn., 1974.
ROCHAMBEAU, COUNT DE, *Memoirs of the Marshal Count de Rochambeau Relative to the War of Independence of the United States.* Trans. Paris, 1809 and 1838; New York, 1971.
——, *The American Campaign of Rochambeau's Army*; vol. II, *Itineraries, Maps and Views.* Trans. Rice, Howard, and Brown, Anne S. K., eds. Princeton and Providence, 1972.
RODNEY, GEORGE, LORD (—MUNDY を見よ), *Letter-Books and Order Book of George, Lord Rodney, 1780–1872*, 2 vols. New York, 1932.
Sandwich Papers, 4 vols. Barnes, G. R., and Owen, J. H., eds. London, 1932–38.
SCOTT—WASHINGTON を見よ.
SPARKS—WASHINGTON を見よ.
STEVENS, BENJAMIN F., Facsimiles of mss. in European archives relating to America, 25 vols. London, 1889–95.
TORNQUIST, KARL GUSTAF, *The Naval Campaigns of Count de Grasse.* Trans. Philadelphia, 1942.
TOWNSHEND, CHARLES HERVEY, *The British Invasion of New Haven, Connecticut.* New Haven, 1879. Contains contemporary material from the

Connecticut Journal of July, 1779, about the raid.

WALPOLE, HORACE, *Correspondence*, 48 vols. Lewis, W. S., ed. New Haven, 1937–83.

——, *Last Journals (during the reign of George III, 1771–1783)*, 2 vols. Stewart, A. Francis, ed. London, 1910.

WASHINGTON, GEORGE, *The Correspondence of General Washington and Comte de Grasse*. Scott, James Brown, ed. Washington, D. C., 1931.

——, *Diaries*, 4 vols. Fitzpatrick, John C., ed. Boston, New York, 1975.

——, *Writings*, 39 vols. Fitzpatrick, John C., ed. Washington, D.C., 1931–44.

——, *Writings*, 12 vols. Sparks, Jared, ed. Boston, 1831–37.

WRAXALL, SIR N. WILLIAM, *Historical Memoirs of My Own Time*, 1772–1784. Philadelphia, 1837.

第二次資料

ALDRIDGE, ALFRED OWEN, *Benjamin Franklin*. Philadelphia and New York, 1965.

AUGUR, HELEN, *The Secret War of Independence*. New York, 1955.

BANCROFT, GEORGE, *History of the United States of America*, 6 vols. Boston, 1876.

BASS, ROBERT D., *The Green Dragoon* (life of Banastre Tarleton). New York, 1957.

BEMIS, SAMUEL FLAGG, *A Diplomatic History of the United States*. New Haven, 1936.

BLOK, PETRUS JOHANNES, *History of the People of the Netherlands*, 5 vols. (parts); Part III, *The War with Spain 1568–1648*. London and New York, 1912.

BOULTON, WILLIAM B., *Sir Joshua Reynolds*. New York, 1905.

BOXER, CHARLES, *The Dutch Seaborne Empire 1600–1800*. New York, 1965.

BROOKE, JOHN, *King George III*. New York, 1972.

BRUIN, FRED DE, *St. Eustatius "A Golden Link with the Independence of the United States," De Halve Maen,* Quarterly Journal of the Holland Society of New York, vol. 58, no. 2, New York, 1984.

BURCH, JR., LUCIUS E., "The Guns of Statia." Pamphlet, 1966.

CALLENDER, GEOFFREY, *Sea Kings of Britain: Keppel to Nelson,* vol. III. London and New York, 1911.

CARMER, CARL, *The Hudson.* New York, 1939.

CARTER, ALICE, "The Dutch as Neutrals in the Seven Years War," *International & Comparative Law Quarterly.* July, 1963.

CLOWES, WILLIAM LAIRD, *The Royal Navy,* vol. IV. London, 1899.

CORWIN, EDWARD S., *French Policy and the American Alliance of 1778.* Princeton, 1916.

DAVIES, C. M., *The History of Holland and the Dutch Nation.* London, 1851.

DAVIS, BURKE, *The Campaign That Won America.* New York, 1970.

DONIOL, HENRI, *Histoire de la Participation de la France ā L'Etablissement des Etats-Unis d'Amérique,* 5 vols. Paris, 1890.

DUPUY, R. ERNEST AND TREVOR N., *The Compact History of the Revolutionary* War. New York, 1963.

EDLER, FRIEDRICH, *The Dutch Republic and the American Revolution.* Baltimore, 1911.

FLEMING, THOMAS J., *Beat the Last Drum.* New York, 1963.

FREEMAN, DOUGLAS SOUTHALL, *George Washington; A Biography,* 7 vols. New York, 1952.

GARRATY, JOHN A., AND GAY, PETER, *Columbia History of the World.* New York, 1972.

GEYL, PIETER, *The Revolt of the Netherlands,* 2nd ed. London, 1958.

GOTTSCHALK, LOUIS, AND LACH, DONALD, *Toward the French Revolution; Europe and America in the 18th Century World.* New York, 1973.

GRIFFITH, SAMUEL B., *In Defense of the Public Liberty.* New York, 1976.

GRUBER, IRA D., *The Howe Brothers and the American Revolution.* Williamsburg, Va., 1972.

HALEY, K. H. D., *The Dutch in the 17th Century.* London, 1972.

HANNAY, DAVID, *Rodney*. Boston, 1972. First published London, 1891.
HARRIS, JAMES—MALMESBURY を見よ.
HART, FRANCIS RUSSELL, *Admirals of the Caribbean*. Boston and New York, 1922.
HARTOG, J., *History of St. Eustatius*. U.S.Bicentennial Committee of the Netherlands, 1976. Aruba, Netherlands, Antilles.
HASLIP, JOAN, *Catherine the Great*. New York, 1977.
HOOD, DOROTHY, *The Admirals Hood*. London, 1942.
HOUGH, R., *The Greatest Crusade*. New York, 1986.
JAMES, CAPTAIN W. M., *The British Navy in Adversity*. London, 1926.
JAMESON, J. FRANKLIN, "St. Eustatius in the American Revolution," *American Historical Review*, vol. 8, July, 1903.
JOHNSTON, HENRY P., *The Yorktown Campaign and the Surrender of Cornwallis, 1781*. New York, 1881.
KENNEDY, PAUL M., *The Rise and Fall of British Naval Mastery*. New York, 1976.
KING, LESTER S., *The Medical World of the 18th Century*. Chicago, Toronto and Cambridge, 1958.
LARRABEE, HAROLD A., *Decision at the Chesapeake*. New York, 1964.
LEWIS, CHARLES LEE, *Admiral de Grasse and American Independence*. Annapolis, 1945.
LEWIS, MICHAEL ARTHUR, *England's Sea Officers*. London, 1939.
——, *History of the British Navy*. London, 1957.
LORENZ, LINCOLN, *John Paul Jones*. Annapolis, 1943.
MACAULAY, T. B., *Critical and Historical Essays*, 2 vols. London, Toronto, New York, 1907.
MACINTYRE, CAPTAIN DONALD, RN, *Admiral Rodney*. New York, 1963.
MACKESY, PIERS, *The War for America* 1775-1783. Harvard, 1964.
MACLAY, EDGAR S., *A History of American Privateers*. New York, 1899.
MADARIAGA, ISABEL DE, *Russia in the Age of Catherine the Great*. New Haven, 1981.
MAHAN, ALFRED THAYER, *The Influence of Sea Power upon History*.

Boston, 1890; 12th ed., 1918.

——, *Types of Naval Officers*. Boston, 1901.

MALONE, DUMAS, *Jefferson and His Time*, 3 vols. Boston, 1962.

MANCERON, CLAUDE, *Twilight of the Old Order*. New York, 1977.

MARTELLI, GEORGE, *Jemmy Twitcher* [Sandwich]. London, 1962.

MEJEAN, JACQUES, "Address to the Huguenot Society of America 13 April 1978," *Proceedings*, vol. XIII. New York, 1978.

MELVILLE, PHILLIPS, "Eleven Guns for the Grand Union." *American Heritage*, October, 1958.

MERLANT, JOACHIM, *Soldiers and Sailors of France in the American War for Independence*. Trans. New York, 1920.

MILLER, JOHN C., *Triumph of Freedom 1775-1783*. Boston, 1948.

MINTZ, SIDNEY, *Sweetness and Power; The Place of Sugar in Modern History*. New York, 1985.

MITCHELL, HAROLD, *Europe in the Caribbean*. Edinburgh, Stanford, Calif., 1963.

MORISON, SAMUEL ELIOT, *History of the American People*. New York, 1965.

——, *John Paul Jones: A Sailor's Biography*. Boston and New York, 1959.

MORRIS, RICHARD B., AND COMMAGER, HENRY S., *Encyclopedia of American History*, 6th ed. New York, 1953-82.

MOTLEY, JOHN LATHROP, *Rise of the Dutch Republic*, 3 vols. New York, 1875-78.

MUNDY, LIEUTENANT-GENERAL GEORGE B., *The Life and Correspondence of the Late Admiral Rodney*, 2 vols. London, 1830. New ed. 1836 (in 1 vol).

NAMIER, LEWIS, *The Structure of Politics*. London, 1957.

NORDHOLT, JAN WILLEM—SCHULTE を見よ.

PALMER, R. R., AND COULTON, JOEL, *A History of the Modern World*. New York, 1962.

PARRY, J. H., *Trade and Dominion; European Overseas Empires in the 18th Century*. London and New York, 1971.

PRESCOTT, BENJAMIN F., "The Stars and Stripes. When, Where and by

Whom was it First Saluted?" Republican Press Association, Concord, N. H., 1876.

SCHAMA, SIMON, *Patriots and Liberators; Revolution in the Netherlands 1780-1813*. New York, 1978.

SCHULTE, NORDHOLT, *The Dutch Republic and American Independence*. Chapel Hill and London, 1982.

SCOTT, JAMES BROWN, *de Grasse at Yorktown*. Baltimore, 1931.

SMITH, PAGE, *John Adams*, 3 vols. New York, 1962.

——, *A New Age Now Begins; A People's History of the American Revolution*, 3 vols. New York, 1976.

SPINNEY, DAVID, *Rodney*. Annapolis, 1969.

STEPHENSON, O. W., "The Supply of Gunpowder in 1776," *American Historical Review*, vol. 30, no. 2, January, 1925.

STEVENS, JOHN, A., ed., *Magazine of American History*. New York, 1877-1917.

STIRLING, A. M. W., *The Hothams*, 2 vols. London, 1918.

STONE, EDWIN MARTIN, *Our French Allies*. Providence, 1884.

VALENTINE, ALAN, *The British Establishment, 1760-1784; An 18th Century Biographical Dictionary*. Norman, Okla., 1970.

——, *Lord North*, 2 vols. Norman, Okla., 1967.

VAN DOREN, CARL, *Benjamin Franklin* New York, 1938.

VAN LOON, HENDRICK WILLEM, *The Fall of the Dutch Republic*. Boston and New York, 1913.

WARD, CHRISTOPHER, *The War of the Revolution*, vol. II. New York, 1952.

WHIPPLE, A. B. C., *Age of Fighting Sail*. Alexandria, Va., 1978.

WHITRIDGE, ARNOLD, "Two Aristocrats in Rochambeau's Army" (Chastellux and Lauzun), *Virginia Quarterly Review*, vol. 40, winter 1969.

WICKWIRE, FRANKLIN AND MARY, *Cornwallis, the American Adventure*. Boston, 1970.

WILLCOX, WILLIAM B., "The British Road to Yorktown," *American Historical Review*, vol. 52, no. 1, October, 1946.

——, *Portrait of a General* [Sir Henry Clinton]. New York, 1964.

WINGFIELD-STRATFORD, ESME, *The History of British Civilization.* New York, 1930.
WINSOR, JUSTIN, ed., *The American Revolution.* New York, 1972.
WOODWARD, WILLIAM, *Lafayette.* New York, 1938.